Mainstream

Frédéric Martel

Mainstream
A guerra global das mídias e das culturas

Tradução de
Clóvis Marques

CIVILIZAÇÃO BRASILEIRA

Rio de Janeiro
2012

Copyright © Éditions Flammarion, 2010
Copyright desta tradução @ Civilização Brasileira, 2012

TÍTULO ORIGINAL
Mainstream: enquête sur cette culture qui plaît à tout le monde

PROJETO GRÁFICO DE MIOLO
Evelyn Grumach e João de Souza Leite

CIP-BRASIL. CATALOGAÇÃO NA FONTE
SINDICATO NACIONAL DOS EDITORES DE LIVROS, RJ.

M331m

Martel, Frédéric, 1967-
Mainstream: a guerra global das mídias e das culturas / Frédéric Martel; tradução de Clóvis Marques. – Rio de Janeiro: Civilização Brasileira, 2012.

ISBN 978-85-200-1076-1

1. Cultura popular – Aspectos sociais. 2. Sociedade de massa I. Título.

12-3032

CDD 306
CDU 316.7

EDITORA AFILIADA

Todos os direitos reservados. Proibida a reprodução, armazenamento ou transmissão de partes deste livro, através de quaisquer meios, sem prévia autorização por escrito.

Este livro foi revisado segundo o novo Acordo Ortográfico da Língua Portuguesa.

Direitos desta tradução adquiridos pela
EDITORA CIVILIZAÇÃO BRASILEIRA
Um selo da
EDITORA JOSÉ OLYMPIO LTDA.
Rua Argentina, 171 – Rio de Janeiro, RJ – 20921-380
Tel.: 2585-2000

Seja um leitor preferencial Record.
Cadastre-se e receba informações sobre nossos lançamentos e nossas promoções.

Atendimento e venda direta ao leitor:
mdireto@record.com.br ou (21) 2585-2002

Impresso no Brasil
2012

Sumário

Nota do editor   9

Prólogo   11

i. O *entertainment* americano

1. Jack Valenti ou o lobby de Hollywood   25
A MPAA investe sobre a América Latina.

2. Multiplexes   43
Do drive-in ao multiplex – Quando a pipoca se transforma em modelo econômico – Do "suburb" à "exurb" – Quando a Coca-Cola compra o estúdio Columbia.

3. O estúdio: Disney   61
De Toy Story *ao* Rei Leão *– Miramax e DreamWorks: a queda.*

4. A nova Hollywood   85
"Os estúdios são os bancos" – "Nós não demos sinal verde para o Homem-Aranha" – O marketing, ou o transporte do gado – O monopólio dos sindicatos.

5. Todos "indies", inclusive *Indiana Jones*   109
"O conteúdo somos nós" – Agentes secretos.

6. A invenção da pop music   125
"A geração mp3 ganhou, mas não é a minha geração" – "Cool é o hip mais o sucesso comercial" – Nashville, a outra capital musical dos Estados Unidos – Music Television.

7. Pauline, Tina e Oprah 161

Tina Brown ou o novo jornalismo cultural – A marca Oprah – O novo crítico.

8. USC, a universidade do mainstream 195

Pesquisa e desenvolvimento – A diversidade cultural.

II. A guerra cultural mundial

9. *Kung Fu Panda*: a China diante de Hollywood 213

Perto da praça Tian'anmen, no coração da censura chinesa – O roubo dos multiplexes da Warner – Hong Kong, a Hollywood da Ásia – Como Murdoch perdeu milhões na China e encontrou uma mulher.

10. Como Bollywood sai em conquista do mundo 249

A nova Bollywood.

11. Lost in translation 273

Cool Japan – Os mangás, mídia global – A guerra entre o J-Pop e o K-Pop.

12. Geopolítica dos dramas, novelas do Ramadã e telenovelas 289

A batalha dos formatos – As novelas do Ramadã – As novelas conquistam a América (do Norte e do Sul).

13. Miami, capital pop da América Latina 321

"O reggaetón une as massas latinas" – L. A., Latin America.

14. Como a Al Jazeera se tornou a rede mainstream do mundo árabe 339

Na sede da Al Jazeera no Catar – Um formato News & Entertainment – A guerra das imagens – Al Arabiya, ou quando os sauditas entram no jogo – O rio da verdade – A televisão do Sul – "Visit Israel, Before Israel Visits You".

SUMÁRIO

15. O príncipe dos meios de comunicação no deserto   385
Música no Líbano, televisão em Dubai, cinema no Cairo –
Hollywood no deserto.

16. A cultura antimainstream da Europa   411
O sucesso enganador do vídeo game europeu – Uma cultura pan-
eslava na Europa central? – A libanização da cultura europeia –
Londres e Paris, capitais da world music africana – Nas fronteiras
da Europa, da Ásia e do mundo árabe: a Turquia americanizada.

Conclusão   445
Glossário   475
Fontes   485
Agradecimentos   487

Nota do editor

Este livro baseia-se em fontes precisas: o conjunto de notas de rodapé e a bibliografia — que não constam aqui —, a lista detalhada das 1.250 pessoas entrevistadas em trinta países para esta investigação, o índice de nomes e empresas citados e numerosos dados estatísticos e quadros sobre os grupos de mídia através do mundo encontram-se em nosso site na Internet, que representa um prolongamento natural deste livro deliberadamente bi-mídia, papel e Web (ver p. 485 e www.fredericmartel.com).

Por outro lado, as palavras e expressões em inglês, mas também em árabe, japonês etc., que são usadas com frequência neste trabalho, estão relacionadas e explicadas no glossário que se encontra no fim do livro.

Prólogo

Não daria para imaginar um lugar menos "mainstream" que o Harvard Faculty Club. Restaurante privativo dos professores, ele fica no campus da prestigiosa Universidade Harvard, em Massachusetts, Estados Unidos. O escritor Henry James tinha aqui sua residência, e ainda hoje, preservando esse espírito protestante, branco e masculino feito de puritanismo e comida frugal (come-se muito mal no Harvard Faculty Club), os principais professores universitários de Harvard encontram-se ali para conversar. No refeitório, sentado a uma mesa coberta com uma toalha branca, encontro Samuel Huntington.

Nos anos em que vivi nos Estados Unidos, efetuando pesquisas para este livro, encontrei várias vezes Huntington, conhecido no mundo inteiro por sua obra *O choque das civilizações*. Sua tese: as civilizações passaram a se enfrentar em torno de valores, para afirmar uma identidade e uma cultura, e não mais para defender seus interesses apenas. É um livro "opinionated", como se diz em inglês, extremamente engajado, falando do Ocidente e do "resto" do mundo, um Ocidente único diante dos outros países não ocidentais, plurais. Nele, Huntington frisa particularmente o fracasso da democratização dos países muçulmanos, por causa do islã. O trabalho foi comentado e não raro criticado no mundo inteiro.

No almoço em Harvard, faço perguntas a Huntington sobre sua grande teoria, sobre a cultura de massa, sobre a nova ordem internacional desde o 11 de Setembro e sobre os caminhos do mundo. Ele responde algumas banalidades com a voz hesitante, visivelmente nada tendo a declarar sobre a cultura globalizada, e acaba por me perguntar — pergunta que todo mundo faz nos Estados Unidos — onde eu estava no dia 11 de setembro. Digo-lhe que naquela manhã eu estava no aeroporto de

Boston, exatamente na hora em que os dez terroristas embarcavam nos voos American Airlines 11 e United Airlines 175, que iriam chocar-se minutos depois contra as duas torres do World Trade Center. O velho senhor — está com 80 anos — fica pensativo. O 11 de Setembro foi um pesadelo para os Estados Unidos e o momento de consagração de Huntington, cujas teses sobre a guerra cultural mundial ficaram então parecendo proféticas. Fico com a impressão de que ele embarca numa sesta ao terminarmos o almoço (ele morreria meses depois das nossas conversas). Em silêncio, começo a contemplar os quadros de mestres da pintura espalhados nas paredes do Harvard Faculty Club. E me pergunto como é que aquele elitista, símbolo da alta cultura, poderia compreender as questões em jogo na guerra das culturas. Será que pelo menos se deu ao trabalho de ver *Desperate Housewives*, a série que todo mundo vê na televisão americana nesse momento, e cujas heroínas se chamam Kayla e Nora Huntington? Não ouso fazer-lhe a pergunta: sei que Samuel Huntington, em sua rigidez puritana, não se interessa muito por "entertainment" — por divertimento. O que constitui, justamente, o tema deste livro.

Semanas depois, encontro-me no escritório de Joseph Nye, então presidente da Kennedy School, a prestigiosa escola de ciências políticas e diplomacia, igualmente instalada no campus de Harvard. Cheio de energia aos 70 anos, esse antigo vice-ministro da Defesa de Bill Clinton também está engajado na guerra cultural mundial. Mas se as ideias de Huntington prepararam a era Bush, as de Nye anunciam a diplomacia de Obama. Nye analisou a "interdependência complexa" das relações entre os países numa época de globalização e inventou o conceito de "soft power". É a ideia de que, para influenciar as questões internacionais e melhorar sua imagem, os Estados Unidos precisam utilizar sua cultura e não mais apenas sua força militar, econômica e industrial (o "hard power"). "O soft power é a atração, e não a coerção", explica-me Joe Nye em seu escritório. "E a cultura americana está no cerne desse poder de influência, seja 'high' ou 'low', trate-se de arte ou entretenimento, seja produzida por Harvard ou Hollywood." Nye, pelo menos, me fala da

PRÓLOGO

cultura de massa globalizada e parece bem informado sobre a ação e as dinâmicas dos grupos internacionais de mídia. Prossegue ele:

> Mas o 'soft power' também é a influência por meio de valores como liberdade, democracia, individualismo, o pluralismo da imprensa, a mobilidade social, a economia de mercado e o modelo de integração das minorias nos Estados Unidos. E é igualmente através das normas jurídicas, do sistema de copyright, das palavras que criamos, das ideias difundidas em todo o mundo que o 'power' se torna 'soft'. Além disso, claro, nossa influência é reforçada atualmente pela Internet, por Google, YouTube, MySpace e Facebook.

Inventor de conceitos de sucesso, Nye definiu a nova diplomacia de Barack Obama, do qual se aproximou, como devendo ser uma diplomacia do "smart power", uma combinação de persuasão e força, de "soft" e "hard".

Por opostas que sejam, essas teorias célebres de Huntington e Nye seriam afinal tão pertinentes assim em matéria de geopolítica da cultura e da informação? As civilizações teriam entrado inexoravelmente numa guerra mundial de conteúdos, ou será que dialogam mais do que imaginamos? Por que o modelo americano de entretenimento de massa domina o mundo? Esse modelo é essencialmente americano? Poderia ser reproduzido em outros países? Quais são os contramodelos emergentes? Como é construída a circulação de conteúdos pelo mundo? A diversidade cultural, que se tornou a ideologia da globalização, seria real ou vai-se revelar uma armadilha que os ocidentais prepararam para si mesmos? É sobre essas questões, girando em torno da geopolítica da cultura e dos meios de comunicação, que se debruça este livro.

Na praia de Juhu, em Mumbai — o novo nome de Bombaim, na Índia —, Amit Khanna, diretor-presidente da Reliance Entertainment, um dos mais poderosos grupos indianos de produção de filmes e programas de televisão, que acaba de comprar uma parte do estúdio americano DreamWorks, de Steven Spielberg, me explica a estratégia dos indianos:

Nós somos 1,2 bilhão de habitantes. Temos dinheiro. Temos experiência. Junto com o Sudeste asiático, representamos um quarto da população do planeta, um terço com a China. Queremos desempenhar um papel central, política, econômica, mas também culturalmente. Acreditamos no mercado global, temos valores a promover, os valores indianos. Vamos enfrentar Hollywood em seu próprio terreno. Não apenas para ganhar dinheiro, mas para afirmar nossos valores. E eu acredito profundamente que teremos êxito. Vão ter que nos aguentar.

Meses depois, estou no Egito, no Líbano e depois no golfo Pérsico, com os dirigentes do grupo Rotana. Fundado pelo bilionário saudita Al Waleed, o Rotana pretende criar uma cultura árabe: sua sede fica em Riad, seus estúdios de televisão, em Dubai, seu ramo musical, em Beirute, sua divisão de cinema, no Cairo. A estratégia cultural multimídia e pan-árabe do grupo também consiste em defender valores e uma visão do mundo. Ela se escora em bilhões de dólares provenientes da Arábia Saudita e num público potencial de aproximadamente 350 milhões de árabes (talvez 1,5 bilhão, se contarmos todos os muçulmanos, especialmente no Sul e no Sudeste da Ásia). "Vamos levar adiante essa batalha", me confirmam os dirigentes do grupo Rotana.

Durante uma outra viagem, no 19º andar de uma torre de Hong Kong, encontro Peter Lam, dirigente comunista que está à frente do grupo eSun, um gigante do cinema e da música na China continental e em Hong Kong. "Nós temos 1,3 bilhão de chineses; temos dinheiro; temos a economia mais dinâmica do mundo; temos experiência: vamos conquistar os mercados internacionais e fazer concorrência a Hollywood. Nós seremos a Disney da China."

No quartel-general da TV Globo, no Rio de Janeiro, na sede da multinacional Sony em Tóquio, na Televisa no México e na Telesur em Caracas, na sede da Al Jazeera no Catar, com os dirigentes do maior grupo de telecomunicações indonésio em Jacarta, na sede da China Media Film e do Shanghai Media Group na China, pude ouvir discursos muito semelhantes ao longo dos cinco anos desta investigação. Atualmente, uma nova sala de cinema multiplex é inaugurada diariamente, em média,

PRÓLOGO

na China, na Índia e no México. E mais da metade dos assinantes de televisão a cabo está na Ásia. A guerra cultural mundial já foi declarada. À medida que novos gigantes surgem na economia mundial — a China, a Índia, o Brasil, mas também a Indonésia, o Egito, o México, a Rússia —, sua produção de divertimento e informação igualmente aumenta. É a emergência da cultura dos países emergentes.

Ante o entertainment americano e a cultura europeia, esses novos fluxos mundiais de conteúdos começam a ter peso próprio. É toda uma nova cartografia das trocas culturais que se vai desenhando. Elas ainda não são medidas pelas estatísticas do Banco Mundial e do FMI, são ignoradas pelas da Unesco (ou retomadas segundo os dados da propaganda chinesa ou russa) e a Organização Mundial do Comércio as apresenta misturadas a outras categorias de produtos e serviços. Ninguém ainda se deu ao trabalho de avaliar o alcance dessa imensa revolução em curso — nem levou a efeito uma pesquisa de campo para "cobrir" a nova batalha mundial de conteúdos.

Esses novos rivais do Ocidente seriam acaso inimigos culturais? As previsões sobre o "choque de civilizações" seriam pertinentes? Na Ásia, na América Latina, no Oriente Médio, na África, o crescimento progressivo de indústrias poderosas do audiovisual e da informação coloca questões novas de que os antigos esquemas não são capazes de dar conta. E por sinal vou falar aqui de "indústrias criativas" ou "indústrias de conteúdos", expressões que incluem os meios de comunicação e o universo digital, e às quais dou preferência sobre "indústrias culturais", forma por demais conotada, datada e já hoje imperfeita. Pois já não se trata simplesmente de produtos culturais, mas também de serviços. Não só de cultura, mas também de conteúdos e formatos. Não só de indústrias, mas também de governos em busca de soft power e de microempresas atrás de inovações nas mídias e na criação desmaterializadas.

Em contato com esses grupos de comunicação planetários, não raro dirigidos por novas gerações de gerentes e artistas de uma juventude desconcertante, descobrimos os problemas complexos de interdependência com os Estados Unidos, a atração e a repulsão que seu modelo provoca, as tensões entre uma afirmação identitária regional e a busca de sucesso mundial, as dificuldades enfrentadas na defesa dos valores num mundo em que os conteúdos vão-se tornando globais. Manifestam-se também muitas desigualdades, entre países dominantes e países dominados: alguns vão surgindo como produtores de conteúdo, outros se veem submersos pelos fluxos culturais mundiais. Por que será que o Egito e o Líbano se saem bem, mas não o Marrocos? Por que Miami e não Buenos Aires, México e não Caracas? Por que Hong Kong e Taiwan e ainda não Pequim? Por que o Brasil e não Portugal? Por que, cada vez mais, os cinquenta estados americanos, e cada vez menos a Europa dos 27?

Para além das respostas simplistas imaginadas no Harvard Faculty Club, era preciso investigar em campo. Durante cinco anos, portanto, percorri o planeta, visitando as capitais do "entertainment", entrevistando mais de 1.250 protagonistas dessas indústrias criativas em trinta países. O que pude constatar é ao mesmo tempo inédito, fascinante e preocupante. Trata-se de uma investigação sobre a guerra mundial pelos conteúdos. E essa guerra já começou.

* * *

Mainstream é um livro sobre a geopolítica da cultura e das mídias através do mundo. Esse trabalho sobre a globalização do entertainment se interessa pelo que os povos fazem quando não estão trabalhando: pelo que costumamos chamar de lazer e divertimento — fala-se muitas vezes de "indústrias do entertainment". Ao me concentrar nessas indústrias que produzem conteúdos, serviços e produtos culturais, dou ênfase à quantidade e não apenas à qualidade. Falo aqui dos blockbusters, dos hits e dos best-sellers. Meu tema não é a "arte" — muito embora Hollywood e a Broadway também produzam arte —, mas aquilo que chamo de "cultura de mercado". Pois as questões colocadas por essas indústrias criativas em termos de conteúdos, de marketing ou influência são interessantes, mesmo quando as obras por elas produzidas não o são. Elas permitem entender o novo capitalismo cultural contemporâneo, a batalha mundial pelos conteúdos, o jogo dos atores para ganhar soft power, a ascensão das mídias do Sul e a lenta revolução que estamos

PRÓLOGO

vivendo com a Internet. Com isso, tento apreender o que o escritor Francis Scott Fitzgerald chamava, referindo-se a Hollywood, de *the whole question*, o problema como um todo: a aritmética da arte e do dinheiro, o diálogo entre conteúdos e redes, a questão do modelo econômico e da criação de massa. Interesso-me pelo business do show business. Tento entender como se pode falar ao mesmo tempo a todo mundo e em todos os países do mundo.

As indústrias criativas não são mais hoje em dia um tema exclusivamente americano: são um tema global. Assim foi que essa investigação me levou a Hollywood mas também a Bollywood, à MTV e à TV Globo, aos subúrbios americanos, para conhecer seus incontáveis multiplexes, e à África subsaariana, onde são tão poucos os cinemas, a Buenos Aires, em busca da música "latina", e a Tel Aviv, para entender a americanização de Israel. Interessei-me pelo plano de conquista de Rupert Murdoch na China e pelo plano de batalha dos bilionários indianos e sauditas contra Hollywood. Tentei compreender de que maneira são difundidos na Ásia o J-Pop e o K-Pop, o pop japonês e o coreano, e por que as séries de televisão se chamam "dramas" na Coreia, "telenovelas" na América Latina e "novelas do Ramadã" no Cairo. Acompanhei os lobistas das agências culturais e dos estúdios americanos, assistindo a suas audiências no Congresso, e segui os passos de Robert Redford diante do Senado americano. Mas passei mais tempo ainda nos grandes guetos negros dos Estados Unidos. Acompanhei a produção do *Rei Leão* na Broadway com o chefão da Disney e a rodagem de um filme de Bollywood em Mumbai, interrompida por chimpanzés. Pesquisei nos territórios ocupados da Cisjordânia e de Gaza para entender o lugar e a importância das mídias e dos cantores árabes, encontrei-me com os assessores de imprensa do Hezbollah para poder visitar Al Manar, sua cadeia de televisão em Beirute Sul. E, entrevistando os chefes de sucursais da Al Jazeera em Doha, Beirute, Cairo, Bruxelas, Londres, Jacarta e até em Caracas, tentei descobrir se o fundador da cadeia, o emir do Catar, tinha razão ao afirmar: "Acreditamos no casamento das civilizações, e não no conflito de civilizações."

Meu tema, assim, é vasto, pois abarca, em cinco continentes, ao mesmo tempo a indústria do cinema e da música, o divertimento televisionado, as mídias, mas também a edição, o teatro comercial, os parques de atrações e até os vídeo games e os mangás. Para entender as mutações fundamentais pelas quais passam esses setores, este livro também tem, como linha de fundo, a questão digital. Neste trabalho, não visitaremos Google, nem Yahoo, nem YouTube (que pertence ao primeiro), nem MySpace (que pertence a Murdoch) — é uma opção. O que me interessa não é a Internet em si mesma, mas de que maneira ela revoluciona implicitamente o setor das indústrias criativas. Em toda parte, na Arábia Saudita e na Índia, no Brasil e em Hong Kong, encontrei-me com aqueles que estão construindo as indústrias criativas digitais de amanhã. Empreendedores otimistas e não raro jovens, eles veem na Internet oportunidades, um mercado, uma chance, ao passo que na Europa e nos Estados Unidos, meus interlocutores, muitas vezes mais velhos, enxergam nela uma ameaça. É uma ruptura de geração — e talvez de civilização.

Diante da amplitude do tema, o ponto de partida deste livro é o foco na pesquisa de campo: nas pessoas que entrevistei e nos lugares que visitei. Donde a opção, pouco habitual para mim, por uma redação na primeira pessoa, para mostrar que a investigação em marcha também é o tema do livro. Eu falo do que pude ver. Baseio-me prioritariamente em fontes de primeira mão — e não em informações de segunda mão, encontradas em livros ou na imprensa. E assumo as muitas dificuldades geradas por esta opção, privilegiando as questões originais e recorrentes de uma indústria a outra, no lugar de um trabalho exaustivo. Por exemplo, desenvolvo estudos de caso sobre os grupos Disney e Rotana, descrevo a Motown, a Televisa e a Al Jazeera e as redes de Rupert Murdoch e David Geffen, pois são representativas do entertainment e da cultura mainstream, mas só de passagem faço referência à Time Warner, à Viacom, à Vivendi ou à BBC, embora sejam essenciais e eu também as tenha investigado. É uma escolha difícil, que se atém em grande medida ao formato e à metodologia de investigação deste livro. E por sinal acredito que a análise das indústrias criativas ganha em não se limitar a sua economia. Tenho uma grande admiração pela sociologia americana, sua valorização da observação rigorosa e o fato

PRÓLOGO

de se escorar em muitas entrevistas. Finalmente, eu quis escrever este trabalho sobre o entertainment de maneira "divertida" — fazendo eco ao próprio tema do livro.

Pesquisa, portanto, mas também reflexão. Se este livro é antes de mais nada um relato, suas análises são reunidas na conclusão, ao passo que suas fontes e seus inúmeros dados estatísticos constam do site na internet em que ele se prolonga. Não raro, os profissionais das indústrias criativas que encontrei me falavam de suas *intuições*, e muitos também têm, como pude perceber, uma *agenda*. Mas encontrei poucas pessoas que, nesses tempos de globalização e reviravolta digital, tivessem uma *visão*: este livro tenta apresentar, em sua conclusão, essa visão geopolítica global.

Deparei-me, contudo, com um sério problema ao longo de minha investigação: o acesso à informação. Que as fontes fossem raras na China, em virtude da censura oficial, eu já imaginava; que fosse difícil marcar encontros com antecipação em Mumbai, no Rio ou em Riad, logo pude compreender; mas eu não imaginava que também fosse difícil investigar nos Estados Unidos, nas majors do disco e nos estúdios hollywoodianos. Em toda parte, tive de insistir com os pedidos de entrevistas, e meu "histórico" jornalístico era passado no pente fino pelas pessoas incumbidas das "Public Relations", os famosos "PR people". Muitas vezes, a informação era guardada a sete chaves, internamente, pelo departamento de "comunicação", e externamente por uma agência especializada, à qual eu era remetido. Levei muito tempo para entender que esses "PR people", que ingenuamente eu julgava estarem ali para facilitar a comunicação, estavam ali na verdade para impedi-la; não para difundir a informação, mas para retê-la. E fui mais bem recebido na Al Jazeera e na Telesur — a televisão de Chávez na Venezuela — do que na Fox e na ABC.

Diante dessa *omertà*, quem é que fala, então? Todo mundo, é claro: os dirigentes das majors falam dos concorrentes, os independentes, das majors, uns em "off", outros num diálogo em "background information only", sem possibilidade de serem citados (todas as entrevistas usadas neste livro são de primeira mão, e as declarações em off foram evitadas, exceto em casos justificados, especificados no texto). Os sindicalistas falam, os criadores falam, os agentes e os banqueiros falam (nos casos de empresas com cotação na bolsa, também tive acesso aos números reais). Todo mundo fala, por ego, por gosto pela publicidade, sobretudo quando se consegue encontrar os bons canais de acesso para contornar os "PR people". No fundo, se a China censura a informação por motivos políticos, as majors americanas a censuram por motivos comerciais, sendo um filme ou um disco um produto estratégico do capitalismo cultural. O resultado é mais ou menos o mesmo: uma cultura do segredo e não raro da mentira — e este paralelo com a China comunizante não é nada engrandecedor para os Estados Unidos.

Resta uma questão central: qual o lugar do modelo americano em minha pesquisa, e qual o papel específico dos Estados Unidos nos setores do entertainment e das mídias através do mundo? Seu poderio é evidente e sua máquina cultural nos fluxos de conteúdos mundiais é por enquanto imbatível. É o que poderíamos chamar, invertendo uma expressão de Che Guevara, a "América com A maiúsculo". Eu devia portanto começar essa investigação pelos Estados Unidos, para tentar entender como funciona o entertainment em Hollywood e em Nova York, mas também em Washington, através dos lobbies, em Nashville e Miami na indústria do disco, em Detroit, onde se generalizou a pop music, nos grandes subúrbios onde foram inventados os cinemas multiplex e nos campi universitários, onde é produzida a pesquisa e desenvolvimento de Hollywood. Antes de descrever a globalização da cultura e a nova guerra de conteúdos em cinco continentes — a segunda parte do livro —, devemos começar por entender a incrível máquina americana de fabricação de imagens e sonhos, a máquina do entertainment e da cultura que se torna "mainstream".

Foi nos Estados Unidos, num avião que me levava de Los Angeles para Washington, que tive a ideia de dar a este livro o título de *Mainstream*. A palavra, de difícil tradução, significa literalmente "dominante" ou "grande público", sendo usada em geral para se referir a um meio de comunicação, um programa de televisão ou um produto cultural que vise um público amplo. *Mainstream* é o inverso da contracultura, da subcultura, dos nichos; para muitos, é o contrário da arte. Por extensão, a palavra também remete a uma ideia, um movimento ou um partido político (a corrente dominante) que tem o objetivo de seduzir todo mundo. A partir dessa investigação sobre as indústrias criativas e as mídias em todo o mundo, *Mainstream* permite-nos, portanto, analisar a política e o business, que também querem "falar a todo mundo". E por sinal a expressão "cultura mainstream" pode ter uma conotação positiva e não elitista, no sentido de "cultura para todos", ou mais negativa, no sentido de "cultura de mercado", comercial, ou de cultura formatada e uniformizada. Foi também a própria ambiguidade da palavra que me atraiu, com seus diferentes sentidos; uma palavra que ouvi na boca de centenas de interlocutores ao redor do mundo, todos eles tentando produzir uma cultura mainstream, "como os americanos".

E foi nesse momento, chegando a Washington, no início dessa longa investigação sobre a circulação dos conteúdos globalizados, que travei conhecimento com um dos mais célebres promotores da cultura mainstream: Jack Valenti.

I. O *entertainment* americano

1. Jack Valenti ou o lobby de Hollywood

"Veja aqui. À direita de Johnson e da Sra. Kennedy, é a minha cara triste e preocupada, no canto esquerdo, embaixo. Eu estou ali." Jack Valenti aponta com o dedo um rosto, o rosto de um jovem moreno, de ar tímido, numa grande foto em preto e branco, numa escrivaninha. É ele.

Quarenta anos se passaram desde então. Valenti passa a mão agitada em sua lendária cabeleira branca e bufante. Um homem bronzeado e vistoso. Tenho diante de mim um gigante de Hollywood em botas de caubói. Ele tem 1,70 m de altura. Estou em seu escritório, no quartel-general da MPAA em Washington. A célebre Motion Picture Association of America é o lobby e o braço político dos estúdios hollywoodianos. Tem sua sede no número 888 da 16th Street, a menos de 200 metros da Casa Branca. Jack Valenti presidiu a MPAA durante 38 anos, de 1966 a 2004.

A foto que ele me mostra é histórica. A bordo do Air Force One, Lyndon Johnson tem a mão erguida, Jackie Kennedy está lívida. Neste exato momento, a 22 de novembro de 1963, Johnson presta juramento e se torna presidente dos Estados Unidos. No fundo da fuselagem, fora do alcance da câmera, repousa sob a bandeira estrelada o corpo de John F. Kennedy, assassinado duas horas antes em Dallas. Valenti estava na comitiva oficial; ouviu os tiros e foi retirado dali pelo FBI. Como num filme hollywoodiano, a história e a *petite histoire* avançam simultaneamente para Valenti nesse dia. Tudo se acelera. Horas depois, ele seria nomeado, ainda no avião, assessor especial do novo presidente dos Estados Unidos.

Diante de mim nessa manhã em Washington, Valenti não tem pressa. Aquele que foi um dos homens mais poderosos de Hollywood, porta-estandarte do cinema americano no mundo durante quatro décadas, revê sua trajetória. Está aposentado e gosta de falar de si. Nascido em 1921 no Texas, Valenti vem de uma família siciliana de classe média que lhe ensinou a amar os Estados Unidos e, como no início do filme *O poderoso chefão*, de Coppola, a dizer: "I believe in America". Louco por cinema na época de ouro de Hollywood, ele passa as férias fazendo trabalhos braçais num cinema de Houston. Corajoso, foi um jovem piloto do bombardeiro B-25 durante a guerra, para em seguida cursar um MBA em Harvard, graças a uma lei que favorecia o acesso de antigos GIs à universidade. Valenti volta então ao Texas para se lançar nos negócios, especialmente petróleo, e depois imprensa. É quando conhece Johnson.

Jack Valenti fica na Casa Branca durante três anos, redator do presidente, assessor político, de comunicação e diplomacia. Sempre leal. No contato com ele, aprende a atividade do lobbying no mais alto nível: como fazer com que o Congresso aprove as leis defendidas pelo presidente? Como negociar com chefes de Estado estrangeiros? Valenti coordena para Johnson a ação parlamentar da Casa Branca, estabelecendo coalizões e concedendo favores. E a coisa funciona. Algumas das leis mais audaciosas da história dos Estados Unidos, em matéria social, educativa e cultural, assim como a decisiva lei de imigração que tornou a América mais diversificada, sem esquecer as mais famosas leis sobre os direitos dos negros, seriam votadas na presidência de Johnson (e não de Kennedy). Valenti torna-se o "senhor do Senado" mas também atrai críticas dos que enxergam nele apenas um "criado" de Johnson. O *Wall Street Journal* zomba do seu servilismo.

A fidelidade tem limites. Ele se afasta do Salão Oval à medida que a guerra do Vietnã abala o prestígio do governo Johnson, e em 1966 esse cavalheiro patriota aceita candidatar-se à presidência do poderoso lobby dos estúdios de Hollywood. Pela primeira vez, ele se vê projetado no coração da indústria do cinema, embora conheça sobretudo os bastidores da política.

Jack Valenti pede desculpas para atender a um telefonema que parece urgente. Alguém quer falar com ele em Hollywood. Ele sempre dirigiu a MPAA assim, segundo me diria seu sucessor: através de incontáveis telefonemas associados a encontros *tête-à-tête*, em vez de reuniões formais. E ninguém, como ele, é capaz de reconciliar o republicano mais direitista com o cineasta mais esquerdista. Eu fico ouvindo enquanto ele resolve o problema em poucos minutos, animado e enérgico apesar dos 82 anos, e ao ser retomada a conversa percebo sua impaciência novamente, a impaciência de um homem sempre com pressa, que mal esconde sua gentileza apenas diplomática. Afinal de contas, eu sou francês — um convidado a ser tratado com o cuidado devido aos inimigos da MPAA — e Valenti me mostra orgulhoso a condecoração de *commandeur* da Legião de Honra que lhe foi entregue pelo ministro da Cultura francês, Jack Lang. Pois o fato é que, à frente de uma verdadeira representação consular de Hollywood em Washington, a MPAA, Valenti foi o principal embaixador e o principal diplomata cultural americano.

Em Seul e no Rio de Janeiro, em Mumbai e em Tóquio, no Cairo ou em Pequim, a Motion Picture Association (MPA — no exterior, a MPAA perde o segundo A para ficar parecendo menos americana) vela pelos interesses de Hollywood. Em todas essas cidades, encontrei seus representantes, soldados dedicados à causa, não raro bons conhecedores do terreno local. Esse importante nome profissional dos estúdios surgiu em 1922, na época do cinema mudo, por iniciativa de Louis Mayer (o da Metro-Goldwyn-Mayer). Hoje, a MPAA é dirigida para um conselho administrativo composto de três representantes de cada um dos seis principais estúdios (Disney, Sony-Columbia, Universal, Warner Bros., Paramount e 20th Century Fox). O presidente "executivo" dessa poderosa organização coordena o trabalho de lobbying no Congresso americano e zela pelo cumprimento das normas públicas; acompanha as negociações mais delicadas com os sindicatos hollywoodianos e planeja uma estratégia de conquista mundial. O lobby age à sombra no exterior e à luz do dia em casa.

A proximidade entre esse organismo sem fins lucrativos, oficialmente independente, e o poder político americano é um segredo conhecido de todos. É o que atesta o percurso de Jack Valenti. Das janelas de seu escritório em Washington, eu vejo a Casa Branca — realmente mais que um símbolo. E o Congresso tampouco fica muito longe: "Quando precisava enfrentar algum parlamentar algo recalcitrante, eu ia ao encontro acompanhado de Clint Eastwood, Kirk Douglas, Sidney Poitier ou Robert Redford", explica Valenti. "O efeito sempre era extremamente positivo."

Em 2008, tive oportunidade de acompanhar Robert Redford numa audiência no Congresso. Pude ver o impacto que sua presença conhecida tinha nos senadores americanos, emocionados por ver em carne e osso, debaixo da bandeira estrelada, o célebre ator do filme *Todos os homens do presidente* defendendo a cultura americana. "Cumpri o meu dever. A vida inteira, nos meus filmes, e agora à frente do festival de cinema de Sundance, eu militei pelo cinema. E quando precisam de mim, eu respondo presente", diz-me Redford após a audiência, no longo corredor do Senado, para em seguida tomar um avião para Los Angeles.

Jack Valenti sabe o que quer. Para aumentar sua influência, ofereceu a Ronald Reagan na década de 1980 uma sala de cinema, na própria Casa Branca. Os estúdios hollywoodianos se cotizam para que ela seja, na expressão de Valenti, "state of the art" (ultramoderna). Ele também cria um sistema VIP: os filmes pedidos pelo presidente, não raro antes da estreia, são imediatamente mandados por Hollywood em avião especial, em versão 35 mm. O presidente Reagan e seus sucessores passariam muitas noites nessa sala, sem dispensar cachorros-quentes e pipoca — como num autêntico multiplex.

Quando essa atuação de lobbying em Washington já não é suficiente, Valenti saca seu grande trunfo: Los Angeles e seu poder de "fundraising" (coleta de fundos). Convida então membros influentes do Congresso ou assessores dos presidentes para a noite de entrega dos Oscars ou para almoços de trabalho em sua luxuosa suíte particular no hotel Peninsula, em Beverly Hills (o Sr. Valenti era um dos lobistas mais bem pagos de

Washington; seu salário anual ultrapassava 1,3 milhão de dólares). "À frente da MPAA, nós representamos os estúdios, mas também temos de trabalhar com os independentes, os sindicatos, as associações de autores", acrescenta Valenti. "É mais ou menos como se estivéssemos todo dia em campanha eleitoral para a prefeitura."

Uma campanha eleitoral? O que Valenti não diz é que foi um dos maiores "fundraisers" políticos americanos. Em caráter pessoal ou em nome dos chefões de Hollywood, ele organizou inúmeras coletas de fundos para financiar campanhas eleitorais dos candidatos que se mostravam mais benevolentes com a indústria do cinema, fossem democratas ou republicanos. É aí que reside o segredo do poder do lobby da MPAA nos Estados Unidos.

No cenário internacional, esse braço político dos estúdios também se escora no Congresso para favorecer a exportação dos filmes hollywoodianos e, com a constante ajuda do Departamento do Comércio Exterior, do Departamento de Estado e das embaixadas americanas, pressiona os governos para liberalizar os mercados, suprimir cotas de exibição e direitos alfandegários e temperar a censura. Com isso, dispondo de uma dezena de escritórios e uma centena de advogados ao redor do mundo, a MPAA estimula no exterior certas práticas monopolistas e de concentração vertical que foram proibidas no território americano pela Suprema Corte. No exterior, muitas vezes elas são denunciadas em vão como "dois pesos, duas medidas".

A estratégia internacional de Jack Valenti muitas vezes é discreta. Baseia-se numa visão de conjunto das necessidades de Hollywood. Na Itália, por exemplo, a MPA estimulou os estúdios a investir nos multiplexes locais, a criar sua própria distribuidora local, multiplicando coproduções com os italianos. "É uma estratégia em 360°", explica o dirigente da associação dos produtores italianos, Sandro Silvestri, entrevistado em Roma. "A MPA e Jack Valenti foram muito espertos ao induzir os estúdios a entrar ao mesmo tempo na produção, na distribuição e na exibição dos filmes na Itália. Desse modo, eles recebem um percentual de todas as receitas da indústria do cinema ao mesmo tempo." Se essa tática global funciona bem na Europa e na América Latina, ainda esbarra nas cotas de exibição na China e nos países árabes. Por isso é que Valenti em toda parte preconiza a eliminação da censura e sua substituição por um código de boa conduta editado pela própria indústria cinematográfica. Como nos Estados Unidos.

"Cabe aos profissionais estabelecer as regras, não aos governos", confirma Jack Valenti em conversa comigo em seu escritório em Washington. "E se hoje em dia não existe censura de cinema nos Estados Unidos, é graças a mim." É verdade que, já ao ser nomeado em 1966, Jack Valenti desenvolveu em nome da MPAA um novo código, o "rating system", para classificar os filmes em função do grau de violência, nudez, sexualidade (o consumo de cigarros num filme foi acrescentado como critério em 1997). Foi um golpe de mestre. Com esse código, Valenti conferiu novo sentido às letras G, R e X: o filme é classificado como "G" quando se dirige a todos os públicos; "PG", para induzir os pais à vigilância; "PG-13", quando não é recomendado para uma criança de menos de 13 anos; "R", no caso dos filmes proibidos a crianças de menos de 17 anos desacompanhadas; e finalmente "NC-17", no caso dos filmes estritamente proibidos a menores de 17 anos e portanto banidos das salas comerciais (essa categoria substituiu o "X" em 1990). "Esse código teve uma influência considerável no mundo inteiro. Mas também é muito americano", reitera Valenti, "pois eu quis que fosse Hollywood a se regulamentar: a própria indústria o decidiu, e não o governo ou o Congresso. Não se trata de uma censura política, mas de uma decisão voluntarista dos estúdios". Na realidade, o código de classificação de filmes, supostamente adotado para proteger as famílias, serviu sobretudo para preservar os interesses econômicos dos estúdios, na época ameaçados pelo Congresso. Ouvindo Valenti, lembro-me do comentário de Peter Parker em *Homem-Aranha*: "With great power comes great responsability". O que não falha nunca. Valenti acrescenta: "Nos Estados Unidos, a liberdade caminha de mãos dadas com a responsabilidade".

Como bom conhecedor da história dos estúdios RKO, Orion, United Artist ou mesmo da Metro-Goldwyn-Mayer, Valenti sabe que os estúdios são mortais. Sua proteção estava no cerne do seu trabalho. E, logicamente, a MPAA foi além de sua simples missão de lobbying.

*

JACK VALENTI OU O LOBBY DE HOLLYWOOD

Jack Valenti não entende em absoluto o que eu quero dizer. Pergunto-lhe sobre a agenda de datas de lançamento dos filmes, hoje planetária. Existiria um entendimento entre os estúdios para evitar a concorrência? Não, Valenti não entende minha pergunta.

Nos Estados Unidos, os dois períodos cruciais para lançar um filme mainstream são perfeitamente estáveis: primeiro, o verão, entre o Memorial Day (a última segunda-feira de maio) e o Labor Day (dia do Trabalho, primeira segunda-feira de setembro). Depois, o período de festas de fim de ano, entre o Thanksgiving (dia de Ação de Graças, quarta quinta-feira de novembro) e o Natal. Acrescentem-se, em menor medida, as férias escolares, que variam muitas vezes de um estado a outro e de uma escola a outra. Nesses espaços é que são lançados os blockbusters em sua maioria, como *Harry Potter, Shrek, Piratas do Caribe* e *Avatar*. Mais raramente na primavera, período mais fraco das bilheterias americanas, aquele em que os produtores não podem esperar um Oscar a domicílio e no qual o espaço do cinema não americano tende a aumentar no resto do mundo.

Mas as datas de lançamento dos filmes não são mais apenas nacionais hoje em dia, e é aí que as coisas se complicam. Jack Valenti me explica esse quebra-cabeça internacional. Temos para começar o que ele chama, na minha presença, de "domestic box-office", estranhamente incluindo, além dos Estados Unidos, as entradas vendidas no Canadá, vizinho da América do Norte que Hollywood anexou ao território dos Estados Unidos para sua conveniência econômica. Lá, justamente, as datas de lançamento são diferentes, em particular porque o feriado de Thanksgiving ocorre já na segunda segunda-feira de outubro e as férias são organizadas de outra maneira. No México, país católico, decisivo por sua proximidade geográfica, as coisas complicam-se ainda mais, pois não existe a comemoração do Thanksgiving.

Na Europa, mercado crucial para os americanos, o calendário é ainda mais complexo, tendo em vista as diferentes sensibilidades nacionais, as férias escolares, os feriados e até os jogos da Copa do Mundo de futebol e o clima. Na Ásia, as datas ideais de lançamento de um filme são mais uma vez diferentes. Para fazer sucesso na China, é preciso estar em exibição no dia dos Namorados (14 de fevereiro), na data nacional chinesa (1º de outubro), no dia do Trabalho ou durante o verão — mas, para evitar que os filmes americanos dominem as bilheterias chinesas, a censura geralmente proíbe filmes estrangeiros nessas datas. Na Índia, o lançamento ideal deve ocorrer no outono, perto da grande comemoração de Diwali, que é para os indianos o que o Natal é para os europeus. Nos países árabes, em compensação, o verão é o bom período para a distribuição de um filme mainstream, pois é o momento em que geralmente são lançadas as grandes comédias egípcias. Mas se deve evitar a todo custo o Ramadã, no qual é proibida a programação de qualquer filme — só que o Ramadã muda de data todo ano, às vezes caindo no verão. Para ter alguma chance de atingir o grande público nos países árabes, mais vale visar as datas-chave do fim do Ramadã (feriado da Ruptura, Aid al-Fitr), o feriado do Sacrifício (Aid el-Kebir, a comemoração mais importante do islã, assinalando o fim a peregrinação muçulmana, com o sacrifício de um carneiro) ou, de maneira mais genérica, os fins de semana (que na Arábia Saudita vão de quinta a sexta-feira à noite, mas, nos países do Magreb, da sexta ao sábado). Um filme que seja lançado durante o Ramadã ou no intervalo entre dois feriados "Aid" terá poucas chances de atingir um público grande. Felizmente, como as bilheterias dos países árabes não são importantes para Hollywood, o planejamento de marketing para o lançamento de um filme americano pode ignorar essas datas árabes. "A 'seasonability' da nossa profissão é um fator-chave", confirmaria em conversa comigo semanas depois, em Los Angeles, um dos presidentes do estúdio United Artists, Dennis Rice.

Seja como for, diante desse complexo calendário internacional, a MPAA inventou um sistema cartelizante que secretamente objetiva permitir aos seis principais estúdios se entenderem sobre as datas de lançamento nacional e internacional dos filmes mais mainstream. Quando ocorre de dois blockbusters se sobreporem, sendo lançados na mesma data, programa-se uma reunião de conciliação e um dos filmes é adiado. É sob os auspícios da MPAA que se organizam esses "entendimentos". Jack Valenti me garante que semelhantes práticas nunca foram adotadas.

*

Dan Glickman dá uma gargalhada. "Você não entendeu nada", lança ele, respondendo ao meu comentário de que se enganou de "job". Anos atrás, ministro da Agricultura de Bill Clinton, esse deputado democrata do Kansas sucedeu recentemente Jack Valenti à frente da MPAA. Da agricultura à cultura, o percurso não deixa de ser curioso. É o que comento com Glickman, com ironia. "Quando eu era ministro de Clinton, cuidava das cotas agrícolas, especialmente no caso do milho. E agora estou cuidando do cinema. Qual seria o elemento central da economia do cinema? A pipoca. Antes eu a cultivava, agora a vendo. Do *corn* à *pop-corn*: como vê, é a mesma coisa!" Dessa vez, quem dá uma gargalhada sou eu.

Desde a morte de Valenti em 2007, Dan Glickman tem sozinho nas mãos as rédeas da MPAA. Em seu gabinete em Washington, onde vou encontrá-lo, ao mesmo tempo fiel herdeiro de Valenti e sua antítese, ele não se esquiva muito às perguntas, mostrando-se franco e direto. Nascido no Kansas, numa família de imigrantes ucranianos judeus, eleito para o Congresso, onde se especializou em cotas agrícolas e barreiras alfandegárias internacionais (era também presidente da comissão parlamentar de controle dos serviços secretos americanos no Senado), o novo chefão da MPAA se leva menos a sério que o antecessor. Parece um pouco sem graça, sem um ego muito afirmado, ao passo que Valenti se mostrava caloroso e espalhafatoso, exibindo o que se costuma chamar nos Estados Unidos de "Texas-sized ego" (um ego do tamanho do Texas). Glickman parece preocupado e mesmo ansioso, tensão que compensa com uma aparente descontração, uma certa ética do trabalho e sobretudo um grande senso de humor, de que se vale na conversa comigo.

Dan Glickman conhece o alcance de seu império. Desde o início da década de 1990, as indústrias do entretenimento ocupam o segundo lugar nas exportações americanas, depois do setor aeroespacial. Como o mercado cinematográfico está estagnado nos Estados Unidos e os custos de produção aumentam, os estúdios são obrigados a adotar uma estratégia comercial mundial. Nessa vertente, Glickman pode mostrar-se otimista, pois as bilheterias internacionais de Hollywood estão em acentuado crescimento (tendo aumentado em 17% entre 2004 e 2008). E por sinal Glickman sabe que esse mercado global é extraordinariamente desigual: Hollywood distribui seus filmes em 105 países aproximadamente, mas em termos de rendimento conta basicamente com oito deles: Japão, Alemanha, Reino Unido, Espanha, França, Austrália, Itália e México (por ordem de importância, em média, sem contar o Canadá). Sozinhos, esses oito países representam em torno de 70-75% das bilheterias internacionais de Hollywood.

Mas Glickman já está de olho no futuro. Não lhe passa despercebido o aumento constante, nos últimos anos, das exportações de filmes para o Brasil e a Coreia. Assim é que tem viajado constantemente à Cidade do México, a Seul e a São Paulo, assim como a Mumbai e Pequim. Ele pensa nos países emergentes, onde as bilheterias de Hollywood avançam atualmente na casa dos dois dígitos. Por enquanto, o número de entradas aumenta mais rapidamente que as receitas em dólar, mas é aí que está o futuro de Hollywood. Glickman sabe que muito em breve terá de contar menos com os mercados maduros, como a Europa, e mais com os recém-chegados do G20, com os países BRIC (Brasil, Rússia, Índia, China) e os da Asean (do Sudeste asiático). Recentemente, as bilheterias chinesas e russas do filme *Avatar* superaram as da maioria dos países europeus. Surge toda uma nova cartografia mundial do mercado do cinema americano.

Ao mesmo tempo, Glickman conhece os limites de seu otimismo. Os estúdios hollywoodianos correm o risco de se transformar em "ativos não estratégicos" de conglomerados multinacionais como a Sony. Os monopólios, outrora muito bem regulamentados nos Estados Unidos, já não sofrem muitas limitações; desde Reagan, os estúdios são autorizados a adquirir redes de televisão e até, apesar de uma proibição decidida pela Suprema Corte em 1948, a possuir salas de cinema. E além disso, claro, existe a pirataria, obsessão de Glickman e da MPAA. Já no caso dos DVDs, certos mercados, como a China, chegam perto dos 95% de falsificação; a situação se deteriorou ainda mais com a Internet, que permite baixar qualquer filme antes mesmo de seu lançamento nos Estados Unidos. Finalmente, há a escalada dos custos hollywoodianos. Hoje, só o capítulo "maquiagem" de um filme supera muitas vezes a marca dos 500.000 dólares. O que torna muito caros os tubinhos de batom.

Dan Glickman pesa na conversa comigo os trunfos e os limites de Hollywood. Mais do que qualquer outra coisa, as estrelas estão no cerne dessa complexa equação econômica. Um plantel extremamente limitado de atores — especialmente Johnny Depp, Brad Pitt, Matt Damon, Tom Cruise, Tom Hanks, Leonardo DiCaprio, Nicole Kidman, Julia Roberts, Harrison Ford, George Clooney, Will Smith — permite a um filme ser lançado em qualquer lugar do mundo. O cachê dessas estrelas representa uma parte cada vez maior no orçamento dos filmes, tanto mais na medida em que, geralmente, contempla um percentual sobre a bilheteria. É aí que está o dilema: lançar um filme internacionalmente sem um grande nome representa um risco grande demais; mas lançá-lo com uma estrela de fama mundial implica custos exorbitantes.

A MPAA investe sobre a América Latina

No Brasil, o homem forte da MPA chama-se Steve Solot. De sua base no Rio de Janeiro, ele coordena a ação dos estúdios na América Latina como um todo. "Para a MPAA, a América do Sul não conta em termos de bilheteria, mas se torna cada vez mais importante em termos de influência e de número de entradas vendidas", explica-me Steve Solot no Rio. "O percentual do cinema americano nas bilheterias brasileiras supera 80%, como frequentemente é o caso na América Latina. E mesmo nos 20% restantes, não devemos esquecer que muitos filmes brasileiros são coproduzidos pelos americanos. Globalmente, assim, superamos a marca dos 85%." O escritório da MPA no Rio analisa a evolução do mercado cinematográfico, da televisão e da TV a cabo, luta contra a pirataria na Internet e se empenha no sentido de evitar qualquer cota de proteção da indústria brasileira.

A partir dessa base, toda a América Latina é fiscalizada: quando o México tentou estabelecer cotas para proteger sua indústria, Steve Solot instalou-se na Cidade do México para coordenar uma estratégia de contraofensiva. Com o apoio de Jack Valenti e do Congresso americano, em Washington, a MPA conseguiu derrubar o projeto de lei mexicano e anular as cotas. "Os americanos foram muito hábeis. Conduziram uma dupla ofensiva: primeiro, junto ao governo mexicano, em nome do Natta, o Acordo de Livre Comércio da América do Norte, e em seguida fizeram lobbying in loco sobre os exibidores, como eu, para nos mobilizar contra as cotas. Os mexicanos adoram os blockbusters americanos, é assim. Com a adoção de cotas, nosso volume de negócios teria diminuído. De modo que lutamos contra as cotas", explica o mexicano Alejando Ramírez Magaña, diretor geral da importante rede de salas Cinépolis, que entrevistei no México.

Durante muito tempo, a MPA foi representada na América do Sul por Harry Stone. Jack Valenti: "Era uma espécie de oficial de cavalaria britânico, alto e bigodudo, perfeitamente fluente em espanhol e português. Quem quer que fosse o presidente do Brasil, Harry era seu amigo" (não pude entrevistar Stone, falecido no fim da década de 1980).

No Rio de Janeiro, pergunto a Steve Solot sobre seu antecessor: Durante quarenta anos, Harry Stone fez lobby à maneira antiga: em grande estilo, com festas mundanas. Ele conhecia todos os presidentes de todos os países da América do Sul. Dava recepções suntuosas com champanhe francês e caviar nas embaixadas e consulados dos Estados Unidos. A elite brasileira ou argentina acorria para ver em pré-estreia filmes como *2001: Uma odisseia no espaço*, *O poderoso chefão* ou *Taxi Driver*, numa época em que os filmes americanos levavam várias semanas para chegar até nós.

Na época, a estratégia consistia em promover os valores e a cultura dos Estados Unidos na América Latina, para estimular o comércio.

Alberto Flaksman, da agência governamental de promoção do cinema brasileiro, confirma o papel determinante representado por Harry Stone na América Latina:

Harry era um notório homossexual, mas era casado com uma grande dama brasileira da alta roda. Como presidente da MPA para a América Latina, convidava para grandes noitadas banqueiros, o jet-set, empresários, as boas famílias, mas também os militares da ditadura, o que conferia a essas recepções um clima algo viscontiano. Na década de 1970, a MPA trabalhava bem sob a ditadura no Brasil, sob Pinochet no Chile, embora encontrasse mais dificuldade na Argentina, com Perón, que era muito antiamericano. Ao mesmo tempo, Harry Stone não frequentava muito as personalidades do cinema da América Latina, considerando-as muito esquerdistas ou nacionalistas. Era sem contar com elas, mas contando com os ditadores, que lançava os filmes hollywoodianos de sucesso — e o sucesso nunca falhava. A oligarquia brasileira ou chilena adorava o cinema americano e sempre se vendeu à MPA.

Essa proximidade com os poderes locais permitiu à MPA obter vantagens na distribuição de filmes americanos, como a eliminação de taxas de exportação sobre as cópias de filmes, uma melhor taxa de câmbio para a remessa das receitas de bilheteria para os Estados Unidos e às vezes, quando existiam, a não aplicação de cotas nacionais.

No Rio de Janeiro, em Buenos Aires, na Cidade do México e até em Caracas, pude conversar com os elementos de ligação da MPA que defendem o cinema americano. Quase sempre, são sul-americanos que administram as redes de distribuição em favor dos blockbusters dos estúdios. E por que o fazem? "Pelo dinheiro", responde Alberto Flaksman, no Rio. "É mais ou menos como a Coca-Cola: onde quer que a gente vá no mundo, nas menores aldeias da Ásia ou da África, vamos encontrar uma garrafa gelada de *Coke*. Em termos locais, a maioria desses distribuidores não são americanos. Aqui, são brasileiros que não promovem o cinema americano por motivos ideológicos, mas simplesmente por interesse comercial." Esses elementos de ligação local muitas vezes trabalham para diferentes majors hollywoodianas ao mesmo tempo. Os estúdios não entram em concorrência na América Latina, mas se apoiam. Existem acordos de distribuição entre a Disney e a 20th Century Fox, entre a Warner e a Columbia e sobretudo entre a Viacom e a Universal, que chegam inclusive a administrar cinemas em comum no Brasil. As leis de proteção da livre concorrência nos Estados Unidos não têm muito valor na América do Sul. Alberto Flaksman suspira: "E diante dessa formidável máquina de guerra, nós, sul-americanos, estamos muito divididos. Não temos nenhuma rede comum de distribuição. E nem mesmo um cinema 'latino' a defender".

*

No México, Jaime Campos Vásquez apresenta um percurso singular. "Eu sou peruano e durante 25 anos trabalhei para o serviço secreto do Peru. Atualmente, luto aqui contra a pirataria para a MPA", conta-me ele logo de entrada, em espanhol (estranhamente, Vásquez não fala inglês). Fui ao seu encontro na sede da MPA na Cidade do México. Impecável com sua gravata de losangos violeta estilo Vasarely, o relógio de ouro chamativo e os cabelos impecáveis debaixo do laquê, Jaime Campos Vásquez é um personagem difícil de classificar e, contra toda expectativa, simpático. "25 anos no serviço secreto é muita coisa", repete ele, rindo, satisfeito com o efeito causado, ao mesmo tempo que mostra insistentemente os cabelos brancos. Por trás de toda essa jovialidade, percebo um indivíduo temível. "A pirataria de filmes é um crime, só que mais light", diz ele. "Aqui no México é um comércio ilegal apoiado pelo crime organizado, as redes mafiosas. Nós trabalhamos com a polícia local, a alfândega, e minha experiência no serviço secreto me ajuda muito em termos de análise da informação, investigação e inteligência tecnológica."

Pergunto-lhe se não é contraditório trabalhar para os americanos. Vásquez sorri: "Não tenho o menor problema em trabalhar para os gringos. Eu luto contra todas as falsificações e contra a economia clandestina ilegal. Tudo que puder contribuir para enfraquecer o crime organizado na América Latina é positivo. Somos a favor da tolerância zero". Ele hesita um pouco, se endireita na poltrona e volta a falar, visivelmente embaraçado com o fato de um francês censurá-lo por trabalhar para os "gringos": "Sabe como é, aqui no México o cinema deve muito aos americanos. Há cerca de 15 anos, não havia mais cinemas nem filmes. Hoje, construímos uma nova sala multiplex diariamente e temos duas vezes mais cinemas no México que no Brasil, embora a população seja duas vezes menor. Tudo isso vem dos blockbusters hollywoodianos, que permitem ao cinema novamente ser rentável e ao público, voltar às salas. E os americanos também estimulam e financiam a produção local. Eles formam os cineastas hispânicos em suas universidades e lhes dão uma oportunidade em Los Angeles. Hoje em dia está renascendo um cinema mexicano" (Hollywood tem 90% das bilheterias no México e o cinema mexicano, menos de 5%).

A sede da MPA na Cidade do México é discreta, uma residência de família burguesa, sem nenhuma inscrição na fachada, num bairro residencial. No interior, nenhum sinal distintivo, à exceção de uma esplêndida máquina caça-níqueis *vintage*. Ali trabalham 25 pessoas, sob diferentes condições. Jaime Campos Vásquez, por exemplo, não consta oficialmente como assalariado da MPA: ele é o diretor da APCM, Asociación Protectora de Cine y Música. Essa associação foi criada em conjunto pela MPA e a indústria do disco americana para lutar contra a pirataria. "A MPA é o 'good cop' e nós, o 'bad cop'" (o tira gentil e o tira malvado), diz Vásquez. "Nós os acolhemos na nossa sede mas não queremos aparecer diretamente como encarregados da ação repressora", confirma a advogada Rita Mendizaal Recasens, responsável pela MPA no México, que me recebe no mesmo escritório. Na verdade, a APCM é o braço policial da MPA e está diretamente vinculada a Los Angeles, estando ali subordinada a Bill Baker, antigo diretor do FBI e da CIA, que por sua vez se reporta diretamente ao chefe da MPAA em Washington.

Jack Valenti já tinha mais de 75 anos quando conheceu seu pior inimigo — pior, para ele, do que a guerra do Vietnã, que no entanto pusera fim à carreira de seu mentor, Lyndon Johnson. Esse inimigo é a Internet. Em seu escritório em Washington, Valenti logo fica agitado quando abordo o tema, sabendo perfeitamente que é dos mais delicados. A Internet é um verdadeiro inimigo pessoal para ele, sua obsessão, seu pesadelo. À minha frente, Valenti tem os olhos arregalados, levanta os braços: quase se poderia dizer que se transformou num personagem exageradamente animado da Pixar.

E eis que Jack Valenti volta às luzes da ribalta. Às vésperas de se aposentar, ele estrelou, como essas divas que estão sempre anunciando sua última turnê, um *come back* inesperado. Seu melhor desempenho sempre foi na adversidade. E ele sabe que, se Hollywood precisa ser amada, a MPAA não deve ter medo de ser temida. No início da década de 2000, ele está de novo em ação: numa palavra, volta a fazer política. Metodicamente, organiza a luta contra a cópia ilegal de filmes, entra em guerra contra as novas tecnologias, mobiliza o Congresso, todos os

MAINSTREAM

embaixadores dos Estados Unidos e todas as polícias, exagerando as estatísticas e transformando a propaganda dos estúdios contra a pirataria em causa nacional americana. "Foi o combate de minha vida", diz-me Valenti. Nesse empenho, ele subestima o adversário, dá as costas a uma virada histórica e, querendo combater a Internet, repete o erro histórico da indústria do disco, que quis proibir o rádio no fim da década de 1910. Mais uma vez, a luta está perdida antes de ser começada.

Reviravolta estratégica histórica para Hollywood, se pensarmos bem: depois de fazer de tudo, durante décadas, para difundir o cinema americano em todo o mundo, por todos os meios, a MPAA passa brutalmente da promoção à repressão, da cultura à polícia. Cabe ressaltar que a cópia ilegal de videocassetes e DVD é uma indústria bem estabelecida na Ásia (90% do mercado na China, 79% na Tailândia, 54% em Taiwan, 29% na Índia, segundo a MPAA), na África, no Oriente Médio, na América Latina (61% do mercado no México) e na Rússia (79% do mercado). A MPAA estima atualmente que Hollywood perde 6,1 bilhões de dólares por ano por causa da pirataria. Esta ainda passa majoritariamente pela cópia ilegal de videocassetes e sobretudo de DVD (62% do total) e, em menor medida, embora venha crescendo, pela Internet (38%). Mas Valenti logo entendeu o problema: a pirataria de produtos culturais "materiais" até agora não afetou as receitas de Hollywood, pois se concentrava em mercados pouco rentáveis; entretanto, com a desmaterialização dos filmes, o download ilegal se dissemina na Europa, no Japão, no Canadá e no México e no próprio território dos Estados Unidos.

Assim foi que a MPAA transformou a luta contra a pirataria em sua prioridade mundial, nova estratégia que rompeu os equilíbrios e provocou reviravoltas nas alianças. Ei-la portanto se aliando aos governos francês e alemão, que no entanto se mostravam até então reticentes em colaborar com ela, preferindo defender a produção cinematográfica nacional. Por outro lado, vem aumentando o desentendimento com os países emergentes e do Terceiro Mundo que se recusam a sancionar a pirataria por motivos econômicos ou políticos. A China, por exemplo, não compartilha a filosofia americana sobre direitos autorais e a Rússia não faz a menor questão de favorecer as exportações americanas.

O paradoxo é que, nessa trilha, a MPAA esqueceu sua luta contra as cotas nacionais. "A abolição das cotas não é mais nossa prioridade global", me confirma Dan Glickman, o atual chefe da MPAA, em seu gabinete em Washington. Em vez de promover um confronto global, a MPAA negocia parcerias caso a caso, uma hora com o México, mais adiante com a Coreia. A nova diplomacia americana de cinema: nada de política multilateral, e, em seu lugar, "multiparcerias".

Através de sua diplomacia, do diálogo com o Congresso e as polícias, a MPAA, por mais independente que se pretenda, é na verdade uma agência americana "quase governamental". Mas nem por isso devemos cair na teoria da conspiração. Nada disso, nem esses vínculos com o governo, a CIA ou o FBI, explica realmente o poderio e a importância crescente do cinema americano no mundo.

Para entender o monopólio internacional dos Estados Unidos sobre as imagens e os sonhos, devemos voltar à fonte desse poder, que não está em Washington, mas em Los Angeles. Não na MPAA, mas nos estúdios hollywoodianos. E, para começar, temos de lançar um olhar ao público americano: milhões de espectadores que anualmente compram algo em torno de 1,4 bilhão de entradas para cinema, gastando nisso mais de 10 bilhões de dólares. São eles, hoje, os maiores consumidores de filmes nas salas de cinema dos grandes subúrbios dos Estados Unidos. Foi lá que tudo começou: nos shopping-malls à beira das estradas, nos drive-ins, nas exurbs e nos multiplexes.

2. Multiplexes

"Os banheiros são tão imponentes que fico me perguntando se um dia não viremos ao cinema só para visitá-los. No início, eles queriam até cobrar dos turistas para poder usá-los." Mohamed Ali sorri. Ele é o gerente dos multiplexes de City-Stars, um dos maiores complexos comerciais do Oriente Médio, situado em Nasr City — a cidade de Nasser —, perto de Heliópolis, 25 quilômetros a leste do Cairo, no Egito.

Três pirâmides de vidro iluminadas repousam no alto dos cubos de concreto que formam os sete andares do "shopping-mall" (centro comercial). À parte esse toque egípcio, o lugar se parece com todas as galerias comerciais que eu pude visitar em qualquer lugar do mundo — como em Omaha, no Nebraska, em Phoenix, no Arizona, em Cingapura, Xangai, Caracas ou Dubai. Financiado pelo Kuwait, o City-Stars foi inaugurado em 2004 como uma vitrine árabe da prosperidade e do consumismo. Mau gosto? Seja como for, em matéria de consumo, o City-Stars é um sucesso. De todo o Oriente Médio chega gente para comprar a maioria das marcas internacionais e, como em qualquer lugar, um pouco do sonho americano.

Nesse centro comercial que hesita entre o projeto faraônico e a miragem do deserto, encontramos dois multiplexes que sozinhos respondem, segundo Mohamed Ali, por um terço das bilheterias egípcias (o dado real é 20%, o que já é considerável). O maior dos dois tem 13 salas, às

quais chegamos por um corredor coberto de carpetes fantásticos deco-
rados com motivos de *Guerra nas estrelas* e iluminado com holofotes
estilo 20ᵗʰ Century Fox e projeções de "abstração colorida" nas paredes
e no teto. Ao longo do corredor, incontáveis bancas onde são vendidas
pirâmides de pipoca. "A pipoca faz parte da experiência cinematográfica", comenta o gerente. E prossegue: "O que mais contribuiu para o
nosso sucesso, contra toda expectativa, foram duas coisas que não têm
muito a ver com o cinema: o ar-condicionado e a segurança". O lugar
é seguro para as famílias e os jovens — fator decisivo do sucesso dos
multiplexes em todo o mundo, do Egito ao Brasil, da Venezuela aos Estados Unidos. A programação também conta, sutil mistura de comédias
egípcias e blockbusters americanos. "Mas os jovens só querem ver os
filmes americanos", constata Mohamed Ali.

O Paradise 24 é um outro multiplex ao estilo templo egípcio. Acaba
de ser inaugurado, com suas 24 salas de cinema, e também se assemelha
a uma pirâmide — com direito a colunas e hieróglifos. É o que se costuma chamar atualmente de "theming": atribuir um tema a um espaço
comercial, exagerando os estereótipos de um lugar imaginário. Pois
esse templo egípcio está situado em Davie, à beira da Interstate 75, na
Flórida, Estados Unidos. Um outro megaplex egípcio, o cinema Muvico,
deve ser inaugurado em 2010 num shopping-mall de Nova Jersey, também nos Estados Unidos. Será o maior megaplex americano, também
"tematizado" à maneira egípcia.

Para decifrar o *entertainment* e a cultura de massa nos Estados Unidos
— ou seja, no mundo também —, devemos acompanhar as etapas-chave
dessa fundamental virada: de que maneira o cinema passou do drive-in
ao multiplex, do "suburb" à "exurb", da pipoca à Coca-Cola. Todas
essas palavras são em inglês. Não por acaso. Foi aqui, no coração da
América mainstream, que tudo começou.

Do drive-in ao multiplex

Quando partimos em busca dos multiplexes nos Estados Unidos — e eu
visitei mais de uma centena em 35 estados —, começamos por encon-

trar o "drive-in". Fazer cinema num estacionamento: era uma invenção genial. E uma ideia que colou.

Já não restam hoje muitos drive-ins nos Estados Unidos. Pude visitar alguns deles, desativados, transformados em mercados de pulgas aos domingos ou limitados ao período de verão em San Francisco, Los Angeles ou no Arizona. O primeiro foi inaugurado em 1933 em Nova Jersey; em 1945, havia menos de cem deles no país; mas dez anos depois, já eram quatro mil. Na década de 1980, tinham praticamente desaparecido. O que aconteceu? É o que precisamos descobrir, de tal maneira o drive-in representou uma das matrizes da cultura de massa americana do pós-guerra.

Scottsdale, Arizona. Nesse subúrbio de Phoenix, o Scottsdale Drive-In se apresenta ainda hoje como um drive-in de seis telas ao ar livre. Construído em 1977 no deserto, seu nome inicialmente era "Desert Drive-In". Hoje, estamos ali em plena cidade, e eu chego ao local por uma ampla rodovia de quatro pistas especialmente construída para o drive-in. As seis "salas" estão voltadas umas para as outras num terreno que durante o dia parece abandonado, mas à noite adquire vida, iluminado por centenas de automóveis. O drive-in abre 365 dias por ano, "rain or shine" (chova ou faça sol), informa-me Ann Mari, que trabalha no Scottsdale Drive-In. O lugar pode abrigar até 1.800 carros. "O importante é chegar num carro confortável, pois a pessoa fica sentada em seu automóvel", esclarece Ann Mari. "E é preciso também um bom rádio no carro, pois o som é transmitido através de uma rádio AM ouvida no próprio automóvel. E também é importante uma boa refrigeração."

Os drive-ins ainda existentes à beira das rodovias americanas preservam um certo clima de outros tempos. Temos, para começar, os luminosos de neon de cores berrantes que podem ser vistos à distância: o Rodeo-Drive de Tucson, no Arizona, com uma *cow-girl* luminosa girando seu laço no ar; o New Moon Drive em Lake Charles, Louisiana, com uma lua florescente no céu; o Campus Drive em San Diego, com uma espetacular líder de torcida.

Em 1956, existem portanto mais de quatro mil drive-ins na América, e neles são vendidas mais entradas que nos cinemas tradicionais. O drive-in é um fenômeno jovem e sazonal. O custo da entrada é baixo: 2 dólares por carro, qualquer que seja o número de pessoas em seu interior; mais tarde, a cobrança seria feita por cabeça (havia quem se escondesse na mala, que logo passou a ser inspecionada também).

Essa entrada dá direito a dois longas-metragens. A qualidade da imagem não é boa, mas não faz mal: belas mulheres desfilam pela tela, e, na ausência dos pais, dá para beijar a namorada no carro. Surge em inglês a expressão "to ball" — um pouco mais que um simples beijo. O drive-in desempenhou um papel importante nas primeiras experiências sexuais dos adolescentes americanos.

Se os drive-ins se multiplicaram tão rapidamente, foi por serem extremamente rentáveis. Não tanto pela entrada, mas graças às concessões e ao que passou a ser conhecido como "pop & corn" (as bolhas da Coca-Cola e o corn, ou milho). Foi nos estacionamentos dos drive-ins que os americanos começaram a se acostumar a comer no cinema. Não demorou, e o carro da família se transformou num verdadeiro fast-food ambulante.

Estabelece-se o hábito de ir ao cinema de jeans, ninguém mais se veste para sair. É tudo informal, livre, sem complicação. Por toda parte encontram-se juke box cintilantes, belas garçonetes de patins vestidas de rosa-shocking ou azul-turquesa, e no fim da noite um pouco de fogos de artifício — a felicidade na América do pós-guerra.

Hoje, nas rodovias norte-americanas, não entendo muito bem como é que o sonho de cinema para as classes médias foi se transferindo das grandes salas da década de 1930, imensos palácios de mármore e deslumbrantes tapetes vermelhos, para as projeções num muro de concreto, no meio de um estacionamento e dentro do próprio carro. Mas o fato é que basta abrir os olhos. Os jovens, as famílias, as novas classes médias não se afastaram dos estacionamentos. Atualmente, basta olhar na direção dos novos shopping-malls para perceber que os americanos continuam indo ao cinema em estacionamentos. O nome disso é multiplex.

*

MULTIPLEXES

Omaha, Nebraska. Um multiplex acaba de ser inaugurado no meio de uma plantação de milho a cerca de trinta quilômetros do centro da cidade. Onde é que poderia estar com a cabeça o empresário americano que construiu esse multiplex? "Não é nenhuma loucura, é puro negócio", explica-me Colby S., o gerente do Village Point Cinema.

O cinema ainda aguarda os retoques finais em pleno coração de um imenso shopping-mall, batizado, justamente, de Village Point Mall, por sua vez também ainda em acabamento. Estou numa zona rural que não tem realmente um nome: semanas antes, ela sequer existia, apenas vacas pastavam por ali. As pessoas dizem simplesmente West Omaha. Como costuma acontecer nos subúrbios americanos, os centros urbanos são identificados em função dos pontos cardeais, do nome da rodovia que lhes dá acesso ou, no mais das vezes, pelo nome do principal shopping-mall.

Os empreiteiros imobiliários decidiram criar o Village Point Mall nesse lugar afastado e "no fim da cidade" por saberem por experiência própria que Omaha está se estendendo para o oeste. As rodovias sequer estão concluídas e os sinais luminosos ainda não foram instalados, e eles já sabem que centenas de milhares de pessoas logo estarão vivendo na região. Com seus projetores, o multiplex domina o centro comercial. É o cinema que dá o "toque urbano": ele confere um clima "cultural" ao conjunto. O multiplex é a cidade chegando.

O clima nesse multiplex grandioso é tranquilo e os espectadores são orientados na direção das salas de cinema por linhas no piso, mais ou menos como nos aeroportos. "A prioridade", explica Colby, "são os banheiros, especialmente para as famílias e os idosos." Encontram-se portanto banheiros amplos e numerosos, como em todos os multiplexes, em quantidade cuidadosamente calculada em função de regras precisas: "É necessário em média um banheiro para cada 45 mulheres presentes no cinema", explica o gerente. Belas escadas rolantes conduzem os espectadores às salas de cima, e no fim da noite o gerente tem a inteligente lembrança de inverter o sentido das escadas para encaminhar todo mundo tranquilamente até a saída.

Como praticamente em qualquer lugar dos Estados Unidos, as salas são construídas pelo modelo chamado "stadium", muito inclinado, cada assento mais elevado que o da frente, para permitir visão perfeita de qualquer lugar. As poltronas são espaçosas, os vãos entre as fileiras, largos. O multiplex tem 16 salas de 88 a trezentos lugares.

Por que a multiplicação de salas num mesmo espaço? Para permitir uma programação mais diversificada, contemplando ao mesmo tempo blockbusters e filmes de nichos especializados? Colby: "Não, absolutamente. É para não desperdiçar nenhum adolescente". Os blockbusters são projetados em várias salas ao mesmo tempo, com uma seção a cada 15 minutos "em horário de pico", para que ninguém precise consultar os horários antes de sair de casa. A uma média de 1.300 pessoas por sessão, temos quase sete mil pessoas por dia, todas abrigadas das intempéries e, também aqui, num ambiente seguro. Na entrada do multiplex, vejo um aviso lembrando que é proibido o porte de armas no interior.

A programação desse multiplex em Omaha é mainstream — *Homem-Aranha 3*, *Shrek 2*, *Os Incríveis* ou *Eu, Robô* —, e os filmes "rated", proibidos para menores de 13 ou 17 anos, não são muito valorizados. Não há sessão depois das 22 horas, nem mesmo aos sábados. As famílias representam uma parte importante do público, e os aposentados, cerca de 30%. Filmes estrangeiros legendados, assim, são evitados: "Se é necessário ler legendas, é como se lhe estivessem pedindo para fazer um esforço. O público vem para se divertir, e não para voltar à escola", explica-me o gerente. O raciocínio parece lógico.

Por que será que o multiplex instalado em pleno shopping-mall se transformou no símbolo por excelência da experiência cinematográfica nos Estados Unidos e daqui a pouco também em qualquer lugar do mundo? Os exibidores e distribuidores americanos foram os primeiros a entender: é porque o shopping se transformou no centro da cidade nos subúrbios americanos. Ele passou a ocupar o lugar da famosa "main street" das cidades pequenas e do "downtown" das cidades grandes. Em 1945, havia nos Estados Unidos oito "shopping centers", como ainda eram chamados, e eles seriam 3.000 em 1958, mais de sete mil em 1963, 22 mil em 1980 e quase 45 mil atualmente.

MULTIPLEXES

Ao se darem conta, na década de 1970, de que um novo mall era inaugurado de quatro em quatro dias, em média, nos Estados Unidos, os chefões da General Cinema, American Multi-Cinema e logo também do Cineplex-Odeon — os três inventores do multiplex — perceberam que precisavam abrir seus cinemas nos subúrbios, e não mais nos bairros tradicionais das cidades. O multiplex é ao mesmo tempo um deslocamento geográfico e uma mudança de escala. O primeiro cinema com duas salas gêmeas data de 1963 (o Parkway Twin, num shopping-mall de Kansas City, construído pela General Cinema). Em 1966, são quatro as salas do Metro Plaza Complex (ainda em Kansas City, por iniciativa do concorrente American Multi-Cinema, conhecido como AMC). Em 1969, nasce o "sixplex", desta vez em Omaha; vem depois o primeiro "eightplex" em Atlanta, em 1974. Multiplicando as salas num mesmo cinema de subúrbio, os inventores do multiplex na verdade não dão mostra de grande imaginação: estão retomando uma receita já bastante explorada, a dos shopping-malls, logo ali ao lado, que multiplicam o número de lojas e fast-foods de diferentes redes para atender a todos os gostos. Não demora, e a AMC, já dona de 160 telas em 1972, começa a informar o número de salas no próprio nome do cinema, prática atualmente generalizada (Empire 4, Midland 3 e Brywood 6). No fim da década de 1970, o grupo amplia ainda mais o conceito, abrindo complexos de 10, 12 e até 14 salas, não raro subterrâneas e separadas apenas por paredes de compensado (o que permite, por exemplo, acompanhar os diálogos de *Noivo neurótico, noiva nervosa* tendo como trilha sonora a música de *Guerra nas estrelas*). O multiplex é moderno, eficiente, próximo do lugar onde os americanos vivem e, fato interessante, sempre foi valorizado nos Estados Unidos, inclusive pela imprensa e por Hollywood, que viram nele um aliado, e não um inimigo do cinema. O que contrasta com as reações não raro críticas dos europeus em relação ao conformismo dos subúrbios e à desculturação que seria gerada pelos multiplexes nos shopping-malls. Mas esse sucesso popular ainda precisava encontrar seu modelo econômico.

MAINSTREAM

Quando a pipoca se transforma em modelo econômico

No número 401 da South Avenue, em Bloomington, 18 quilômetros ao sul de Minneapolis, encontramos o AMC Mall of America 14. Inaugurado em 1992, o Mall of America é, com suas 520 lojas, seus cinquenta restaurantes e suas 12 mil vagas de lugares no estacionamento, um dos maiores centros comerciais do mundo. O que lhe valeu o apelido de "megamall" (e também de "megamess", ou "megabagunça", por causa dos atrasos no início do funcionamento). É um enorme retângulo de três andares, muito feio, tendo no meio um parque de atrações totalmente coberto, com direito a carrosséis e roda gigante. Quarenta milhões de pessoas o visitam anualmente, clientes e consumidores, é claro, mas também turistas que o procuram por causa do tamanho e da importância histórica, como se visita o Louvre ou as pirâmides.

Diante de semelhante gigantismo, o AMC Mall of America 14, o multiplex local, parece incrivelmente modesto. Nele, *Avatar* só pode ser visto em 22 telas por dia (o que é pouco, comparado com as quarenta telas disponíveis no AMC Empire 25 em Times Square, Nova York). Mas o fato é que esse tipo de multiplex pertence à nova geração desenvolvida na década de 1980 pela rede canadense Cineplex-Odeon, que combina o número de salas dos multiplexes da primeira geração com o gigantismo dos palácios cinematográficos de antes da guerra. Nele, as salas são mais amplas, situadas nos andares superiores, e não mais no subsolo, como anteriormente; através das enormes vidraças, é possível ver a cidade-subúrbio se estendendo ao infinito.

Ao contrário dos dirigentes dos estúdios hollywoodianos, que assumem riscos e às vezes jogam roleta-russa, os donos de salas de cinema sabem perfeitamente o que estão fazendo: sabem que são vendedores de pipoca.

A história da chegada da pipoca às salas de cinema americanas remonta à Grande Depressão de 1929. Muitas vezes ainda independentes, os donos de cinemas precisam de novas receitas financeiras nessa época de falência nacional. Verificando que os espectadores, antes de ver o filme,

MULTIPLEXES

compram balas em pequenas "delis" ou "diners" nas proximidades dos cinemas, eles têm a ideia de começar por sua vez a vender bombons ou garrafas de Coca-Cola no seu próprio caixa. E são surpreendidos pelo enorme interesse do público.

A pipoca, produto mágico, torna-se popular na década de 1930. Oferece a vantagem de ser fácil de fazer e de ter um custo ínfimo em relação ao preço de venda: 90% do rendimento são puro lucro. Eis então que os drive-ins e logo também os multiplexes constroem seu modelo econômico em torno da pipoca. Os cinemas passam a comprar o milho de pipoca no atacado, diretamente das indústrias agroalimentares que o refinam, e máquinas automáticas mais eficazes começam a ser comercializadas. Paralelamente, a indústria do milho, concentrada no Midwest, multiplica sua produção por vinte entre 1934 em 1940. Os Estados Unidos se transformam no maior produtor mundial de milho, e continuam a sê-lo. O lobby do "corn" se organiza no Congresso, em Washington, estimulado pelos departamentos de Agricultura e da Guerra. Com isso, o "corn" invade todos os produtos, muitas vezes apresentado em forma de "corn syrup" e, a partir da década de 1970, de "high fructose corn syrup" (uma espécie de xarope de açúcar de milho com um teor de frutose muito maior do que o açúcar de cana). Ele é encontrado nos iogurtes, biscoitos, cereais, no ketchup, no pão de cachorro-quente e hambúrguer e, claro, na Coca-Cola e na Pepsi. Diante desse autêntico motivo de orgulho agrícola nacional, todas as tentativas ecológicas, sanitárias ou dietéticas de limitar a invasão do açúcar de milho e dos derivados do corn na alimentação fracassaram, em vista de seu preço baixo e da eficácia do lobby. E no entanto está provado que o corn syrup e o high fructose corn syrup são fatores agravantes da obesidade americana.

Na década de 1950, o agrobusiness do milho identifica nas salas de cinema um desaguadouro potencial para os excedentes da produção. Uma ofensiva comercial é lançada visando os exibidores, todos desejosos de vender mais pipoca e que recebem em troca campanhas publicitárias para suas salas. Campanhas para promover a pipoca.

Já frequente nos drive-ins, a pipoca se generaliza nos multiplexes. Os balcões de venda aumentam de tamanho, assim como as porções — e os preços acompanham devidamente. Um dos gerentes do AMC Mall of America 14, com o qual converso em Minneapolis, me explica que a rentabilidade dos cinemas depende menos das entradas e mais das concessões, cujas receitas são integralmente embolsadas pelo exibidor. Segundo ele, cada espectador gasta em média 2 dólares em pipoca. "Os filmes de ação vendem mais", diz ele. Noventa por cento da receita são apurados antes do início do filme, 10% durante o filme e nada no fim. "Os espectadores nunca consomem ao ir embora", lamenta o gerente.

Uma das principais redes de multiplexes, o gigante Cineplex-Odeon, logo compra uma marca de pipoca, a Kernels Popcorn Limited, o que lhe permite vender pipoca em seus cinemas com uma margem de lucro ainda maior. Comenta uma das atendentes do AMC Mall of America 14, em tom de brincadeira: "Qualquer dono de sala cinema precisa antes de mais nada encontrar um bom lugar para vender pipoca, e depois construir um multiplex em volta."

Do "suburb" à "exurb"

No cruzamento das rodovias 405 e 55, o Edwards Metro Pointe 12 é um multiplex típico que pertence ao grupo Regal Entertainment. Estou em Orange County, a sudeste de Los Angeles, entre o oceano Pacífico e as montanhas de Santa Ana, num tipo de área hoje conhecido nos Estados Unidos como "exurb" (a palavra deriva de "extra-urbia", e também se fala do fenômeno da exurbia). A exurb representa a cidade ao infinito, uma cidade que não para de crescer. É aqui que temos de buscar hoje em dia, entre as rodovias de 18 pistas e diferentes níveis que dão voltas no céu, as chaves da cultura de massa americana.

No início era o "suburb", o subúrbio. Entre 1950 e 1970, as cidades americanas ganham 10 milhões de habitantes, e seus subúrbios, 85 milhões. Folheando edições antigas da revista *Life*, temos uma ideia do que representou o ideal do suburb para a classe média americana da década de 1950. Em suas páginas, encontramos máquinas de lavar roupa de grande capacidade, geladeiras gigantes e carrinhos de bebê para gêmeos e às vezes trigêmeos. Gramados impecavelmente aparados.

MULTIPLEXES

Vemos também o surgimento do faça-você-mesmo e uma família transportando uma cozinha pré-montada presa ao teto de um pequeno Ford, pouco antes de a Home Depot transformar os subúrbios em imensas lojas permanentes de quinquilharias. Vemos os pais sonhando com uma família de 2,5 filhos (mas eles acabariam tendo quatro ou cinco, com o baby-boom). E também muitas experiências comunitárias, envolvendo os esportes, as escolas, as igrejas. O suburb não é nem um kolkhóz nem um kibutz, mas na época ainda tem um certo lado "socialista". Que viria a desaparecer com a exurb.

Se o suburb foi o grande lance da década de 1950, com a proliferação dos drive-ins nos subúrbios próximos, a exurb é o grande lance da América contemporânea, com seus multiplexes nos subúrbios distantes. No caso do suburb, ainda se permanecia no primeiro anel ao redor da cidade: em geral, as pessoas continuavam a trabalhar no centro, a demandá-lo para ir ao restaurante e ao cinema, e só voltavam para o subúrbio à noite. O elemento novo, aquele que por assim dizer define a exurb, é o deslocamento do mercado de trabalho: a exurb é fundamentalmente diferente do suburb, pois os americanos vivem e trabalham nela. E, naturalmente, também nela cultivam o lazer. À medida que as exurbs se desenvolvem, são acompanhadas pelos cinemas.

Esse fenômeno começou na década de 1940, mas se acentuou na de 1970 e se generalizou nos anos 1980 e 1990 graças às novas tecnologias de aceleração e simplificação das comunicações. É o modelo de Los Angeles: em vez de construir cidades verticais, como em Nova York, onde o espaço era reduzido, construíram-se cidades horizontais. Quase sempre a exurb nasceu nos arredores distantes das cidades, no cruzamento de duas autoestradas, uma em direção norte-sul (sempre com um número ímpar nos Estados Unidos), a outra na direção leste-oeste (com número par). Em todo lugar, fosse em Phoenix, Denver, Houston, Miami, Dallas, Austin, Atlanta, pude ver cidades espalhadas por centenas de quilômetros, com diferentes centros. Não raro, encontrava nelas uniformidade: as mesmas lojas de departamentos culturais (Barnes & Noble, Borders, HMV, Blockbuster), as mesmas marcas (Sears, Kmart, Saks, Macy's, Gap, Banana Republic), frequentemente os mesmos restaurantes populares

(Burger King, Popeye's, McDonald's, Wendy's, Subway, The Cheesecake Factory e as três "franquias" pertencentes à Pepsi-Cola: Kentucky Fried Chicken, Taco Bell e Pizza Hut). E praticamente por toda parte, claro, encontrei sempre, como se fossem verdadeiras réplicas exatas, um café Starbucks e um supermercado Wal-Mart. Uniformidade, automóvel e shopping-mall: a América se julgava diferente e descobre ser banal.

Mas o fato é que essa aparente conformidade esconde coisas surpreendentes. Nas exurbs, deparei-me com tudo e o contrário de tudo: livrarias japonesas, consultórios dentários de lésbicas, teatros latinos, lojas de sandálias tunisinas ou de cerâmica africana, lavanderias chinesas que fazem publicidade em mandarim, um Trader Joe's para vegetarianos, um fast-food brasileiro que não poderia deixar de vender o "USA n. 1 Donuts", uma loja de DVD especializada em Bollywood e restaurantes kosher ou halal. Encontrei mais diversidade do que se poderia imaginar, menos conformismo, menos mediocridade cultural e homogeneidade do que afirmam os intelectuais nova-iorquinos que desde a década de 1950 botam a culpa de tudo no suburb e já agora na exurb. Atualmente, as cidades com mais telas de cinema por habitante não são Nova York nem Boston, mas Grand Forks (Dakota do Norte), Killeen-Temple (Texas) e Des Moines (Iowa). Exurbs.

Quando entramos, por exemplo, em Atlanta, cidade da Coca-Cola e da Home Depot, pela autoestrada I 75, atravessamos exurbs nas quais se sucedem multiplexes, malls, fast-foods e hotéis baratos ao longo de aproximadamente 50 quilômetros, antes de chegar finalmente ao centro da cidade, que é um gueto, deserto, abandonado e ocupado sobretudo pelos negros (Martin Luther King ali nasceu e foi enterrado). Na década de 1990, a cidade de Atlanta ganhou 22 mil habitantes, e sua exurb, 2,1 milhões.

Com a exurb, o subúrbio do subúrbio, os habitantes mudaram do primeiro anel dos subúrbios para o segundo ou terceiro, e — o que é importante — não transitam mais pela cidade. Com o distanciamento, tudo muda. Diante da congestão automobilística, dos problemas de estacionamento, da falta de escolas, do preço da habitação e das baby-sitters, da poluição, às vezes também da droga e da violência, os americanos fugiram do centro das cidades. O filósofo George Santayana ficou conhecido por ter dito que "os americanos não resolvem os problemas: deixam-nos para trás".

Nova fronteira americana, a exurb não precisa mais da cidade, não é mais um subúrbio, mas uma nova cidade. Se o suburb no fim das contas reforçava a necessidade de uma cidade, reafirmando sua supremacia, a exurb pura e simplesmente a anula. Noventa por cento dos escritórios construídos nos Estados Unidos na década de 1990 surgiram nas exurbs, quase sempre em "office parks" ao longo das rodovias, e não mais no centro das cidades. E a cultura também se instalou nesses subúrbios distantes à maneira de Steven Spielberg: o multiplex é o cinema da exurb.

Quando a Coca-Cola compra o estúdio Columbia

A três mil quilômetros de Atlanta, em direção oeste, encontra-se Mesa, Arizona. A cidade tem quinhentos mil habitantes, mais que Atlanta, mas não é muito conhecida. É lá que encontro Gerry Fathauer, diretora do novo centro cultural da nova cidade. Mesa é uma típica exurb. É também a terceira maior cidade do estado, depois de Phoenix e Tucson. "Daqui a dez anos, seremos a número dois", prevê Gerry Fathauer. Mesa cresce para leste, no deserto. A poucos quilômetros, as reservas indígenas, especialmente a dos apaches. Diz-me Fathauer: "Mesa é uma cidade que se desenvolve à velocidade de um cavalo galopando". Desde que a ouvi, não consigo deixar de pensar nessa expressão.

"Culturalmente, fomos muito criticados por sermos um subúrbio de 'ruas largas e espírito acanhado'", prossegue Gerry Fathauer. "Mas vamos provar que aqui também temos cultura e até arte. Ao mesmo tempo, precisamos nos adaptar ao que a comunidade quer e a seus gostos. Aqui em Mesa temos uma população tipicamente de classe média. E o que as pessoas querem são multiplexes." Mesa tem três multiplexes, entre os quais um imenso AMC Grand 24 muito adequadamente situado — o que já se transformou num hábito — no cruzamento de dois "anéis" rodoviários, as rodovias de contorno periférico que sempre são identificadas por três algarismos nos Estados Unidos (no caso, estamos no cruzamento da beltway 202 com a beltway 101).

MAINSTREAM

Ao chegar ao AMC Grand 24, a dois passos do deserto, vejo-me inesperadamente apanhado no fogo cruzado de uma guerra pela conquista da América mainstream. Os diferentes multiplexes pertencem a campos opostos, eternamente irreconciliáveis: Coca-Cola e Pepsi-Cola.

O confronto entre esses dois gigantes centra-se desde a década de 1950 nas salas de cinema. Antes, nem a Coca nem a Pepsi estavam voltadas para o mercado dos adolescentes: as marcas ainda se apresentavam de maneira indiferenciada e familiar, voltadas para o consumo de massa. E por sinal os "palaces", os grandiosos cinemas da década de 1920, não vendiam refrigerantes.

Depois da guerra, a empresa de Atlanta, Coca-Cola, recorre pela primeira vez a campanhas publicitárias no rádio e nas salas de cinema. Visa particularmente os drive-ins, com os célebres anúncios em que aparecem casais felizes no seu conversível amarelo vendo um filme e bebendo Coca. Os slogans ficaram famosos: "Sign of good taste", "Be really refreshed" e "Go better refreshed". Os donos dos drive-ins entram na brincadeira e abrem espaço para intervalos, para aumentar as oportunidades de venda de pipoca e Coca. Mas o fato é que essas campanhas ainda são generalistas, voltadas para todos os públicos. O cinema continua sendo um espaço publicitário como outro qualquer.

Só na década de 1960 é que os jovens se tornam alvo primordial para a indústria de bebidas, no momento em que os adolescentes surgem pela primeira vez como um grupo distinto em termos de consumo, com sua própria cultura e seus próprios códigos. A Pepsi, a eterna desafiadora, faz o primeiro avanço, com uma das mais famosas campanhas da história da publicidade americana: a "Pepsi Generation" (em *Masculin Féminin*, de Jean-Luc Godard, até Chantal Goya se diz integrada a ela). Essa campanha de enorme sucesso ("Come alive! You're the Pepsi Generation", 1963) homenageia o espírito da juventude em rebelião contra o "establishment" (simbolizado, naturalmente, pela Coca-Cola). No plano do marketing, ela rompe com uma estratégia de massa, visando mercados de nicho, a juventude e o estilo de vida adolescente ("Now it's Pepsi, for those who think young", 1961). E funciona.

A campanha Pepsi Generation inunda as rádios jovens e as salas de cinema. Logo, a Pepsi adota uma segmentação ainda mais acentuada, com anúncios voltados para os jovens negros, decuplicando o efeito da "Pepsi Generation" ao associar a bebida, no momento em que a gravadora de discos Motown se torna célebre por sua música pop negra, às ideias de "hip" e "cool". O que Hollywood haveria de lembrar na década de 1970.

Aferrada à ideia de um mercado generalista e temendo qualquer tipo de campanha voltada para alvos específicos, com medo de perder o mercado de massa, a Coca-Cola demora a reagir. É recorrendo ao conceito de autenticidade que a marca finalmente encontra uma maneira de combater a Pepsi, acusada implicitamente de ser uma contrafação ("It's the real thing", 1969, "Can't beat the real thing", 1990, "Always Coca-Cola", 1993). Quando visitei o multiplex de Mesa, ele fora literalmente invadido por anúncios com o slogan "Coca-Cola Real".

Como pano de fundo da batalha Pepsi-Coca vamos encontrar acordos de exclusividade com as redes de cinemas. Contra a promessa de oferecer Pepsi ou Coca-Cola como "refrigerante oficial", a rede obtém milhões de dólares em acordos de publicidade e reduções consideráveis nos preços de venda dos outros produtos da mesma empresa (a Coca-Cola é dona atualmente de Fanta, Sprite, Minute Maid, Canada Dry, Schweppes e da água Dasani, ao passo que a Pepsi-Cola possui Pepsi One, Pepsi Twist, Tropicana, Slice e a água Aquafina). Em Mesa, assim, existe um multiplex que vende somente Coca e outro que só vende Pepsi (entre os anéis rodoviários, eu nunca consegui encontrar o terceiro multiplex, nem mesmo usando um GPS).

O confronto histórico entre a Pepsi e a Coca-Cola influenciou a história dos Estados Unidos — e a história de Hollywood. Ele dizia respeito ao tamanho e à forma das garrafas, ao preço (a Pepsi sempre voltada para um público mais popular, com preço mais baixo), às latinhas de metal e depois de polietileno e também ao sabor, novo ou mais clássico. É uma guerra que se junta à do milho, pois os donos dos drive-ins já têm o hábito de salpicar a pipoca com o chamado sal de Morton, que tem o incrível poder de aumentar a sede — e portanto de induzir ao consumo de refrigerantes. Os donos dos multiplexes fazem ainda melhor: adicionam à pipoca a famosa "golden flavored butter", uma manteiga salgada derretida, de forte odor, que decuplica a sede. O confronto também ocorreu no terreno dietético, com a Pepsi Diet e depois a Diet Coke (Coca Light na Europa). Invariavelmente, os cinemas de um campo e do outro se mobilizam no terreno do marketing. Não demora para que os artistas de Hollywood também sejam mobilizados: campanha "Pepsi, the choice of a generation", com dois clipes famosos de Michael Jackson em 1984. Lionel Richie e Tina Turner se seguem em 1985, Ray Charles em 1990 ("You got the right one baby uh-huh!"), Aretha Franklin em 1999, sempre com uma sensibilidade pop e black. As campanhas publicitárias do cinema fazem eco a cada um desses desdobramentos.

Desde a década de 1950, portanto, os cinemas tornaram-se o lugar privilegiado do confronto histórico entre a Coca e a Pepsi-Cola. Para se ter uma ideia do mercado em jogo, estima-se hoje que a Coca-Cola vende diariamente, em todo o mundo, um bilhão de unidades de suas quatrocentas diferentes marcas de refrigerantes. E para mostrar até onde pode ir a ligação perigosa entre Hollywood e a Coca-Cola, que poderia ser qualificada de "soda-masoquista", basta lembrar que a marca de Atlanta finalmente conseguiu em 1982 comprar o estúdio Columbia, posteriormente revendido à Sony. Paralelamente, a empresa proprietária do Tropicana comprou por certo período o estúdio Universal. Nos dois casos, as tentativas goraram, não se manifestando a esperada sinergia. Quanto às redes de distribuição, seguiram um movimento inverso: a General Cinema, gigante que controlava mais de 400 salas de multiplexes antes de ser comprada pela AMC em 2002, tratou de se "diversificar" entrando no comércio de refrigerantes já em 1968, ao abrir várias fábricas de engarrafamento da Pepsi-Cola. Estranho destino do cinema americano, flertando com o mercado de refrigerantes desde a Segunda Guerra Mundial.

Como as exurbs, contudo, os multiplexes não são fenômenos limitados aos Estados Unidos. Na China, inaugurava-se em média, em 2010, uma nova sala de multiplex por dia. É também o que acontece no México, onde a rede Cinépolis se responsabilizou sozinha, em 2008, pela inauguração de trezentas novas telas de cinema. Na Índia, graças a estímulos fiscais do governo, esperava-se que o número de salas de multiplexes passasse de setecentas a quatro mil entre 2008 e 2010 (por enquanto, as 12 mil salas principais ainda são cinemas tradicionais de tela única para os grandes filmes de Bollywood). No Egito, muitos multiplexes estão sendo construídos nos subúrbios das duas principais cidades, Cairo e Alexandria, e é provável, de acordo com os distribuidores locais, que o número de telas, atualmente em torno de quinhentas, venha a dobrar dentro de cinco anos. No Brasil, onde o número de telas ainda é limitado a 2.200, o que é pouco para uma população de quase 200 milhões de habitantes, o avanço dos multiplexes é rápido e a frequência está em alta, graças ao aumento do poder aquisitivo nesse país emergente. Por toda parte pude constatar a decuplicação do número de multiplexes: na Itália, com as salas da Warner-Village (100% Pepsi) e as da rede UCI (100% Coca), no Oriente Médio, com os cinemas Showtime, em Cingapura, com a rede Cathay, no Catar, com os Grand Cinecentres, na Indonésia, com os Blitzmegaplex, na Venezuela, com a rede Cinex Unidos, e até no Japão, com os multiplexes que os japoneses chamam peculiarmente de cinemas "complex".

Surgido nos Estados Unidos, o fenômeno dos multiplexes chegou atualmente a sua maturidade em território americano, onde existem quarenta mil telas repartidas em 6.300 cinemas (dos quais 1.700 com uma única tela, 2.200 miniplexes entre duas e sete telas, 1.700 multiplexes entre oito e 15 telas e 630 megaplexes com mais de 16 telas). Depois de invadir os países ocidentais e industrializados, o fenômeno atualmente se internacionaliza, e por toda parte, nos países emergentes como também no Terceiro Mundo, os multiplexes modificam profundamente os hábitos de lazer do público. Sinal de modernização americanizada em marcha, a experiência cinematográfica se transforma, tornando-se, para o melhor e para o pior, intrinsecamente ligada ao shopping-mall, à pipoca, à exurb e ao multiplex.

3. O estúdio: Disney

Sete anões gigantes saúdam minha chegada com os braços para o alto e enormes sorrisos. Estou na sede da Walt Disney Company em Burbank, uma exurb ao norte de Los Angeles, e os anões, desenhados na fachada principal, encerram toda uma simbologia. Para entrar no número 500, na extremidade sul da Buena Vista Street, à beira da rodovia 134, é necessária autorização especial. Ao redor dos estúdios, dominados pelo prédio da rede ABC, veem-se grades de ferro forjado com milhares de Mickeys incrustados. Eu me encontro no "Team Disney", nome do quartel-general da Disney.

"Aqui a regra é o espírito de equipe, e por isto é que o prédio se chama Team Disney", explica-me minha guia. Eu sou acompanhado pela equipe do "Public Relations Department", encarregado da comunicação, e por isto mesmo meus movimentos são mais limitados. "Afinal de contas", prossegue minha anja guardiã, "a Disney não tem segredos. O senhor tem liberdade de fazer as perguntas que quiser". E ela acrescenta: "Naturalmente, como já combinamos, não poderá citar ninguém".

No quartel-general da Disney, o número de pessoas é afinal de contas pequeno: os dirigentes, os estúdios, a cadeia ABC e a distribuidora, que tem o nome da rua onde se encontra, Buena Vista International, embora eu não consiga apurar se a Disney rebatizou a rua ou tomou o seu nome para a empresa de distribuição. Espanto-me ao constatar que, para chegar à torre da ABC, é necessário passar por uma passarela sobre a rodovia. E ainda mais ao verificar que muitos prédios da Disney que devo visitar se situam fora do "lot", que é como são chamados os terrenos dos estúdios em Hollywood.

Num prédio vermelho de dois andares, um pouco mais adiante, encontro a célebre Disney Imagineering. É lá que se encontram os "imagineers" da Disney, os inovadores, responsáveis pelos novos designs e pela "R & D" (pesquisa e desenvolvimento). É aqui que são "imaginados" novos personagens, atrações e desfiles para os parques, novos cenários, tudo concebido em equipamentos digitais. Aqui os profissionais têm títulos que me fazem sorrir, como Principal Creative Executive ou Chief Creative Officer. Agora que a Disney acaba de comprar a editora de quadrinhos Marvel, com seus cinco mil personagens, do Homem-Aranha aos X-Men, passando por Thor e o Homem de Ferro, fico pensando que os "imagineers" terão trabalho para várias décadas, para transformar esses super-heróis em produtos derivados, atrações e diferentes franquias.

Um pouco depois, tenho um encontro com Anne Hamburguer (não se trata de pseudônimo), no número 1326 da Flower Street, em Glendale, não longe da Team Disney. Estaciono o carro atrás do prédio azul de andar único, tão discreto que chego a pensar que me enganei de endereço. Anne Hamburguer é a presidente da Disney Creative Entertainment, apresentando-se como uma "creative producer". Com um discurso mais livre que o dos outros dirigentes que encontrei, ela aceita ser citada nominalmente, apesar de acompanhada por uma "PR" bem desconfiada (que colocou na mesa um gravador, para registrar nossa conversa). Anne Hamburguer vem do teatro de vanguarda e foi recrutada pela Disney para desenvolver a criatividade da empresa. Ela me acompanha em visita a instalações onde podemos ver centenas de desenhos, esboços, maquetes, projetos de computação gráfica que servirão para espetáculos, shows ou "products tie-in", como são chamados os produtos derivados nos Estados Unidos.

Descubro, fascinado, que, como num autêntico teatro, é aqui que são preparados em sua maioria os espetáculos dos parques de atrações da Disney e os principais desfiles dos "resorts" (um resort não é apenas um parque de atrações, mas um lugar de férias e lazer global no qual os restaurantes e a hotelaria são a principal fonte de renda). Sem esquecer os 11 Disney on Ice e os quatro navios de cruzeiro Disney com mais de mil lugares, de cuja existência eu sequer tivera conhecimento.

Anne Hamburguer me causa boa impressão, e seu discurso é muito bem ensaiado. "Eu dirijo o maior teatro dos Estados Unidos", diz ela, com toda humildade (bem poderia ter dito "do mundo"). "Com nossos milhares de espectadores, desfiles e shows, nosso público fica na casa dos milhões de pessoas mensalmente, e não das dezenas de indivíduos, como no teatro experimental. É uma grande responsabilidade. Eu estou aqui para sensibilizar o grande público para a arte, e não para pregar para convertidos, como fazia no teatro experimental."

A estratégia cultural da Disney é muito centrada no "cross-over". Na Disney Creative Entertainment, a arte e a cultura de massa são constantemente misturadas. "Nosso objetivo é apagar a fronteira entre a arte e o entretenimento, e aqui nós concebemos ao mesmo tempo autênticas peças de teatro, desfile, espetáculos de marionetes, de fogos de artifício, eventos 'larger than life'." "Larger than life": adoro essa expressão, que resume muito bem o trabalho de Anne Hamburguer, consistindo em imaginar personagens que superam sua contingência, a idade e o país de origem, tornando-se universais e mainstream.

"Ao mesmo tempo, precisamos ser muito 'site specific'", esclarece Hamburguer. "Cada espetáculo ocorrerá num país diferente, no Japão, na China, na França, e nós temos de nos adaptar a essas diferentes culturas. Em Hong Kong, nossos 'guests' falam três línguas diferentes, e assim, como as legendas não funcionam com as crianças, tentamos fazer espetáculos sem palavras." Na Disney, nunca se fala de clientes ou consumidores: fala-se de "guests" (convidados), como em "Be Our Guest", a célebre canção do filme *A bela e a fera*.

Graças a Anne Hamburguer, encontro-me na vanguarda da criação do maior teatro do mundo e descubro com exclusividade que *Procurando Nemo* será transformado em comédia musical para os parques de atrações e que *Toy Story* terá duração de apenas 55 minutos nos cruzeiros (contra duas horas nos cinemas). Anne Hamburguer dirige uma equipe de 36 criadores e produtores que coordenam o conjunto das operações. A cada projeto, centenas de pessoas são recrutadas para a criação dos espetáculos, com contratos de duração preestabelecida, e em seguida milhares de artistas são contratados em todo o mundo para interpretá-los localmente. As cifras são impressionantes, considerando-se o número de equipes itinerantes necessárias para garantir essas representações uma dezena de vezes por dia, sete dias por semana, durante anos, sem esquecer os "understudies", substitutos em casos de doença ou ausência. "Nós damos trabalho a milhares de artistas, que assim têm emprego em tempo integral. Somos um dos maiores empregadores de atores nos Estados Unidos", frisa ela.

A palavra "criação" é a que mais se repete em nossa conversa. Anne Hamburguer está subordinada ao "CCO" (Chief Creative Officer) da Disney Imagineering e produz, segundo frisa mais uma vez, "creative entertainment".

As franquias estão no cerne do modelo. Os filmes da Disney seguem uma lógica praticamente imutável: primeiro os desfiles, ou paradas, nos quais os novos personagens são integrados e apresentados ao público, depois a comédia musical e finalmente o show para os navios de cruzeiro Disney. "Você é meu convidado", diz de repente Anne Hamburguer, "espero que venha ver um dos nossos espetáculos". Como é que eu não tinha pensado ainda! Claro que eu preciso ver um desses shows.

A uma hora de estrada a sudeste de Los Angeles, encontro-me, dois dias depois, com John McClintock, diretor de relações públicas do parque Disneylândia em Anaheim. Aqui é que foi inaugurado a 17 de julho de 1955 o primeiro parque de atrações Disney, na imensa exurb de Orange County. Na companhia de John, adorável "Senior Publicist", visito o parque, sua inevitável Main Street-USA, seus espaços Frontierland, Adventureland e Tomorrowland, sua selva a ser explorada, seu barco a vapor *Mark Twain*, navegando em tamanho natural num rio artificial, enquanto um inacreditável Abraham Lincoln animado proclama, falando e se mexendo, os valores da democracia constitucional.

E vamos então nos divertir. Nesse dia, temos *Aladim* no Hyperion Theatre. John continua me acompanhando. Pergunto se ele já viu o show. "Sim, dezenas de vezes." Fico espantado. Ele me diz que gosta sinceramente do espetáculo e que está feliz de acompanhar um francês para vê-lo. "Além do mais, é muito improvisado, e portanto diferente a cada vez." Ao nosso redor, encontram-se duas mil crianças para um espetáculo "live" de 45 minutos. E de repente aparecem camelos entre as fileiras de espectadores, tapetes voadores de verdade e Aladim sorridente, magnífico. Ele é asiático, pois a Disney tem uma política de recrutamento deliberadamente voltada para a diversidade. E, caramba, uma Torre Eiffel! E uma pirâmide egípcia! De repente, Aladim pronuncia a palavra "MySpace". "É uma novidade", sussurra John no meu ouvido, "em geral ele não fala de MySpace. O que me agrada é que a cada vez é diferente".

Na Disneylândia, na exurb gigante de Anaheim, podemos entender o que significa a palavra "sinergia": ali, encontramos *Aladim* em forma de comédia musical, *O Rei Leão* projetado numa tela, *Ratatouille* no coffee-shop, *Toy Story*, e *Os Incríveis* num desfile, *Piratas do Caribe* num parque de atrações e em CD, *Grey's Anatomy* em DVD, *Nemo* em forma de jogo eletrônico, *Cars* na Disney Store e por toda parte os anúncios dos filmes futuros da Disney, da Miramax e da Pixar. Para não falar do estacionamento: meu carro foi estacionado em "Goofy [Pateta] 8F" (tratei de evitar o Simba Parking e o Pinocchio Parking Lot, distantes demais). "Os produtos derivados, os hotéis e os restaurantes são a principal fonte de renda dos parques", confirma Robert ("Bob") Fitzpatrick, fundador e ex-diretor-presidente da Euro Disney, entrevistado em Chicago. Ele também me informa que os "parks and resorts" renderam no ano passado 10,6 bilhões de dólares à Disney.

Robert Iger também é chamado de "Bob". Esse diminutivo, frequente nos Estados Unidos, lhe dá um ar descontraído que ele ostenta de bom grado quando o encontro para um café da manhã no hotel George V em Paris, no lançamento do *Rei Leão* — a comédia musical da Broadway que multiplicou por dez a renda, já considerável, do filme de mesmo título.

Bob Iger é acessível, faz graça e sorri. É o presidente de uma das principais multinacionais do entretenimento: The Walt Disney Company. Está à frente de um império que engloba, além dos estúdios Disney, a rede ABC, vários parques de atrações mundialmente conhecidos, os estúdios Touchstone, Miramax e Pixar, a editora de quadrinhos Marvel Entertainment, numerosas emissoras de TV a cabo, o teatro New Amsterdam na Broadway e centenas de Disney Stores em todo o mundo. Bob Iger não é um construtor de impérios, mas um gestor. Quem construiu a multinacional foram o próprio Sr. Walt Disney e Michael Eisner, que transformou um estúdio independente e especializado, símbolo do capitalismo protestante familiar americano, em um verdadeiro conglomerado multinacional, na época da financeirização da economia. Com isso, a Disney se transformou em um verdadeiro emblema da cultura mainstream globalizada.

Ao se tornar diretor-presidente da companhia em 1984, como distante sucessor de Walt, Michael Eisner nunca tinha visto um filme da Disney, nem mesmo *Branca de Neve e os sete anões*. Nunca tinha ido à Disneylândia. Para entrar na pele do chefão da Disney, contudo, ele concordou, obedecendo a uma tradição antiga na empresa, em passar um dia disfarçado de Mickey Mouse no parque de atrações da Disneylândia. Quase ao mesmo tempo, Michael Eisner foi assinar seu contrato, acompanhado de seus advogados. Seu salário anual foi negociado em 750 mil dólares, mais bonificação equivalente pela aceitação do contrato e, naturalmente, gigantescas stock-options — o ponto principal do contrato que haveria de torná-lo bilionário. Acrescentem-se uma bonificação anual de 2% sobre os lucros da Disney, cláusulas exorbitantes de desligamento e, cereja no bolo, o esquecimento do débito contraído com um empréstimo de 1,5 milhão de dólares. Como em *Cinderela*, onde o sonho se torna realidade, Michael Eisner transforma-se no indivíduo mais bem remunerado de toda a história de Hollywood. É muito dinheiro. Mas se o lema de Eisner é "think big", o fato é que ele não pensa grande só para si mesmo, ostentando igualmente uma enorme ambição pela Disney. Seu sucesso terá as proporções de seu salário:

O ESTÚDIO: DISNEY

em vinte anos, a Disney transforma-se numa das maiores multinacionais do entretenimento, com novecentos filmes em catálogo e 140 Oscars, permitindo a seus acionistas, entre eles Eisner, embolsar uma mais-valia astronômica. E além do mais, ele se diverte: "a lot of fun", diz! Eisner declara numa entrevista que dirige a Walt Disney como se estivesse numa loja de brinquedos: "Não sei qual brinquedo levar para casa de noite, pois são todos fabulosos, e todos funcionam magnificamente. E eu fico tão excitado que não consigo dormir." (Em resposta a meus insistentes pedidos para uma entrevista para este livro, a assistente do Sr. Eisner me comunica que ele não fala sobre a Disney desde que foi demitido.)

Como foi que Eisner tirou a Disney do seu torpor? Primeiramente, "voltando ao DNA da Disney", diria em conversa comigo Jeffrey Katzenberg, antigo diretor do Walt Disney Studios. "Back to basics": Eisner parte novamente das velhas conquistas da Disney, concentrando-se nos blockbusters para a família. Ex-diretor dos estúdios Paramount, ele tem o conhecimento de marketing necessário para isso, tendo supervisionado o lançamento de *Nos embalos de sábado à noite*, *No tempo da brilhantina*, *Flashdance*, *Um tira da pesada* e sobretudo do primeiro *Indiana Jones*. O método Eisner é simples: privilegiar a qualidade da história e não os atores, os efeitos especiais em vez dos diretores, para evitar os agentes e as estrelas que custam caro e exigem um percentual da renda de bilheteria (a recente compra da editora de quadrinhos Marvel pela Disney faz parte dessa mesma estratégia, pois um personagem famoso de história em quadrinhos muitas vezes é mais eficiente na promoção de um filme, e menos oneroso, que uma estrela de carne e osso). Para Eisner, os projetos de filmes devem ser orientados sobretudo por uma história solidamente construída (story-driven), com animaizinhos bem fofos e intrigas simples com "happy end" de efeito certeiro. É necessário um "pitch", um argumento passível de ser resumido em algumas frases simples. Se possível, uma só.

O método Eisner consiste também em fiscalizar detalhadamente os custos de produção e limitar tudo que seja "overhead", os custos indiretos e de funcionamento. Finalmente, é necessário acompanhar todo o processo de promoção do produto, montando uma máquina de marketing em cinco continentes para decuplicar o merchandising. Logo depois de assumir o cargo, Eisner toma a decisão de abrir as Disney Stores, inicialmente nos Estados Unidos, em centenas de exurbs, shopping-malls e aeroportos, sem esquecer a loja-estandarte em pleno coração da Times Square, e logo também no resto do mundo. Elas são atualmente 742.

A estratégia internacional da Disney é a outra prioridade de Eisner: transformar sua empresa californiana numa multinacional. Andy Bird, o diretor-presidente da Walt Disney International, diz-me que o objetivo da companhia Disney é fazer com que os lucros provenientes da ação internacional sejam de 50% em 2011 (eles são atualmente de 25% apenas).

Do ponto de vista empresarial, Michael Eisner privilegiou a integração vertical da Disney. Todos os departamentos e filiais devem trabalhar de comum acordo para a empresa-mãe que lhes serve de guarda-chuva, inclusive o estúdio. Os conteúdos culturais devem ser produzidos pelo grupo detentor do copyright, para em seguida serem reproduzidos ao infinito em todos os formatos, do longa-metragem aos desfiles, e em todas as mídias: redes de televisão, TV a cabo, redes estrangeiras como a ESPN-Star na Ásia e a UTV na Índia. A reprodução também se dá, paralelamente, nos diferentes suportes: homevideo, DVD, livros com a editora da Disney (Hyperion), discos com o seu selo (Hollywood Records), produtos derivados com a unidade Walt Disney Consumer Products, lojas, no caso das Disney Stores. Para não falar das possibilidades ilimitadas, hoje em dia, de versões na Internet e do que se costuma chamar de "Global Media". Michael Eisner acredita, assim, nas sinergias, palavra mágica da década de 1990, e que consiste em fazer valer economias de escala e estratégias de marketing comuns no interior do grupo.

À frente da Disney, Eisner privilegiou portanto a estratégia do "versioning", que permite somar públicos e vendas para um mesmo conteúdo aproveitado em múltiplas versões. Eisner é sobretudo e antes de mais nada um homem de "conteúdos". Se considera que esses programas e sua distribuição devem ser conservados num mesmo grupo, é para que os "condutores" estejam a serviço dos conteúdos, e não o contrário: para ele, a distribuição não é um fim em si. Ele constrói um ramo eficiente de

O ESTÚDIO: DISNEY

distribuição internacional, a Buena Vista, e compra a rede de televisão ABC, para veicular os conteúdos produzidos pela Disney, e não para se lançar na distribuição a todo pano. Por esse mesmo motivo, Eisner mostrou-se muito reticente em se afastar do cerne da atividade da Disney, que em sua opinião deve continuar sendo o entretenimento mainstream para a família. Ele não quis, como a Time Warner, se aventurar na distribuição pela Internet, temendo que toda a infraestrutura tão trabalhosamente construída fosse substituída por tecnologias de maior desempenho. E se quase aceitou uma fusão em 2004 com o operador de cabo Comcast, que lançou uma OPA (Oferta Pública de Aquisição) hostil contra a Disney, o fato é que Eisner nunca acreditou que a fusão pudesse desembocar num grupo coerente (em 2009, a Comcast finalmente comprou NBC-Universal da General Electric).

Eisner não pretende transformar a Disney num grupo muito diversificado: quer atuar num segmento vasto, é verdade, mas bem definido. Em torno dessas atividades, ele integra e favorece a cooperação e a sinergia, mas não vai muito além disso. Ele não se mostra inclinado a estimular a concorrência interna não regulamentada, como hoje em dia se faz com frequência nos conglomerados de mídia, como por exemplo a americana Viacom, a alemã Bertelsmann e a francesa Vivendi. Tipicamente "old media", ele tampouco acredita na "convergência" entre conteúdos e tecnologias: como a maioria dos chefões de Hollywood nas décadas de 1990 e 2000, mostra-se invariavelmente desconfiado, amargo e hostil em relação à Internet. Ele fez questão de que o grupo Disney continuasse sendo um "pure player" (uma empresa centrada em sua atividade principal), e se privilegiou investimentos afins, em setores próximos facilmente abordáveis, nem por isso quis que a Disney se transformasse num grupo generalista para além da atividade dos "conteúdos". Fora de questão seguir o exemplo da Sony, da Orange, da Reliance ou ainda, mais recentemente, da General Electric, um conglomerado no qual as indústrias de conteúdo representam apenas uma parte da renda, juntamente com a informática para o grande público, a eletricidade ou as telecomunicações. O negócio da Disney, segundo Eisner, é o "content".

Por um lado, essa estratégia lhe foi determinada pelo conselho de administração e pelos acionistas, já que o grupo Disney está cotado na bolsa. Se por um lado Eisner conseguiu ao longo dos anos, mediante um hábil jogo de nomeações, neutralizar aquele e marginalizar estes, nem por isso deixou de se mostrar sensível aos lucros trimestrais do grupo. As indústrias criativas americanas são hoje extremamente dependentes de seus investidores financeiros. E portanto são muito sensíveis às oscilações do mercado. E no entanto Eisner assume poucos riscos: investe os fundos especulativos nos filmes mais perigosos, mas financia com 100% de capital da Disney os blockbusters de sucesso praticamente previsível. Prometendo aos acionistas lucros de 20% ao ano, Eisner não perde de vista que sua missão consiste, segundo diz ele mesmo, em "deixá-los felizes". Tornou-se, assim, um especialista no jogo dos movimentos de caixa — não raro tão mágico quanto os efeitos especiais dos filmes da Disney. Ele sabe, por experiência própria, que a indústria do cinema sempre foi um bom negócio, mas um mau investimento.

Mas subsiste um problema para Eisner. Em 1984, quando ele assume a direção, a marca Disney encarna uma cultura familiar um pouco retrógrada, com dificuldade de se renovar. A Disney passou ao largo da liberação feminina, do movimento negro e da liberação gay (durante muito tempo Eisner recusou a instituição de Gay Days na Disneylândia, e só tardiamente autorizou os casais gays a dançar na Disney World, depois de centenas de manifestações e petições). Por uma questão de princípio, para proteger a marca Disney e por motivos econômicos, por se tratar dos filmes que dão mais lucro, o conjunto das produções da Disney deve ser mainstream, e o estúdio jamais assume o risco de ter um filme proibido para menores de 13 ou 17 anos. Em tais condições, fica difícil atrair, especialmente no fim do século XX, os adolescentes e jovens adultos que querem filmes de ação e não enfrentam grandes tabus sexuais. Hábil e inventivo, Eisner decide assim reassentar a Disney em sua imagem de família e passar a lançar filmes "rated" com o nome de um outro estúdio, inicialmente Touchstone Pictures e depois Miramax, adquirida expressamente com essa finalidade em 1993.

O ESTÚDIO: DISNEY

De *Toy Story* ao *Rei Leão*

Superstar do business americano, nascido sob boa estrela, Michael Eisner conseguiu durante muito tempo dirigir a Disney como num conto de fadas em que as abóboras se transformassem em opção de compra de ações. Mas logo as coisas começam a se complicar, a começar pela Pixar.

O estúdio de desenvolvimento tecnológico que ainda é uma espécie de filhote adolescente do gênio criador de *Guerra nas estrelas*, George Lucas, perde muito dinheiro e seu inventor começa a perder o interesse. Não demora, e Roy E. Disney, sobrinho de Walt, habilmente trazido de volta por Eisner, toma a frente dos estúdios de animação, com tudo que seu nome significa para a empresa, e identifica na Pixar um centro de inovação essencial e um possível concorrente para a Disney. Ele sabe perfeitamente que o desenho animado está perdendo força na Disney e olha para o futuro. Acontece que o futuro se chama Pixar. Roy Disney encontra-se discretamente com os amigos de George Lucas, visita as instalações e fica encantado com a capacidade de reinvenção do cinema de animação através do digital e do 3D, ao passo que a Disney continua realizando seus desenhos animados à mão. Informado de que Lucas precisa de dinheiro e está disposto a vender sua participação na Pixar, Roy Disney milita por uma aquisição por parte da Disney. Mas Eisner recusa categoricamente: "Nós não somos uma empresa de R & D", teria declarado Eisner, querendo dizer que a experimentação, a Pesquisa e Desenvolvimento não eram seu objetivo. Com isso, ele perde uma oportunidade histórica em 1985, quando poderia ter comprado a Pixar a preço baixo. Pouco depois, Steve Jobs, que acaba de deixar a presidência da Apple com uma bolada, compra o estúdio.

Aos 60 anos, cabeça raspada (eu deveria escrever careca), óculos, roupas de grife, Jeffrey Katzenberg é uma das figuras-chave de Hollywood. Muito empertigado num sofá branco, à beira-mar, ele gosta de falar. Em nosso encontro, a impressão que me causa corresponde bem à imagem tão frequentemente descrita. Ele é sofisticado, divertido, exato em suas respostas, pertinaz, valendo-se da mentira como da verdade, transformando sua própria vida num romance, querendo reduzir o interlocutor e às vezes jogando com ele, e também com os fatos.

Katzenberg aceitou uma entrevista para me falar de seu novo filme, *Shrek 3*, das novas tecnologias e da inovação em Hollywood, e logo de entrada vai dizendo que não quer falar da Pixar (que passou a ser um concorrente) nem da Disney (que ele deixou espetacularmente, depois de um processo rumoroso). Diz-me que não leu o livro *Disney War*, um best-seller recente, tratando do seu afastamento da Disney, e nesse exato momento eu sei que ele está mentindo. É o que lhe digo. Ele ri. "Para mim, a Disney é uma história antiga. O que me interessa é o futuro, e não o passado", afirma Katzenberg. Para ele, o futuro é o estúdio que fundou, a DreamWorks SKG. Para se vingar da demissão na Disney? Katzenberg sorri mais uma vez. E não responde.

Jeffrey Katzenberg foi o artesão da recuperação da Disney e da aproximação com a Miramax e a Pixar. À frente dos estúdios Disney de 1984 a 1994, ele supervisionou todos os filmes que permitiram à empresa transformar-se numa das principais majors de Hollywood. "Eu sempre estive no coração do cinema mainstream, fosse na Paramount, depois, durante dez anos, na Disney, e agora à frente da DreamWorks. Faço filmes para todos os públicos e todas as gerações; filmes para percorrerem facilmente o mundo todo. Hoje, nós os produzimos em geral em 28 línguas, fazendo de tudo para que sejam 'big-event movies' nos Estados Unidos e no exterior. Eu diria inclusive que nós os concebemos e fabricamos para ser 'global big-event movies'. Fico com a impressão de que a vida inteira trabalhei para o grande público. Para causar impacto nos espectadores. Eu trabalho para o público. Para mim, é motivo de orgulho. E diria que o público é um bom guia, um bom patrão. Seja como for, é ele o meu patrão."

O verdadeiro patrão de Jeffrey Katzenberg na Disney era Michael Eisner. Durante uma dezena de anos, eles trabalharam juntos, Eisner pilotando a multinacional e Katzenberg, os estúdios Disney.

Como Roy Disney, Katzenberg entendeu que a Pixar se havia adiantado no cinema de animação e, homem de diálogo, estabeleceu relações

O ESTÚDIO: DISNEY

com John Lasseter, que se transformou na principal figura artística da inovadora start-up de San Francisco. A função exata de Lasseter na Pixar é Chief Creative Officer.

Entre seus projetos em desenvolvimento, Lasseter tem um filme que visa justamente dar vida a brinquedos: *Toy Story*. Ele fala a respeito a Katzenberg, que acha a ideia genial, com a ressalva de que o script, sem uma narrativa coerente nem um verdadeiro storytelling, parece-lhe uma "mess", segundo sua expressão (uma zona). Ele propõe a Lasseter que a história seja retomada inspirando-se nos "classic buddy movies", diz, remetendo ao gênero de filmes que conta a história de dois amigos. "E foi assim que *Toy Story* se tornou a primeira colaboração entre a Disney e a Pixar", conta-me Thomas Schumacher, ex-presidente dos estúdios de animação da Disney, que havia sido incumbido por Eisner e Katzenberg de ser o agente de ligação entre a Disney e a Pixar.

Realizado por John Lasseter, produzido pela Pixar, financiado e distribuído pela Disney, *Toy Story* bate todos os recordes de bilheteria na semana de lançamento em 1995, arrecadando 191 milhões de dólares nos Estados Unidos e 356 milhões no resto do mundo. Lasseter ganha um Oscar. Com *Toy Story*, o cinema de animação torna-se não só um dos setores mais rentáveis de Hollywood, mas também um dos mais criativos. Com seus produtos derivados, o filme — que tem o brinquedo como seu próprio conceito — é particularmente rentável. Uma das explicações do sucesso de *Toy Story*, além das inovações tecnológicas e do roteiro estimulante, centrado, como pretendia Katzenberg, na história de dois amigos, é a escolha dos atores que dublam os "brinquedos". Tom Hanks é a voz de Woody na *Toy Story* da Pixar, assim como Eddie Murphy, Justin Timberlake e Rupert Everett serão as vozes na franquia *Shrek* da DreamWorks. O modelo: um cinema que fale às crianças e, mais ainda, como se fosse um outro filme, às crianças que dormem em cada um dos pais. A juventude não é mais uma idade, mas uma atitude. Pois Walt Disney não gostava de dizer que fazia filmes para todos, porque "todo mundo um dia foi criança, e em cada um de nós permanece uma coisa dessa criança"?

Dessa vez, Michael Eisner entendeu a lição. Mas já é tarde demais para comprar a Pixar. Apesar disso, ele determina a Schumacher, o chefe do estúdio de animação, que renegocie o contrato com a Pixar, dessa vez a longo prazo, para fazer sete filmes, com os lucros a serem divididos meio a meio e a Disney controlando inteiramente os produtos derivados e as franquias. Não demora, e a parte da Pixar nas rendas do estúdio de animação da Disney chega a 97%, graças a esse contrato. Mas a relação entre a major e o estúdio "independente" pouco a pouco se torna disfuncional. Aumentam as tensões em torno da questão da liberdade de criação, especialmente em decorrência dos vetos impostos por Eisner a vários projetos da Pixar. O clima se degrada, e apesar dos esforços do presidente dos estúdios de animação, Tom Schumacher, a Disney e a Pixar se afastam.

No terceiro andar do número 1.450 da Broadway, no escritório da Disney em Manhattan, encontro Thomas Schumacher. Há algum tempo, ele já não cuida dos desenhos animados, mas das comédias musicais, à frente da Disney Theatrical em Nova York. É o nosso terceiro encontro, e Tom, contrariando a regra de discrição imposta pela Disney a seus dirigentes, fala livremente (ele também me fornece vários contatos, facilitando encontros com dirigentes da Disney em Burbank).

Sobre sua mesa, duas estatuetas representam Bernardo e Bianca. "Foi o primeiro filme que eu fiz para a Disney", justifica Schumacher. Vejo também marionetes, cartazes de filmes e, com grande destaque, uma fotografia na qual ele aparece com Bill Clinton (Schumacher é um importante *fundraiser* democrata, e foi um dos artesãos das coletas de fundos para a campanha de Barack Obama no meio cinematográfico em 2008). Vejo ainda um cenário em miniatura do *Rei Leão*, e não consigo evitar procurar com os olhos o logotipo da Burger King, pois ainda tenho na lembrança a memorável campanha nacional do *Rei Leão* com as lojas Toys R'Us, que criaram duzentos novos brinquedos inspirados no filme e uma floresta especial em suas lojas para exibi-los, no mesmo momento em que o *Rei Leão* era transformado em campanha promocional maciça para a Burger King — não dava para deixar passar.

O ESTÚDIO: DISNEY

A ideia de entrar na Broadway surgiu em 1991, após o sucesso do filme de animação *A bela e a fera*. Quando o principal crítico de teatro do *New York Times*, Frank Rich, elogia o filme, comparando-o às comédias musicais da Broadway, Jeffrey Katzenberg, que dirige os estúdios de cinema, tem uma revelação: por que não uma adaptação para a Broadway? A ideia é original, embora ninguém perceba então que representa uma ruptura em relação à tradição da cultura de massa americana: antigamente, as comédias musicais de sucesso da Broadway eram adaptadas para Hollywood; agora, os filmes de sucesso de Hollywood são adaptados para a Broadway. É uma reviravolta histórica.

Mas falta ainda convencer Michael Eisner, que resiste: "Não precisamos ficar afagando nosso ego, posando de produtores da Broadway", reage ele, impulsivamente. Como não é um criativo, o diretor-presidente da Disney cercou-se de gerentes e diretores financeiros que tentam controlar os criadores e limitar os custos. Entrar na Broadway seria uma loucura, acham eles. Mas rapidamente Michael Eisner volta a considerar a proposta. E Thomas Schumacher é enviado a Nova York para criar a divisão "teatro" da Disney.

De repente, ouço o grito de Tarzã. Thomas Schumacher continua a falar, imperturbável. O som é emitido de hora em hora em seu escritório pela marionete de Tarzã. A adaptação de *Tarzã* pela Disney foi um fracasso na Broadway em 2006.

"Por que *Tarzã* foi um fracasso e *O Rei Leão*, um sucesso, não sei dizer", confessa Tom Schumacher. "Estamos numa indústria criativa, o sucesso nunca é garantido. Os grandes sucessos são raros e os fracassos, frequentes." Enquanto ele fala, meu olhar está fixado numa trepadeira de *Tarzã* no chão do escritório.

Na origem da versão comédia musical do *Rei Leão* está o sucesso do filme, que em três anos de distribuição nas salas, em home video e produtos derivados, rendeu quase um bilhão de dólares. "Eisner sabia que as indústrias criativas precisam estar constantemente se renovando. Ele não queria que a Disney se transformasse num museu, de modo que era preciso se reinventar a cada dia. Por isso é que, como eu tinha feito o filme para a Disney, ele finalmente me deu sinal verde para levar o *Rei Leão* para a Broadway", explica Schumacher. Ele entra então na aventura com os recursos financeiros que podemos imaginar. Para testar o projeto, a Disney imediatamente libera 34 milhões de dólares. Segunda etapa: a compra de um célebre teatro da 42nd Street, o Amsterdam, uma joia art nouveau construída em 1903, com suas pinturas murais alegóricas, as frisas e os mosaicos, aos poucos caída no esquecimento, à medida que as sex-shops e a prostituição, as drogas e as gangues invadiam a rua.

Imediatamente, Schumacher pressentiu o problema: como atrair as famílias, entre o filme pornô *Garganta profunda* e os vendedores de crack? Terceira etapa: sanear o bairro. A Disney se alia ao prefeito republicano de Nova York, famoso pelo conceito de "tolerância zero", para revitalizar a Broadway com interferência policial, econômica e de entretenimento para a família. Todas as sex-shops são fechadas por decreto municipal, grandes lojas turísticas são abertas com a ajuda de subvenções públicas (entre elas a maior Virgin Megastore do mundo, uma loja Gap e um imenso hotel Marriott) e também são recebidas sedes de grandes multinacionais de entretenimento e de redes de televisão, em troca de deduções fiscais. Com isso, a Disney transforma-se no mascote da operação, com tudo que seu simples nome pode representar a bem da causa da família e da higienização programada da nova Times Square. Uma Disney Store é inaugurada no cruzamento estratégico da Broadway com a 42nd Street.

A produção do *Rei Leão* é minuciosamente preparada. E é então que Tom Schumacher, pessoalmente envolvido na produção da comédia musical, tem a ideia de entregar a direção a Julie Taymor.

"Eu sou uma artista que diverte", diz-me Julie Taymor, grande dama do teatro experimental de Nova York, quando a entrevisto em sua suíte de hotel. "O artista com 'A' maiúsculo não entende o entretenimento, se satisfaz com um público limitado para não conspurcar sua arte com o comércio. É uma atitude elitista, meio esnobe. Quanto a mim, me considero na linhagem de um Aaron Copland, de um Leonard Bernstein. Gosto de misturar os gêneros." Na década de 1970, Julie Taymor se formou em contato com a trupe radical do Bread and Puppet, promovendo a greve dos aluguéis, lutando contra a guerra do Vietnã e defendendo a gratuidade dos espetáculos. Na década de 1980, depois de uma longa estada na Índia, ela aos poucos se interessou pelas formas originais de divertimento para o grande público e pelas marionetes, ao mesmo tempo em que continuava a fazer arte — recentemente, a encenação de *A flauta mágica* na Metropolitan Opera de Nova York.

Mas nem por isso Taymor tem a menor ideia do que Schumacher, o chefe da Disney na Broadway, pretende ao entrar em contato com ela. Ele a convida a pensar numa adaptação do *Rei Leão*. Como não vira o filme, ela compra o DVD e, em novo encontro com Schumacher, na Flórida, sugere-lhe que use marionetes e máscaras africanas, para que os personagens do filme de animação possam ser interpretados por atores. O espetáculo seria dominado pela música. "O que era tão visual na tela deve ser substituído pela música africana", sugere ela. De sua parte, Jeffrey Katzenberg, tendo liberado algumas dezenas de milhões a mais para a confecção de cenários espetaculares, tem uma revelação em seu escritório na Team Disney em Los Angeles: o roteiro do *Rei Leão* deve evocar *Hamlet*...

A genialidade do espetáculo de Julie Taymor para a Disney está nisso: essa mistura de gêneros, ao mesmo tempo mainstream e sofisticados, ao mesmo tempo "high" e " low", arte pop e cultura misturadas. "Há momentos muito populares no *Rei Leão*", confirma Julie Taymor. "E as marionetes não estão ali para as crianças, mas para os adultos. E também há muita elegância, sofisticação. Não é arte pura nem apenas divertimento — eu não me identifico completamente nem com uma nem com outro. Estou em outra."

O espetáculo criado por ela em 1998 é magnífico. A beleza feérica, as marionetes gigantes e as máscaras maravilhosas, os pássaros animados atravessando o céu e os antílopes saltando às dezenas, como querendo salvar a própria vida, a música africana inebriante, o ambiente da savana — tudo isso é um verdadeiro encantamento. Esta comédia musical tem algo da ingenuidade e da generosidade do jovem Walt Disney no início da carreira. A repercussão é excepcional, a crítica, unânime, falando da mais bela comédia musical "de todos os tempos". O meio profissional a recompensa com seis prêmios Tony — a principal premiação da Broadway. Porém há mais: o sucesso do *Rei Leão* no coração de uma Times Square revitalizada rende milhões de dólares à Disney. "Quando funciona, como no caso do *Rei Leão*, uma comédia musical é realmente muito rentável do ponto de vista econômico. Proporcionalmente, o teatro tem uma margem de lucro muito maior, em comparação com o cinema", explica-me Tom Schumacher em seu escritório. (O custo de produção do *Rei Leão* não foi divulgado, e Schumacher se recusa a me informar; mas provavelmente supera 20 milhões de dólares, o que faria dele o espetáculo mais caro jamais produzido na Broadway.)

O sucesso nova-iorquino não é nada em comparação com o que viria depois: há 12 anos o espetáculo percorre os Estados Unidos e o mundo, permanecendo em cartaz durante anos em vários países, muitas vezes com casas cheias, apesar das entradas a cem dólares (sem desconto para crianças). Mais de 50 milhões de pessoas já viram *O Rei Leão*, que rendeu mais de um bilhão de dólares em todo o mundo. "Esta noite estão em cena 12 montagens de *O Rei Leão* em todo o mundo", conta-me Schumacher. E no entanto, trata-se de um espetáculo para países ricos: *O Rei Leão* não chegou à África, à América Latina nem ao Oriente Médio. "O espetáculo é caro demais para ser produzido fora dos países desenvolvidos", explica Schumacher, acrescentando, sem ironia: "Nesses países, também seria certamente um sucesso, mas não necessariamente 'good business'".

Só uma multinacional como a Disney, com capitais e logística de enormes proporções, seria capaz de montar vários *Rei Leão* ao mesmo tempo em três continentes. E por sinal a aventura da Disney no mundo do teatro teve prosseguimento, com *Aída*, *Mary Poppins* e *A pequena Sereia*, apesar do fracasso de *Tarzã* e do abandono de um projeto de *Pinóquio*. "Estamos na criação, embora também façamos entretenimento de qualidade", acrescenta Tom Schumacher. "Considero que o que nos caracteriza acima de tudo é a criação. E quando as pessoas me dizem que criação só se aplica a arte, e não a entretenimento, acho muito pretensioso e esnobe. Muito europeu. Não acha?"

O ESTÚDIO: DISNEY

Miramax e DreamWorks: a queda

Para o diretor-presidente da Disney, Michael Eisner, a Broadway é um epifenômeno. À frente de uma multinacional, ele tem questões mais sólidas a tratar. Para começar, o setor da televisão, que se tornou estratégico desde que ele comprou a rede nacional ABC. Seu objetivo aqui era criar sinergia entre o estúdio e a televisão, pois a ABC pode produzir séries com a ajuda dos estúdios Disney e transmitir prioritariamente os filmes da própria major (Eisner pretendia inicialmente comprar a NBC, mas a General Electric acabou levando a melhor). A compra foi possível graças a uma flexibilização das regras federais americanas na época de Reagan, e depois também na presidência de Clinton, que favoreceu a concentração vertical dos grupos de mídia nos Estados Unidos entre 1985 e 1995 (a Disney compra a ABC; a Universal se associa à NBC; a Time Warner, à CNN e à HBO; a News Corp amplia a rede Fox; e subsistem vínculos importantes entre o grupo Viacom e a rede CBS, apesar da recente separação). Com isso, Eisner concentra-se na produção de conteúdos de televisão e em mercados até então considerados secundários: o home video e as televisões por assinatura. Fortalece o Disney Channel, criado em 1983, investe em programas educativos e para a família (ABC Family, The History Channel) e no esporte — para Eisner, uma outra forma de entretenimento (ele compra toda a rede de canais esportivos a cabo ESPN). Para ter liquidez, o chefe da Disney também lança um hábil programa de reedições em vídeo e DVD dos filmes mais famosos do catálogo. Entretanto, como os clássicos da Disney são reapresentados nos cinemas em média a cada sete anos, intervalo calculado para atingir a cada vez uma nova geração de crianças, Eisner toma o cuidado de limitar a distribuição em vídeo a períodos precisos, para não prejudicar a redistribuição dos filmes nas salas. O sucesso é enorme: mais de 8 milhões de cópias do DVD *Procurando Nemo* são vendidos, por exemplo, no primeiro dia de comercialização, em 2003.

As coisas já não vão tão bem no ramo do cinema. Na Pixar, a crise se acentua e as duas casas rompem o acordo, ficando a Disney com um estúdio de animação desfalcado. Aparentemente, a situação é mais satisfatória na Miramax, um estúdio independente, conhecido por seu toque "indie" e provocador, não tanto por causa de *Cinema Paradiso*, apesar de ter sido um considerável sucesso, mas por *Sexo, mentiras e videotape*, de Steven Soderbergh. A Disney compra a Miramax em 1993 por uma centena de milhões de dólares apenas. Alguns sucessos decisivos confirmam o alcance da visão de Eisner e o gênio dos irmãos Weinstein, que sabem promover seus filmes "independentes" como blockbusters: *Pulp Fiction*, de Quentin Tarantino, rende 108 milhões de dólares em 1994 só no mercado americano, superando o custo de compra da Miramax. Vêm em seguida *Shakespeare apaixonado, Chicago, Gangues de Nova York* e *As horas*. Mas rapidamente as coisas degeneram, pois Eisner não consegue administrar os "egos" monumentais dos irmãos Harvey e Bob Weinstein, que não toleram bem a aliança com a Disney. Essa "independência controlada" pela Disney lhes cai mal, e quando Michael Eisner lhes recusa autorização para adaptar para o cinema a saga do *Senhor dos anéis* (afinal realizada com o sucesso que sabemos pela concorrente Time Warner), quando ele corta o orçamento de *Cold Mountain* e sobretudo quando censura o lançamento de *Fahrenheit 9/11*, de Michael Moore (o filme, produzido ao custo de 6 milhões de dólares, é distribuído de forma independente em 2004, rendendo 220 milhões em todo o mundo), o rompimento se consuma. Os irmãos Weinstein deixam a Disney (que continua sendo a proprietária da marca) e fundam seu novo estúdio, a Weinstein Company.

Mais ou menos o mesmo tropeço enfrentado por Jeffrey Katzenberg, o inquieto chefe dos estúdios Disney.

"Já disse que não quero falar da Disney, para mim são águas passadas", repete Jeffrey Katzenberg, todo sorridente, quando eu volto ao ataque. Mas a história não poderia ser mais simples, embora se tenha transformado na novela mais comentada de Hollywood na década de 1990. Quando o número dois da Disney morre num acidente de helicóptero, o ambicioso Katzenberg, então à frente dos estúdios Disney, tendo sido responsável por todos os sucessos do grupo no cinema há vários anos, considera que a posição lhe cabe de direito. Estaria pretendendo tomar

O ESTÚDIO: DISNEY

o lugar do califa? Ele nega. Mas que ele pretendeu a posição de segundo na hierarquia, isso é um fato. Segundo seus advogados, um acerto nesse sentido teria sido feito com Eisner quando ele foi contratado inicialmente. O que é desmentido por este. O fato é que Eisner lhe recusa a promoção, levando-o a se demitir. A continuação da história foi uma longa batalha judicial em torno das indenizações exigidas por Katzenberg, acompanhada por toda Hollywood, à frente Steven Spielberg e o produtor musical David Geffen. Ele acabaria ganhando, em segunda instância, o que lhe rendeu 280 milhões de dólares, imediatamente reinvestidos na criação de um novo estúdio concorrente da Disney, o DreamWorks SKG (lançado com Spielberg, o "S", e Geffen, o "G", sendo o "K" de Katzenberg). Viriam então os sucessos, impressionantes, de *Beleza americana* a *Kung Fu Panda*, passando por *Shrek, Minority Report* e *Madagascar.*

Hoje, Katzenberg, perguntado, não quer falar. Diz-me apenas o que diz a todo momento, ou seja, que "Shrek é 'ugly-cult' (feio mas fofo) e não 'ugly-scary' (feio que dá medo)", e que isso explica o sucesso do filme. Enigmático, ele declara em seguida, após um silêncio, que é apenas um homem de paixões: "Paixão é a única palavra que pode explicar o fato de alguém ler dez ou quinze roteiros por semana, na expectativa de descobrir um que seja extraordinário. Paixão é a única explicação para o fato de se passar sessenta horas por semana nos estúdios e então, no fim de semana, ter o prazer de ver três filmes seguidos nos cinemas."

Durante um café da manhã, perguntei a Bob Iger, diretor-presidente da Disney desde 2005, como explicaria a violência da guerra ocorrida no reino de Mickey, a *Disney War* do título de um livro de sucesso que a descreve minuciosamente, e que acabou obrigando Michael Eisner, seu antecessor, a se demitir. Bob Iger respondeu que "não leu o livro". Decididamente, os dirigentes de Hollywood leem poucos livros.

Perguntei então a Bob Iger se a compra da Pixar por 7,4 bilhões de dólares em 2006, em vez dos 10 milhões pagos por Steve Jobs a George Lucas em 1986, fora um bom negócio. Ele respondeu que "sim". Eu quis saber, finalmente, se o restabelecimento de relações com os irmãos Weinstein, os fundadores da Miramax afastados por Eisner, e a introdução de Steve Jobs, o genial chefão da Apple, de humor inconstante, no conselho de administração da Disney significavam um rompimento com a era Eisner. Bob Iger respondeu que "era uma nova época, sendo necessárias novas escolhas". Quase lhe perguntei então se era verdade, como se diz, que ele era tão obcecado com o controle da informação e os vazamentos nos meios de comunicação que tinha uma televisão no chuveiro — mas não tive coragem. Eu já sabia, por experiência própria, que não se pode esperar grande coisa fazendo perguntas ao dirigente de uma grande multinacional como a Disney.

A queda de Michael Eisner, o homem que levou a Disney a se transformar num conglomerado internacional de mídia, é reveladora, pois mostra que o entretenimento não é uma indústria como outra qualquer. Por não ter sabido administrar os egos dos criadores, sua necessidade de liberdade, ele se viu apeado do poder em seu reino por uma coalizão montada, em nome do tio Walt, por aquele que ele próprio havia reentronizado, Roy Disney. Mas o fato é que não resta dúvida quanto ao sucesso comercial de Michael Eisner. O lucro líquido da Disney era de aproximadamente 100 milhões de dólares por ano quando ele chegou à presidência da multinacional e de 4,5 bilhões por ano quando ele se foi. Uma ação da Disney valia 1,33 dólar em 1984; estaria cotada em 25 dólares vinte anos depois, quando ele deixa a Disney. Esses lucros recorde foram embolsados em cinco setores considerados marginais em 1984: a venda dos filmes Disney em DVD, as redes de televisão a cabo, especialmente as de esportes, os produtos derivados, a Broadway e por fim os parques de atrações, especialmente a ocupação dos hotéis nesses parques. O resto, seja a bilheteria dos filmes ou a televisão aberta ABC, revelou-se pouco rentável comparativamente, embora os direitos autorais desses filmes viessem a gerar rendas e produtos derivados a longo prazo.

Com seu avião particular, seus guarda-costas, sua ajuda de custo ilimitada e seu estilo de vida de chefe de Estado, Michael Eisner não desconfiou do único terreno que poderia significar para ele uma ameaça: a criação. Nas indústrias criativas, que não são fábricas de automóveis nem distribuidoras de ervilhas, é preciso desconfiar dos "creative people", personalidades como Steven Spielberg, Jeffrey Katzenberg, George

Lucas, John Lasseter, Michael Moore ou Harvey e Bob Weinstein, que dão as costas e se vão quando são maltratados ou veem ameaçada sua liberdade artística. A independência é a regra não escrita, e mesmo quando essa independência é comprada contratualmente, é necessário salvar as aparências. Quando um filme ou uma cena não lhe agradavam, Eisner simplesmente dizia: "This has to be edited" (teremos de "editar" isso). Leia-se: "cortar". Ou então: "recomeçar do zero". Essa guilhotina ao estilo antigo era inaceitável para os criadores de *Toy Story* ou os companheiros de Tarantino.

A queda de Eisner, que não mostrou espírito coletivo no "Team Disney", pretendendo controlar o trabalho dos artistas, se explica por esse mal-entendido linguístico. Na expressão "indústrias criativas", a palavra importante é "criação".

4. A nova Hollywood

"Suba no golf cart", diz-me o diretor de relações públicas, incumbido de me mostrar os estúdios da Columbia Pictures em Los Angeles. Estamos em Culver City, bairro do sul de Hollywood, entre a Santa Monica Freeway 10, que atravessa a cidade de leste a oeste, e a San Diego Freeway 405, a marginal oeste de Los Angeles.

Os "golf carts", os carrinhos usados nos campos de golfe, tornaram-se uma atração à parte nos estúdios hollywoodianos. Na Columbia Pictures, vi centenas deles percorrendo as alamedas e ruas. "O golf cart não faz muito barulho, é elétrico, oferece pouco perigo e permite rápido deslocamento nas áreas de filmagem dos maiores estúdios de Hollywood", explica o guia.

Uma mulher longilínea envolta na bandeira americana e segurando uma tocha na direção do céu: o logotipo da Columbia Pictures, tantas vezes visto no início dos filmes, é célebre mas não pode ser visto com muita frequência em Culver City. Apesar da ausência do símbolo, os estúdios impressionam pelo tamanho. De ambos os lados da "Main Street", com seus luminosos de neon e seus "billboards", suas "marquees" e seus "vertical blades" (os frontões e marquises característicos das antigas salas de cinema), são 22 estúdios principais, cada um com o nome de uma estrela que marcou a história da Columbia: Poitier, Kelly, Astaire, Capra, Garbo, Garland, Hepburn, Gable... Mais adiante, vemos estúdios de pós-produção e prédios administrativos, com gramados impecáveis e bucólicos espaços arborizados. Há também todo um aparato logístico, da rede de cabines telefônicas gratuitas, ligadas à central interna, aos restaurantes, passando por médicos, bancos, clubes esportivos, uma agência de correio, várias lojas de suvenires, uma agência de viagem e até um cinema Loews.

Se o nome Columbia não pode ser visto em lugar nenhum, é porque o estúdio foi comprado pela Sony em 1989 (a Columbia fora independente durante muito tempo, até ser comprada pela Coca-Cola em 1982). Há uma Sony Police, um Sony Mail Department, um Sony Family Center e um quartel de bombeiros, o Sony Fire. Não estou na Columbia, mas na Sony.

"Os estúdios são os bancos"

"Aqui, temos os estúdios históricos da Columbia. Mas agora tudo isto pertence à Sony. O conjunto é chamado Sony Lot, como existe um Universal Lot e um Paramount Lot." France Seghers, vice-presidente da Sony Pictures, recebe-me com café italiano e bolinhos num prédio luxuoso do campus, o Jimmy Stewart Building. Conversamos demoradamente e sou autorizado a visitar os estúdios e me encontrar com outros dirigentes da Sony, com a condição de não citá-los nominalmente (existe na Sony uma regra segundo a qual não se pode falar publicamente sobre as questões internas).

A Sony é uma empresa internacional muito descentralizada. A sede do grupo fica em Tóquio. Os conteúdos culturais, sejam do ramo cinema ou do ramo musical, estão reunidos na Sony Corporation of America, empresa juridicamente americana cotada na bolsa de Nova York, que tem como acionista única a japonesa Sony Corporation. A Sony Pictures Entertainment é baseada em Los Angeles, e produz a maioria dos blockbusters lançados com as marcas Sony Pictures, Columbia Pictures ou Tri-Star Pictures. A Sony tem até um estúdio dito "independente", que, naturalmente, só tem de independente o nome, o Sony Pictures Classics.

"Aqui nós temos estúdios, mas nossos filmes não são necessariamente filmados neles; assim, quando nossas equipes estão tecnicamente paradas, nós alugamos esses estúdios às outras majors, a Paramount, a Warner ou a 20th Centry Fox. Muitas vezes nosso papel se limita à locação dos estúdios, ao papel de banco e à 'green light' dos projetos", explica-me um dos dirigentes da Sony Pictures.

"Green light" é uma expressão fundamental em Hollywood. O "sinal verde" é dado pelo estúdio a um projeto que lhe tenha sido proposto, em forma de "pitch", ou roteiro. Ele autoriza o início do "desenvolvimento" do filme e sua entrada em produção. "O sinal verde é o ponto cardeal de toda a indústria, o momento em que o estúdio afirma seu poder mais claramente", confirma France Seghers. Na realidade, não há apenas um sinal verde, mas vários, nas diferentes etapas do projeto: quando uma ideia é proposta e testada, quando o script é aceito e passa a ser desenvolvido ou ainda no início da produção. Às vezes, um filme que foi desenvolvido durante longos meses não recebe o sinal verde e o titular dos direitos, muitas vezes o produtor, pode propô-lo a um outro estúdio (*Shakespeare apaixonado*, por exemplo, foi desenvolvido durante três anos pela Universal Pictures, mas não conseguiu o sinal verde; quem afinal o produziu foi a Miramax, ganhando com ele sete Oscars).

Mas o principal não é isso. Na complexa negociação que pode dar origem a um filme, não estão frente a frente apenas o estúdio e o produtor: na nova Hollywood, são inúmeros, na verdade, os interlocutores e protagonistas do sistema.

Na época de ouro dos estúdios, na década de 1920 e até o fim da década de 1940, Hollywood era um sistema centralizado e verticalizado. Os estúdios organizavam todo o processo de produção de um filme, desde a redação do roteiro até a distribuição nas salas de cinema. Os produtores mas também os roteiristas, os técnicos, os realizadores e a maioria dos atores eram assalariados, com contratos de longo prazo. De certa forma, todos trabalhavam numa linha de montagem, pois o cinema era antes de mais nada uma indústria. Com o desmoronamento que sobreveio em 1948, quando a Suprema Corte dos Estados Unidos proibiu a concentração, os estúdios perderam o monopólio, suas salas de cinema (obrigatoriamente vendidas), e foram obrigados a limitar-se à produção. A partir de meados da década de 1950, o sistema industrial e centralizado de Hollywood desapareceu, evoluindo para um modelo mais fluido.

Hoje, na nova Hollywood, um filme é financiado por um estúdio que lhe dá o "green light" (que o endossa), mas não mais o faz. O produto é entregue, sob permanente controle de agências de talentos remuneradas com um percentual sobre todas as transações, a milhares de produtoras, start-ups técnicas, pequenas e médias empresas especializadas em escolha de elenco, pós-produção, efeitos especiais e criação de "trailers" promocionais. O filme é terceirizado a empresas especializadas na Ásia, artesãos de Los Angeles, agências de comunicação globalizadas e companhias especializadas na distribuição de filmes em determinados países. Todos são independentes, mas ligados por contrato, num sistema infinitamente mais complexo que os estúdios de outros tempos. Estima-se que 115 mil empresas, em sua maioria pequenas e médias, com menos de dez pessoas, participam hoje da economia americana do cinema e da televisão, e que a estas estão diretamente ligados 770 mil assalariados e, indiretamente, 1,7 milhão de empregos. A nova Hollywood, onde todo mundo é independente, é o oposto da velha Hollywood, onde todo mundo era dependente.

Cada filme, portanto, é um empreendimento autônomo. Para administrar o processo em seu conjunto, geralmente é criada uma produtora efêmera, entidade jurídica própria. Ela é dirigida por um produtor recrutado pelo estúdio para um só filme. Diz-se que o produtor "works for hire" (muitas vezes se escreve "WFH"), expressão fundamental nos Estados Unidos para caracterizar a natureza do contrato de trabalho típico de Hollywood: por um lado, o contrato estabelece que a pessoa não é assalariada em caráter permanente, como na época de ouro dos estúdios, mas para um único projeto; ao mesmo tempo, o contrato WFH também estipula, como antes de 1948, a cessão dos direitos autorais da obra, do produtor ao estúdio.

A produtora e o próprio produtor, às vezes chamado "line producer", assina então novos contratos, sempre de acordo com o esquema "work for hire", com o diretor, os atores e centenas de pessoas e empresas que

A NOVA HOLLYWOOD

contribuirão para a realização do filme — que por sua vez também cedem os copyrights ao estúdio. A conta da produtora é então abastecida pela produtora-mãe a que pertence o estúdio. "Grosso modo, nós somos um banco", resume France Seghers.

Na verdade, o papel do estúdio é ao mesmo tempo um pouco menor e um pouco maior que o de um simples banco. Como no caso das instituições financeiras, uma parte considerável do dinheiro de que o estúdio dispõe sequer lhe pertence. É constituída pelos valores depositados antecipadamente por dezenas de produtores, pelas pré-vendas de direitos para a televisão, pelos acordos com fabricantes de vídeo games, os acertos antecipados com as companhias de aviação e cadeias de hotel, no caso dos filmes que vão exibir, para não falar das subvenções oficiais dos estados para beneficiar as filmagens em território americano (e elas existem em todos os estados, somando-se ainda os volumosos créditos e reduções fiscais que constituem as formas de subvenção pública mais frequentes no setor cinematográfico americano). Os estúdios também usam os fluxos de caixa liberados por investidores próprios, especialmente os *hedge funds*, os "equity partners", empréstimos bancários e outras formas diversificadas de investimentos, além dos aportes financeiros de indivíduos ricos, os famosos "civilians". Os "civilians", filantropos americanos, bilionários indianos ou ricos príncipes árabes, atuam na comissão de economia e finanças do filme, menos para investir do que para se misturar um pouco no glamour hollywoodiano: são convidados às filmagens, assistem às pré-estreias, jantam com os atores. Quando sua contribuição é de peso, seu nome aparece nos créditos, e sobretudo eles podem deduzir esse "investimento" do imposto de renda (não raro graças a abatimentos fiscais no exterior).

Mas os estúdios também são mais que um banco. Além do seu aporte financeiro, detêm e controlam o copyright do filme, capital não raro inestimável. Vendas internacionais, direitos derivados, adaptação para a televisão: tudo isso representa uma parte considerável do trabalho do estúdio, que portanto também pode ser considerado um banco de produtos sob copyright. O estúdio também cuida das regulamentações, negociando por exemplo com a MPAA para evitar um "rating" desfavorável ao filme, e, naturalmente, coordena a distribuição nacional e internacional. "De maneira geral, todas as questões internacionais são acompanhadas de perto pelo estúdio, considerando-se que mais de 50% da bilheteria de um filme muitas vezes vêm do exterior", confirma France Seghers. A título de exemplo, o filme *Homem-Aranha 3*, da Sony, que custou 380 milhões, rendeu 890 milhões de dólares no mundo inteiro, dos quais 336 milhões no mercado interno americano (incluído o Canadá) e 554 milhões internacionalmente, em 105 países, em 2007. "Estamos hoje em dia num negócio internacional", prossegue France Seghers. "Cada vez mais nos conscientizamos de que, ao fazer um filme, nós o fazemos para o mundo inteiro. O que tem muitas consequências. Por exemplo, o filme todo é construído, desde a concepção, em função dos mercados internacionais que temos em vista. Nossos produtos precisam ser desejados no mundo inteiro, e esse desejo é preparado, é uma profissão." France Seghers percebe intuitivamente que estou algo espantado com o profissionalismo por ela descrito. Reforça então a argumentação: "É uma indústria, e quem não perceber a escala de que estamos falando não vai entender Hollywood. Não se trata de artesanato. Vocês, franceses, são artesãos. Querem ter sucesso no mundo inteiro, mas jogam pequeno. Desconfiam dos estúdios, do dinheiro, do público, temendo que venham a comprometer sua arte. Acham o sucesso suspeito e duvidam da sinceridade do público. Já nós amamos o público loucamente, nós o amamos tanto que queremos seduzi-lo em massa, onde quer que esteja, em qualquer parte do mundo. É isto o cinema." E ela conclui com uma célebre frase de efeito do magnata de Hollywood Samuel Goldwyn: "O nome dessa indústria não é show-art. O nome da indústria é show business".

Nessa mesma manhã, um pouco mais tarde, dando prosseguimento a minha visita aos estúdios Sony Pictures, tenho minha atenção atraída por uma série de prédios menores, ocupados, segundo me informam, pelos "produtores independentes". Produtores independentes no interior dos estúdios Sony? Fico meio perdido. "Sim, temos todo um grupo de produtores 'independentes' ligados aos nossos estúdios, como acontece em todas as outras majors", explica France Seghers. "Esses produtores são assalariados ou contratados por projeto, o que nos dá direito ao que se costuma chamar de 'first look', ou seja, temos prioridade quando eles apresentam um projeto; mas se o recusamos, o produtor tem liberdade de oferecê-lo a outros estúdios."

Na lanchonete da Sony, almoço com a equipe de Imageworks, a divisão de efeitos especiais da Sony Pictures. A comida é surpreendentemente boa, e eu obtenho muitas informações sobre o digital e o avanço das tecnologias. À tarde, visito com eles a unidade especializada e sou presenteado com uma camiseta de filmagem, do tipo que é usado pelas equipes nos estúdios, com letras garrafais: "Realizador", "Engenheiro de som" ou "Diretor de fotografia". Na minha está escrito: "Writer". Raramente terei sido recebido com tanta gentileza num estúdio americano. Americano ou japonês?

"A Sony Pictures pertence a uma multinacional japonesa. Mas somos um estúdio autenticamente americano", confirma France Seghers. "Os japoneses nos compraram justamente para continuarmos sendo americanos. Nunca quiseram que fizéssemos filmes japoneses. E aliás não saberíamos." Em seu imenso escritório, um grande cartaz de *Homem-Aranha 3* me chama a atenção. É mais que um símbolo: é a versão japonesa do cartaz de um dos filmes mais caros da história do cinema, produzido por um estúdio americano para um grupo japonês.

"Nós não demos sinal verde para o *Homem-Aranha*"

Sony City. Semanas depois, estou na sede mundial da Sony, no bairro de Shinagawa, sudoeste de Tóquio. A matriz do grupo, no Japão, tem três torres de vidro, e a mais alta delas é a do conselho de administração da multinacional. Todas as decisões estratégicas da Sony são tomadas aqui: sobre os produtos eletrônicos para o grande público, os telefones celulares Sony-Ericsson, os computadores, os PlayStations e os PSPs, as televisões pagas por satélite da SkyPerfect JSAT no Japão, mas também as decisões de "conteúdos". Grosso modo, a Sony é dona de duas das principais majors mundiais do cinema e da música, a Sony Pictures Entertainment e a Sony Music, divididas em numerosas filiais americanas: os estúdios Columbia, TriStar Pictures, Sony Pictures Classics e 20%

da Metro-Goldwyn-Mayer; e também a música, com a CBS Music, a Columbia Records, a Arista, a RCA e a Epic. Globalmente, mais de mil empresas e filiais estão ligadas à matriz de Tóquio. Se na Europa e nos Estados Unidos a Sony é conhecida como uma marca de eletrônicos que se aventurou no reino do cinema e da música, no Japão ela é uma marca nacional essencial, que fornece aos japoneses inúmeros produtos e serviços, dos serviços bancários às pilhas elétricas, passando até pelo *foie gras*.

Quando chego ao escritório de Iwao Nakatani em Tóquio, ele está trabalhando num computador Sony de última geração. Economista de grande reputação que defendeu tese em Harvard, ex-assessor econômico do primeiro-ministro japonês, reitor de uma importante universidade de Tóquio, Iwao Nakatani é membro do comitê diretor da Sony desde 1999 e foi presidente do conselho de administração da empresa como um todo de 2003 a 2005. Nessa função, foi ele que nomeou o novo diretor-presidente da Sony, o britânico sir Howard Stringer, que vinha da CBS. Depois de se entregar aos prazeres rotineiros da troca de cartões de visita, com mesuras daqui e dali, Iwao Nakatani vai direto ao assunto: "O trabalho da Sony consiste em oferecer às pessoas no mundo inteiro o melhor divertimento, e é por isso que fornecemos ao mesmo tempo o hardware, os aparelhos, e o software, os programas e conteúdos", explica Nakatani em japonês (ele não quis falar inglês, e nos comunicamos através de uma intérprete).

Por que entrar no mercado de conteúdos, se os negócios tradicionais da Sony são a eletrônica e a informática para o grande público? "É uma boa pergunta", responde Nakatani. "Aqui em Tóquio estamos muito ligados ao hardware, ao passo que os conteúdos são mais americanos, e foi por isso que compramos os estúdios Columbia. Nós precisávamos de conteúdos, era uma decisão puramente econômica, e precisávamos organizar o grupo verticalmente, ou seja, com os aparelhos, os conteúdos, o cinema, a música, poder dispor de tudo ao mesmo tempo. Isso aconteceu antes de eu assumir a direção da Sony. Mas o problema, para a empresa, consiste justamente nessa articulação entre a sede da Sony aqui em Tóquio e as muitas filiais que pertencem à Sony, mas que também precisam ter sua liberdade. Comprar uma empresa é fácil, mas administrá-la, fazê-la funcionar a distância, é mais difícil."

Na verdade, o problema da Sony tem a ver basicamente com os conteúdos de cinema e música, confirma Shuhey Yoshida, diretor-presidente da Sony Computer Entertainment Worldwide Studios, dias depois, em Tóquio. Para este homem que coordena a fabricação de inúmeros jogos para os consoles PS 3, o problema dos conteúdos não é o mesmo nos diferentes setores: "No cinema, a história é essencial; nos jogos, é o caráter interativo e funcional que importa mais. Isto, portanto, é o que sabemos fazer no Japão. Estamos constantemente promovendo 'focus groups', pesquisas dirigidas, e 'play-testings', até a coisa funcionar. Considero que temos menos facilidade que os americanos para o cinema e a música do que para os jogos".

A Sony estaria preocupada em afirmar valores japoneses? Um imperialismo cultural? "Não creio", corrige Iwao Nakatani. "A Sony é vista como uma empresa apátrida, sem nacionalidade. É realmente uma multinacional que por acaso tem sua sede no Japão. Nunca tivemos a pretensão de impor nossos valores ou dominar através de nossos conteúdos. Não faz parte da nossa mentalidade. E por sinal, damos carta branca aos americanos para administrar os ramos cinema e música com toda liberdade."

Para entender o funcionamento da matriz, pergunto a Iwao Nakatani (que na época presidia a Sony) em que momento a direção da Sony no Japão foi informada da decisão da Sony Pictures dos Estados Unidos de fazer os três filmes da série *Homem-Aranha*, e em que momento foi dado o sinal verde. Nakatani responde, com exatidão: "Não demos sinal verde para *Homem-Aranha* daqui do Japão. O orçamento do filme não foi apresentado nem aprovado aqui. Foi uma decisão exclusivamente da Sony Pictures Entertainment nos Estados Unidos. Não temos como avaliar com critério aqui em Tóquio. Confiamos em nossas equipes nos Estados Unidos". Este depoimento é crucial para entender as indústrias internacionais de conteúdos.

Eu ficaria sabendo depois, através de Takashi Nishimura, diretor da UNIJAPAN, e Junichi Shinsaka, diretor da Motion Picture Producers of Japan (Eiren), dois dos principais organismos profissionais de regulamentação do cinema japonês, que "nas estatísticas da indústria cinematográfica aqui, a Sony é considerada uma empresa 'estrangeira', e não 'nacional'. Para nós, trata-se de cinema americano, e a Sony Pictures Entertainment é considerada uma empresa americana". Para entender esse ponto essencial, cabe lembrar também que a participação do cinema nas rendas globais da multinacional Sony é pequena (19% em 2003, proporção próxima dos outros conglomerados de mídia: a Paramount representa 7% nos rendimentos da Viacom; a 20th Century Fox, 19% nos da News Corp; a Warner, 18% nos da Time Warner; a Universal representava menos de 2% nas rendas da General Electric, antes de ser comprada pela Comcast; e o cinema representa uma fatia de 21% na Disney Corporation).

Pergunto então ao ex-presidente da Sony se o mesmo acontece com a música na Sony Music. Nakatani: "Não temos em Tóquio competência em matéria de cinema nem de música. Não tomamos decisões nem damos sinal verde financeiro aos projetos da Sony Music, como não damos aos da Sony Pictures nos Estados Unidos".

Essas respostas confirmam então que a matriz da Sony de fato se transformou em pouco mais que um banco para as filiais. Iwao Nakatani não contesta essa análise. A Sony deve então continuar nos conteúdos? No Japão, nunca se diz "não". Nakatani hesita e acaba respondendo:

> É o que eu me pergunto. Enquanto estivermos obtendo lucro, não há urgência de mudar, mas se o grupo precisar de liquidez, talvez tenhamos de pensar em vender nosso ramo cinema ou nosso ramo música. Em caráter pessoal, considero que a Sony perdeu força e singularidade ao entrar nos conteúdos. Além disso, os profissionais do hardware e os de conteúdo não conseguem trabalhar juntos, ao contrário do que esperávamos. A experiência da Sony-BMG na música fracassou, pois não conseguíamos funcionar com a alemã Bertelsmann. Existe entre o Japão e a Europa ou os Estados Unidos uma distância muito grande, geográfica mas também cultural, o que não facilita as coisas.

No Japão, a Sony não tem estúdios de cinema, e se existe um escritório da Sony Music, é bem modesto: limita-se à música japonesa. Visitei os escritórios da Sony nos Estados Unidos, no Japão, mas também em Cingapura, Hong Kong, Jacarta e Cairo, e a maioria dos meus interlocutores, atuassem no cinema ou na música, confirmou essas informações. E por sinal todos disseram que estão subordinados aos escritórios da Sony nos Estados Unidos, e não em Tóquio. A Sony Music é de fato uma major do disco nos Estados Unidos, assim como a Sony Pictures é um estúdio americano.

De Culver City a Century City, dos estúdios americanos da Sony à torre da Metro-Goldwyn-Mayer, são menos de cinco quilômetros de distância, mas às vezes se leva mais de uma hora de carro, tão intenso é o trânsito em Los Angeles. Em Century City, tudo parece falar de cinema. As ruas têm nomes como Avenue of the Stars, Fox Hills ou MGM Drive' e os estúdios da 20th Century Fox ocupam toda a parte sul do bairro. O Fox Plaza, que vimos explodindo nos filmes *Clube da luta* e *Duro de matar*, é um arranha-céu de 35 andares identificável à distância no bairro. Igualmente visível à distância, o imenso prédio branco da Creative Artists Agency foi construído no espaço anteriormente ocupado pela torre da rede de televisão ABC (atualmente instalada no "vale", em Burbank, ao norte de Los Angeles, na sede da Disney, que a comprou).

No número 1999 da Avenue of the Stars encontra-se a torre do banco J. P. Morgan. Subindo ao 26º andar, percebo que vários outros bancos também têm escritórios ali: o Lazard Frères no 11º, o Morgan Stanley no 23º, a UBS no 34º. Estou no quartel-general do financiamento de Hollywood e tenho encontro marcado com Ken Lemberger.

Ken Lemberger é o ex-vice-presidente da Sony Pictures Entertainment, um dos chefões de Hollywood. Transferiu-se agora para o ramo do financiamento de filmes e dirige o departamento "Entertainment" do banco J. P. Morgan. Seu cargo: "J. P. Morgan Entertainment Advisor". Esfrego os olhos para ver se estou enxergando bem...

Na conversa com ele, tento entender se os bancos investem em Hollywood ou se são simplesmente estabelecimentos de crédito. "Os bancos são um ator importante no financiamento de Hollywood, mas um ator secundário", vai logo esclarecendo Ken Lemberger. "Os verdadeiros bancos são os estúdios, que investem seus próprios fundos no desenvolvimento dos filmes. Nosso papel se limita especialmente a lhes fornecer a liquidez necessária, ou seja, oferecer-lhes créditos, levando em conta o dinheiro que lhes foi prometido por inúmeros parceiros, mas que ainda não puderam receber. Não se trata, portanto, de financiamento especulativo, mas de empréstimos de tesouraria fornecidos a parceiros confiáveis. E cabe a mim aconselhar o banco J. P. Morgan nessa atividade. Todos os bancos recrutaram em Hollywood antigos dirigentes dos estúdios que conhecem bem a indústria, para se aconselhar com eles." Sobre uma mesa de vidro, Ken Lemberger apanha um levantamento estatístico de duzentas páginas sobre o mercado da televisão indiana, para me mostrar a complexidade do setor que deve analisar. Ao lado encontram-se o *Wall Street Journal* e o *Financial Times*. Nenhum exemplar do *Los Angeles Times*. Só os jornais financeiros, não os que falam de cinema.

Na economia global do cinema americano e em meio à infinidade de envolvidos que contribuem para a vitalidade de Hollywood, fico me perguntando quem é finalmente o verdadeiro patrão. Os bancos? Os estúdios? As agências de talentos?

A noite caiu em Hollywood. Confortavelmente sentado numa esplêndida poltrona de couro, no centro de um gigantesco escritório, com todas as paredes cobertas de obras de arte famosas extraídas das coleções particulares do banco e tendo por trás uma vista esplendorosa de Los Angeles iluminada até o infinito, Ken Lemberger me responde, categórico:

> Existe um único patrão em Hollywood, ao contrário do que se julga às vezes. Não são os bancos nem os produtores nem as agências de talentos, nem mesmo as estrelas multimilionárias, mas os estúdios. A única pergunta que interessa é: quem assume o risco financeiro? E a resposta, sem margem para dúvidas, no caso de todos os principais filmes mainstream, é: o estúdio. Os estúdios são os "risk-takers". Nesse sistema, todos os demais envolvidos, que não são poucos, são remunerados e estão sempre

no mesmo lugar, qualquer que seja o resultado de bilheteria. Os únicos que realmente assumem riscos financeiros são os estúdios. Eles podem ser criticados quando hesitam em dar sinal verde, podem ser considerados prudentes demais, mainstream demais ou pouco inovadores. Mas a realidade é que todo mundo é pago no fim, e os estúdios são os únicos a assumir o risco financeiro. Detêm sozinhos, portanto, o poder, e eu acho perfeitamente normal.

A demonstração é eficaz, mas não me convence totalmente. Os bancos são um ator secundário no terreno do "cash flow" (fluxo de caixa), mas um ator de destaque no terreno "especulativo", justamente — algo de que Ken Lemberger praticamente não me fala. Com a financeirização da economia nas décadas de 1980 e 1990, os conglomerados de mídia estão atualmente em grande medida submetidos a uma lógica capitalista, particularmente através dos fundos de pensão, dos *hedge funds* e dos *mutual funds*. A repartição do capital dentro dessas multinacionais é portanto uma questão decisiva, e essas complexas operações na bolsa são efetuadas pelos bancos. Como o J. P. Morgan. E pelos assessores, os "J. P. Morgan Entertainment Advisors".

O marketing, ou o transporte do gado

Fico em Century City e atravesso o bairro a pé, para chegar à MGM Tower. Nas torres encontra-se desde 2001 a sede da Metro-Goldwyn-Mayer, que pode ser reconhecida a distância, tendo no alto "Leo", o celebérrimo leão que ruge. Mas o estúdio hollywoodiano não é o único que tem sede ali. Muitos andares são alugados a outras empresas ou a filiais. No décimo primeiro andar da MGM Tower, sou recebido por Dennis Rice, da United Artists. "A MGM é nosso principal acionista, mas a Sony e a Comcast também detêm cada uma 20% da United Artists, e ainda temos cinco fundos de investimento e até Tom Cruise entre nossos acionistas minoritários", explica Dennis Rice, um dos homens de marketing mais conhecidos de Hollywood e copresidente da United Artists. A "UA" era o menor dos grandes estúdios hollywoodianos.

Fundada por Charlie Chaplin e D. W. Griffith, durante muito tempo independente, a UA produziu filmes como *Scarface*, *Matar ou morrer*, *Amor, sublime amor*, os filmes de James Bond e a série *Rocky*, e mais recentemente *Tiros em Columbine*, de Michael Moore. Desde o fim da década de 1960, a United Artists foi sucessivamente declarada em morte clínica ou em pleno renascimento, ao sabor das compras e revendas (por exemplo, por um banco francês, o Crédit Lyonnais, em 1992).

"Ao contrário do que muita gente acredita, a nacionalidade de nossos acionistas não é muito importante. Nós sempre fazemos filmes americanos, ou seja, filmes universais", afirma Dennis Rice. À frente do marketing mundial de um importante estúdio que produz ou distribui em média cerca de vinte filmes por ano, Dennis Rice descreve sua estratégia internacional:

> Cada filme é único, por isto é que não somos uma indústria como outra qualquer, como a Ford ou a Coca-Cola, mas uma indústria criativa. A particularidade de Hollywood é esse produto único, mesmo quando produzimos franquias como James Bond. A cada novo filme, tudo começa de novo. Quando alguém vende Coca-Cola, a publicidade serve em caráter imediato, mas também serve ao longo do tempo; no caso de um filme, ela serve apenas uma vez.

Único também, portanto, é o orçamento de marketing dos filmes. Ele se aproxima atualmente de até 50% do total das despesas. A produção de *Homem-Aranha 3*, um dos filmes mais caros da história, custou à Sony 380 milhões de dólares, dos quais 260 milhões para o filme propriamente dito (o chamado *negative cost*) e 120 milhões para o marketing mundial. A um tal preço, pode-se ficar achando que a promoção do filme às vezes é mais bem-sucedida que o filme propriamente. Foi o que disseram e escreveram as más línguas, por exemplo, a propósito da refilmagem americana de *Godzilla*.

"A campanha internacional de marketing é financiada basicamente pelo estúdio", explica Dennis Rice, "mas o marketing de um filme sempre é decidido em nível local, pelas pessoas que lá se encontram. Veja este quadro". Ele me mostra um comparativo dos orçamentos de marketing do filme *Capote* país por país, com a parte que coube ao estúdio e a parte financiada localmente pelo distribuidor, os exibidores e as empresas encarregadas do merchandising. "Como pode ver, são valores muito desiguais e muito pouco é gasto no exterior em comparação com as despesas nos Estados Unidos, mesmo no caso de um blockbuster. Sobretudo, nossos dólares são concentrados em alguns poucos mercados, especialmente o Japão, a Alemanha, o Reino Unido e a Espanha. Em cerca de sessenta outros países, praticamente não gastamos nada."

Na conversa comigo, Dennis Rice mostra-se extremamente "pro": homem de marketing, recita números, responde a minhas perguntas com cortesia, vai direto ao essencial, sem demonstrar irritação nem entusiasmo. Com uma exceção: quando eu falo da China e da Índia, Dennis Rice se exalta: "Imagine só os lucros potenciais de Hollywood na China. E na Índia!". E em seguida começa a relatar, desgostoso, os obstáculos de censura, cotas e distribuição que enfrenta atualmente nesses dois países. Sobretudo na China.

Hoje em dia a United Artists se escora muito, como os demais estúdios, na bilheteria internacional, em constante avanço. Em 2000, o mercado interno americano correspondia aproximadamente a 50% das receitas (contra 50% do mercado internacional), mas agora o box-office americano representa apenas 40% (contra 60% do mercado internacional), segundo dados que recebo dele. A mudança ocorreu recentemente, entre meados da década de 1990 e o início da década de 2000, quando as bilheterias internacionais foram aos poucos superando o número de entradas vendidas internamente nos Estados Unidos. "A globalização do cinema hollywoodiano está transformando profundamente os filmes que fazemos e até a escolha dos atores. Para atingir todos os públicos, precisamos de estrelas de primeira grandeza, de histórias mais universais. Nós já fazíamos entretenimento, mas agora temos de fazer um entretenimento global", constata Dennis Rice. E logo acrescenta: "Mas estamos preparados para enfrentar esse desafio. Pensamos o tempo todo na China e na Índia, no Brasil, no México, no Oriente Médio, na Europa. Há muito tempo não fazíamos mais filmes estritamente americanos,

MAINSTREAM

mas agora não temos mais escolha: para se dirigir ao mundo inteiro, a nova Hollywood, assim tão globalizada, precisa fazer filmes universais". (Depois da nossa entrevista, Dennis Rice demitiu-se da United Artists, após um desentendimento com Tom Cruise e sua parceira Paula Wagner.)

A campanha comercial de um longa-metragem hollywoodiano é um verdadeiro plano de batalha coordenado em vários continentes. É a etapa essencial de todo filme mainstream. Nos últimos trinta anos, essas campanhas se profissionalizaram e seu custo decuplicou (aproximadamente 2 milhões de dólares no caso de um filme de estúdio, em média, em 1975; 39 milhões em média em 2003, mas frequentemente mais de 100 milhões no caso dos principais blockbusters, como *Matrix* ou *Piratas do Caribe*). Vários diretores de marketing que encontrei nos principais estúdios de Los Angeles e os agentes publicitários entrevistados na Avenida Madison (bairro tradicional das agências de publicidade em Nova York) descreveram-me seu plano de conquista do grande público.

A prioridade, antes mesmo do sinal verde para um filme, é determinar seu público potencial. Nos Estados Unidos, isso ocorre em geral com base em três critérios iniciais: idade (mais ou menos de 25 anos); gênero (homem ou mulher); e cor (branco ou "non-white"). A partir dessas categorias, é determinado o público-alvo do filme — por exemplo, "homens brancos de menos de 25 anos". Naturalmente, o ideal é produzir o que se costuma chamar de "four-quadrant film", aquele que tem como público potencial homens e mulheres de mais ou menos de 25 anos; o mais arriscado é fazer um filme que só atraia as jovens de menos de 25 anos, pois todos os levantamentos estatísticos mostram que elas acompanham os rapazes para ver filmes de ação, ao passo que os rapazes nunca as acompanham para ver filmes de "meninas" (por isso mesmo raros).

Vêm em seguida os "focus groups", a grande ferramenta de marketing em Hollywood desde a década de 1980. Trata-se de estudos qualitativos que consistem em fazer muitas perguntas aprofundadas a uma amostragem estrita de pessoas escolhidas, em vez de perguntas superficiais a muitos pesquisados. Esses "focus groups", acompanhados de "test-screenings" e completados por pesquisas quantitativas para delimitar

A NOVA HOLLYWOOD

ainda mais o público-alvo, ajudam os responsáveis pelo marketing a tomar decisões. São entrevistadas amostras de pessoas potencialmente pertencentes ao público-alvo, para ver o que acham do filme, e em geral, nessa etapa, elas tomam conhecimento do enredo, das estrelas e podem ver os primeiros trailers, para que fique registrada sua reação. Em função dos resultados, é lançada uma pré-campanha nas salas, para anunciar o filme, enquanto os programas populares da televisão e os *talk-shows* das redes pertencentes aos estúdios são usados para dar início ao *buzz* em torno do lançamento.

A partir dessas primeiras campanhas, novos "focus groups" são promovidos, para avaliar o grau geral de informação do grande público sobre o filme e a intensidade da memorização (em Hollywood, um diretor de marketing me fala da "stickiness" do filme, se ele "cola" bem). Vêm então os "test-screenings", a projeção do filme, mesmo inacabado, para novos "focus groups". Um índice de satisfação é elaborado e o público potencial, ainda mais delimitado. Nessa etapa, os diretores de marketing são capazes de prever o sucesso do filme, segundo eles, com pequena margem de erro. Em função desses levantamentos, a data de lançamento ainda pode ser alterada e a duração do filme, encurtada ("acima de 1h20 os minutos contam em dobro, e acima de 1h30, contam em triplo", declara-me um produtor). Da mesma forma, certas cenas podem ser cortadas, abrandadas ou modificadas (por exemplo, pode-se acrescentar uma cena de ação extraída das sobras de montagem no caso de um filme de férias de verão para adolescentes, pois todos os estudos sobre o público confirmam que os homens jovens preferem maciçamente as cenas de ação a cenas com diálogos). Até o "happy ending" pode ser alterado, se necessário. Esse exercício de pós-produção é delicado: diz-se em inglês que ele deve ser "fine-tuned", regulado com precisão, pois se trata de conferir identidade ao produto, sua força mainstream, mas sem ser banal demais nem demasiado "bland" (sem graça ou insosso, crítica que costuma ser feita à cultura popular americana). O filme deve ser para o grande público (diz-se "crowd-pleaser" ou "crowd-puller", que agrada ou atrai multidões), mas também novo e único, devendo sua história dar a impressão de ter algo de "especial". Esse "algo especial" é essencial:

será garantido pela intriga, os atores ou os efeitos especiais, mas a pós-produção e o marketing têm a função de amplificá-lo e decuplicá-lo. É assim que um filme se transforma num "feel-good movie" (um filme para o espectador ter a impressão de se sentir bem), é assim que seu ritmo é acelerado e ele se torna mais enérgico ou "upbeat" (otimista, combativo). Em certos casos, dá-se ênfase ao fato de o filme ser "based on a true story", ou a seu herói "bigger than life", para acentuar a identificação do público. O objetivo é sempre transformar um simples produto em souvenirs, em experiências e em estilo de vida.

A partir daí, o plano e o orçamento de promoção são adaptados, estabelece-se o conteúdo dos trailers, assim como o número de cópias, que pode oscilar, no caso de um filme de estúdio, entre novecentas, nos cinquenta estados, e vários milhares (o blockbuster *Batman: O cavaleiro das trevas* foi lançado na primeira semana em 4.366 telas dos Estados Unidos).

No caso dos filmes mais mainstream, essas campanhas e esses "focus groups" começam muito antes da data de lançamento do filme (os primeiros *teasers* de *Homen-Aranha* já estavam nas salas de cinema um ano antes). Os "products tie-in", produtos derivados que acompanham o lançamento de blockbusters como *Guerra nas estrelas, Shrek* ou *G. I. Joe* nas lojas e fast-foods, também são muito procurados, pois visam ao mesmo tempo a financiar o filme e a lhe assegurar uma exposição complementar na mídia, com a vantagem adicional de serem integralmente pagos pelas lojas parceiras. Na volta de *Guerra nas estrelas* em 1999, as três franquias da Pepsi-Cola (KFC, Taco Bell e Pizza Hut) promoveram cada uma o seu planeta, com os respectivos personagens.

Vem então a última etapa da campanha, conhecida em geral como "drive", da expressão "cattle drive", transporte do gado no Oeste americano. Ela consiste em martelar o nome do filme e dos atores por todos meios possíveis, em todos os meios de comunicação em vários continentes ao mesmo tempo, nas duas últimas semanas antes do lançamento, para estimular o público a ir vê-lo. Ao contrário do que acontece com a exibição de trailers nos cinemas, gratuita em virtude de um acerto da época em que os estúdios possuíam suas próprias salas, essas campanhas são extremamente onerosas. Tanto mais por se concentrarem basicamente na compra de espaço na televisão, único tipo de publicidade realmente eficiente para atingir o público de massa capaz de se interessar em ir ao cinema, de acordo com meus interlocutores em Hollywood (3,4 bilhões de dólares foram gastos pelos estúdios na televisão em 2003, quase sempre nas principais redes, como NBC, CBS, ABC, ou nas redes mais específicas, como HBO ou MTV, que pertencem justamente aos mesmos conglomerados que os estúdios).

Sem se esconder por trás de fórmulas vazias, James Schamus, diretor-presidente da Focus Features, entrevistado em Nova York, é categórico: "É o bombardeio final na televisão que é decisivo. É triste reconhecê-lo, mas é o que os japoneses não entenderam. No Japão, foi com a publicidade em televisão que Hollywood impôs o cinema americano e que matamos o cinema japonês. Apostamos exclusivamente na televisão, investimos milhões de dólares em marketing e os japoneses não conseguiram acompanhar".

A intensidade da campanha final, verdadeira blitz, é perfeitamente típica da nova Hollywood, na qual o sucesso de um filme depende quase sempre de bilheteria na primeira semana (a famosa expressão "opening-weekend gross"). Antes, um filme tinha um certo tempo para se impor e as campanhas podiam prolongar-se por vários meses, dependendo das críticas da imprensa e do boca a boca; já agora, todas as despesas concentram-se na semana de lançamento, decisiva, e que determinará, com a ajuda complementar de alguns estudos feitos na saída das sessões, e que não deixam de evocar as sondagens de boca de urna em dias de eleição, o tempo de vida de um filme e a data de lançamento em DVD.

A máquina hollywoodiana não deve seu sucesso apenas à riqueza dos estúdios: ele também depende em grande medida do profissionalismo e da complexidade de seu sistema, capaz de estar constantemente ajustando seus meios em função do público visado. A oferta adapta-se constantemente à demanda, e vice-versa. O marketing está no cerne da construção do mainstream.

*

Essas campanhas de marketing, tradicionais e maciças, funcionavam muito bem até a chegada da Internet, que veio modificar tudo. Antes, o público dependia das informações fornecidas e controladas pelos estúdios; agora, esse público pode se informar livremente, é mais desconfiado e, como me disse um importante diretor de marketing, irritado: "Graças à Internet, o público passou a se mostrar mais desconfiado em relação ao marketing, e consegue distinguir um bom filme de um ruim, o que quer que façamos. De modo geral, o público hoje em dia é inteligente". O vazamento de informações também se transformou em regra na Web, as imagens de filmagem são exibidas no YouTube, o que atrapalha os planos de comunicação cuidadosamente preparados, e os próprios filmes passaram a ser lançados muitas vezes na Internet, antes mesmo da projeção nas salas de cinema. O mercado do DVD é afetado, e muitos preveem seu desaparecimento a curto prazo.

Depois de declarar guerra à Internet no início da década de 2000 — guerra perdida, naturalmente, em campo aberto — os homens de marketing de Hollywood finalmente entraram no jogo da web, em vez de combatê-la. E deixaram de ser "empacotadores" de produtos de massa para adotar campanhas não tradicionais conduzidas por dezenas de técnicos especializados em marketing "IT". Hoje, a campanha de promoção dos filmes integra completamente a dimensão web. São usados recursos já clássicos, como a criação de sites especializados ou o lançamento de fóruns online, assim como a redação de páginas na Wikipedia pelos próprios serviços de marketing (o que não parece muito de acordo com as regras da web 2.0). A difusão "ilegal" de trechos do filme também é promovida em sites como YouTube, para atingir os jovens, provocar comentários e gerar o chamado marketing viral. Quase sempre atrasados nessa batalha, os estúdios começaram a dar crédito ao MySpace quando uma parte de seus membros migrou para Facebook, passaram a privilegiar Second Life quando o site deixou de despertar interesse e, finalmente convertidos ao Facebook, negligenciaram o Twitter, no mesmo momento em que era revelado ao mundo pelos iranianos. Inicialmente ameaçados com processos, os blogueiros que divulgavam boatos e revelavam segredos finalmente foram levados a sério, como por exemplo

A NOVA HOLLYWOOD

Nikki Finke, que publica o blog Deadline Hollywood, hoje tratada com a mesma deferência que os principais jornalistas do *Los Angeles Times*.

Também se tratou de adaptar à web o que existia anteriormente. Por exemplo, os "blurbs" — curtas citações publicitárias solicitadas a um crítico ou a uma personalidade antes do lançamento de um filme ou de um livro — são atualmente divulgados nos blogs ou na Internet mediante compra de espaços publicitários. O "word-of-mouth marketing" (marketing boca a boca) foi adaptado à web com empresas especializadas, como a Buzzetrics (comprada pela Nielsen). Outras ferramentas, como BuzzTracker, Buzz-Audit, Media-Predict ou Homescan Online permitem avaliar constantemente a situação dos comentários sobre um filme na web, tomar conhecimento das "conversas" em andamento a seu respeito ou ainda acompanhar ao vivo os comentários enviados a centenas de blogs e fóruns. E quando esse buzz adquire contornos críticos, pondo em risco o "bom" boca a boca (o site especializado BuzzThreatTracker fica de olho nesse tipo de ameaça), os alertas são ativados e se lançam contracampanhas. Com essas idas e vindas entre o marketing e o público, a Internet confere novo sentido ao clássico comentário de um produtor de Hollywood: "The audience as co-author" (o público como coautor do filme).

Globalmente, a estratégia de marketing e Internet dos estúdios consiste em apagar a linha de separação entre a publicidade e a informação, para que a intrusão publicitária seja mais facilmente tolerada e talvez até desejada. No fundo, é isto o buzz: o boca a boca transformado em marketing.

O monopólio dos sindicatos

No número 7.920 da Sunset Boulevard, em pleno coração de Hollywood, tenho encontro marcado dias depois com os dirigentes da Directors Guild of America (DGA), o todo-poderoso sindicato dos diretores de cinema. Também aqui, a Internet vem causando sérios problemas. Sucessivas greves ocorreram nos últimos anos para obrigar os estúdios a prever nos contratos compensações relativas às novas mídias. "Na Directors

Guild of America, nós consideramos que o diretor é um 'autor', no sentido francês da palavra. Estamos aqui para proteger seus direitos como criador, inclusive na Internet. Por isto, não somos um sindicato propriamente dito, mas uma 'guild', uma espécie de sociedade de autores", corrige Kathy Garmezy, diretora da DGA. Os sindicatos e as "guilds" são protagonistas fundamentais em Hollywood. E por surpreendente que possa parecer num país como os Estados Unidos, considerado ultracapitalista, Hollywood é uma indústria totalmente regulamentada e na qual os sindicatos têm o monopólio das contratações.

De John Ford, um de seus seus fundadores, a Steven Spielberg, passando por Martin Scorsese e Steven Soderbergh, os realizadores de cinema e televisão americanos são em sua maioria (com raras exceções, como George Lucas e Quentin Tarantino) associados à "Guild". O mais famoso deles é Alan Smithee: "É um pseudônimo oficial, inventado na DGA, para os cineastas que não estiverem satisfeitos com o filme, discordando com o estúdio ou o produtor a respeito do 'final cut'. Nesse caso, o membro da DGA pede que seja identificado nos créditos como Alan Smithee", sorri Kathy Garmezy. Perfeitamente reais, por sua vez, mais de 900 realizadores estrangeiros que filmaram para a televisão ou o cinema americano também são membros da DGA, e Kathy Garmezy insiste nesse ponto: "O futuro de Hollywood está no resto do mundo". (Mas ela nada comenta a respeito dos direitos de trabalho, os quais, sob a pressão dos sindicatos, tornam na realidade difícil para os estrangeiros trabalhar em Hollywood, num autêntico sistema protecionista disfarçado.)

Em relação aos membros, a DGA cuida das questões econômicas e sociais da profissão, especialmente salários mínimos, cobertura médica, condições de trabalho e aposentadoria, negociando essas regras coletivas com os estúdios e a MPAA regularmente e, quando necessário, com combatividade. "Nesse sentido, não fazemos em absoluto o trabalho dos agentes ou gerentes: cuidamos de todo o setor de maneira coletiva, mutualista, mas não dos contratos individuais. Definimos os padrões da profissão, obrigatoriamente aplicados a todos os contratos, e é a partir dessas bases sindicais que os advogados e agentes negociam os contratos individuais", explica Kathy Garmezy.

Nenhum contrato de um profissional trabalhando para um filme de estúdio ou para a maioria dos filmes independentes escapa às regras sociais e salariais negociadas pelos sindicatos e as sociedades de autores. Uma das particularidades de Hollywood é ser ao mesmo tempo um modelo inteiramente comercial e um sistema totalmente sindicalizado. Pois o fato é que a DGA tem na prática um monopólio sobre os contratos dos realizadores. Os estúdios não podem dispensá-la, como não podem passar por cima da poderosíssima Screen Actor Guild (SAG, presidida em certa época por Ronald Reagan) para contratar um ator, da Producers Guild of America (PGA), no caso dos produtores, ou ainda da Writers Guild of America (WGA), quando se trata de contratar um roteirista. O mesmo acontece no que diz respeito aos iluminadores, técnicos de som, diretores de elenco, cabeleireiros e maquiadores, todos sindicalizados. "Hollywood é provavelmente o setor mais sindicalizado dos Estados Unidos", confirma Chuck Stocum, diretor da Writers Guild of America, que reúne a quase totalidade dos roteiristas de cinema e televisão dos Estados Unidos. "Esse monopólio das contratações foi sendo construído ao longo do tempo graças a um duplo mecanismo muito eficiente que nós inventamos. Por um lado, obrigamos todos os nossos membros a trabalhar apenas para os estúdios ou produtores que tenham assinado um acordo geral conosco; por outro, nossos contratos estabelecem, através de uma cláusula obrigatória, que os estúdios só podem contratar nossos roteiristas", conta Chuck Stocum. Através desse duplo mecanismo, os estúdios foram aos poucos sendo obrigados a contratar exclusivamente membros da WGA, segundo as condições sociais e salariais mínimas estabelecidas pela "guild". O mesmo acontece no conjunto das indústrias de cinema e televisão nos Estados Unidos. "Como está tudo ligado, o estúdio não poderia mais contratar um ator ou um realizador se contratasse uma única pessoa fora desse sistema. Assim é que o monopólio foi construído", conclui Stocum. Dezenas de sindicatos participam dessas negociações, como confirma em conversa comigo, em Nova York, Alain Eisenberg, o célebre chefe do sindicato dos atores:

O cinema, a televisão e o teatro são os três setores totalmente sindicalizados nos Estados Unidos, pois todo mundo foi alguma vez 'fodido' por um produtor; assim, a lealdade dos nossos membros é absoluta. Por sinal, geralmente um ator é membro de três sindicatos: o de atores em Hollywood, o da rádio-televisão em Los Angeles e aqui conosco na Actor's Equity na Broadway, em Nova York.

Também aqui as regras são muitas e incrivelmente complexas, mas o sindicato dos atores tem o monopólio das contratações em todos os Estados Unidos para os teatros da Broadway (salas com mais de 499 lugares) e as da Off-Broadway (salas entre 100 e 499 lugares); também se mostra muito influente, sem ter o monopólio, nos teatros Off-Off-Broadway (salas com menos de 99 assentos). Mas isso tem um preço. Todo aquele que se filia ao sindicato ou uma sociedade de autores paga uma taxa inicial elevada, uma cota anual e um percentual sobre seus cachês (2,25% no caso dos atores da SAG e da Actor's Equity).

"Realmente é caro, mas é obrigatório, se o profissional quiser trabalhar em Hollywood ou na televisão nos Estados Unidos. É o preço a pagar para ser defendido pelo sindicato nas negociações, sempre muito duras", acrescenta Chuck Stocum.

É a diplomacia em três frentes. O profissional se associa às sociedades de realizadores, aos sindicatos de atores e às agências de talentos contra os estúdios; mas os realizadores são enfrentados em defesa dos roteiristas; e finalmente tratamos de controlar as agências de talentos — por exemplo, fomos nós que limitamos seus cachês a 10% dos contratos, para proteger nossos membros.

Stocum conclui: "Nessa indústria, todo mundo está com todo mundo; mas todo mundo também está contra todo mundo. Nesse sentido é que todos os envolvidos estão ligados aos estúdios e todos são igualmente independentes". A equação me causa impressão. Começo a entender que na nova Hollywood o lugar dos independentes tornou-se central.

5. Todos "indies", inclusive *Indiana Jones*

No escritório de David Brooks, nos estúdios da NBC-Universal em Los Angeles, há uma mesa de pingue-pongue. Uma mesa de pingue-pongue? Brooks é o diretor de marketing da Focus Features, um dos estúdios da Universal. E a partir da Califórnia ele supervisiona a estratégia mundial de markenting do estúdio.

O "lot" da Universal ocupa vários hectares à beira da rodovia I 101, bem ao norte de Hollywood. Esse terreno dos estúdios é tão vasto que ganhou aqui o nome de uma cidade: Universal City. No interior, circulo de carro com um mapa, por avenidas que se chamam James Stewart Avenue, Steven Spielberg Drive e Universal Studios Boulevard. O escritório de Brooks fica no número 100 da Universal City Plaza.

Na Focus Features, o clima é descontraído. Por toda parte, "open spaces" e "cubicles" oferecendo espaços individualizados num ambiente coletivo. Na parede, um pequeno painel com o slogan: "Permanent change" (mudança permanente).

Brooks me recebe de calças jeans, tênis e camiseta. Tendo vindo da costa Leste (onde dirigia o marketing dos estúdios Miramax em Nova York), ele se adaptou aos trajes "informais", descontraídos, do sul da Califórnia. Na direção da Focus Features, o estúdio da Universal, ele coordena o marketing e a comunicação mundial de cerca de vinte filmes por ano. Todos fazem parte da categoria de filmes de "orçamento médio", entre os blockbusters e os filmes "indies" (independentes). A Focus Features produziu por exemplo *Encontros e desencontros*, *O pianista*, *Diários de motocicleta* (sobre Che Guevara), *Flores partidas*, *O segredo de Brokeback Mountain*, *Milk* e *Aconteceu em Woodstock*.

A mesa de pingue-pongue serve de espaço de reunião, onde se encontram os responsáveis pelos braços de marketing do estúdio, vários deles em videoconferência de diferentes continentes. "Lançar uma campanha internacional de marketing para um filme", diz Brooks, "é um pouco como jogar pingue-pongue em todas as grandes cidades do mundo. Só que a gente joga apenas uma vez: não temos direito de errar".

O mais interessante, nos estúdios Universal, é que David Brooks e a Focus Features são "independentes".

Levei um bom tempo para entender por que todo mundo em Hollywood era ao mesmo tempo um pouco "estúdio" e um pouco "independente". Todos "indies", inclusive *Indiana Jones*, de certa maneira.

Apesar de pertencer à Universal, a Focus Features é o que se costuma chamar de "unidade especializada" (também se diz "indie studio"' ou ramo "filme de autor" de um estúdio). Desde a década de 1990, todos os grandes estúdios hollywoodianos compraram minimajors externas ou criaram em seu interior estúdios "independentes". Fala-se às vezes da "little" Hollywood, para não confundir com a "big". É o caso da Fox Searchlight Pictures no interior da 20th Century Fox, da Sony Pictures Classics na Sony, da Paramount Vantage dentro da Paramount, da Warner, Independent Pictures e da New Line Cinema na Warner ou ainda, na categoria dos estúdios comprados, da Miramax e da Pixar na Disney e mesmo, em certa medida, da DreamWorks SKG, antes na Paramount e agora como parceira da Disney.

"Todas essas unidades especializadas são diferentes, mas geralmente estão voltadas para a produção de filmes menos caros que os blockbusters, para públicos mais especializados, muitas vezes mais internacionais, donde o seu ar independente", explica-me semanas depois, em Nova York, James Schamus, cofundador e diretor-presidente da Focus Features (Schamus também é roteirista, notadamente de *O tigre e o dragão*,

Desejo e perigo e *Aconteceu em Woodstock*, de Ang Lee, e me confessa, com a condição de que eu não repita para ninguém, que também é corroteirista de *O segredo de Brokeback Mountain*, mesmo não tendo desejado aparecer nos créditos).

Existem outros motivos para esse funcionamento com subestúdios "independentes". Para a Focus Features, é uma questão de apostar na "diferenciação", sem tentar atrair todos os públicos ao mesmo tempo, mas privilegiando filmes de tamanho médio, voltados para adultos, para ajudar a Universal a conquistar uma imagem menos mainstream e, com isso, ganhar prestígio crítico e, quem sabe, conseguir Oscars. Para a Disney, o principal é evitar a deterioração da marca Disney, associada aos filmes para a família e o grande público: em vez de produzir com sua marca filmes proibidos para menores de 17 anos por causa de imagens violentas ou sexualmente explícitas demais, a Disney os lança com o selo de uma de suas unidades especializadas, como a Touchstone Pictures ou a Miramax. Em outros casos, a questão pode ser favorecer a criatividade lisonjeando o ego de um produtor ou de um artista que queira conservar uma imagem de "independente", mas que ao mesmo tempo precisa do dinheiro dos estúdios: "Isto fideliza os artistas", diz-me James Schamus. Muitas vezes, a minimajor permite assumir mais riscos ou contratar um ator por um cachê inferior ao que ele exigiria de um grande estúdio, e segundo o caso isso pode até permitir eximir-se de certas normas sindicais. Às vezes, trata-se simplesmente de se abrir mais para o campo internacional, com um selo de aparência menos americana (os filmes do espanhol Almodóvar, do chinês Zhang Yimou, do taiwanês Ang Lee ou do mexicano Alejandro González Iñárritu foram produzidos ou coproduzidos pela Focus Features, e não pela NBC-Universal). E às vezes o subterfúgio funciona: em 2005, a imprensa europeia se entusiasmou com a comédia *Flores Partidas*, de Jim Jarmush, por representar "a quintessência da independência", o "controle artístico total com um pequeno orçamento" e "a arte contra o dinheiro dos estúdios", sem se dar conta de que era um filme da Focus Features, ou seja, da Universal, vale dizer, um belo filme, mas um filme financiado por uma major hollywoodiana.

"As unidades especializadas se interessam por filmes diferentes. Graças a elas, os estúdios pensam no futuro, estimulam a diversidade e oferecem aos independentes acesso a uma melhor distribuição", explica-me Jeffrey Katzenberg, presidente da DreamWorks Animation. Por sua vez, Geoffrey Gilmore, diretor do Sundance Film Festival, entrevistado em Los Angeles, confirma: "Essas unidades especializadas assumem riscos, são muito aventurosas, muito criativas, como a Miramax, mas nem por isto deixam de fazer parte dos estúdios. Independentes pela criatividade, sim; mais centradas no realizador, sim; mas continuam sendo estúdios". E Gilmore acrescenta: "Quentin Tarantino, por exemplo, é um realizador independente, mas também um homem de estúdio. A independência é uma categoria estética em Hollywood, e nada diz sobre a natureza financeira do filme". O Festival de Sundance, de Robert Redford e Geoffrey Gilmore, muitas vezes tem sido considerado uma boa alternativa a Hollywood, mas também foi criticado por ter perdido sua independência, ao se transformar numa máquina de seleção dos filmes de estúdios. O Sr. Gilmore acabou se demitindo recentemente, para se dedicar a atividades mais "independentes".

Entre a unidade especializada e o estúdio que a possui, as relações podem ser comparadas às que prevalecem entre as majors e os selos na indústria do disco ou entre os conglomerados e os "imprints", no ramo da edição de livros. Ao estúdio cabem a gestão e as questões financeiras, os problemas jurídicos e legais, particularmente a negociação de contratos, a distribuição nacional e mundial, o controle do copyright e da "Intellectual Property" (que todo mundo chama de "IP" nos Estados Unidos). Ao miniestúdio cabem as decisões artísticas, a produção e a filmagem ("raramente realizada nos estúdios da matriz", afirma James Schamus), a estratégia de marketing, as relações públicas e com a imprensa. Entre os dois, a cadeia decisória varia: muito estrita na Disney, onde qualquer filme precisa do sinal verde do diretor-presidente, mais relaxada na Universal — James Schamus me garante que a Focus Features, que ele preside, decide tudo.

"A partir de que momento o estúdio passa a exercer esse controle estrito do orçamento? Creio que varia de um estúdio para outro, depende das situações e dos indivíduos, mas eu diria que em orçamentos acima de 15-20 milhões de dólares, a luz verde do estúdio é quase sempre indispensável. E, mais uma vez, acho perfeitamente normal que aquele que assume o risco financeiro tenha o direito de decidir", repete Ken Lemberger, o ex-vice-presidente da Sony Pictures Entertainment.

"O conteúdo somos nós"

"Todos os roteiros, os scripts, os projetos chegam aqui." Nicholas Weinstock me mostra várias pilhas imponentes de pastas coloridas e documentos encadernados num longo móvel que ocupa toda a largura do seu escritório. E diz: "O conteúdo somos nós".

Nicholas Weinstock também é um independente. É um dos sócios da Apatow Productions. Estou no número 11.788 da West Pico Bld., na região oeste de Los Angeles. O lugar é modesto, uma construção banal de dois andares, entre duas rodovias. Para entrar, é preciso subir uma escada lateral com madeira, pouco visível a partir do bulevar.

A Apatow Productions, como centenas de outros nichos de produção, representa já agora o coração de Hollywood. "Hoje, os estúdios são apenas um banco", repete Nicholas Weinstock, como tantos interlocutores em Hollywood. Em torno dos 40 anos, ele já tem uma longa e bem-sucedida carreira. Trabalhou para a Fox e para o grupo Newscorp, onde desempenhou a função de redator de discursos de Rupert Murdoch para a 20th Century Fox. Estava então no coração de uma major do entretenimento. Hoje, está numa pequena ou média empresa com uma dúzia de assalariados.

A Apatow Productions é uma empresa independente cujo trabalho consiste em identificar projetos, desenvolvê-los e depois apresentá-los aos estúdios ou a redes de televisão — o que às vezes é a mesma coisa —, para serem realizados caso obtenham o sinal verde.

Para começo de conversa, a produtora trabalha assim com os escritores, os atores, os realizadores e as agências de talentos para conceber projetos. A pequena empresa recebe uma ajuda financeira significativa dos estúdios (conhecida como Slush Fund) para realizar essas experiências e assumir riscos. Mais adiante no processo, esses projetos são apresentados aos estúdios, que os aceitam ou não, muitas vezes solicitando que voltem a ser trabalhados. A Apatow produz cerca de seis longas-metragens por ano para os estúdios e aproximadamente 15 filmes ou séries de televisão. As fronteiras se confundem. Entendemos então por que motivo o próprio conceito de filmes independentes já não faz muito sentido hoje em dia em Hollywood, pois muitos estúdios recorrem a produtoras autônomas para fabricar seus filmes, ao passo que todos esses "independentes" precisam do dinheiro dos estúdios para realizar seus projetos. "Pense só nos custos", diz-me Nicholas Weinstock. "Logo vai entender por que os independentes são financiados pelos estúdios ou pelo menos pelas redes de televisão. Simples assim. Ao mesmo tempo, se por um lado nós precisamos do dinheiro deles, eles precisam dos nossos projetos. Pois o problema dos estúdios continua sendo a necessidade de assumir riscos, a experimentação, o período inicial de desenvolvimento de um projeto. Quem vai assumir o risco? Como inovar? Como criar?" Hollywood foi aos poucos encontrando a solução, terceirizando completamente essas funções e entregando-as a centenas de produtoras independentes que, com sua diversidade, seu senso criativo e sua necessidade de dinheiro, inovam por essência e por obrigação. É o princípio da concorrência em pleno funcionamento.

Por que os estúdios não podem efetuar esse trabalho internamente? "Ao fomentar a concorrência entre numerosos produtores, os estúdios podem entender melhor a evolução da época e diversificar seus projetos. Têm mais escolha e economizam dinheiro. Os estúdios não sabem mais fazer esse trabalho internamente ("in-house"). Não têm mais pessoal para isso", explica Nicholas Weinstock. Para que servem, então? "Para o essencial: grosso modo, os estúdios são um banco de negócios, um banco de direitos, um escritório de advocacia de negócios e uma agência de distribuição mundial."

No dia seguinte, estou na Overbrook Entertainment, na Roxbury Drive, em Beverly Hills. A Overbrook foi fundada por Will Smith, o célebre rapper — conhecido como Fresh Prince — e ator negro americano (que estrelou *Homens de preto*, *Independence Day* e *Eu, robô*). No quarto andar do prédio, as instalações são nitidamente mais luxuosas que as da Apatow Productions e o número de empregados, maior. Um deles, um produtor (que pede para não ser identificado, em virtude das regras estabelecidas na empresa), me acompanha na visita às instalações. Em sua maioria, os assalariados têm a função de "desenvolver" filmes. Quarenta projetos estão em andamento.

"Desenvolvimento" é o que faz a Overbrook Entertainment. Trata-se do longuíssimo processo que vai do "pitch" (a ideia inicial resumida em algumas frases) ao lançamento do filme, passando pela redação do roteiro, sua revisão, e não raro sua total reformulação antes da filmagem. "O pitch é primeira etapa de um filme", explica-me o produtor da Overbrook. "É ele que apresentamos às agências de talentos e aos estúdios. No caso das primeiras, para que proponham um roteirista, um diretor e atores, e no caso dos estúdios, para que se envolvam na fase inicial de desenvolvimento do filme. O pitch será tanto melhor e mais eficaz se puder ser reduzido a uma única 'catchphrase', que chamamos aqui em Hollywood, sem ironia, de 'high-concept'." (Muito se tem ironizado, justamente, sobre os "pitchs", como sintoma da morte e da comercialização do cinema, mas o produtor de Overbrook, cinéfilo inveterado, cita de memória uma frase do crítico francês Serge Daney para justificar o conceito de pitch em torno de uma ideia única: "Os maus cineastas — o que é uma pena para eles — não têm ideias. Os bons cineastas — e é este o seu limite — têm ideias demais. Os grandes cineastas — sobretudo os inventores — têm apenas uma.")

A Overbrook é uma produtora "independente", mas, graças à fama de Will Smith, dispõe de um "acordo preferencial" com a Sony para vários filmes. Estima-se que em seu conjunto os estúdios hollywoodianos e suas unidades especializadas tenham permanentemente cerca de 2.500 filmes em desenvolvimento, em diferentes estágios de produção. Muitos desses projetos — nove entre dez — jamais verão a luz. Só a partir do momento em que recebe sinal verde do estúdio é que um filme pode entrar em produção. A partir daí, a produtora independente recebe um adiantamento que pode chegar a vários milhões de dólares. "Um filme realizado é uma exceção", constata meu interlocutor. "Existem tantos filmes em projeto, tantos interlocutores e ideias em desenvolvimento que não dão em nada, para não falar de dezenas de milhares de roteiros que estão aí 'flying around' em Hollywood, que quando um filme acaba sendo feito, é um verdadeiro milagre." Acho divertida a expressão "flying around", mas não posso deixar de pensar nesses milhares de roteiros natimortos e no incrível desperdício de talentos e ideias que representa hoje em dia a nova Hollywood.

Na Overbrook Entertainment, em Beverly Hills, vejo centenas de roteiros e scripts empilhados por toda parte nos escritórios, como nas outras produtoras que visitei. Como foi que chegaram ali? O produtor da Overbrook se espanta com a minha pergunta. "Não, não são os roteiristas que os trazem, chegando um após o outro e fazendo fila na nossa porta! Eles são enviados pelas agências de talentos."

Agentes secretos

No número 2000 da Avenue of the Stars, em Los Angeles, encontra-se o suntuoso prédio branco de 12 andares todo de vidro e mármore, com sua própria floresta de árvores exóticas, da agência CAA (de Creative Artists Agency, cujos diretores não atenderam a meu pedido de entrevista para este livro). A umas dez ruas dali, em Beverly Hills, estão os prédios inteiramente negros da William Morris Agency. Encontro-me no número 1 da William Morris Place — a agência tem uma rua e uma praça com o seu nome.

Cassian Elwes me oferece um café americano em uma caneca com a inscrição "XXXX", logotipo em forma de quatro "X" da William Morris. Olhando com atenção, vemos que os X representam na verdade duas letras superpostas, "W" e "M", iniciais da agência. O efeito é mágico — e magnífico, quando vemos o logotipo em letras douradas se destacando aos poucos nas imensas fachadas negras da William Morris.

Cassian Elwes aceitou conversar comigo — o que é raro numa agência de talentos, por natureza uma empresa que ganha a vida vendendo informações e guardando segredos. Cassian é um veterano do "content": foi produtor de filmes, agente artístico e acaba de fundar a William Morris Independent, o braço "independente" da agência-mãe. Eu não

TODOS "INDIES", INCLUSIVE *INDIANA JONES*

poderei citar suas declarações, avisa-me seu relações públicas — que participa da nossa entrevista, olhando-me com ar preocupado —, em decorrência de uma regra interna que "proíbe toda discussão pública sobre as questões da agência".

As "Big Four", como são conhecidas as quatro principais agências de talentos (CAA, International Creative Management, United Talent Agency, William Morris e Endeavor, tendo as duas últimas se fundido em 2009), representam sozinhas 70% dos contratos. Mas existem em Los Angeles mais de duzentas outras. A agência é o principal intermediário de todos os contratos hollywoodianos. Ela faz a ponte entre os criadores, que são seus clientes, e os produtores e estúdios. Posiciona-se, assim, na estratégica encruzilhada entre os "talentos" e o business. Grosso modo, trata-se de uma empresa de recrutamento de luxo.

As agências cuidam dos atores mas também dos diretores, roteiristas e todos os profissionais que atuam em Hollywood (o sistema é praticamente idêntico na música, na edição, na televisão e até no caso dos atletas). Em todos os acertos, a agência recebe sistematicamente 10% do contrato. Muitas vezes se ironiza sobre o tamanho exagerado desse percentual, que não tem uma relação muito direta com a realidade do trabalho efetuado, e uma piada corrente em Hollywood lembra que "os agentes nunca tomam suco de tomate nos bares e cafés, para não ficarem pensando que estão bebendo o sangue de seus clientes". Na realidade, na nova Hollywood, sistema totalmente estilhaçado entre milhares de empresas, elas desempenham hoje em dia um papel decisivo. "As agências sobretudo é que são independentes, pois existem normas muito rigorosas quanto a essa independência. Isto nos permite limitar os monopólios das indústrias, fornecendo ao sistema um árbitro indispensável", explica Michel Vega, outro agente da William Morris, baseado em Miami. Encontro-me no imenso terraço da William Morris Agency, diante da praia de Miami Beach. "Nós abrimos aqui em Miami um escritório 'latino', pois onde quer que haja entretenimento há também contratos. E nós estamos aqui para negociá-los." Em seu escritório, vemos um enorme cartaz do filme *Sem destino* em versão espanhola.

De maneira geral, uma agência negocia não só o contrato de produção do filme mas também os contratos de distribuição nas salas, os contratos de televisão e Internet, as comissões sobre os DVDs ou a bilheteria internacional e os inúmeros outros pagamentos envolvidos. "As negociações dos direitos para a televisão são as mais complexas e rentáveis", explica Michel Vega (40% dos rendimentos de uma agência como a William Morris vêm dos contratos com a televisão, e apenas 25% do cinema). No caso do filme *Matrix*, por exemplo, o contrato negociado pela William Morris em Los Angeles se estendia por 264 páginas, cobrindo os direitos do filme assim como os dos vídeo games, das histórias em quadrinhos, do show de televisão, dos produtos derivados e dos jogos na Internet. "Não é mais um contrato, mas um pacote", confirma um dirigente da agência International Creative Management em Los Angeles.

Uma das novidades dos contratos, na nova Hollywood, em relação à época dos estúdios, é o percentual recebido pelos atores mais famosos sobre a bilheteria do filme. O sistema é conhecido como "profit participation", semelhante às "stock options" dos diretores de empresa que participam dos lucros. E no entanto ele remonta a 1950, quando um agente negociou um percentual sobre as receitas dos filmes de James Stewart, pois a Universal não queria lhe pagar o adiantamento que ele exigia. As estrelas mais famosas ganham atualmente não só entre 20 e 30 milhões de dólares por filme, mas também um percentual sobre a bilheteria total, uma vez deduzidos os custos reais, que podem atingir 20% de toda a renda, inclusive a venda dos DVDs e produtos derivados. Sobre o total desses rendimentos, a agência de talentos recebe 10%.

Muitas vezes as agências são acusadas de ter contribuído para o astronômico inflacionamento dos contratos de atores e diretores em Hollywood. Sem dúvida é verdade, pois a agência tem interesse nessa elevação de tarifas, uma vez que sua comissão aumenta proporcionalmente. Entretanto, como a relação com o cliente é construída ao longo do tempo, o agente não tem necessariamente interesse em privilegiar o dinheiro fácil. Sobretudo considerando-se que outros atores, não menos essenciais, atuam na mesma categoria. Trata-se antes de mais nada do agente pessoal do artista, que também recebe uma comissão de aproximadamente 10% para administrar sua carreira, cuidar do planejamento do cliente, participar das filmagens ou concertos e acompanhar sua

TODOS "INDIES", INCLUSIVE *INDIANA JONES*

publicidade. A isso se devem acrescentar, finalmente, os advogados, que em geral recebem 5% dos contratos que negociam. Antes mesmo de receber um único dólar, assim, o ator cedeu 25% de seus direitos à agência, ao agente pessoal e ao advogado. Como me disse um agente em Hollywood, o importante para um artista "não é tanto saber o que o contrato vai lhe proporcionar, mas o que ele vai guardar para si depois que todo mundo receber a sua porcentagem".

"Shark-infested waters." David Boxerbaum repete a frase. "Hollywood é um sistema infestado de tubarões. Uma bela frase, não acha? E pode citar como sendo minha."

Com um nome de herói de cinema e um terno Armani um pouco grande para o seu tamanho, Boxerbaum trabalha para uma outra agência de talentos, igualmente respeitada: a APA Inc. Sediada na South Beverly Drive, ela não tem o mesmo prestígio que as irmãs maiores CAA ou William Morris — mas, como todos os *challengers* em Hollywood, quer crescer para engolir os concorrentes mais bem posicionados. O tubarão é o próprio Boxerbaum. Estou sentado diante dele, e sou convidado a escolher uma bebida. Sugiro uma água Perrier. "Um sinal bem francês de distinção", diz ele. Chama um garçom e escolhe um suco de tomate.

Boxerbaum trabalha com longas-metragens e televisão, mas acompanha de perto sobretudo o departamento literário, pois é lá que começam todos os projetos. "A divisão literária é que nos fornece as histórias. É a primeira etapa do filme. Fazemos com os escritores o mesmo trabalho que fazemos com os atores. Nós os encontramos, gostamos deles, oferecemos trabalho, lemos seus projetos, fazemos com que se sintam felizes." Boxerbaum também me mostra uma pilha de roteiros e scripts sobre sua mesa. Apanha um deles e, para dar um exemplo, o rejeita violentamente: "Isto aqui não é para mim". E prossegue: "Nosso trabalho consiste em encontrar o bom autor, para o bom ator, para o bom realizador, para o bom filme, para o bom estúdio. Por um lado, temos o 'talent' e o 'content'; por outro, há o estúdio, que tem o dinheiro. E nós cuidamos do acordo".

Boxerbaum me mostra uma ficha. Explica que se trata de um "Breakdown Express". É uma lista de nomes. Em função de determinado script ou de alguma história, ele relacionou ali todas as pessoas suscetíveis de participar do projeto. Em seguida, entrou em contato com os produtores independentes ou diretamente com os estúdios para colocar seu script. Uma vez aceito o "desenvolvimento", o script pode ser retrabalhado pelo escritor e o agente começa a procurar bons atores, entrando em contato com seus agentes pessoais. Em sua ficha, diante do nome da Disney, encontram-se as cinco ou seis produtoras independentes capazes de executar o projeto para a Disney; o mesmo no caso da Fox ou da Paramount.

Como é que ele é capaz de identificar as pessoas certas, de fazer os bons casamentos? "Eu estou atrás deles todos os dias, saio todas as noites", responde David Boxerbaum. "Sou muito 'hands-on'." Como traduzir? Ele põe a mão na massa? No tanque dos tubarões? No suco de tomate?

Molly Lopata também é uma independente e trabalha em casa. Encontro-me com ela perto de sua residência, num café bem simples, o Pane Dolce, em Sherman Oaks, "aldeia" que fica numa região de Los Angeles conhecida como o "vale". Estamos bem ao norte da cidade, a leste da Interstate 405, não muito longe da célebre Mulholland Drive.

Molly é diretora de elenco ("casting"). Seu trabalho consiste em selecionar os atores de um filme a partir do roteiro. Ela é escolhida e paga pelo produtor independente em função de um projeto, filme ou série. Seu nome geralmente precisa ser aprovado pelo estúdio ou a rede de televisão. "Eu faço apenas recomendações", explica Molly Lopata. "Para cada papel, proponho vários nomes, e os produtores é que fazem a escolha final. De modo geral, posso dizer 'não' a um ator, mas não posso lhe dizer 'sim'. Muitas vezes, por isso, os atores detestam os diretores de elenco."

Ela também me mostra uma chamada lista de "Breakdown Services" em duas colunas: à esquerda, os papéis de um filme em projeto, e à direita, os atores que podem ser abordados para interpretar o personagem. Molly discute então com os agentes para verificar a disponibilidade dos artistas em função das datas de filmagem e de seu interesse pelo projeto. Diante do nome de uma atriz célebre, ela anotou: "Tecnicamente dis-

TODOS "INDIES", INCLUSIVE *INDIANA JONES*

ponível, mas pode não se interessar"; diante de um outro ator: "He is attached". "Isso significa que ele está interessado, mas talvez não esteja disponível", explica Molly.

O Pane Dolce é um típico café da Califórnia. Trata-se de uma "coffee-house" para os moradores do bairro, vagamente ecológica e independente, cujo dono trata os clientes como velhos amigos. O Wi-Fi é gratuito, os *muffins* são de fabricação própria. Molly dispõe de tempo e parece intrigada pelo fato de um francês se abalar de tão longe para entrevistá-la. "Eu também cuido do início da negociação financeira, para identificar a margem de manobra possível, mas os produtores é que vão negociar verdadeiramente o contrato com os agentes. Nós ajudamos a encontrar soluções. Somos, como se diz aqui, um 'middleman', um intermediário."

Como ela identifica novos atores? "Sigo o meu instinto. Tenho muito afeto pelos atores, gosto *realmente* deles. É uma profissão muito criativa. Eu faço audições aqui em Los Angeles com os alunos que saem das grandes escolas de atores, como a Juilliard School de Nova York, as escolas de teatro de Yale ou Harvard. Também participo dos 'showcases' que essas escolas organizam todo ano em Los Angeles: cada ator tem duas vezes dois minutos para mostrar seu talento, e muitas vezes é nesse momento que os agentes os 'contratam'. Vejo também os filmes dos estudantes nas universidades, muitas vezes sem qualquer ideia precisa em mente. Só para conhecer os atores, e poder depois pensar neles quando estiver procurando alguém para um papel." Molly é remunerada com um "fee" (um valor negociado): ela não recebe um percentual sobre a renda do filme. Em compensação, tal como acontece com o agente, seu nome aparece nos créditos.

Molly é sedutora e procura seduzir. Categoria: tubarão sorridente. Foi atriz na juventude e se transferiu para o casting para permanecer "perto dos atores". Pergunto o que ela acha desse sistema injusto que oferece celebridade a tão poucos atores e condena os demais a trabalhar como garçons e garçonetes nos cafés de Los Angeles. Molly me devolve um olhar suave. "Sabe como é, eu também fui atriz. E, como nos filmes de Wong Kar-Wai, sei que o amor e o afeto pelas pessoas são duas coisas essenciais na vida. Eu trabalho muito, mas procuro ser gentil com os atores. E vou lhe dizer uma coisa: sempre fui fascinada pela maneira como os atores conseguem vencer nesse sistema terrível. Não existe nenhuma regra, o acaso tem um papel importante. É completamente imprevisível. Mas eles são muito imaginosos e criativos. Você não pode imaginar como os atores são criativos."

"To break." John Dewis usa este verbo com respeito. Nos Estados Unidos, ele significa "acontecer", "ser reconhecido", "passar do anonimato à popularidade". Para um ator, é o objetivo número um.

John Dewis é um ator profissional. Conheci-o em Harvard, onde ele era aluno do American Repertory Theater, a prestigiosa escola de teatro de Harvard, participando de peças alternativas. Na época ensinando fotografia, ele foi assistente de Nan Goldin e um dos fotógrafos da American Apparel, a marca de camisetas simples e coloridas "made in California" (John nunca se veste com roupas da American Apparel). Também foi descoberto muito cedo por uma jornalista da revista *Vanity Fair*, que o qualificou de "o garoto mais sexy de sua geração". Hoje, Dewis vive em Los Angeles para "acontecer" no cinema, e foi lá que o encontrei.

"Existem várias maneiras de acontecer em Hollywood, mas se eu soubesse qual é a boa não estaria mais dando cursinhos para pagar o aluguel", explica-me John numa noite de domingo, na casa que aluga perto de Laurel Canyon. Estamos numa varanda cercada de verde num dos bairros mais procurados de Hollywood. Ele reuniu em casa uma dezena de amigos para me ajudar em minha investigação, quase todos, como ele, atores "would-be", futuros atores que tentam acontecer em Hollywood.

Apesar de membro da SAG, o sindicato dos atores, John não tem seguro-saúde nem aposentadoria. "O problema é ao mesmo tempo entrar no sistema e permanecer nele. Quem é ator sindicalizado pode se beneficiar da assistência de saúde do sindicato. Mas é preciso ter contratos. Não ter suficientes horas de trabalho é o mesmo que não conseguir ganhar a vida, e assim perder a previdência social. É o meu caso, perdi minha cobertura de saúde e atualmente sou um dos 'mais de cinquenta milhões' de americanos sem seguro." O que me agrada nessa maneira de se expressar, frequente nos Estados Unidos, é o "mais de".

TODOS "INDIES", INCLUSIVE *INDiANA JONES*

John não sabe muito bem vender seu peixe e se recusa a participar de séries de televisão de segunda categoria.

> Na verdade, não sei bem. Trabalhei no teatro de vanguarda e fiquei conhecendo um monte de gente endinheirada de esquerda que despreza a cultura trash de Hollywood, e a coisa era tão pretensiosa que eu caí fora. Às vezes fico me perguntando se não seria melhor participar das séries trash e dos programas de televisão "cheap". E por sinal uma das grandes ironias de Hollywood é que muitas vezes é mais difícil participar de uma série imbecil do que de um filme bom. Mas eu recusei um papel num "reality dating show" no qual tudo que eu tinha de fazer era ficar paquerando. As pessoas me disseram que era muita coragem recusar o papel, o dinheiro e o reconhecimento que viriam com ele. Mas a verdade é que eu não tinha coragem suficiente para fazê-lo.

John contratou um gerente e um agente, mas como isso se traduzia em propostas que ele considera "washout" (uma furada), ele as recusou.

> A gente pode acontecer fazendo dublagem. Ou então pelo jornalismo. Ou ainda vinculando o nome a um script, como Matt Damon, o que se costuma chamar de "script-vehicle": você escreve um bom roteiro e apresenta como condição participar do elenco, se ele for selecionado. Também podemos ser notados num processo de escolha de elenco, dos quais eu participo toda semana. John Malkovich trabalhava numa livraria e David Mamet era motorista de táxi! Mas eu continuo fiel à velha escola: o teatro. Participo de peças para ser visto no palco e assim espero ser notado e chamado para o cinema.

John Dewis prossegue, sorridente: Mas os candidatos a atores, em geral, são garçons em restaurantes de Los Angeles e ficam esperando que um produtor venha se sentar em sua mesa e os contrate.

Dias depois, encontro John no café Coast, na praia de Santa Monica, um local seleto no esplêndido hotel Shutters on the Beach. John Dewis me diz: "Está vendo esses garçons? Tenho certeza de que todos querem se tornar atores. São todos um 'projeto', é sensacional. Mas por enquanto, são garçons". Lembro então de Mary Jane, a companheira de Peter Parker em *Homem-Aranha 2*: ela também quer se tornar atriz, mas é garçonete.

Em Los Angeles, os garçons são a principal reserva de atores de Hollywood. Todos aqueles que não conseguiram trabalhar nas centenas de empresas de produção audiovisual, nas agências de publicidade, nas dezenas de televisões a cabo, nas start-ups fabricando produtos derivados, vídeo games ou softwares artísticos têm um "side job", um bico qualquer como garçom, por exemplo. Quando o setor paracultural fica inacessível, Los Angeles ainda oferece milhares de oportunidades de pequenos empregos, muitas vezes pelo salário mínimo de 8 dólares por hora. Com as gorjetas, o trabalho como garçom é mais bem remunerado e mais valorizado, mantendo a ilusão de um sucesso profissional que está sendo apenas adiado.

A noite caiu, e através das vidraças do hotel Shutters on the Beach, que dão para a praia de Santa Monica, podemos ver as imensas ondas quebrando. Ao nosso redor, os garçons não param. "Em vez de trabalhar num restaurante", prossegue John, "podemos optar por uma escola de cinema. USC, UCLA, CalArts: são muitos os que sonham em entrar para uma dessas universidades. Elas são muito prestigiadas. Mas custa caro, muitas vezes trinta mil dólares por ano".

Futuro ator, John Dewis faz uma pausa, contempla o cair da noite e, fluido, meio que encenando a si mesmo, acrescenta, ao mesmo tempo amargurado e sorridente: "E em Los Angeles o pior é quase sempre certo: o risco é 'to loop the loop' (fechar o círculo)". Pergunto o que ele quer dizer com isso: "Nunca se pode ter certeza, depois de uma escola de cinema caríssima, de não voltar ao ponto de partida e se ver mais uma vez como garçom".

6. A invenção da pop music

No número 2.648 do West Grand Boulevard, em Detroit, encontra-se Hitsville USA, a sede histórica da produtora de discos Motown — a "cidade dos hits". A primeira coisa que me impressiona é o espaço acanhado. Trata-se de uma casa modesta, ligada pelo subsolo a uma segunda casa, igualmente modesta, cuja garagem foi transformada em estúdio. O célebre "Studio A". Ali, segundo se diz, é que a música pop foi inventada.

Black Detroit. Ainda hoje, o centro de Detroit é um dos guetos mais "sensíveis" dos Estados Unidos. Aqui, é o inverso da exurb e a face oculta dos subúrbios ricos e brancos. Detroit é uma enorme "inner city", um centro urbano onde se concentram a maior pobreza, violência e segregação social, e de onde os brancos se afastaram: eles trocaram a cidade pelos subúrbios depois dos levantes de 1967 (43 mortos, 467 feridos, 7.200 detidos e duas mil construções destruídas). Fala-se nos Estados Unidos do fenômeno "white flight": a fuga dos brancos.

Majoritariamente branca em 1967, a cidade tem hoje uma população de 83% de negros. Dá a impressão de ser um gueto só, a cidade inteira: ruas destruídas com sinais de trânsito defeituosos; sucessão de lojas baratas com grades para proteger os vendedores e através das quais os clientes são atendidos; motéis insalubres que sobrevivem graças à prostituição; estacionamentos abandonados transformados em "used cars retail", onde é possível comprar um automóvel barato, provavelmente roubado, quando o que se tinha foi queimado; toxicômanos que vagam entre "spots"; centenas de casas e prédios inteiramente murados; militantes negros oferecendo "soup kitchen" a outros negros, sem domicílio fixo; nada de cinemas, nada de multiplexes, poucos cafés ou restaurantes abertos à noite nessa grande metrópole que foi e continua sendo a capital mundial do automóvel. Naturalmente, existe uma rodovia subterrânea, a Interstate 75, onde os brancos passam a toda velocidade em seus enormes SUV rumo ao norte, na direção do subúrbio rico e branco, depois da célebre 8 Mile Road, que assinala o limite do gueto negro, da miséria, de Detroit.

Tomando a saída Grand Boulevard a oeste, a partir da rodovia 75, chegamos à Motown. A dois passos dali ficam a linha de montagem da General Motors, o hospital Henry Ford e o jardim Rosa Parks. "Você verá como o bairro está 'semi-depressed'", advertiu-me, eufemística, Karen Dumas, uma militante negra que dirige o setor cultural da prefeitura de Detroit, com a qual me encontrei na prefeitura um pouco mais cedo naquela manhã. "Afinal de contas, existem coisas piores que o Grand Boulevard, veja só o meu escritório", prossegue Dumas: "Está completamente deprimido também. Está tudo em desordem, acabamos de saber que o departamento cultural vai fechar as portas e eu estou arrumando minhas coisas. Não sei para onde vou".

Em 1959, Berry Gordy tem trinta anos. Não tem educação nem dinheiro — considera-se um derrotado. Quis ser campeão de boxe, mas fracassou; prestou serviço militar e até foi à guerra na Coreia, mas está entediado; tentou ser proxeneta mas jogou a toalha, por não ser capaz, segundo explica, de "bater nas meninas". Casou-se, mas seu casamento está para ruir; entretanto, com três filhos, ele sabe que precisa de um mínimo de renda. O que ele gosta de fazer é "hanging out", ficar vagando pelo mundo do jazz da Detroit da década de 1950, o que lhe dá a ideia de abrir uma pequena loja de discos especializada em jazz. Ele tem uma paixão especial por Billie Holiday, começa a vasculhar atentamente a *Billboard* (a revista americana que apresenta as tendências e resultados do hit-parade) e faz propaganda dos artistas que ama. Mas a revista logo entra em falência. Foi mal: Berry Gordy tentou vender jazz num bairro em que os jovens só se interessavam pelo rhythm and blues! Para os jovens negros de Detroit na década de 1950, o jazz tornou-se demasiado institucional, sério demais, pretensioso demais. Eles preferem o que chamam simplesmente de "R&B" (pronunciar "are and bi"). A indústria do disco ainda a qualifica de "race music" e a *Billboard* a classifica na seção Race Music Chart.

A chave é a questão racial. Berry Gordy fica horrorizado com o fato de a música negra ser produzida por brancos e marginalizada num hit-parade específico. Sabe também que os brancos gostaram de Frank Sinatra e Elvis Presley, os dois rivais musicais da segunda metade da década de 1950, um italiano fascinado pela música negra e um jovem caminhoneiro branco que veio do sul e canta como um negro. Por que então não ter já agora autênticos negros na R&B?

Buscando seu lugar nesse novo gênero, Berry Gordy privilegia inicialmente os autores sobre os intérpretes: muito cedo ele entende que quem detiver os direitos das músicas será o homem rico da indústria do disco. Um dos pontos fundamentais da história da produtora Motown, com efeito, seguindo o modelo americano tradicional desde o fim do século XIX, é essa separação estrita entre o editor (*publisher*), por um lado, e, por outro, o selo, o *manager* ou produtor. Aquele administra as canções, os compositores e letristas (cuida do repertório), enquanto este cuida dos intérpretes e produz os artistas. Os sucessos do jazz de Billie Holiday a Ella Fitzgerald, o rhythm and blues do início, inclusive em Elvis Presley, ou ainda a música country se baseiam nesse sistema. Para cada canção há sempre dois contratos e não raro duas majors envolvidas: uma *publishing company*, sendo as principais atualmente a EMI, a Warner Chappell Music Publishing e a BMG, e uma *record company*, sendo as quatro principais majors a Universal, a EMI, a Warner e a Sony. Esse sistema se enfraqueceu com Bob Dylan, os Beatles, os Bee Gees, o rock e a música pop da década de 1970, quando as estrelas e os grupos de rock, mais individualistas, se pretendiam ao mesmo tempo compositores e intérpretes, cantando o que eles próprios haviam composto.

"No início de 1957, a música estava literalmente em toda parte em Detroit", relatou Berry Gordy em suas memórias (apesar de várias tentativas, não consegui entrevistá-lo para este livro). A Motown contrata compositores com exclusividade e eles produzem canções em série. Paralelamente, Gordy também recruta seus músicos na rua: cantores de gospel que nunca saíram da igreja, talentos esquecidos do pré-guerra e até dois músicos do jazzman Dizzy Gillespie. Finalmente, ele logo desenvolve o talento de identificar vozes, a começar por sua mais famosa amante, Diana Ross. Berry Gordy organiza separadamente o trabalho de uns e outros, construindo um verdadeiro produto comercial. Nasceu a Motown — abreviatura de Motor Town, apelido de Detroit.

Por que Detroit? "Eram apenas garotos espertos que perambulavam pelas ruas de Detroit", diria Gordy, referindo-se a seus principais artistas. A realidade é um pouco mais complexa: Detroit é um dos destinos do grande êxodo dos negros que emigram entre as duas guerras, subindo o Mississippi ou acompanhando a Highway 61 para se instalar em Memphis, Kansas City, St. Louis, Chicago, Minneapolis ou Detroit. Não raro pertencendo à segunda geração desses migrantes, a maioria dos cantores da Motown, como também de produtoras concorrentes como a Stax, com Otis Redding, ou a Atlantic, com Aretha Franklin, entrou aos 5 ou 6 anos de idade para os coros das igrejas batistas negras, o que representou para eles uma rica educação musical. Os pais de Aretha Franklin e de Marvin Gaye são "ministers whoopers", pastores negros que improvisam tomados pela emoção; as duas futuras estrelas já cantam aos 6 anos em suas igrejas. Otis Redding se formaria numa igreja da Geórgia, Ray Charles, numa igreja batista da Flórida, Donna Summer, numa igreja do gueto negro de Boston, Whitney Houston, no coro gospel da igreja de Newark, Isaac Hayes (o compositor do célebre tema de *Shaft*), numa igreja rural do Tennessee. Quanto ao reverendo Al Green, pude encontrá-lo em sua igreja de South Memphis, onde continua sendo pastor, ao mesmo tempo em que é uma das maiores estrelas contemporâneas do soul. "Aretha Franklin nasceu aqui na Lucy Avenue e cantava no coro da igreja que você está vendo ali adiante. Depois, foi para Detroit e entrou para a produtora de discos Atlantic, a grande concorrente da Motown", explica-me, no sul de Memphis, Nashid Madyun, diretor do Stax Museum of American Soul Music.

O sucesso da Motown, assim, decorreria de uma estratégia de marketing original: para Berry Gordy, a questão era produzir uma música "crossover", feita e controlada pelos negros para os brancos. Gordy quer entrar na cultura americana pela porta da frente, e não pela porta dos fundos, como os músicos negros são às vezes obrigados a fazer no fim da década de 1950, apresentando-se em salas segregadas às quais o público negro não tem acesso. "Crossing over" seria uma das expressões-fetiche de Gordy, que enxergava aí ao mesmo tempo uma técnica para atravessar fronteiras musicais, misturar gêneros e acabar no topo de várias paradas de sucesso.

Os artistas e as equipes da Motown seriam quase exclusivamente negros. O objetivo de Berry Gordy não é a mistura de raças, nem o que passaria a ser chamado de "diversidade cultural" nos Estados Unidos depois da década de 1970: seu objetivo é a defesa da comunidade negra, do Black Power e do orgulho negro. E por sinal a produtora de discos teve uma produção militante que não ficou muito conhecida, com textos políticos da negritude, os textos dos Black Panthers e os discursos de Martin Luther King, editados em disco pela Motown (e que eu pude encontrar nas coleções da Motown em Detroit).

Se os assalariados são negros, o público visado é branco: são os adolescentes americanos da década de 1960, os jovens dos subúrbios abastados que começam a frequentar em massa os clubes ainda não chamados de discotecas, os frequentadores dos drive-ins e todos aqueles para os quais o som Motown vai-se tornar "hip". Nas capas dos discos, Berry Gordy manda imprimir o slogan "The Sound of Young America". O que evoca a campanha da Pepsi-Cola em 1961.

E a coisa funciona. As Miracles, as Marvelettes, as Supremes com Diana Ross (só mulheres), os Temptations com David Ruffin (exclusivamente homens), os Commodores com Lionel Richie, todos concretizam o ideal de Berry Gordy: fabricar artistas crossover.

Gordy não economiza na promoção. Escora-se numa rede de rádios negras em pleno desenvolvimento e numa rede de clubes e salas de espetáculo onde apresenta a Motortown Revue, impondo uma estratégia de marketing atualmente retomada por muitas marcas: para atingir os jovens brancos, é preciso começar tornando a música "hip" entre os jovens negros.

No Fabulous Fox Theater, imensa sala de cinco mil lugares no centro de Detroit, eu revisito a história da Motown. Greg Bellamy, o diretor do teatro Fox, mostra-me o prédio espetacular em estilo dito "gótico cambojano", tendo na entrada um leão gigante cujos olhos piscam. Ele confirma que, no palco, "as Miracles, as Marvelettes, as Supremes e sobretudo a Motortown Revue eram acontecimentos impressionantes na década de 1960, atraindo milhares de negros". E acrescenta: "Os negros, que na época ainda eram chamados de 'negroes', vinham de todas as igrejas de Detroit, fossem operários da Ford ou barbeiros. No palco, tínhamos música ao vivo, e não música em playback, embora muitas vezes os músicos estivessem nas coxias, invisíveis. Os espectadores dançavam, cantavam, eram shows incríveis. Até que houve o levante, e a cidade declinou. Em 1968, o Fox fechou. Já era quase o fim da Motown".

A existência de um vasto público branco para a música negra não é uma descoberta da Motown: foi o que o próprio jazz provou antes de Berry Gordy, por exemplo com *Kind of Blue*, de Miles Davis, e *My Favorite Things*, de John Coltrane, dois álbuns célebres do início dos anos 60. A novidade com a Motown é a ideia de que uma música negra pudesse ser vendida intencionalmente e comercializada deliberadamente para os brancos, como música popular americana. É a ideia de que a música negra deixa um nicho próprio, como vem a ser tradicionalmente o jazz, atravessa a "color line" e se torna mainstream para todos os brancos. O que Berry Gordy pretende não é encabeçar as vendas de jazz nem se posicionar no topo das "race records charts", onde a música negra é confinada: ele quer estar no alto do Top 100 e mesmo do Top 10. Ele não pretende, como negro, tornar-se o líder da música negra; quer, na qualidade de negro, tornar-se o líder da música americana como um todo. E foi assim que ele se tornou um dos inventores da pop music.

A INVENÇÃO DA POP MUSIC

Tornar-se mainstream, para Gordy, é estar sempre pensando num público de massa. Para isso, é necessário privilegiar a emoção em detrimento do estilo, a estrutura da canção, e não sua inventividade musical; é preciso também ter um som Motown, o que depende de uma certa semelhança entre os grupos e de uma melodia que possa ser assobiada, como se já tivesse sido ouvida antes (os negros, justamente, criticariam às vezes esse estilo por parecer demasiado "branco", excessivamente "poppy", não sendo autenticamente "negro"). Berry Gordy decide apostar todas as suas fichas no "groove" (sulco, ritmo) e no "hook", na pegada musical, no leitmotiv "catchy" que "prende" o ouvido. Preconiza que seja sempre utilizado o presente em canções curtas, privilegiando os singles formatados em 2'45 minutos, para contar uma história simples, o grande amor ou a busca da felicidade em família. Naturalmente, também reserva um lugar de destaque para as belas jovens, ou para crianças negras, por parecerem menos ameaçadoras para a classe média branca, aquela que ocupa os subúrbios em expansão, que é o seu público-alvo. Toda semana, na reunião de produção e marketing da produtora de discos, procede-se a uma votação para saber qual canção merece ser comercializada, em função de sua capacidade de se transformar num hit. Eventualmente, Berry Gordy convida para a reunião "kids" que encontrou na rua, para perguntar sua opinião — é o "focus group" *avant la lettre*. A Motown é uma indústria, uma fábrica de canções, versão musical das linhas de montagem Ford e General Motors tão próximas de Detroit. Numa palavra: Berry Gordy não compõe canções, mas sucessos.

Nas décadas de 1960 e 1970, a Motown consegue a proeza, inédita no terreno das produtoras independentes, de levar mais de cem títulos ao Top 10 "Pop" da *Billboard* — a parada de sucessos de referência para o público branco, e também a que realmente importa em termos financeiros para a indústria do disco. A essa altura, como já entendera o escritor Norman Mailer no caso do jazz, o artista negro torna-se "hip" (Mailer falava do "White Negro", o jovem branco que quer ficar na moda fazendo-se de negro, e que gosta da música negra porque ela é mais "hip" que a música branca).

A aventura da Motown durou apenas cerca de vinte anos. Em 1970, Berry Gordy troca Detroit por Los Angeles, em seguida à revolta negra, que o afetou muito. Paralelamente, Stevie Wonder, Diana Ross e Marvin Gaye deixam a produtora e são contratados por majors, assim como os Jackson 5, que entram para a Epic Records (na época um selo da CBS, e atualmente da Sony). Em 1979, Michael Jackson também lança pela Epic o álbum solo *Off the Wall*, em colaboração com Stevie Wonder e Paul McCartney e produzido por Quincy Jones. "Michael conseguiu se emancipar da música disco e criar o que hoje chamamos de música pop", comenta Quincy Jones. Através dos seus singles ou com o álbum integral, Jackson entra para os Top 10 em três categorias: R&B, Pop e Dance/ Disco. Dez faixas do álbum transformam-se em sucessos mundiais. Três anos depois, com *Thriller*, os singles *Billie Jean* e *Beat It* tornam-se nº 1 de R&B, Pop e Dance. A estratégia crossover de Berry Gordy deu certo, superando todas as expectativas.

Hoje, a produtora Hitsville USA, no número 2.648 da West Grand Boulevard em Detroit, transformou-se num museu. Trata-se de um monumento, protegido pelo patrimônio histórico do estado de Michigan. Ao seu redor, prédios cercados de muros, devastados, o Grand Boulevard tornou-se uma zona de proteção. Gordy vendeu a produtora de discos Motown em 1988 a um fundo de investimento de Boston, que posteriormente a revendeu à Polygram, que por sua vez a transferiu à Universal Music. O selo e o catálogo Motown pertencem atualmente à multinacional francesa Vivendi.

Algumas ruas ao norte do Grand Boulevard, numa zona ainda mais devastada, encontra-se a avenida 8 Mile. Nessa área é que uma outra página da história da música pop seria escrita posteriormente, a página do rap, através da produtora de discos Rock Bottom Entertainment, do MC "Royce da 5'9'"" e, naturalmente, do rapper Eminem — um "white kid" num mundo de "black kids" —, que tornou a 8 Mile internacionalmente conhecida. Passagem de bastão.

"A geração mp3 ganhou, mas não é a minha geração"

Talvez tenha sido aí, no Grand Boulevard em Detroit, com a Motown, que a música pop foi inventada. Ou então em Nova York, com a produtora de discos concorrente, Atlantic, a produtora de Ray Charles e Aretha Franklin. Ou ainda em Hollywood, alguns anos antes, ou mais tarde em Nashville ou em Miami. Ou então com Frank Sinatra, os Beatles e os Beach Boys. Com outros negros, James Brown, Stevie Wonder, Chic, Barry White, Donna Summer ou Tina Turner. Ou então na década de 1980, com o surgimento da MTV. Não importa. A música pop não é um movimento histórico, não é um gênero musical, ela está constantemente sendo inventada e reinventada (a expressão surgiu por volta de 1960 nos Estados Unidos, tornando-se quase imediatamente uma referência confusa). Trata-se simplesmente de uma abreviatura de "popular", de uma cultura, uma música que se dirige a todos e que desde logo se pretende mainstream.

"Na indústria, o objetivo de todo mundo é o mainstream. Mas são diferentes os meios para se chegar lá. O nosso é a Adult Pop Music, ou seja, um pop voltado para os adultos, e não só para os adolescentes. E eu diria que a Motown foi na verdade o pop para os jovens. São dois mundos distantes: de um lado Los Angeles, e atualmente o hip-hop; de outro, Nova York, mais voltada para o pop adulto", conta-me Bruce Lundvall.

Aos 74 anos, Lundvall é um veterano da indústria do disco. Dirigiu um dos mais famosos selos do jazz, o Blue Note, foi presidente da Elektra, recebeu dois prêmios Grammy e acabou se tornando vice-presidente da EMI, uma das quatro majors da música, recentemente comprada por um fundo britânico de investimento.

Estou em Nova York, no número 150 da Quinta Avenida, sede americana da EMI. No elegante escritório de Bruce Lundvall, no sexto andar, há um piano Steinway e dezenas de fotos de artistas que ele teve sob contrato, de Herbie Hancock a Stan Getz, passando por Quincy Jones, John Coltrane e Wynton Marsalis. Há também um aparelho de televisão, pelo qual desfilam clipes da EMI, entre eles, no momento em que estou à sua frente, um do rapper Usher, que não poderia ser mais Adult Pop Music. Nas paredes do escritório de Lundvall, dezenas de discos de ouro (representando pelo menos 500 mil cópias vendidas) e platina (pelo menos um milhão), entre eles os de Norah Jones — a grande estrela da divisão que ele presidia.

"Norah Jones é bem o tipo de artista crossover que procuramos. Como Usher, como Al Green, como Dianne Reeves, ela fala a todo mundo, mas com uma voz original. Vendeu quase 40 milhões de álbuns no mundo todo", comemora Bruce Lundvall. O Blue Note é um *label*, um selo no interior de uma major, a EMI. Toda a indústria da música, como também a do cinema (com suas unidades especializadas) e a da edição (com seus "imprints"), é construída atualmente segundo esse modelo: uma major possui numerosos selos, que dão a impressão de ser independentes.

"Um selo é, para começo de conversa, uma identidade, que no interior de uma major ficaria um pouco perdida", explica Lundvall. "A major tem como objetivo representar todos os tipos de gostos do público, toda a gama; já o selo está voltado apenas para determinado gênero. Por isso é que as majors têm vários selos, por gênero, por estilo e muitas vezes em função das personalidades que as dirigem. Na Blue Note, por exemplo, temos muita autonomia, e eu posso assinar contrato com qualquer artista sem pedir sinal verde a ninguém, pelo menos se não ultrapassar 500 mil dólares de cachê. Acima disso, preciso da 'green light' da major."

Com certa ironia, pergunto a Lundvall como foi que ele passou do be-bop e da fusion, na época em que a Blue Note era um dos melhores selos de jazz, para Norah Jones, que é uma espécie de "smooth jazz" comercial. Lundvall responde com gentileza, sem azedume. "Quando assumi a direção da Blue Note, era um catálogo magnífico, mas um selo adormecido; praticamente não produzíamos mais nada de novo. Eu o revitalizei completamente e a Blue Note tornou-se aos poucos um selo pop, graças em grande parte a Norah Jones. Quando comecei a trabalhar com Norah, ela era uma artista de jazz e queria muito trabalhar conosco, pois era apaixonada por essa música, embora pudesse perfeitamente estar na Manhattan ou na EMI, que são selos mais mainstream. Aos poucos, ela foi se tornando mais pop. De modo que fomos nós que nos tornamos pop com ela. E também mais mainstream." Bruce Lundvall faz uma pausa e acrescenta: "E, como sabe, eu inclusive distribuí nos Estados Unidos os sucessos dos Pet Shop Boys". Ele sorri. E conclui, com uma voz mais suave: "Eu gosto de música, de todas as músicas, não tem jeito. Será que eu seria o único em toda a indústria atualmente?".

Bruce Lundvall é para a indústria musical americana o que Jack Valenti foi para Hollywood: o lobista-mor. À frente da Recording Industry Association of America (o lobby que representa as majors da indústria disco, certificando as vendas de álbuns), ele se empenhou em sucessivos movimentos de pressão sobre o Congresso americano, inicialmente para lutar contra cópias piratas das fitas cassete, depois dos CDs e mais recentemente — e até agora em vão — tentando salvar a indústria do disco frente à Internet. À minha frente, vejo um homem arrasado com as recentes mutações na indústria do disco — "que já não pode ser chamada assim, pois muito em breve não haverá mais discos", queixa-se Lundvall. Ele encara o download ilegal de música como uma "degenerescência" que serviu apenas para aniquilar toda a sua carreira, brilhante e minuciosamente conduzida.

Mas não existe apenas a Internet. Bruce Lundvall não entende mais o novo mundo no qual a indústria da música está entrando. Informado de que uma produtora de discos precisa atualmente apresentar no Japão mais de quatrocentas versões diferentes de suas canções, para diferentes aparelhos, ele fica estupefato: essas versões vão do telefone celular aos vídeo games, passando pelas capas de álbuns transformadas em fundo de tela de telefone. E há mais. Desde que foi comprada em 2007, a EMI obedece à lógica de um fundo britânico de investimentos: "As exigências financeiras atualmente são muito fortes, e as pessoas estão muito mais focalizadas no dinheiro. No nível do 'top management' da major, os dirigentes e suas equipes estão constantemente mudando, muito embora no nosso nível, o dos selos, a coisa seja bastante estável, mas nunca sabemos muito bem o que pode acontecer e temos dificuldade de acompanhar", suspira Lundvall. E ele acrescenta, comentando a complexa operação financeira de aquisição de uma empresa por endividamento, como foi o caso da EMI: "Fico com a impressão de que nossos chefes estão mais interessados nas aquisições alavancadas do que na música."

Quatro majors representam sozinhas, atualmente, cerca de 70% da música vendida no mundo, e uma única delas, ao contrário do que se costuma supor, é americana. A Universal Music, líder do mercado, é francesa; a Sony Music Entertainment é japonesa; a EMI é britânica; o Warner Music Group, finalmente, é o único americano do grupo (sendo no entanto cotada na bolsa, em Wall Street, e já agora independente do grupo Time Warner). Mas os recém-chegados ao setor, a começar pela Apple, estão engolindo as vendas (a Apple, através de sua plataforma de download, o iTunes, é responsável atualmente por um quarto das vendas de música nos Estados Unidos, computados todos os suportes). O digital deverá rapidamente superar o CD, que está condenado a desaparecer.

Em seu escritório na Quinta Avenida, na sede americana da EMI, Bruce Lundvall me acompanha com o olhar quando me despeço ao fim de nossa longa entrevista. De repente, segura-me pelo braço e acrescenta, suavemente, à guisa de despedida: "Veja bem, a geração mp3 ganhou — mas não é a minha geração".

Antes da metamorfose suscitada pela Internet, a paisagem musical americana tinha mudado profundamente através de uma série de fenômenos complementares e problemáticos: a consolidação das rádios, a "playlist", a "syndication" e a "payola".

A consolidação foi ocasionada pela desregulamentação econômica. Essa concentração das estações de rádio nas mãos de poucos ocorreu a partir de 1987, quando os governos Reagan, Bush pai e mesmo Clinton, assim como o organismo federal de regulamentação do audiovisual, a Federal Communications Commission, liberalizaram o setor, até então muito regulamentado. Antes, ninguém podia ter mais de sete rádios, número que depois passou para 12 e posteriormente, 18. Em 1996, a liberalização foi total, e um grupo, o Clear Channel, passou, em menos de cinco anos, de 43 estações a 1.200 rádios, transformando-se no símbolo da homogeneização da programação de rádio nos Estados Unidos.

Em San Antonio e Houston, no Texas, onde estão o quartel-general e a direção de relações públicas do Clear Channel, tentei entrevistar os dirigentes do grupo. Eu sabia que eles são muitas vezes criticados por se recusarem a se comunicar com a imprensa e por sua chocante falta de transparência, sobretudo numa empresa cujo nome evoca justamente a "clareza". Como previsto, a tentativa foi árdua. Durante mais de um ano, fui jogado de uma assessoria de imprensa a outra, entre agências de comunicação e agências de relações públicas, às vezes recebendo algumas ameaças e sem nunca conseguir um encontro. Recorrendo afinal a outros canais, consegui entrevistar dois dirigentes em filiais do grupo, com a condição do anonimato.

O sucesso sem equivalente do Clear Channel, que o leva a ser criticado como uma espécie de "mcdonaldização" da rádio, decorre de uma complexa mistura de novas técnicas de programação e marketing. Para começar, a "playlist" e a "syndication". Elas não foram inventadas pelo Clear Channel, mas o fato é que essas duas ferramentas, antigas, foram generalizadas em mais de mil rádios pelo grupo texano. A playlist consiste em uma relação limitada de trechos de música, não raro menos de cinquenta, que são repetidos *ad infinitum* em todas as estações do grupo, rodando 24 horas por dia. A syndication, também frequente na televisão, é um sistema tipicamente americano, que consiste em retransmitir um programa gerado por determinada estação em numerosas outras rádios que adquirem seus direitos. Originalmente, o sistema decorria da amplidão territorial dos Estados Unidos, divididos em vários fusos horários, e das normas proibindo que determinado grupo possuísse estações em várias regiões ou em mercados idênticos. A inovação introduzida pelo Clear Channel consiste na montagem, para suas próprias rádios e as afiliadas, de um banco de programas "sindicalizados", transmitidos por satélite e revendidos de uma estação a outra.

Trata-se de um sistema terrivelmente eficiente do ponto de vista comercial, mas também politicamente. Nesse terreno, o grupo Clear Channel foi criticado por seus talk-shows conservadores (o do comentarista ultrarrepublicano Rush Limbaugh ainda hoje é retransmitido por seiscentas estações), que teriam contribuído para a dupla eleição de

George W. Bush em 2000 e 2004. Um dos meus interlocutores, entrevistado na direção do Clear Channel, nega categoricamente, considerando que o grupo também põe no ar, pelo sistema de syndication, programas de entrevistas "como os do democrata Al Franken". Mas o fato é que o sistema de piloto automático das rádios em todo o território dos Estados Unidos, a partir de uma "control room" instalada no Texas, foi generalizado pelo Clear Channel na década de 1990. Ao ouvir uma rádio do Clear Channel numa rodovia do Arizona ou do Kentucky, o ouvinte não sabe que a voz que lhe fala é importada automaticamente de um banco de dados do Texas, inclusive quando o locutor fala da meteorologia local, feito técnico possibilitado pela atualização automática e geolocalizada das informações.

Mas essa desvirtuação não é nada em comparação com a prática generalizada da "payola". Esse sistema ilegal, também conhecido como "pay-for-play", foi desenvolvido pelas majors do disco já na década de 1950, consistindo em pagar às rádios, por baixo do pano, para a difusão dos discos. O Clear Channel teria generalizado a prática em suas estações na década de 1990, institucionalizando-a no plano financeiro e contribuindo também aqui para uma homogeneização agravada da programação musical (meu interlocutor no Clear Channel contesta esse ponto, negando qualquer envolvimento do grupo com o sistema da payola). "Foi a 'clearchannelização' dos Estados Unidos", acusa John Vernile, da Columbia (mas o fato é que a Columbia-Sony, como as demais majors, participou desse sistema).

Em Los Angeles, travo conhecimento com Thomas Callahann no MusExpo 2008, o congresso anual mundial dos diretores artísticos das produtoras de discos. Callahan foi um gerente influente na Sony e depois na EMI, onde estava encarregado justamente da "programação de rádio". Sentado numa mesa do clube House of Blues, em Sunset Boulevard, ele concorda em ser entrevistado, já que, a essa altura dono de uma agência de talentos autônoma, mudou de setor e se tornou por sua vez um independente vítima de um sistema do qual participou:

A INVENÇÃO DA POP MUSIC

As produtoras de discos não queriam sujar as mãos com a payola. Assim, transferiam o trabalho sujo a empresas intermediárias. Milhões eram gastos em "radio promotion", o que significava pagar secretamente a esses intermediários, que por sua vez remuneravam as estações de rádio, para que nossas canções fizessem parte da playlist e ficassem girando em centenas de rádios. Nós dizíamos tranquilamente a um artista: "I will get you air play", vamos botar você no rádio, o que significava que pagávamos para botá-lo no ar.

Após uma pausa, durante a qual percebo sua preocupação com a própria audácia de contar tudo dessa maneira, Callahan prossegue:

> Para entender esse sistema, é preciso levar em conta que ir ao ar no rádio era na época a única maneira, além de um clipe na MTV, de vender discos. Para que um artista seja lançado e se torne conhecido, o rádio continua sendo o meio mais eficiente. Indiretamente, tudo isso também contribuía para manipular as paradas de sucesso, que, pelo efeito bola de neve, são afetadas pela programação das rádios. As quatro majors abusaram disso, e o Clear Channel foi um dos principais beneficiários.

Entrevistado também em Los Angeles, Stan Cornyn, ex-vice-presidente do Warner Music Group e um dos veteranos da indústria americana do disco, reconhece igualmente tais práticas. "Esse sistema era generalizado em todas as majors desde a década de 1950. Os pagamentos eram feitos em dinheiro vivo, mas também mediante viagens, cartões de crédito, meninas, cocaína... Dinheiro líquido não é problema na indústria do disco, graças aos concertos. O único problema é que esses valores, por definição, não eram declarados. Não se pagava imposto algum. Por isso é que a justiça começou a meter o nariz no sistema da payola."

Foi Eliot Spitzer, o hiperativo Attorney General do estado de Nova York (espécie de ministro da Justiça estadual), que partiu em guerra contra a payola em meados da década de 2000. Com base em uma investigação policial de grande repercussão, ele expôs todo um sistema generalizado de subornos — as canções de Jennifer Lopez, por exemplo, apareceram na investigação —, impondo multas de dezenas de milhões

MAINSTREAM

de dólares às principais majors. Em 2006, o grupo Clear Channel, sob vigilância da justiça e ameaçado com ações antitruste, foi obrigado a vender 280 de suas rádios, dividindo-se em três: Clear Channel Outdoor (que, com 800 mil outdoors em 66 países, é um dos maiores grupos de propaganda urbana no mundo, juntamente com o francês JC Decaux), Clear Channel Communications (que ainda detém cerca de novecentas rádios nos Estados Unidos, mas vendeu suas estações de televisão) e Live Nation (promotora de concertos, espetáculos e esportes que controla 125 salas "live" em sete países e contrata como uma produtora de discos quase normal artistas como Madonna, Jay-Z e a cantora colombiana Shakira). Apesar desse "spin-off" (cisão), as três novas entidades do Clear Channel, que passaram a ser cotadas na bolsa, continuam sob controle indireto da mesma família texana.

Em Encino, no sul da Califórnia, tenho encontro marcado, algumas semanas depois, com Ken Ehrlich. Ele é o produtor dos Grammy e dos Emmy Awards, os Oscars da música e da televisão. Em seu escritório, caixas completas de discos da Motown, um imenso cartaz de Ray Charles e dezenas de fotos nas quais ele aparece com Bob Dylan, Bruce Springsteen, Prince ou Bill Clinton. Ken Ehrlich vem do blues e do jazz, mas me fala da Motown, do rock e do rap com um ecletismo perfeitamente americano. "Eu gosto de tudo", diz ele, mostrando centenas de 33 rotações meticulosamente arrumados. "Cresci numa família judia de Ohio, tipicamente de classe média, mas desde o início a música negra foi essencial para mim. Como é que um branquinho de Ohio como eu podia se identificar com os negros aos 15 anos de idade? Mistério. Talvez porque a música não passa de um contínuo que vai de Ottis Redding a Usher, passando por Michael Jackson e Tina Turner. A única coisa de que eu não gosto é ópera. Não consigo entender (I can't get it)."

Os prêmios Grammy estruturam o mundo da música pop e lhe conferem unidade, para além dos gêneros e selos. Foram criados em 1958 e se tornaram um acontecimento importante a partir de sua transmissão pela ABC em 1971 (atualmente pela CBS). A cerimônia ocorre todo ano no mês de fevereiro, diretamente do Staples Center, um estádio esportivo no centro de Los Angeles. Ken Ehrlich produz a cerimônia e a cada vez procura gerar um acontecimento de impacto para ficar na lembrança — por exemplo, associando Eminem e Elton John para desmontar a imagem de homofobia do rapper, promovendo uma apresentação de Bruce Springsteen ao vivo, para marcar seu temperamento "fera no palco" (expressão do próprio Ehrlich), ou então juntando Paul McCartney e Jay-Z, Madonna e Gorillaz ou ainda James Brown e Usher, para misturar gêneros. "Minha maior preocupação, nos Grammy, é mostrar aos americanos que não existem fronteiras na história da música."

No dia seguinte, encontro-me em Santa Monica com Neil Portnow, que preside o que ficou conhecido na indústria do disco como The Recording Academy. Essa associação é incumbida de organizar a seleção dos Grammy em quase 110 categorias. "Nós somos uma organização independente a serviço da indústria do disco", explica Neil Portnow. "Nosso escritório fica em Los Angeles, pois é aqui que está concentrada a indústria, muito embora toda uma parte do mercado pop e de jazz esteja em Nova York, em Miami, no caso da música latina, e em Nashville, no Tennessee, no da música country e 'christian'."

O prêmio Grammy, na música, como o Oscar no cinema, o Tony na Broadway e o Emmy na televisão, dá testemunho da importância das seleções e paradas de sucessos nos Estados Unidos. Essas cerimônias "eleitorais" da indústria do entretenimento são ao mesmo tempo um grande momento coletivo de comunhão profissional, acima dos gêneros e indivíduos, e uma ferramenta extraordinariamente poderosa de promoção internacional dos artistas americanos. Em toda parte no mundo, essas premiações é que dão o tom do mainstream.

"Cool é o hip mais o sucesso comercial"

Os gigantes da indústria americana do entretenimento muitas vezes vêm das finanças, dos bancos, frequentemente da televisão ou das agências de talentos, às vezes do cinema, quase nunca da indústria do disco. Com exceção de David Geffen.

Com a Motown, Berry Gordy soube vender a música pop aos adolescentes brancos, tornando a música negra "hip". David Geffen faria ainda melhor, tornando o rock "soft" e a música pop "cool". Essa passagem do "hip" ao "cool" constitui uma virada importante para o entertainment.

Se Berry Gordy nasceu negro, David Geffen nasceu pobre. "Na América, a maioria dos ricos começou na pobreza", explica Tocqueville numa frase que ficou famosa. De uma família judia europeia que emigrou de Tel Aviv (então ainda na Palestina), Geffen cresceu na década de 1940 no bairro judeu do Brooklyn, em Nova York. Autodidata, não concluiu os estudos universitários, embora invente um diploma da UCLA, a universidade pública da Califórnia, para conseguir um primeiro emprego, aos 20 anos, numa das "talent agencies" de Hollywood, a William Morris. Começa então a distribuir a correspondência nos escritórios e observa as pessoas falando ao telefone. "Eu ficava ouvindo e pensava: também sou capaz de fazer isso. Falar no telefone."

O que motiva Geffen é a música. E sobretudo o rock, o que a essa altura ainda é novo. Conseguindo afinal chamar a atenção, ele é contratado como agente na William Morris. Mas um agente é apenas um intermediário: Geffen negocia os contratos dos artistas com seus *managers*. Mas o que ele gosta realmente é do contato direto com os artistas. Ao fim de alguns anos, assim, ele deixa a William Morris Agency, já tendo acumulado uma agenda de contatos, e se torna agente pessoal de vários artistas de rock e soul. Em 1970, sentindo-se mais seguro depois de alguns primeiros sucessos, ele cria seu selo independente, batizado de Asylum Records. Sua profissão passa a ser "A&R": iniciais de Artist & Repertory, que são essenciais na indústria do disco, referindo-se ao trabalho que consiste em identificar talentos, compositores ou intérpretes, apresentá-los sob contrato e em seguida "desenvolvê-los". Nessa época, os responsáveis de A&R das produtoras de discos ainda têm verdadeiro poder decisório sobre os artistas e seus agentes pessoais; eles escolhem os produtores, os estúdios de gravação, os engenheiros de som, às vezes os músicos, e autorizam os lançamentos (esse poder seria transferido com o tempo aos *managers* e agentes, mas sobretudo aos diretores de marketing das majors, na década de 1990).

Dessa vez, com sua própria produtora de discos, David Geffen se dá bem. Ele não é necessariamente um descobridor de talentos, mas evidencia grande facilidade como *booster*, aquele que promove e apoia. Produz Jackson Browne, Joni Mitchell, Tom Waits e sobretudo The Eagles, que, com "Hotel California", logo se transformam em símbolo de um country-soft-rock que vai inflamar o planeta. Entre a balada country pacífica, o soft rock e o "easy listening", categoria de música inocente e eficaz, o som do grupo parece maravilhosamente californiano (e falso, pois nenhum de seus membros, como tampouco Geffen, vem da Califórnia). Geffen consegue até, em 1974, recuperar Bob Dylan, que grava com ele o maravilhoso *Planet Waves*, contendo em particular o belo single "Forever Young".

A estratégia de Geffen consiste em tornar "cool" grupos que, não fosse ele, teriam continuado demasiado hard-rock ou alternativos para o grande público. Como produtor, ele transforma o rock acústico e o que se costuma chamar de Alt-Rock (rock alternativo), ou ainda, ironicamente, o Red State Rock (o rock dos estados republicanos), muitas vezes demasiado "grungy", com vozes muito "raspy" (roucas), em rock urbano, menos bruto, menos "loud" (ruidoso) e mais eletro, ao mesmo tempo mais cool e mais comercial. Com Geffen, o hard (rock) torna-se soft. Seu toque de gênio: ter possibilitado a comercialização sem matar o cool — pelo contrário, ele aumenta suas vendas. "O cool é o hip mais o sucesso comercial", escreveria um crítico da *New Yorker*.

Os puristas identificariam uma espécie de encenação nessa formatação? Claro. Mas Geffen tem suficiente intimidade com a história da música americana para conhecer o valor de uma boa polêmica, prelúdio de grandes sucessos mainstream. Desde sempre, o grande leitmotiv da história da música popular nos Estados Unidos gira em torno da perda de independência e da recuperação pelo mercado. Quando Elvis Presley parte para o serviço militar, muitos consideram que a data assinala a morte do rock! Quando Miles Davis resvala para o fusion e o jazz-rock híbrido, e depois para o jazz-funk, outros concluem que é o fim do jazz (sendo na verdade o início da fragmentação do jazz, o que é muito diferente). E, naturalmente, quando Bob Dylan troca sua guitarra acústica por uma guitarra elétrica no festival de Newport em 1965 (com "Like a Rolling Stone", título significativo), é nada mais nada menos, para aqueles que o vaiam, o fim do mundo!

A passagem para o mainstream é o que querem todos os artistas em busca de público e mais ainda todas as majors em busca de dinheiro; ao mesmo tempo, é a crítica recorrente feita pelos puristas à comercialização e, supremo insulto nos Estados Unidos, ao "selling out" ("to sell out", vender-se).

David Geffen não tem esse tipo de escrúpulo: seu objetivo é justamente vender. Ele não considera que exista uma diferença entre a música criada por motivos idealistas e a música criada para ganhar dinheiro — está tudo misturado hoje em dia. E seu sucesso vem da capacidade de entender que a música popular americana está passando de uma época a outra: o essencial não está mais nas raízes, no gênero, na história; mas na imagem, na atitude, na sensibilidade e no estilo (o "cool"). O funky Geffen é literalmente fascinado pelos adolescentes de 15 anos que encontra na rua, por sua enorme flexibilidade cultural, pelo fato de não se deixarem assoberbar por valores e hierarquias à maneira europeia. Geffen torna-se um "coolhunter", um caçador do "cool".

Acima de tudo, Geffen não considera que o dinheiro esteja corrompendo o rock. E é censurado por isso: "Quando David Geffen chegou ao litoral da Califórnia como manager, os tubarões entraram na lagoa", comenta um produtor. "Antes, as pessoas diziam: 'Vamos fazer música, o dinheiro é um subproduto'. Com Geffen, passou-se a dizer: 'Vamos ganhar dinheiro, a música é um subproduto'", ironiza outro produtor. Para se defender, Geffen gosta de se apresentar como um homem honesto num mundo desonesto. Quero crer que seja ironia.

Seu estilo de trabalho consiste em se envolver totalmente na carreira de seus artistas, mas ao mesmo tempo ele não leva uma "vida de roqueiro", como muitos na indústria: quando produz Dylan, não se torna hippie, não começa a tomar drogas com The Eagles, não tem relações íntimas com suas estrelas, como Berry Gordy fazia com Diana Ross (embora Geffen seja declaradamente gay, uma aventura com Cher lhe é atribuída). Trata-se de um homem de negócios que gosta sinceramente de música mas que não vive sua mitologia. Um de seus biógrafos escreve, mais severo: "Geffen faz o caminho mais curto para o caixa".

David Geffen teve várias vidas. Já em 1975 ele abandona sua produtora de discos, vendendo-a à Warner, e se aposenta. Todos acham que ele acabou. Passa a levar uma vida "laid-back" (descontraída), encontra os amigos, sujeito híbrido, meio costa Leste, meio costa Oeste, sempre urbano, entediando-se com facilidade, "insecure" (sempre meio angustiado). Parece um personagem de Woody Allen, como se tivesse fugido de *Noivo neurótico, noiva nervosa*, senão de *Perdidos na noite*, de John Schlesinger. Mas trabalha sem parar, como sempre fez, em novos projetos. Em 1980, volta à cena inaugurando o escritório da Geffen Records em Sunset Boulevard, Los Angeles, atraindo John Lennon e Yoko Ono para um álbum de *come back*, *Double Fantasy*, que se revela um redondo fracasso durante três semanas, até que... John Lennon é assassinado: o disco se transforma em sucesso mundial imediato (especialmente a canção "Woman"). Geffen transforma-se então em homem de negócios: "Na década de 1970, eu não era um empresário. Era apenas um fã. Andava daqui para ali, e, oh my god, dei de cara com esse sujeito, Tom Waits, formidável, e fiz um disco com ele. Mas nos anos 80 realmente me tornei um empresário." Com seu novo selo, Geffen produz Cher, Sonic Youth, Beck, Aerosmith, Peter Gabriel, Neil Young e sobretudo o grupo underground de Kurt Cobain, o Nirvana. Estamos no início da década de 1990. Mais uma vez, ele tira a sorte grande. Ao conseguir atrair o interesse do grande público para um grupo grunge de ética DIY (Do It Yourself), que se apresenta como símbolo do rock alternativo, Geffen transforma um Kurt Cobain, com seus jeans rasgados, em porta-voz de uma geração. Ele esperava vender duzentos mil exemplares do álbum *Nevermind* e vendeu mais de 10 milhões. Incensado pela crítica e a indústria, o grupo é adotado contra a vontade pela MTV, que transforma Kurt Cobain em estrela mundial instantânea. Geffen ganhou a aposta: tornar o Nirvana popular, ao mesmo tempo preservando sua autenticidade e sua base. Símbolo da anticultura mainstream, o Nirvana torna-se mainstream. (Kurt Cobain, notório heroinômano, viria a se suicidar depois de seu terceiro álbum.)

MAINSTREAM

O sucesso de Geffen é considerável na indústria do disco, de tal maneira que ele já começa a se aventurar nas indústrias afins: coproduz através da Geffen Pictures alguns filmes, como *Depois de horas*, de Martin Scorsese, e *Entrevista com o vampiro*, e investe ao mesmo tempo com intuição e sucesso em comédias musicais da Broadway (*Cats, Dreamgirls*), introduzindo o rock nos "musicals".

Mais uma vez, Geffen vende seu selo, dessa vez à MCA (hoje a multinacional francesa Universal Music), fica um pouco mais bilionário ainda e se aposenta. No início da década de 1990, ele faz conferências em Yale, recebe o novo presidente Bill Clinton, que se hospeda em sua casa, frequenta os clubes cool do momento. Acima de tudo, Geffen se converte à filantropia e se transforma em colecionador de arte. Na praia de Malibu, sua casa contém uma coleção célebre de obras de Jackson Pollock, Mark Rothko e uma bandeira americana de Jasper Johns de valor inestimável (em seu quarto). Nessa época, ele também ajuda o amigo Calvin Klein, que entrou em falência, a restabelecer em sua marca o "cool" que está faltando, financia suas atividades e o induz a contratar o cantor pop Mark Wahlberg como manequim de suas campanhas publicitárias de roupa íntima (as fotografias de Mark de cueca tiradas por Herb Ritts e Annie Leibovitz voltam a lançar a marca Calvin Klein em todo o mundo, com o sucesso que todos conhecem). O fato de Geffen apreciar ao mesmo tempo Jackson Pollock e Calvin Klein, Mark Rothko e The Eagles, Jasper Johns e Nirvana oferece um bom resumo da mistura de gêneros culturais nos Estados Unidos.

"David é um stand-up guy", diz-me Jeffrey Katzenberg, quando lhe pergunto sobre David Geffen (um cara correto, com quem se pode contar). Fiel nas amizades, Geffen apoia o amigo Katzenberg, antigo chefão dos estúdios Disney, no processo sensacional que o opõe a Michael Eisner, o diretor-presidente da Disney, e depois de fazê-lo ganhar 280 milhões de dólares de indenização lança com ele e Steven Spielberg um novo estúdio de cinema em 1994. Trata-se, como já vimos, da DreamWorks, que produz *Beleza americana*, *Shrek*, *Dreamgirls: Em busca de um sonho* (na Motown), *Kung Fu Panda* e vários filmes de Spielberg (*O resgate do soldado Ryan*, *Minority Report*, em coprodução). Paralelamente, Geffen volta a criar, é claro, um selo: DreamWorks Records.

"David é provavelmente um dos raros homens da cultura americana moderna que tiveram êxito sucessivamente nas três indústrias-chave do entretenimento: a música pop, as comédias musicais da Broadway e o cinema em Hollywood. Trata-se de um caso único", diz-me Jeffrey Katzenberg (mas o comentário também se aplica a Katzenberg, que fez ainda melhor na Disney, na Broadway, com *O Rei Leão* e Elton John, e desde então na DreamWorks).

Em 2008, Geffen aposentou-se pela terceira vez e revendeu sua participação na DreamWorks. Mas ele continua frequentando os produtores, banqueiros e "moguls" de hoje, esses grandes chefões de Hollywood — que ontem se chamavam Harry Cohn, William Fox, Carl Laemmle, Louis Mayer, Adolph Zucker, Jack e Harry Warner — dos quais é hoje um dos herdeiros. E por sinal, já que estamos falando de filiação hollywoodiana, ele mora na casa de Jack Warner na praia de Malibu, comprada a preço de ouro. Um verdadeiro símbolo.

Nashville, a outra capital musical dos Estados Unidos

"O blues é a música das classes populares negras, como o country é a música das classes populares brancas", diz-me Shelley Ritter, diretora do Delta Blues Museum, em Clarksdale, cidadezinha do noroeste do Mississippi. Hoje em dia não resta grande coisa da história do blues, à parte esse museu. Eu estou no coração do "Delta", uma zona passível de inundações, e que portanto foi rica na época da cultura do algodão, entre o Arkansas e o Mississippi, e que tem esse nome porque forma uma bacia, embora estejamos longe da foz do rio, em Nova Orleans. Em Clarksdale, ainda encontramos alguns "juke joints", os bares tradicionais onde se continua a cantar o blues do Delta, mas só para turistas. "O blues sempre teve um espírito e um público rurais, ao passo que o jazz foi decididamente urbano", acrescenta Shelley Ritter.

Percorrendo o Delta, podemos imaginar o que foi o nascimento da música negra americana: o algodão, as cidadezinhas, as igrejas cristãs. Seguindo a estrada que vem de Nova Orleans, passamos por Clarksdale, Oxford, Tupelo (a cidade natal de Elvis Presley, onde sua minúscula casa é hoje um museu) e Memphis (onde Jeff Buckley se afogou), para só então chegar a Nashville. Com toda essa história ao alcance da guitarra, dá para entender por que a principal cidade do Tennessee se transformou numa das capitais da indústria do disco nos Estados Unidos, ao lado de Los Angeles e Miami.

Music Row é o endereço que se deve procurar em Nashville para encontrar os estúdios de gravação, a sede das majors e os escritórios das televisões musicais. É uma área pequena, entre a 16ª Avenida, conhecida como Music Square East, e a 17ª Avenida, conhecida como Music Square West, na convergência das autoestradas I 40 e I 65, a noroeste de Nashville, no Tennessee.

Se viajei a Nashville, foi para tentar entender por que os dois segmentos importantes da indústria do disco que são produzidos aqui, o country e a música "christian", não são muitos exportados. (O soul e o R&B foram gerados no Tennessee nas décadas de 1950, mas os respectivos selos se encontram em Los Angeles e em Nova York desde os anos 70.)

Não ouvi muita música country na vida, à exceção dos discos de Hank Williams e Johnny Cash. Para mim, é vagamente uma música de americanos "com chapéu de caubói". John Grady, o todo-poderoso diretor-presidente da divisão country da Sony Music em Nashville, não compartilha minha opinião: "A música country é a música de variedades das classes populares americanas e dos camponeses do Sul". Luke Lewis, o presidente da Universal Music em Nashville, confirma: "O country é a música tradicional americana, a música das aldeias do Sul, uma música do interior, do *country*, justamente". Lewis acrescenta:

> A música country é uma música muito enraizada na vida local. Ela é ouvida no rádio, mas também é tocada nos "honky tonks", os tradicionais barezinhos de brancos, mais ou menos como o blues é feito nos "juke joints", os barezinhos do Sul americano rural e negro. Por isso é que ela não é muito exportada, por ser demasiado local. Ela é um pouco vendida no Canadá, na Austrália, na Nova Zelândia, na Irlanda e nas

cidades populares do norte do Reino Unido, mas praticamente só. Não se consegue vender música country em Londres, por exemplo, por ser um ambiente urbano demais.

Passando de uma produtora de discos a outra na Music Row, em Nashville, eu constato que existem vários gêneros de música country: appalachian folk music, bluegrass, country rock, cowboy songs, southern rock, mountain music, americana. Todos esses estilos encarnam um amplo espectro musical entre o "alt-country" alternativo e um country mainstream, criticado por sua excessiva comercialização. "No primeiro caso, é um country excessivamente 'rootsy', e no segundo, pelo contrário, um country demasiado pop e 'rootless'" (excessivamente enraizado ou sem raízes), explica-me Luke Lewis. "Toda a música country se situa hoje entre esses dois limites, e a que se apresenta como mais alternativa, mas que aqui é a menos popular e menos mainstream, geralmente é melhor divulgada nos festivais independentes no exterior." John Grady explica o paradoxo:

> A música country mainstream não é uma música internacional. Até que se tentou fazer versões mais "dance", mais rápidas, para quebrar a aparente monotonia do country e atingir um público maior no exterior, mas não funcionou realmente. Temos de reconhecer o óbvio: o country é a poesia de hoje nos Estados Unidos, com letras muito específicas e muita gíria. E a poesia não pode ser exportada.

Nos Estados Unidos, o mercado da música country é estimado em aproximadamente 10% das vendas de discos e digitais. É o formato musical mais frequente no rádio, em numerosas estações — mais de 1.400.

Em Nashville, passamos facilmente do estilo country à música "christian" (cristã). Todas as produtoras de discos se encontram no mesmo perímetro, ao redor da Music Row, e é possível ir de uma a outra a pé, num percurso de menos de um quilômetro. Mas o fato é que essas duas indústrias vizinhas são muito compartimentadas, e ao visitar os escritó-

MAINSTREAM

rios das majors que produzem música christian, uma diferença notável me chama a atenção: não há a menor sensualidade, nada de garotas de seios fartos na capa dos discos, nem homens maduros de linguagem rude abusando da gíria, como acontecia, a poucas dezenas de metros dali, nos escritórios da música country. No verso da capa dos CDs, surpreende-me encontrar muitas vezes, nos agradecimentos: Jesus.

"No fundo, fazemos parte da música gospel", explica-me Dwayne Walker, diretor de A&R da Light Records, selo especializado na música christian. "Muitas vezes se acha que a música gospel é uma música negra, mas se trata antes de mais nada de uma música cristã. Quanto a nós, fazemos música cristã, que é simplesmente branca." John Styll, o presidente da Gospel Music Association, lobby oficial ao mesmo tempo do gospel negro e da música christian branca, confirma: "Estatisticamente, a música gospel é 99% negra, e a música christian, 99% branca. Mas na estratégia de marketing da música christian, muitos privilegiam a utilização da palavra gospel, no lugar do termo christian, mais conotado. E por sinal, para que todo mundo fique de acordo, fala-se atualmente de 'southern gospel' e 'black gospel'".

Mais uma vez, em Nashville, me são mostrados discos de diferentes gêneros: christian rock, southern gospel, Jesus-rock (mais antigo), God rock, gospel rock, christian rap e até rock "inspirational" (destinado a inspirar e edificar). Fico com a impressão de que aqui existem tantos gêneros musicais quantas são as igrejas cristãs — Nashville está entre as cidades americanas com maior índice de igrejas por quilômetro quadrado. Estou no coração do que costuma ser chamado de "Bible Belt", o cinturão da Bíblia.

Como no country e na Motown, a música christian baseia-se numa estrita separação entre os compositores que escrevem a letra e a música e os que as interpretam. Essa dupla indústria faz a originalidade de Nashville, há muito tempo uma cidade onde se compõe a música que vai ser tocada.

"O editor é o elemento central da indústria em Nashville e as produtoras de discos são detentoras antes de mais nada, e acima de tudo, do repertório. Muitas vezes, as canções são vendidas a outras produtoras", explica Eddie de Garmo, diretor-presidente do EMI-Christian Music Group. "Nashville é uma cidade de compositores", reforça Tony Brown, antigo pianista de Elvis Presley, que atualmente dirige a Universal South, o braço da Universal em Nashville, congregando vários selos de música country, gospel e christian rock.

Verifico que todas as majors estão presentes na Music Row em Nashville, reprodução em miniatura de sua presença em Los Angeles e Nova York.

> Aqui, temos sobretudo selos, o que significa que cuidamos dos artistas, de seu desenvolvimento e promoção. Tudo que diz respeito à administração, ao setor jurídico, aos recursos humanos, à distribuição nacional e internacional fica aos cuidados da major, a matriz, em Nova York ou Los Angeles. Se você é um independente, fica na dependência dos bancos e investidores; de minha parte, eu dependo do diretor da Sony Music Entertainment para a América do Norte, que conhece música e gosta dos artistas. Ao contrário do que se costuma dizer, eu prefiro isso a ser independente —, justifica-se John Grady, diretor-presidente da Sony Music em Nashville.

Os selos christian teriam pretensões de exportação, a partir do Sul dos Estados Unidos? "A christian music e a música country são gêneros que se escoram mais na letra que na música, ao contrário do pop e do rock. E isto decorre de um certo estilo de vida, de certos valores, e inevitavelmente essas músicas não são muito facilmente exportadas", explica Ric Pepin, vice-presidente da Compendia Music, uma minimajor com diferentes selos de country, gospel e christian. Mas ele acrescenta: "Acredito que a música cristã de Nashville vai se desenvolver muito na América Latina, na África, à medida que for amadurecendo. Ainda é um gênero jovem, ao contrário da música country, que tem aqui uma história muito antiga".

Eddie de Garmo, o diretor-presidente do selo christian da EMI, não tem o mesmo ponto de vista:

A christian existe em Nashville há pelo menos 25 anos, embora só se tenha tornado célebre na época de George W. Bush. É uma música cristã que se parece com a religião dos americanos, protestante e lírica demais para agradar aos católicos, por exemplo. Não creio que possa ser facilmente exportada, a não ser que minimize o elemento de pregação e mascare sua identidade. Mas em compensação seu público ainda pode aumentar nos Estados Unidos, onde passamos, em 15 anos, de um mercado de nicho ao mainstream.

Entrevistando dezenas de produtores e músicos da música christian em Nashville, mas também em Memphis, Denver e Colorado Springs, eu me dou conta de que todos a encaram como uma contracultura a ponto de resvalar para o mainstream. "A cultura christian está num momento de virada, num passo decisivo, o que se costuma chamar na Bíblia de efeito Gedeão: Gedeão estaria sozinho? Ou seria milhares? Nós somos como Gedeão, pois hesitamos, sentimo-nos sós em nossa comunidade, mas já somos milhares. Estamos a ponto de resvalar para o mainstream, mas ainda estamos em plena contracultura. Somos como Bob Dylan e Joan Baez na década de 1960, contraculturais e antimainstream, um nicho da folk music que está crescendo, crescendo, pouco antes do momento em que todo mundo acaba adotando essa música", diz-me, meio exaltado, Ross Parsley, o célebre pastor da New Life Church em Colorado Springs (nesse domingo, eu assisto ao serviço religioso em sua megachurch: cinco grupos de christian rock se sucedem diante do altar, e ao redor de Parsley um coro de uma centena de participantes e vinte pastores oficiam, com microgravatas, enquanto suas imagens são reproduzidas em dezenas de telas gigantes diante de mais de sete mil fiéis).

A música christian, que atualmente representa cerca de 7% das vendas de música nos Estados Unidos (sem distinção entre as vendas de gospel negro ou branco), tem suas paradas de sucesso, seu barômetro Nielsen Christian SoundScan, suas prateleiras próprias nos hipermercados, e já agora muitas vezes serve de trilha sonora em filmes hollywoodianos como *Matrix* ou *Crônicas de Nárnia*, da Disney. Também gera comédias musicais da Broadway, como *!Hero, the Rock Opera* (o ponto de exclamação antes de *Hero* é uma referência ao nome de Jesus na Bíblia, e a ação do musical se passa em Belém, nome real de uma cidade da Pensilvânia). Trata-se de uma verdadeira indústria cristã que se desenvolveu na música, no teatro comercial, na edição de livros, nas livrarias, com suas novas seções de "christian books", mas também no cinema, como demonstrou o inesperado sucesso do filme *A paixão de Cristo*, de Mel Gibson.

Music Television

Na parede, vê-se um skateboard branco. Nos escritórios dos dirigentes das indústrias criativas, muitas vezes eu vi capas de álbuns, discos de platina, às vezes quadros originais de Warhol ou David Hockney, mas um skateboard, nunca.

No de Brian Graden, presidente da MTV, na Colorado Avenue, em Los Angeles, há também fotos assinadas por rappers famosos sobre a mesa; um retrato de Barack Obama; muitos cartazes de programas de televisão conhecidos em todo o mundo. Fico longamente contemplando o cenário, pois estou sozinho. O assistente de Brian Graden, um "MTV kid" de tênis, vem ao meu encontro para avisar que Brian teve uma indisposição à noite e está descansando em seu "condo" de West Hollywood. Mas que eu não me preocupe: poderemos conversar através de um sistema de audioconferência de última geração; eu posso me sentar na poltrona e ficar perfeitamente à vontade. Ele vai telefonar dentro de um instante. Neste exato momento, eu penso com meus botões que, na MTV, em vez de uma audioconferência, eu poderia esperar ao menos uma videoconferência.

Brian Graden é o presidente da MTV, e dirige sua programação ao mesmo tempo que coordena diferentes redes temáticas da network MTV. Segundo sua biografia oficial, ele é relativamente jovem — cerca de 40 anos — e passou pelo famoso MBA de Harvard. Através do sistema de áudio instalado na mesa de seu escritório, eu lhe pergunto qual é sua profissão. Ouço então sua voz sair do amplificador, muito corretamente, e sua resposta, numa só palavra: "entertainment". "Minha profissão", prossegue Graden, "é o entretenimento, é levar prazer às pessoas, fazer com que os jovens gostem daquilo que lhes oferecemos". Um dos títulos na biografia oficial de Graden é "presidente de entretenimento da MTV". Sem rodeios, eu ouso uma crítica ao tipo de música formatado pela MTV. "Frédéric", responde Graden com voz suave, "eu me orgulho do meu público. Orgulho-me do gosto do meu público. Gosto do meu público. Dos jovens. É importante gostar deles".

A MTV (Music Television) foi lançada no dia 1º de agosto de 1981. "Ladies and gentlemen, rock and roll": foi a primeira frase ouvida no canal, lida por seu presidente na época, sobre as imagens da Apollo 11 pousando na Lua. Desde então, a MTV não tem programado muito rock'n'roll, preferindo o soft rock e o pop mainstream, e voltou para a Terra. Na era digital, o canal encontra dificuldade para se reposicionar, enfrentando a concorrência direta do YouTube e indireta de inúmeros canais de música por satélite nos Estados Unidos e no mundo. Com isso, sua audiência diminui acentuadamente e o volume de negócios está recuado, o que levou seu principal acionista, a Viacom, a começar uma operação de limpeza. Encontrando os dirigentes da MTV nos Estados Unidos, na Europa, na Ásia e na América Latina, percebi invariavelmente a mesma preocupação. Chegou para a MTV a hora da crise e das grandes revisões. Mas nem sempre foi assim.

No saguão da sede da MTV em Los Angeles, está estacionado um camping-car, esse tipo de casa motorizada tão típico nos Estados Unidos. E por que um camping-car? "É um antigo modelo da década de 1950", explica a pessoa que me acompanha na visita aos estúdios. No camping-car, há uma TV vermelha ligada, uma torradeira, cadeiras verdes de plástico. É como se *Ozzie and Harriet*, os personagens da famosa sitcom dos anos 50, se tivessem perdido por ali, a caminho das férias. Ou então seria por pura nostalgia, para se lembrar de que uma televisão é mortal.

Inicialmente uma aposta arriscada, a MTV, o canal de música que fica no ar 24 horas por dia, rapidamente impôs um gênero, o videoclipe, obrigando a indústria do disco a avançar meio contra a vontade para a era do vídeo. Tal como aconteceu após o surgimento do rádio, mais tarde do leitor-gravador de CD e atualmente da Internet, a indústria inicialmente rejeitou os clipes, para em seguida repensar seu modelo econômico e aderir às imagens. Profético, o primeiro clipe levado ao ar pela MTV em 1981 foi "Video Killed the Radio Star", dos Buggles.

Inicialmente, o formato imaginado para a MTV era a transmissão ininterrupta das canções do Top 40 (o modelo de parada de sucessos dominante na rádio nos Estados Unidos desde a década de 1960). Tratava-se basicamente, assim, da música pop, como por exemplo, na época, Duran Duran, Eurythmics, Culture Club e logo depois Madonna, que seria lançada pela MTV, transformando-se na artista símbolo do canal. O programa geralmente era apresentado por um VJ, o vídeo-jockey popularizado pela MTV, segundo o modelo do DJ (disc-jockey). Desde o início, a MTV foi criticada por não passar de uma "torneira de clipes".

Na realidade, conversando com os dirigentes da MTV, descobrimos que o modelo era mais precário do que levaria a crer seu sucesso. No início a MTV teve muita dificuldade para conseguir uma quantidade suficiente de vídeos para alimentar suas 24 horas diárias de programas, o que explica a frequente repetição. Shows filmados, vídeos promocionais rudimentares, constantes retransmissões: valia tudo para compensar a carência de conteúdos. Com o sucesso, a indústria do disco deu-se conta dos benefícios de uma cooperação com o canal musical: afinal de contas, um vídeo representava publicidade gratuita para a música. E através da MTV um artista rapidamente se tornava mainstream. Os clipes foram se tornando cada vez mais elaborados, inovadores e profissionais, e a MTV converteu-se em um elemento central no planejamento de marketing das majors. O lugar ocupado pela MTV na história da cultura pop é essencial: tal como o fazia na mesma época David Geffen, ela gera o elo que faltava entre a cultura e o marketing, entre a música "pop" e a música "ad" (publicitária), entre a cultura de nicho e a cultura de massa, ligando dois universos que se consideravam separados mas se descobrem misturados, o da arte e o do comércio. Após o surgimento da MTV, seria cada vez mais difícil estabelecer a diferença entre esses dois mundos.

Inicialmente, assim, a MTV teve dificuldade de encontrar seu modelo e foi salva exatamente por aquilo que se recusava a promover: a música negra. Por estranho que pareça, vinte anos depois da Motown, a música black ainda era considerada um gueto pela MTV em 1981, insuficientemente crossover e pouco mainstream. Para os dirigentes brancos do canal, a música negra era um gênero, um nicho. Até Michael Jackson era vetado. Um belo dia, o diretor-presidente da CBS, da qual Jackson era contratado, através do selo Epic, se enfureceu, ameaçando boicotar totalmente o canal, com todo o seu catálogo, se Jackson continuasse a ser censurado (mais adiante, a MTV seria comprada pela Viacom-CBS). "Billie Jean" finalmente vai ao ar em 1983, seguida de "Beat It". Numa dança ao estilo *Amor, sublime amor*, Michael Jackson aparece no clipe como emissário de paz entre duas gangues rivais, insistindo em que parem de brigar. Ele traja casaco de couro vermelho e meias brancas. Integrantes de gangues de verdade teriam sido contratados para o vídeo, que obtém sucesso mundial. E em dezembro de 1983, quando a MTV leva ao ar o vídeo "Thriller", imitação de um filme de terror, chegando a programar duas vezes por hora esse clipe de 14 minutos, o canal a cabo, ainda marginal, entra para o mainstream. Troca o rock pelo pop e o R&B. E se abre definitivamente para os negros.

Dez anos depois, a MTV passa pelo mesmo debate interno com o "gangsta rap", considerado excessivamente violento e muito explicitamente sexual. O governo Clinton ameaça censurar seus excessos e a MTV hesita. Depois de consultar advogados especializados, ela resolve correr o risco e acolhe os grupos de rap mais radicais, mais misóginos, mais intolerantes em relação aos gays e mais tolerantes com a droga, levando seus vídeos ao ar sem parar. Já em 1998, o gangsta rap salva a MTV, que com isso recupera um modelo econômico, misturando à sua programação para o grande público essa música comunitária negra radical em forte expansão. Nesse ano, o hip-hop responde por 81 milhões de discos vendidos nos Estados Unidos, para um público 70% branco. E o rap por sua vez se torna mainstream.

Cruzei com muitos jovens negros, jovens asiáticos e jovens latinos nos escritórios e estúdios da MTV em Los Angeles, na sede do grupo em Nova York (simbolicamente situada na esquina da Broadway com a 44th Street) ou nos estúdios da Black Entertainment Television, que pertence ao mesmo grupo, em Washington. Conversando com eles e com dezenas de jovens músicos negros e latinos encontrados na maioria dos grandes guetos americanos, comecei a entender uma coisa essencial para decifrar o entertainment e a cultura mainstream de hoje. E quanto mais eu percorria os escritórios da MTV, quanto mais conversava com Brian Graden ou com seu adjunto Jeff Olde, que voltaria a encontrar muitas vezes nos cafés de West Hollywood, mais eu ficava pensando que as fronteiras entre arte e entretenimento resultam em grande medida de apreciações subjetivas. O lugar onde situamos essa fronteira é muitas vezes um indicador do ano em que nascemos e de nossa cor de pele.

Brian Graden também é o presidente da Logo, o canal "gay friendly" da MTV. É com os jovens gays, os jovens negros, os jovens latinos e asiáticos que ele pretende reconstruir a MTV. Na era da Internet, o YouTube representa uma perigosa concorrência para os canais musicais da televisão. A transmissão de clipes gratuitos, essa ideia genial que é responsável pelo sucesso da MTV e de seu modelo econômico, voltou-se contra o canal. Pois na era digital os clipes também são gratuitos para os concorrentes potenciais, e atualmente existem canais clones da MTV em grande número em todos os continentes. Com isso, Graden foi incumbido, com a colaboração de outros, da refundação da MTV mediante uma estratégia de grande alcance. Assim foi que a MTV ao mesmo tempo reafirmou sua vocação de geração, voltando a se centrar no público de 15 a 34 anos, e deu as costas aos clipes, banalizados na Internet, passando a preferir formatos mais interativos, os reality shows, a stand-up comedy e o talk-show. As séries de animação que fizeram o sucesso da MTV são relançadas com insistência, sendo produzidas também séries originais de televisão. "Voltamos a assumir o controle de nossos conteúdos: não somos mais uma torneira de clipes", explica Graden. A prioridade, portanto, é para a transmissão de programas exclusivos, exatamente o inverso do que caracterizou durante tanto tempo a MTV, que no entanto continua a se chamar Music Television. "Oferecer mais conteúdos, com maior diversidade de suportes, mais exclusividade e produtos premium: é esta a nova MTV", comenta Graden, que não poupa esforços para conceber novos formatos possíveis em todos os suportes imagináveis. "Nós testamos milhares de formatos e pilotos, mas no fim das contas selecionamos apenas uns poucos." Visitando o "motel", o prédio onde são testados esses projetos-piloto, do outro lado da Colorado Avenue, fico impressionado com a capacidade de inventar e deixar de lado, sem qualquer escrúpulo, a maioria dos protótipos; de imaginar a torto e a direito e estar constantemente abrindo mão. A criação-destruição é uma dimensão essencial da inovação nas indústrias criativas.

Foi apenas o início de uma estratégia de reconquista planetária, possibilitada pela riqueza da matriz, o conglomerado de mídia Viacom, dono da MTV. Também se optou por entrar maciçamente no digital e adotar os novos hábitos dos jovens. Na MTV proliferam as experiências tecnológicas: mais de 390 sites são lançados na Internet e funcionam atualmente, milhares de conteúdos exclusivos são criados para o aplicativo MTV no iPhone e acordos de cooperação internacional são assinados com sites como MySpace (que pertence à gigante News Corp). Tudo com o objetivo de acompanhar a geração Internet, que quer todos os conteúdos, a todo momento, em todos os suportes — uma geração que Brian Graden chama de "On-demand". Em outro vetor central — e uma evolução significativa para a MTV —, o grupo lançou-se maciçamente nos vídeo games, comprando a torto e a direito start-ups experimentais ou produtoras mais maduras, como a Harmonix e Atom Entertainment. Dessas experiências nasceram jogos populares como Rock Band, que vendeu mais de 7 milhões de cópias. Resta saber se o grupo será capaz de mudar com suficiente velocidade e de se mostrar flexível o bastante para acompanhar as expectativas e hábitos da Internet, que se aceleram a cada dia.

Mas o fato é que o grupo MTV se afastou do mainstream único, segmentando seu público através da diversificação dos programas e sites, mas também de seus canais. A MTV resvalou para o mainstream plural. Hoje, ela não é mais um canal único, mas uma rede de 150 canais temáticos. Na Europa, por exemplo, o programa MTV Base é hip-hop, o MTV Pulse tende mais para o rock e o MTV Idol, para as variedades internacionais. E assim por diante, encontrando-se, nos diferentes países, canais voltados para os apreciadores de laser digital (MTV GameOne), os latinos (MTV Latin), os asiáticos (MTV Asia), os gays (Logo), os jovens apaixonados por comédias e séries animadas (Comedy Central) e até as crianças, com uma minirrede especializada por faixas etárias (MTVN Kids & Family Group). Esses programas, muitas vezes criados em Los Angeles, Miami e Nova York, não alimentam apenas televisões do grupo nos Estados Unidos, mas também as do planeta MTV, que tem escritórios atualmente em 162 países. "A MTV é um oleoduto no qual é possível se abastecer a qualquer momento", confirma Thierry Cammas, o diretor-presidente do grupo MTV na França.

Finalmente, depois de vários fracassos na Europa e na América Latina, a MTV adotou uma estratégia local, composta ao mesmo tempo dos programas americanos e locais, em sutil dosagem. "O DNA da MTV é a música mainstream americana", prossegue Thierry Cammas. "Somos uma mídia de divertimento internacional. É a nossa identidade, não podemos negá-lo. Mas é necessário injetar em nossos programas elementos locais, e é este o papel dos reality shows, dos talk-shows e do entretenimento, que são conteúdos produzidos sempre localmente na MTV. Por exemplo, nunca se fala inglês na MTV França. Precisamos nos comunicar com nosso público constantemente, em francês, e em todos os suportes, pois no mundo digital é difícil manter um público fiel, ao passo que no mundo analógico nós éramos incontornáveis." A MTV é transmitida atualmente em 33 línguas.

A MTV está portanto em plena revolução. Judy McGrath, a diretora presidente do grupo em Nova York, e Brian Graden, em Los Angeles, tentam salvar o modelo. Para isso, precisam manter-se "hip". Mas, justamente, como é que esses altos executivos, que têm o dobro da idade de seu público, podem se manter "hip"? "Sendo um 'taste-maker'", responde Brian Graden, sempre por áudio-conferência. "As pessoas que trabalham na MTV podem dizer-lhe que aqui é como em *Logan's Run* (o filme e seriado *Fuga no século 23*): os 'over thirty', os que têm mais de trinta anos, desaparecem. Os que ficam são como Peter Pan, não querem crescer. Assim, eu trabalho a cada minuto para que a MTV fique parecendo uma rede de programação feita por um kid hip-hop de 16 anos, um jovem "black de tênis." Thierry Cammas confirma, de outra maneira: "Não digo que conheço os jovens. O que faço é correr atrás deles o dia inteiro".

Como é que os jovens kids negros, gays e latinos puderam tornar-se, à sua maneira, os trendsetters e tastemakers da MTV, os que ditam a moda e definem o gosto, aqueles que são os árbitros do "hip" e validam o "cool"? O que aconteceu na crítica americana para que os juízes do gosto fossem substituídos por jovens de 16 anos montados em skateboards com seus tênis, que se orgulham de amar a contracultura e ao mesmo tempo a cultura pop comercial? Desde essa entrevista, estive constantemente me fazendo essas perguntas. Não demorou para adivinhar que algo essencial havia ocorrido na cultura nos Estados Unidos, entre a arte e o entretenimento, entre a elite e as massas, e também entre a cultura e a minoria negra, e que essa transformação fora decisiva para propulsionar as indústrias criativas americanas em todo o mundo. Foi então que entendi por que motivo, num canal "pop" como a MTV, o skateboard pendurado na parede do escritório de Brian Graden tinha tal importância. É o símbolo da contracultura, da independência e do cool, no próprio coração da máquina de fabricar do mainstream.

7. Pauline, Tina e Oprah

Pauline Kael morreu em sua casa, em Massachusetts, a 3 de setembro de 2001, no mesmo dia em que me mudei para os Estados Unidos. Não pude entrevistá-la, e no entanto ela é uma das figuras da cultura americana de que mais ouvi falar. De Boston a San Francisco, de Chicago a Memphis, encontrei muitos fãs seus, capazes de citar suas frases e fórmulas preferidas, e também seus herdeiros espirituais, que se apresentam como "Paulettes". Mais estranho ainda, Pauline Kael, tão famosa em seu país, é quase totalmente desconhecida na Europa. Aos poucos, fui sentindo que para entender a revolução ocorrida nos Estados Unidos entre a elite e a cultura, entre a arte e o entretenimento, precisaria me familiarizar com a obra de Pauline Kael e me transformar também num "Paulette". Kael talvez encarne, ao lado de Tina Brown e Oprah Winfrey — as três mulheres de que tratamos neste capítulo — um resumo das evoluções que fizeram a América resvalar para a cultura mainstream.

Pauline Kael foi antes de tudo uma crítica de filmes. De "filmes"? Kael nunca falou de "filmes" — a palavra em inglês é pretensiosa, elitista. Pauline prefere a palavra americana: "movies". Filha de imigrantes judeus poloneses, ela nasceu em 1919 numa fazenda na Califórnia. Na cidadezinha onde cresceu na década de 1920 — o Grande Oeste, o espírito dos pioneiros, a cultura "middle-brow" de uma família média —, não havia muitas artes. Mas o cinema era onipresente. Na época, a maioria dos americanos ainda frequentava semanalmente as salas e a família Kael via todos os filmes. Esse otimismo dos habitantes do Oeste americano a acompanhou sempre, assim como o senso do espaço e da liberdade, esse lado "don't-fence-me-in" (não me confinem) dos Westerners. Mas sua família saiu arruinada da Grande Depressão de 1929, e a fazenda, especializada em frangos e ovos, ficou ameaçada e os Kael foram obrigados a partir para San Francisco. Três vezes casada e divorciada (quatro, segundo alguns biógrafos), ela se desdobrou em pequenos empregos para criar a filha, de saúde frágil. Trabalhou como garçonete e cozinheira em pequenos restaurantes, e também como costureira; fez telemarketing por 75 centavos a hora; foi "ghostwriter" de autores de romances policiais medíocres e participou da redação de guias turísticos de países onde jamais estivera. Apaixonada por cinema, passou então a trabalhar, na década de 1940, num cinema de arte de San Francisco, como bilheteira e depois gerente — e começou a redigir breves notas para o programa da sala. Deu prosseguimento a suas críticas de filmes na década de 1950, na imprensa popular, no rádio e em algumas revistas intelectuais, mas ainda sem encontrar seu estilo próprio.

"Go West, young man, and grow up with the country" (Vá para o oeste, rapaz, e cresça com o país): esta célebre exortação do editor do *New York Tribune* no fim do século XIX é levada a sério por Pauline Kael, que no entanto a inverte em seu benefício, numa marcha a ré da história. Assim, é uma mulher de meia-idade que parte para o leste, rumo a Nova York, torna-se crítica de cinema e encontra seu caminho.

Pauline Kael trabalha como autônoma para vários jornais populares femininos, e também para as revistas *Life* e *Vogue*, onde trata com seriedade os filmes populares e incensa Jean-Luc Godard e a Nouvelle Vague francesa. Criticando com severidade na imprensa mainstream filmes populares como *Luzes da ribalta*, *Amor, sublime amor*, *Lawrence da Arábia* e *Doutor Jivago*, ela dá mostra de liberdade de tom e de uma certa coragem face a Hollywood. Primeiro episódio de incompreensão: ela é acusada de excesso de severidade com os filmes mainstream e demitida do periódico feminino onde escreve.

Somente ao entrar para a equipe do semanário *New Yorker* em 1968, dessa vez como assalariada sob contrato, é que ela se torna verdadeiramente Pauline Kael. Segunda incompreensão — em sentido inverso da anterior. A revista é lida pela elite americana, sofisticada, cinéfila. Os críticos são todos homens, refinados, obcecados com a qualidade cinematográfica europeia, e desconfiam do sexo e da violência que invadem os filmes americanos nas décadas de 1960 e 1970. O único critério a ser levado em conta é a arte — e sobretudo nada de concessões ao gosto das massas.

Pauline Kael é contraintuitiva. E assim como incensara Godard na imprensa popular, começa a fazer críticas sérias de filmes de entretenimento na *New Yorker*, ameaçando os valores da elite. *Bonnie and Clyde* é sua primeira contribuição na revista, e sua crítica do filme de Arthur Penn (com Warren Beatty), alvo de zombaria na grande imprensa cultivada, é entusiástica. Pauline explica que *Bonnie and Clyde* é arte. Numa época em que todos os grandes críticos de cinema adotam um tom erudito para rejeitar os filmes produzidos pela máquina hollywoodiana, elogiando filmes de arte europeus ou o cinema estrangeiro, Pauline Kael inverte o critério. A aceleração da violência num filme e a sexualidade crua lhe agradam. Ela não se desculpa por gostar de *Tubarão*, *Os embalos de sábado à noite*, os dois primeiros filmes da série *O poderoso chefão* ("talvez os melhores filmes jamais produzidos nos Estados Unidos"), *Batman*, *Indiana Jones*, *O iluminado* e mais adiante *Magnólia* e *Matrix*: gosta sinceramente desses filmes. É fascinada por Fred Astaire, Barbra Streisand, John Travolta, Tom Waits e, antes de todos, por Tom Cruise. Tem mesmo uma paixão amorosa por ele — e não se exime de escrevê-lo.

Intelectual anti-intelectual, ela gosta de filmes "messy" (bagunçados), dos filmes "cheap", subversivos, que erotizam o cinema. Chega a frequentar uma sala de filmes pornográficos, onde os clientes se masturbam por perto, para poder falar de filmes eróticos. E chega à conclusão de que um filme é realmente erótico se provoca... ereção. O principal e visceral atrativo do cinema é resumido por ela em quatro palavras: "Kiss Kiss Bang Bang". Basta uma garota e um revólver para fazer um grande filme. E por sinal o título de seu primeiro e mais famoso livro mistura cinema e sua própria virgindade, com um título ousado para a época: *I Lost It at the Movies*" ("Foi no cinema que eu a perdi"). O cinema é a continuação da vida por outros meios.

A ruptura provocada por Kael na avaliação dos filmes e, além disso, na apreciação da cultura popular é essencial. Ela rompe com a linguagem polida "costa leste", que venera os filmes delicados "que nos fazem dormir com todo o seu refinamento", escreve ela. Em seu lugar, valoriza um cinema americano que leva em conta a vida do homem comum e sobretudo, através de um estilo próprio, a energia, a velocidade, a violência. Ela gosta do elemento "pop" de um filme.

O que é importante na avaliação de um longa-metragem? A emoção imediatamente sentida, o prazer que se sente — e que o público vai sentir. Pauline Kael vê os filmes apenas uma vez, nas salas de cinema, como os espectadores, e não como os críticos privilegiados convidados a sessões "privadas". Este ponto é capital: é o primeiro contato com um filme que conta, e nunca se deve revê-lo — nem mesmo um filme que adoramos. Sua concepção da cultura não é burguesa, com o acúmulo de obras que isso pressupõe, nem universitária, com a necessidade de decifrar indefinidamente uma cena. No fundo, ela recusa a noção de que o cinema se torne "cultura": para ela, um "movie" é entretenimento no sentido mais forte da palavra, um momento de nossa vida que passa, e que não voltará mais. A gente gosta ou não gosta. Nunca se deve dar ao filme uma segunda oportunidade.

Kael é uma crítica profundamente americana, gosta da natureza democrática do cinema made in USA, de sua capacidade de divertir as massas, de sua acessibilidade. Sobretudo, ela detesta o paternalismo dos críticos cultivados e o academismo dos universitários que constroem teorias tortuosas para maquiar os gostos elitistas de sua classe. Apesar de judia, Woody Allen não é a sua; apesar de aventurosa no amor, Antonioni vai devagar demais para ela. É tudo uma questão de velocidade: "Não resta a menor dúvida de que muitos de nós reagimos a um filme em função de seu ritmo e ao fato de esse ritmo corresponder ou não ao nosso próprio ritmo", escreve ela.

Ao mesmo tempo, Pauline Kael não dá a mínima para a pretensão dos filmes "independentes", de ambição estética limitada, mas de preceitos morais ilimitados. Não gosta muito de Ingmar Bergman, Jim Jarmusch, mas viria mais tarde a apreciar os irmãos Coen. Rejeita decididamente o filme *Shoah*, de Claude Lanzmann, explicando que o tema de um filme não deve impedir o crítico de julgá-lo, e despreza solenemente *Pauline na praia*, de Éric Rohmer: "A gente ouve os personagens conversando, lê as legendas e se sente civilizado".

Ela se mostra cruel sobretudo com os filmes estrangeiros que se pretendem profundos e "de esquerda", mas que se limitam a falar à elite em língua codificada, incapazes de interessar o povo de que pretendem falar. "É preciso mais que bons sentimentos de esquerda para fazer um bom filme". E um bom filme é antes de mais nada um filme... de que ela goste.

Ela gosta, desgosta, incensa ou demole completamente. Tem uma relação extremamente incestuosa com os filmes e não emprega o verbo "like", mas "love" (ela não gosta dos filmes, ela os adora). Seus julgamentos são definitivos, surpreendentes, exagerados.

Ela só leva em consideração o seu leitor: conta detidamente a história do filme, descreve de maneira clínica os personagens e a interpretação dos atores, avalia a música, evoca os detalhes que ajudam a compreender. Escreve para transmitir, e não para julgar. "A crítica de cinema é uma arte do equilíbrio: tentar propor perspectivas e conferir sentido às emoções experimentadas pelo público." Ela confia no gosto desse público e o leva a sério, mais ou menos como a indústria do cinema, com seus "focus groups". E nos seus artigos também descreve, justamente, o público que trata de auscultar e cuja reação acompanha nas salas escuras: ela se interessa pela maneira como ele sente medo, se exalta, ri. "Muitas vezes fui acusada de escrever sobre tudo, menos sobre o filme", diz, com humor.

Acima do conteúdo, no entanto, o que a caracteriza é antes de mais nada um estilo, inimitável e surpreendente. Ele é ao mesmo tempo sofisticado, "slangy" e cru (ela recorre à gíria em seus arrebatamentos e não hesita em usar palavras grosseiras). É um estilo mais próximo do jazz que da música de câmara, com seu lado controlado, espontâneo e improvisado, e sobretudo seu ritmo e sua velocidade; mais que tudo, ele se assemelha a uma conversa oral. Ela escreve sempre na primeira pessoa e se dirige diretamente ao leitor, sem a impessoalidade mais tradicional na crítica: "Muitas pessoas me criticaram por isso, esquecendo que era simplesmente uma maneira de ser americana e não inglesa".

O leitor tem a impressão de dialogar com Kael. Ela diria muitas vezes que é necessário muito tempo e muito trabalho para escrever de maneira simples. "Eu fiz de tudo para perder meu estilo — para deixar de lado o tom pomposo do mundo universitário. Queria que minhas frases respirassem, que tivessem o som da voz humana." Assim, Kael fala de si mesma em suas críticas, de suas experiências, às vezes de sua vida pessoal. Fala dos filmes que a "acompanharam", pois no fim das contas, para ela, o cinema é "alguém". "Alguém" e não "alguma coisa", como os vídeos, a televisão e mais tarde os multiplexes, de que não gosta. Nisso, é mais cinéfila do que julga. E tampouco pode ser considerada completamente americana.

Pauline Kael é uma elitista populista. Pouco antes de morrer, diria, numa entrevista: "A grandeza do cinema está em poder combinar a energia de uma arte popular e as possibilidades da alta cultura". Ela pode ser extremamente erudita: suas análises das técnicas cinematográficas de D. W. Griffith ou Jean Renoir, suas sutis críticas dos filmes de Godard e a maneira como decifrou *Cidadão Kane*, de Orson Welles, ficaram famosas. E sobretudo, ela foi uma das primeiras a levar a sério o cinema mainstream e o entretenimento, de um ponto de vista crítico. Ao tornar o respeitável acessível a todos e o acessível respeitável para a elite, ela contribuiria para mudar o estatuto do cinema americano como um todo.

Mas o fato é que ela não gosta cegamente do cinema comercial e não critica só o cinema de arte. Não é anti-intelectual, ao contrário do que se chegou a dizer, mostrando-se sobretudo independente. Foi uma das primeiras a identificar o talento de Martin Scorsese, Francis Ford Coppola, Brian De Palma, Robert Altman e Bernardo Bertolucci. Gosta de David Lynch (especialmente *Veludo azul*); adora a interpretação de Robert De Niro em *Taxi Driver* e sua incrível transformação em boxeador em *Touro indomável*. Ela não hesita em analisar com severidade o sucesso comercial de filmes que considera suspeitos — algo a que se refere como "a atração do trash" — ou em desmontar os filmes que são populares por maus motivos, insistindo no narcisismo do público, nas profundas tendências negativas da sociedade americana e no fator afetivo irracional que neutraliza a faculdade de julgamento. Crítica de esquerda, elitista nova-iorquina contra a vontade — bebendo uísque sem moderação —, ela faria um comentário que ficou famoso após a vitória de Richard Nixon em 1968: "Não acredito que Nixon tenha vencido, pois não conheço ninguém que tenha votado nele".

Em compensação, conhece em Nova York muita gente que gosta de Jean-Luc Godard, com o qual sempre teve uma relação complexa de amor e ódio. Ela defende o Godard da década de 1960, e, como ele, considera que os filmes feitos na época de ouro dos estúdios, quando os artistas estavam inteiramente sob o controle da indústria e os assalariados não tinham a menor margem de manobra artística, nem eram senhores do "final cut", podiam ser obras de arte. Afinal, Godard pusera Douglas Sirk nas nuvens! Ao longo da década de 1960, Pauline Kael elogiou filmes de Godard — *Os carabineiros*, *Masculino feminino*, *A chinesa* —, logo percebendo nele um grande cineasta. Mas logo se mostraria insatisfeita com sua tendência a se marginalizar, exasperando-se com a crescente sofisticação de Godard, suas digressões, suas autocitações. Ataca seus filmes políticos, segundo ela ingênuos e "politicamente ineficazes", e considera seu cinema uma "minority art". Depois de 1967-1968, passa a atacar severamente Godard por sua pretensão e seu cinema mortífero. Perversa, descreve seu desvario do ponto de vista daquelas mesmas ideias que ele defendia na época de *Acossado*, e durante um debate na presença do cineasta o interpela, chamando-o pelo prenome: "Jean-Luc, quanto mais marxistas se tornaram seus filmes, mais o seu público era o das classes favorecidas".

Através de Godard, ela está investindo contra a "teoria do autor" à francesa: fica irritada com o culto dos críticos ao cineasta, e embora não chegue a aconselhar que o "final cut" volte ao controle dos produtores ou dos estúdios, considera que a política "autoral", desvalorizando a narrativa, vai matar o cinema — já tendo aliás matado a criatividade francesa. Hábil, investe também contra o fetichismo dos intelectuais que "atualmente especulam sobre a vida dos cineastas da mesma maneira como o povo especulava antigamente sobre a vida das estrelas". Para ela, um filme é feito com uma história e atores — e só depois com um cineasta. Nisto, está muito distante dos "film studies" americanos que se desenvolveram nas décadas de 1970 e 1980. E toda vez que ela ataca um filme de "autor", os universitários especializados ficam inconformados. "Os filmes europeus têm em nosso país uma respeitabilidade que não é proporcional a seus méritos", retruca Kael.

Investidas como estas atraíram tanto seguidores quanto detratores. Os leitores da *New Yorker* e os universitários dos "cultural studies" exigem sua demissão em milhares de cartas que chegam em malotes postais inteiros. Ela é acusada de escrever com "botas de caubói", convidada a voltar para sua fazenda no Oeste "com suas galinhas", a passar a fazer jornalismo esportivo e a se matricular num curso de inglês literário. Provocadora, ela responde que o cinema deve ser até certo ponto um "entertainment": "Se a arte não é entretenimento, que será então? Uma punição?", ironiza.

Mas Kael, com a autonomia de suas opiniões, é difícil de agarrar. E as críticas contra ela, na América pós-sixties, não acertam o alvo. É difícil denunciar sua incultura: com uma memória excepcional, ela é capaz de descrever minuciosamente cenas inteiras e ridicularizar o mais cultivado professor de "film studies", graças a um conhecimento enciclopédico, numa época em que não existem nem IMDb nem Wikipedia. Leitora voraz, apaixonada por teatro e ópera, ela é difícil de agarrar por causa do alcance de seus conhecimentos, que transcendem as categorias dualistas "high" e "low" com as quais os intelectuais americanos ainda gostam de julgar. Pauline Kael é capaz de falar durante horas de Duke Ellington, das "big bands" (na juventude, ela participou de uma jazz band exclusivamente de moças), de rock ou Aretha Franklin, que adora. "Eu gosto da energia da música pop, e é o que muitas vezes me faz falta na música clássica", escreve. No fim da vida, com mais de 75 anos, ela confessa sua paixão pelo rap.

Na década de 1980, no entanto, seu olhar muda — pois o cinema americano mudou. E se antes ela valorizava o cinema mainstream, mostra-se agora mais crítica em relação a Hollywood, lastimando a maior ascendência dos estúdios e do marketing. Já tendo anteriormente arranhado a reputação de *Guerra nas estrelas*, ela agora desanca *Rambo*, *Rocky IV*, *Star Trek III* e os filmes familiares da Disney, voltados para "todos os americanos". Em reação, os estúdios a ameaçam, e à medida que se tornam mais duras suas críticas a Hollywood, retiram sua publicidade das páginas da *New Yorker*. George Lucas denuncia sua crueldade dando seu nome ao vilão do filme *Willow, na terra da magia* (o general Kael). Nem mesmo Spielberg, por ela elogiado a propósito de *Tubarão*, *Os aventureiros da arca perdida* e sobretudo *ET*, já merece a sua estima. E ela critica a "infantilização do cinema".

Pauline Kael foi contemporânea de um movimento profundo que se ampliou depois dela. Ela tornou os filmes mainstream intelectualmente respeitáveis e acompanhou a dessacralização do livro em proveito do filme. Encarnou uma mutação do público de cinema, mutação que não gerou sozinha, mas que representou, no momento em que se alteravam os equilíbrios da hierarquia cultural: o "movie" substituiu o livro como objeto cultural de referência, e o cinema tornou-se cada vez mais a matriz das outras artes nos Estados Unidos.

Até que, um belo dia, toda a hierarquia foi posta em questão e se volatilizou.

Inicialmente, nos Estados Unidos, a cultura era muito simplesmente dividida entre cultura de elite (high culture) e cultura popular (low culture). Em sua maioria, os críticos, bastante influenciados por uma visão europeia da arte, tinham a missão de proteger essa fronteira e defender a cultura frente ao entretenimento. Na década de 1950, em particular, a elite intelectual, muitas vezes composta de imigrantes europeus, se assusta com a ascensão da cultura de massa, denunciando a "crise da cultura", na linha da filósofa Hannah Arendt. O sociólogo alemão Theodor Adorno, exilado nos Estados Unidos, vai mais longe, mostrando-se extremamente crítico em relação ao jazz, que não considera música, mas "rádio", com um desprezo esnobe e, chegou-se até a dizer, racista. Como bom marxista, Adorno considera a industrialização da cultura uma catástrofe artística, e insiste habilmente no fato de que essa cultura de massa não é uma cultura popular autêntica, mas produto de um capitalismo monopolista. Adorno contribui então para vulgarizar o conceito de "indústria cultural" e sobretudo sua crítica.

Revistas como a *Partisan Review*, bem representativas da atitude da época em relação à cultura de massa, entram em pânico, de repente, em meados da década de 1950, com a rápida ascensão da televisão (em 1954, mais de 50% dos lares americanos têm um aparelho). A "Old Left", a velha esquerda americana, nascida no antitotalitarismo, antinazista e na época antistalinista, fica apavorada com o que vê da nova cultura americana: os artigos pré-digeridos da *Reader's Digest*, a mediocridade cultural e o conformismo dos subúrbios materialistas, *Moby Dick* em versão condensada "podendo ser lida na metade do tempo", a nova edição do dicionário Webster, que tenta simplificar a língua americana, as antologias e compilações de grandes textos, a música de Copland e as sinfonias clássicas transmitidas pelas estações de rádio da NBC, os livros de bolso da Penguin e o Book of the Month Club (o Clube do Livro do Mês). Os intelectuais nova-iorquinos não param de produzir artigos denunciando as reproduções de quadros de Van Gogh ou Whistler penduradas nos salões das classes médias, que permitem a essas famílias medíocres um "self-aggrandizement" (a expressão é do grande crítico literário Dwight Macdonald, bem típico da época). Eles investem sobretudo contra o cinema, que não é arte, sustentam, e atacam em particular os filmes hollywoodianos da década de 1960, tendo à frente Charlton Heston, de cujas proezas em *Ben Hur* e *Planeta dos macacos* não se cansam de zombar. E além disso, claro, ironizam romancistas como John Steinbeck, Pearl Buck ou Hemingway (o Hemingway de *O velho e o mar*), que exploram clichês sentimentais, assim como os jornalistas das revistas *Harper's*, *The Atlantic* e *Saturday Review*, que misturam os gêneros e defendem o "pop" na imprensa de elite.

Existe algo de desesperado nesse pânico da cultura de massa (o grande "mass panic" da década de 1950): ele só apresenta como alternativa a volta à cultura aristocrática. Nas décadas de 1930 e 1940, os críticos da cultura de massa pelo menos analisavam a produção das indústrias culturais sob o prisma marxista; agora, essa crítica degenerou em sátira do gosto popular.

"Até que um belo dia as coisas começaram a mudar e tudo virou", conta Bob Silvers, o célebre diretor do *New York Book Review*, que me recebe em seu escritório em Manhattan. "A novidade é que os intelectuais da 'Old Left' começaram a perder em esquerdismo para os da 'New Left'", explica Silvers. No espaço de uma década, os intelectuais nova-iorquinos abandonam a hierarquia cultural que tanto haviam venerado e abraçam a cultura de massa.

Esse novo discurso, invertendo o anterior, mereceria um livro só para ele. Nele seria descrito o difícil trabalho de reconfiguração das revistas de esquerda, a lenta reviravolta da intelligentsia, a prudência de uns e a extravagância de outros. O mais interessante: esse novo discurso não parte da imprensa popular nem das indústrias culturais, nem mesmo da direita conservadora: ele vem dos estudantes de Harvard, dos negros do Harlem, do movimento chicano e dos hippies da Califórnia. Para vedar seu barco ideológico, que começa a fazer água, nem todos os intelectuais tomam o mesmo caminho ou adotam as mesmas audácias. Alguns se remetem, curiosamente, a esse outro astro morto que é Trótski; outros se deixam cegar pelo pensamento do presidente Mao, a ponto de não perceber que o maoísmo não passa de um stalinismo antissoviético; outros, enfim, se apaixonam por Fidel Castro e Che Guevara, cujo marxismo ainda tem o charme dos trópicos.

Enquanto isso, houve 1968, Berkeley, Columbia, o movimento estudantil, Bob Dylan, a contracultura, a Guerra do Vietnã. Dessa vez, a velha elite se dá conta de que está ficando para trás. Ela já perdeu o barco do jazz e de Jack Kerouac e agora não quer mais ficar para trás em matéria de rock, Hollywood ou da sexualidade dos jovens. Chegou a hora de mudar de foco.

E por sinal uma jovem intelectual, Susan Sontag, já adotou o rock e a fotografia, valorizando-os como arte e se prestando a um verdadeiro

MAINSTREAM

culto a John Wayne em seus artigos na *Partisan Review* Ela se interessa sobretudo pelo "camp" e o "kitsch", para transcender as hierarquias culturais do "high" e do "low". Os intelectuais negros e já também os ativistas hispânicos, indígenas e asiáticos exigem o fim do monopólio cultural considerado "eurocentrista". As feministas e já também os militantes gays denunciam a dominação masculina. O homem branco é alvo de todas as críticas, e também a cultura europeia. Pois o resultado dessa revolução é de fato o afastamento da Europa e a valorização da cultura popular americana. Desvencilhando-se de sua exigência artística original, legitimando a cultura de massa nos Estados Unidos, os intelectuais americanos sacrificam a Europa no altar do fim do aristocratismo. Desde então, ficou difícil conter as ondas de choque dessa grande virada.

Em muito poucos anos, a elite rende as armas e hasteia a bandeira branca, sem sequer ter travado a batalha da arte. A crítica da cultura de massa, que na década de 1950 vinha da esquerda, resvala para a direita nos Estados Unidos, e na década de 1980 revigora o ânimo dos partidários de Ronald Reagan. A "Velha Esquerda", por sua vez, emenda suas convicções para proteger suas ilusões e começa a ler Jack Kerouac, a ouvir Bob Dylan e a adotar como mestre intelectual o líder da contracultura hippie, Abbie Hoffman. Troca seu velho marxismo por um novo anarquismo antiautoritário. Temos então velhos intelectuais que ainda ontem defendiam a cultura de elite WASP, masculina e branca, e que de repente se descobrem brutalmente "caucasian", passando a se envergonhar de ser brancos. Essa "white guilt" — a vergonha dos brancos — é fundamental nessa virada. Não demora, e os "cultural studies" passarão a estudar *Guerra nas estrelas* e *Matrix* e a falar da "nobreza do mainstream".

Essa virada, aqui descrita em traços gerais, e confirmada pela maioria dos intelectuais "Old" ou "New" que entrevistei em Nova York ou Boston — de Susan Sontag a Michael Walzwer, de Paul Berman a Michael Sandel, de Nathan Glazer a Stanley Hoffmann —, teve consequências consideráveis. Especialmente nos críticos culturais da geração de Pauline Kael. Todos eles começam a levar a sério a cultura comercial, não só do ponto de vista econômico, como uma indústria poderosa, mas também como arte. Indo de encontro às teorias de Adorno, os novos críticos de jazz demonstram que se trata de uma música de pleno direito que está se transformando em nada mais, nada menos que a música clássica do "século americano". Os críticos de rock ganham respeitabilidade e influência, em detrimento dos críticos literários. E no *New York Times* se começa a levar tão a sério as comédias musicais da Broadway quanto o teatro de vanguarda. Ao contrário dos antecessores, os novos críticos culturais americanos não defendem mais a linha divisória entre arte e entretenimento, tentando, pelo contrário, desfazer a fronteira e apagar essa linha, já agora considerada elitista, europeia, aristocrática e, numa palavra, antidemocrática.

Como o escritor Norman Mailer, a intelectual Susan Sontag, o crítico literário Dwight Macdonald e tantos outros, Pauline Kael foi uma das figuras simbólicas dessa grande ruptura. Desde então, já se foi muito mais longe que ela na dessacralização da "alta" cultura e na mistura de gêneros: Pauline Kael e depois Tina Brown e, naturalmente, Oprah Winfrey anunciam o futuro de uma vida cultural sem a figura do intelectual. E até, daqui a pouco, uma vida cultural sem a figura do crítico.

Tina Brown ou o novo jornalismo cultural

O Junior's é um restaurante emblemático de Nova York. Tipicamente judeu até a década de 1970, é uma espécie de "diner" que se tornou essencialmente negro desde então, sendo conhecido em toda a região por seu World's Most Fabulous Cheesecake. Na Times Square, na 45th Street de Nova York, é onde eu tenho encontro marcado com Tina Brown.

Aos 56 anos, Tina Brown é uma mulher sedutora, e se torna ainda mais irresistível por sua elegância absolutamente britânica (ela nasceu em Londres) e seu carisma discreto. Conversando com ela, sou envolvido por seu charme e fico pensando que ela deriva seu otimismo da América e seu humanismo da Europa. E sobretudo eu entendo, ao vê-la, como foi que seduziu alguns dos mais célebres atores, jornalistas e escritores ingleses na década de 1970 — o que contribuiu para seu perfil lendário. Também foi amiga íntima de Diana, princesa de Gales, à qual dedicou uma biografia recente que se transformou em best-seller mundial.

MAINSTREAM

Tina Brown pede a um garçom do Junior's que nos sirva café americano (intragável, de "refill", muitas vezes servido à vontade) e aproveita para pedir panquecas, ao mesmo tempo que começa a me contar sua vida. Foi para acompanhar o marido, o influente homem de imprensa inglês Harold Evans, que foi diretor do *Sunday Times* e do *Times* em Londres, que ela veio para os Estados Unidos, logo sendo contratada como jornalista na *Vanity Fair*. Ela e o marido, já então promovido a presidente da editora Random House, formam um dos casais mais visados da Nova York midiática.

As coisas se aceleram. Em 1984, graças a sua rede de relações, a seu talento e seu charme, ela se torna redatora-chefe da *Vanity Fair*. Reestrutura a revista americana, dando-lhe um caráter "hip" ao optar por temas alternadamente populares e intelectuais. Por um lado, ela ousa matérias de capa do gênero people — muitas vezes com fotografias de Helmut Newton —, cria páginas de informações gerais e se mostra generosa na quantidade de entrevistas com estrelas. Por outro, encomenda artigos sérios de política externa a intelectuais renomados, convida um escritor célebre a descrever minuciosamente sua depressão e contrata autores de qualidade como cronistas.

Editada pelo grupo Condé Nast, a *Vanity Fair* sob sua direção passa de duzentos mil exemplares vendidos por mês a um milhão. Em 1992, o diretor-presidente da Condé Nast a convida a assumir a direção da *New Yorker*, outra revista do grupo. Sua chegada a esse templo da cultura americana representa um choque para muitos. Tina Brown mantém-se fiel a seu estilo diferente, meio people, meio intelectual. Está então com 38 anos.

"Na *New Yorker*, eu quis apenas fazer jornalismo de uma forma moderna: investigação, entretenimento, estrelas. O ponto de vista do jornalista-editorialista dá lugar à informação, às ideias, nós quebramos a hierarquia cultural mas o fazemos de maneira inteligente, aceitando compromissos, mas compromissos inteligentes", explica-me Tina Brown no Junior's, com seu discreto sotaque britânico. Cultura e entretenimento, separados antes da sua chegada, são misturados. Os temas da moda, até então mantidos a boa distância, passam a formatar a nova grade de leitura da revista. A lentidão, valor até então cultivado, dá lugar à velocidade. O sensacional, até então alusivo, passa a ser objeto de análise. O medo do comércio, uma religião da antiga *New Yorker*, é esquecido: Tina Brown pede a sua equipe que decifre a América corporativa.

"Eu criei uma crônica intitulada 'Os anais da comunicação' para acompanhar os principais avanços dos estúdios, da televisão e particularmente das indústrias de entretenimento", conta-me Tina Brown. No lugar da arte europeia e dos livros de literatura da elite, temos então, estendendo-se por uma dezena de páginas, perfis de Rupert Murdoch, da News Corp, de Michael Eisner, da Disney, de Bill Gates, da Microsoft, ou de Ted Turner, da CNN. Com sua nova prioridade "arte, mídia e entretenimento", Tina Brown também inventa na *New Yorker* a biografia de empresas: conta, assim, a vida da operadora de cabo Comcast, do estúdio Paramount e do conglomerado Viacom. O tom é severo, as investigações, irretocáveis, mas os leitores habituados a um jornalismo refinado ficam um pouco contrariados de ler vinte páginas sobre a fusão Time Warner-AOL, o gangsta rap ou a regulamentação do setor audiovisual americano. Ainda vá lá que a *New Yorker* analise, como fazia até então, os poemas escritos por Allen Ginsberg sob influência de drogas; mas a análise de videoclipes da MTV chega perto do intolerável. "Mas o fato é que as vendas da *New Yorker* explodiram", me diz tranquilamente Tina Brown.

Ela vai mais longe. E não se limita a falar de estrelas, fala também dos "star's people", as pessoas que fazem as estrelas, os "middlemen" entre o criador e o processo comercial, incumbidos, juntamente com os agentes, os managers e os "PR people", de fabricar o zum-zum. "A *New Yorker* tinha de falar do que as pessoas comentavam", acrescenta Tina, como se estivesse dizendo o óbvio, como se tivesse inventado o Escalator que torna as pessoas famosas.

"Eu também mudei o estilo da revista. E como era inglesa, não podia ser criticada em nome da pureza da língua", prossegue Tina Brown. Os palavrões, até então vigiados de perto nessa publicação pudica e protestante (cabe lembrar que o escritor Norman Mailer não quis contribuir para a *New Yorker* por não ter liberdade de usar a palavra "shit" em seu texto), tornam-se uma maneira como outra qualquer de escrever. Com isso, 79 jornalistas vão embora e chegam 50 outros. Pela primeira vez, a fotografia entra na austera *New Yorker* pela porta da frente: Richard Avedon, vindo da *Vogue* e da *Life* e especializado na fotografia de moda e de rock, é contratado em tempo integral. Cronistas mais polêmicos que recatados são recrutados para analisar, não mais as obras de Hannah Arendt ou Woody Allen, mas o "hip", o "cool" e a "pop culture" (a *New Yorker* tem uma página regular intitulada "Department of Popular Culture"). A publicação passa a levar muito a sério o mais recente blockbuster ou o novo best-seller literário. A estratégia de Tina Brown, herdada de Pauline Kael, consiste em tratar com seriedade a cultura popular e escrever em estilo grande público sobre a "alta cultura". "Eu fui muito marcada por Pauline Kael, muito influenciada por seus anos na *New Yorker*. E queria que escrevessem sobre Hollywood como se fosse uma história. A narração tornou-se essencial", confirma Tina Brown, a quem se atribui em geral a invenção do "celebrity journalism" nos Estados Unidos.

Os antecessores de Tina Brown à frente da *New Yorker* tinham uma missão: fazer frente aos "bárbaros" e manter a linha, a fronteira que separa o bom gosto da mediocridade, a elite das massas, o "high" do "low". Mas o que eu constato é que Tina Brown é uma "bárbara". Nesse restaurante judeu que se tornou negro — o que já basta para assustar em geral a elite e os intelectuais nova-iorquinos —, ela me fala de Philippe de Montebello (o muito elitista diretor de origem francesa do Metropolitan Museum de Nova York) e de *Guerra nas estrelas* nos multiplexes, de Shakespeare e do Monty Python, do escritor John Updike, que manteve em seu posto na *New Yorker*, e dos perfis que encomendou sobre Madonna e Tom Cruise. E me diz que acha essa mistura "cool".

De outra feita, na cafeteria do *New Yorker*, esplendidamente projetada pelo arquiteto Frank Gehry e onde Meryl Streep almoça no filme *O diabo veste Prada*, volto a encontrar o elegante Henri Finder, redator-chefe da revista.

PAULINE, TINA E OPRAH

Do alto de seus 52 andares, a sede do grupo Condé Nast, no número 4 de Times Square, domina a Broadway. *Vogue, Glamour, GQ, Architectural Design, Wired, Vanity Fair,* a *New Yorker* e também a revista *Bon Appétit* são editadas ali — o que me deixa tranquilo quanto à qualidade da refeição. De tanto me encontrar com Henri Finder nessa cafeteria, entra ano, sai ano, aprendi a conhecê-lo. Sempre um pouco afobado e "insecure", de uma gentileza e de uma discrição transformadas em verdadeira arte de viver, Henri pede como sempre um prato vegetariano, sem entrada nem sobremesa, e uma Coca Light. Sentamo-nos na sala retrô e "kitschy" do restaurante da empresa, que dá a impressão de que estamos dentro de um aquário.

Henri foi contratado por Tina Brown em 1994, inicialmente como redator-chefe adjunto, depois como responsável pelas críticas de livros e finalmente, desde 1997, como um dos redatores-chefes — cargo que continua ocupando. "Tina Brown é ao mesmo tempo uma espécie de intelectualoide de Oxford, por sua sofisticação intelectual, e uma autêntica empresária cultural americana, sem muita paciência com a pretensão intelectual. Exatamente como os estudantes mais originais de sua geração, como ela vindos de Oxford e Cambridge, Tina começou a perder a paciência com a mentalidade tacanha da 'pequena Inglaterra', seu refinamento, sua distinção, a linguagem castiça, o medo da vulgaridade, e aos poucos deixou-se seduzir pela ambição americana. Tina desconfiava das hierarquias culturais europeias", analisa Henri Finder. "Ambição americana": gostei da expressão, que diz tudo.

Henri Finder frisa igualmente que Tina Brown trouxe para a revista a cobertura da atualidade que lhe faltava. E lembra, relativizando um pouco os novos ares trazidos por ela, que essa mistura de gêneros já era uma assinatura da *New Yorker,* quando, por exemplo, encomendava um perfil de Marlon Brando a Truman Capote, e, claro, através dos artigos de Pauline Kael.

Semanas depois, volto a encontrar Tina Brown e seu marido, numa noitada mundana em sua suntuosa casa da East 57th Street em Manhattan. De repente, entre duas taças de champanhe, Tina me diz, falando com a convicção da experiência: "Em Nova York ninguém faz amigos, faz contatos". Nessa recepção no Upper East Side, encontro no magnífico jardim privado os editores conhecidos de Nova York, os diretores das principais revistas e até Henry Kissinger, o secretário de Estado de Nixon, visivelmente em seu elemento. Tenho assim uma noção ao vivo e em cores daquilo em que se transformou a *New Yorker* no reinado de Tina Brown.

Ao contrário do que se costuma supor na Europa, a *New Yorker* não é mais a publicação de elite nova-iorquina que não tem vergonha da própria pretensão. É na verdade a publicação de elite que se envergonha dela. As palavras "Europa", "esnobismo" e "aristocracia", muitas vezes sinônimas, só podem ser usadas com ironia.

O importante, agora, não é a hierarquia cultural, mas o "cool". E a *New Yorker* se propõe justamente a ser o barômetro do "cool" e um "trendsetter", a revista que dita a moda. Sempre com ideias novas, Tina Brown lançou as famosas edições especiais da *New Yorker* batizadas de "Next Issue", uma espécie de previsão meteorológica das modas futuras e horóscopo do "cool", prevendo o que será "hip" amanhã. Tina Brown tem um raro instinto para identificar "the next big thing", o que todo mundo vai comentar.

O papel do crítico de cultura também muda, na *New Yorker* e nos Estados Unidos em geral. O novo árbitro tem por missão avaliar a cultura, já agora não só em função da qualidade — valor subjetivo —, mas igualmente em função da popularidade — valor mais quantificável. Ele não julga, passa a "conversar" com seu público, como me diz Tina Brown, sem se dar conta de que está repetindo uma expressão de Pauline Kael. Arte, sexo, estrelas, moda, produtos, filmes, comércio, políticos ("eles também são celebridades", diz-me Tina), marketing, a grande literatura, as novas tecnologias, tudo agora é mais ou menos misturado na revista, ao passo que antes tudo era bem hierarquizado, distinto e compartimentado. E se subsiste uma hierarquia cultural, ela não vai mais do popular à elite, mas do muito "hot" ao muito "square" (o que já era, o inverso do cool). Tina Brown inventa a hierarquia da "hotness".

Na frente de todo modo, antes da Internet, a diretora da *New Yorker* entendeu as regras da cultura do entertainment em expansão: notoriedade, zum-zum, rapidez, hip, cool. Esses elementos são a matriz do novo capitalismo cultural, o capitalismo hip — e é ele que vai contribuir para propulsionar a cultura americana em todo o mundo.

Foi então que voltei a me lembrar da expressão fetiche de Tina Brown, que havia pronunciado em minha presença no Junior's e voltou a evocar em sua casa no Upper East Side: a "New York fakery" (o lado falso e postiço de Nova York). Essa impostura, a impostura da antiga elite da costa Leste, com seus valores esnobes e europeus, suas distinções culturais artificiais, seria então denunciada por uma migrante do Oeste americano, Pauline Kael, e uma inglesa transformada na maior empresária cultural dos Estados Unidos, Tina Brown. E fiquei sabendo recentemente que a britânica Tina Brown acabara pedindo e conseguindo a cidadania americana. A "ambição americana", mais uma vez.

Mas esse desdobramento ainda não era nada, em comparação com a etapa seguinte. Depois de Pauline e Tina, ainda faltava Oprah Winfrey.

A marca Oprah

"Talk-show": eis a grande invenção de Oprah Winfrey, a mulher de mídia mais poderosa do mundo. Nascida em 1954 no Mississippi rural, na maior pobreza — não havia água corrente nem eletricidade em sua casa —, filha de uma doméstica e um mineiro, que trocou a profissão pela de barbeiro, Oprah Winfrey passa a adolescência no gueto negro de Milwaukee, no Wisconsin. Ela revelou recentemente que foi estuprada na juventude, que se drogou "por amor a um homem" e que ficou grávida aos 14 anos (a criança morreu no parto e ela não viria a ter outra). Com seus bons resultados escolares, ela consegue entrar para uma universidade pública majoritariamente negra e começa a apresentar programas de rádio numa estação local de Nashville, no Tennessee. Sua simpatia, seu jeito franco de se expressar, a maneira direta de questionar os convidados sobre sua vida privada e também seu humor fazem com que seus primeiros talk-shows conquistem um público amplo. Ela é então contratada por uma televisão local de Nashville e depois por outra de Baltimore, até que, em 1983, passa a trabalhar para uma televisão que vem perdendo audiência em Chicago. *The Oprah Winfrey Show* logo se transforma no programa mais visto da cidade. É então que ela decola realmente, graças à "syndication", o sistema americano que permite a uma rádio ou televisão local vender um programa para centenas de outros canais do país. Em 1986, seu talk-show vespertino, transmitido "coast to coast", transforma-se num autêntico fenômeno, visto por milhões de americanos em centenas de cidades. Nasceu o fenômeno "Oprah".

Com suas diferentes formas, o talk-show já existia antes de Oprah. Mas ela estabelece o modelo do gênero, especialmente do "tabloid talk-show", versão televisiva das entrevistas em forma de terapia dos tabloides impressos. Em todo o mundo, na China, na Índia, no Brasil, em Camarões e até no Egito, encontrei apresentadoras de televisão que imitavam Oprah. Nos Estados Unidos, em questão de poucos anos, Oprah Winfrey torna-se uma das mulheres mais conhecidas e mais ricas, a única bilionária negra americana. Seu sucesso excepcional deve-se a esse formato de talk-show por ela imaginado. Ela dá a palavra a estrelas, rappers, policiais, chefes de Estado estrangeiros ou a "the girl next door" (a moça ao lado, uma desconhecida), falando de seus problemas, e deles obtém autênticas confissões públicas. É uma nova forma de entretenimento, na qual o público torna-se privado (Bill Clinton falando de sua vida pessoal) e o privado torna-se público (um indivíduo anônimo contando como foi que começou a bater na mulher). Sua entrevista com Michael Jackson em 1983 foi um dos programas mais vistos da história da televisão americana, com 100 milhões de espectadores. Ela privilegia o "self-improvement": responsabilidade pessoal, bem-estar, pensamento positivo, sucesso individual, saúde, a boa harmonia do casal, decoração de interiores, receitas de cozinha. "De modo geral, minha mensagem é: 'Você é responsável por sua vida'", explica Oprah Winfrey. Ela convida cabeleireiros das estrelas e Bill Gates, "escorts" (eufemismo para prostitutos, masculinos ou femininos, de luxo) e Nelson Mandela, médicos especializados em cirurgia estética e um senador republicano. Mas também sabe sutilmente sair do mainstream, abordando questões delicadas: feminista, muito favorável aos gays, atenta às drogas e aos vícios medicamentosos, ela dá visibilidade a temas-tabu e muitas vezes deixa rolar uma lágrima ou outra a propósito das situações descritas por seus convidados, sinceramente comovida. Ela transforma seu programa numa tribuna para a autoafirmação: fala dos abusos sexuais de que foi vítima e lança uma campanha contra o estupro de crianças (transformada em lei no Congresso, com o nome de Oprah Law). Fala periodicamente de regimes alimentares e de sua própria obesidade, tema que a obceca (tendo publicado um livro, juntamente com seu "coach", para explicar como conseguira emagrecer, falando de sua prática de esportes e de sua paixão pelos exercícios de "pilates" — um best-seller instantâneo). E quando entrevista um homem que se revela misógino, homófobo ou racista, pode revelar-se incrivelmente violenta em nome de sua história pessoal de ex-"colored girl" — expressão que ela usa para lembrar que uma menina como ela era considerada em sua juventude uma "pessoa de cor". Reagindo a um convidado de seu programa, um dos muitos que dedicou ao casamento homossexual, que se diz "indignado" com os gays, por causa dos riscos que representam para os rapazes, Oprah declara: "Veja bem... no meu caso, o que me deixa indignada são os homens heterossexuais que estupram e sodomizam garotas; é isso que me deixa indignada." E o público do auditório se levanta numa standing ovation.

No número 1.058 do West Washington Boulevard de Chicago estão instalados os estúdios Harpo (Oprah ao contrário). Encontro-me no chamado West Loop, antigo bairro industrial sem personalidade, na região oeste da cidade, onde muitas empresas de prestação de serviços se instalaram. Um grande prédio de tijolos bege e cinzentos de dois andares, ocupando um quarteirão inteiro entre as ruas Carpenter e Aberdeen: é o quartel-general de Oprah. A aparente discrição do local me chama a atenção, apesar de uma longa fila formada basicamente por mulheres, na expectativa de assistir a uma gravação. Em letras brancas simples, contrastando com o ego supostamente vertiginoso de Oprah, lê-se simplesmente, acima da entrada principal: "Oprah Winfrey Show".

A Harpo Productions é uma empresa bem azeitada, com 221 empregados, estúdios de televisão e uma sala de esportes onde se pode aparentemente ver a estrela fazer seu "work out" toda manhã, às sete horas. Oprah passa vários dias por semana em seu quartel-general e mora o resto do tempo numa residência luxuosa em Santa Barbara, Califórnia. (Fui autorizado a visitar os estúdios de Chicago com a condição de não citar meus interlocutores; já os vários "PR People" de Oprah Winfrey não responderam a meus pedidos de entrevista.)

A Harpo Productions é o principal veículo da máquina Oprah Winfrey, a explicação de sua fortuna e um bom resumo da evolução do audiovisual americano. Trata-se de uma empresa privada de que Oprah é a principal acionista, tendo-se recusado várias vezes a torná-la "pública" — ou seja, cotada na bolsa —, para mantê-la plenamente sob controle.

Os programas das principais redes de televisão americanas são criados, desenvolvidos e produzidos por produtoras independentes, como a Harpo, que então os "sindicalizam", vendendo os direitos através do país a retransmissores com exclusividade em determinados "mercados" (em geral, uma cidade ou uma zona geográfica específica). O principal talk-show diário de Oprah (que apresenta vários) é transmitido sobretudo pelas 215 estações locais filiadas à rede CBS, assim como pela rede ABC. Atinge atualmente, por dia, cerca de 7 milhões de telespectadores nos Estados Unidos (eram 14 milhões em 1998, mas ele continua sendo o talk-show mais popular da televisão americana) e algo entre 15 e 20 milhões de pessoas em 132 países. Em alguns mercados, outras redes também transmitem os programas de Oprah, às vezes simultaneamente em prime time, às vezes em retransmissão "late time", em função de contratos complexos, em geral negociados por vários anos. A Harpo Productions preserva os direitos autorais e terceiriza a distribuição. Ao contrário das estrelas de televisão que muitas vezes têm um contrato "work for hire", pelo qual o copyright é cedido à rede distribuidora, Oprah Winfrey mantém controle total sobre seus programas. E por sinal acaba de anunciar que seu programa principal chegará ao fim em 2011, sendo transformado em canal a cabo, batizado OWN (Oprah Winfrey Network). Ao virar assim uma página depois de 26 anos de fidelidade,

Oprah está levando em conta o enfraquecimento das principais redes hertzianas de televisão (ela deixará a CBS) e tentando acompanhar seu público na televisão a cabo e na Internet. Montando um canal inteiro em função do seu nome, cabe perguntar se ela conseguirá se renovar num universo televisivo mais fragmentado e atingir novos públicos ao mesmo tempo preservando sua base fiel.

Entre suas diferentes residências e escritórios, Oprah Winfrey também dirige *O*, sua revista, e várias outras publicações femininas (joint-ventures com o grupo de imprensa Hearst), mantém um site na Web de sucesso planetário, oprah.com, e produz comédias musicais para a Broadway e filmes em Hollywood (ela trabalhou como atriz em *A cor púrpura*, de Steven Spielberg, e produziu *Beloved*, com base no romance de Toni Morrison — um fracasso). Filantropa, também preside sua própria fundação e, utilizando seus programas e seu dinheiro pessoal, se envolve na luta contra a Aids, no combate à pobreza e ao analfabetismo, na ajuda aos refugiados do furacão Katrina em Nova Orleans e financia uma escola de meninas na África — iniciativas generosas de grande alcance, às vezes criticadas pela ingenuidade ou a relativa ineficácia.

Todas essas atividades são interligadas pelo carisma e o caráter "self-centered" de Oprah Winfrey, que quase sempre fala de si mesma ao entrevistar os outros. Oprah transformou-se numa marca.

Oprah Winfrey também é crítica literária. No fim de 1996, ela introduziu em seu programa vespertino uma sessão semanal sobre livros intitulada The Oprah's Book Club. "No Mississippi, onde nasci, os livros me transmitiram a ideia de que existia uma vida além da pobreza", explica Oprah. Esse "encontro" com os livros a teria salvado da miséria. Hoje em dia, basta que ela mencione em seu programa um livro clássico, um romance ou um livro de literatura mais exigente para transformá-lo imediatamente em best-seller. Quase sempre, o livro entra para a "*New York Times* best-seller list" e vende um milhão de exemplares (Oprah Winfrey não participa financeiramente do sucesso dos livros que recomenda). Os editores e livreiros festejam o "efeito Oprah" nas vendas, numa época em que os estudos mostram que a leitura de ficção declina nos Estados Unidos, mas a sessão semanalmente dedicada por Oprah aos livros é a de audiência mais fraca de seus talk-shows diários.

De John Steinbeck a Gabriel García Márquez, de Tolstói a Pearl Buck, de Elie Wiesel a Cormac McCarthy (*A estrada*) ou Jonathan Franzen (*As correções*), Oprah Winfrey atira em todas as direções, misturando romances digestivos e grande literatura, ensaios sofisticados e livros práticos. E se volta sobretudo para os "hot books", os que vão dar o que falar e atrair as atenções da mídia. Também se mostra fiel em suas preferências, recomendando obsessivamente a maioria dos romances de sua amiga, a romancista negra Toni Morrison, que terá vendido mais livros graças a Oprah do que ao obter o Prêmio Nobel de literatura.

No verão de 2005, Oprah Winfrey vai mais longe, recomendando três romances de Faulkner, entre eles *O som e a fúria*, estimulando suas centenas de milhares de fãs — em sua maioria mulheres de 40 a 60 anos — a ler esses romances geralmente considerados inacessíveis ao grande público. Embora o resultado seja muito inferior às suas outras recomendações, o fato é que, graças a ela, trezentas mil pessoas teriam comprado os romances de Faulkner nesse verão. Oprah imbuiu-se de uma missão, talvez ingênua, mas não insincera: tornar as grandes e pequenas obras acessíveis ao grande público.

Se alguém contribuiu para desfazer a fronteira entre a arte e o entretenimento, a "high culture" e a "low culture" na América, foi Oprah Winfrey com seu programa literário. "Eu sempre quis usar meu talk-show ao mesmo tempo para educar e divertir, para permitir que as pessoas tivessem um outro olhar sobre a própria vida", explica Oprah numa entrevista. Ela também lançou seu Book Club, um verdadeiro fenômeno social: em toda parte na América, em cidades grandes e pequenas, seus fiéis seguidores a imitaram, criando seu próprio book club para compartilhar experiências de leitura (seu site na Internet oferece conselhos para a criação desses clubes, apresentando fichas aprofundadas para facilitar a leitura). "Eu quero que os livros façam parte do estilo de vida do meu público e que a leitura se torne uma atividade normal para eles, para que deixe de ser um 'big deal'." Em toda parte, nos supermercados Wal-Mart do Novo México ou nas livrarias Borders de Wisconsin, nas Barnes &

Noble do Alabama, nos Starbucks do Texas e até nas bibliotecas públicas do Mississippi, encontrei grupos de mulheres que se encontravam para ler e debater a seleção literária mensal do Book Club de Oprah Winfrey. "Todo mês eu tenho um grupo de mulheres que se encontra no café de nossa livraria para debater um livro recomendado por Oprah. Elas discutem e contribuem para criar um clima de leitura que é muito importante para nós. E às vezes, quando é aniversário de Shakespeare, por exemplo, trazem um bolo para comemorar!", explica-me em Austin, no Texas, Dan Nugent, diretor da livraria independente Book People.

O gênio de Oprah Winfrey está em ter sabido conferir a um programa de recomendações, unilateralmente "top down" (de cima para baixo), uma função interativa, graças a milhares de book clubs criados espontaneamente por seu público em toda a América. Muitas vezes considerado uma forma individual de lazer, o livro resgatou nos Estados Unidos um significado coletivo, senão uma função social. Em todos os sentidos da palavra, Oprah é uma animadora cultural e uma "bookcrosser", uma vendedora de livros.

O novo crítico

Pauline, Tina e Oprah: o que há de comum entre essas três mulheres-símbolo é a profunda mutação que acompanham. A natureza do crítico de cultura nos Estados Unidos muda irremediavelmente entre 1968 e hoje. Paralelamente ao fim das hierarquias culturais e à mistura de gêneros entre arte e entretenimento, o crítico torna-se um "vendedor", e não mais um juiz. Ele era um "gatekeeper", guardião da fronteira entre arte e entretenimento, e um "tastemaker", árbitro do gosto. Mas agora se transforma em "mediador do entertainment" e em "trendsetter", aquele que dita a moda e o buzz, acompanhando a preferência do público. O novo crítico privilegia o "cool", e, justamente, o cool detesta distinções culturais. E uma vez abolidas as classificações, é muito difícil recriar uma hierarquia. E por sinal, quem é que o deseja?

Para esta pesquisa, entrevistei jornalistas culturais em 35 estados americanos, e me pareceu que a maneira como entendiam sua profissão era já agora muito diferente da de seus colegas europeus. Existem, naturalmente, guardiães do templo em revistas como *Film Comment* ou *Chicago Reader*; entretanto, quase sempre, a profissão de jornalista cultural sofreu uma metamorfose. Em vez de ser um crítico, ele faz entrevistas com estrelas, dá notícia da vida dos atores, acompanha os comentários, o buzz, o zum-zum. Precisa colocar-se no nível de seus leitores e ser "easy" ("I'm easy": eu sou bom de público, diz-me um crítico em Miami). O que ele julga é o prazer ("having fun", diz-me um crítico do *Boston Globe*). Seu assunto são as novidades e as "never-before-seen images", as imagens nunca vistas, por exemplo: o primeiro episódio de *Guerra nas estrelas*, os corpos flutuando no oceano em *Titanic*, a primeira cena de *Toy Story* ou *Matrix*, as imagens em 3D da batalha final de *Avatar*. O crítico prevê o que esta ou aquela comunidade vai pensar de um filme dirigido a ela: os cristãos de *A paixão de Cristo*, os gays de *O segredo de Brokeback Mountain*, os latinos do último álbum de Shakira, os negros do último filme de Will Smith, os judeus da peça de Tony Kushner *Angels in America*. "Existe uma especificidade americana que consiste em ir ver um filme em função da vida de cada um, um filme que evoca nossa comunidade", constata Joe Hoberman, principal crítico de cinema do *Village Voice*, em Nova York. "Hoje em dia, o crítico é um 'consumer critic': como o crítico de automóveis ou de gastronomia, ele diz ao consumidor como gastar bem seu dinheiro na cultura, ao passo que o crítico do 'repertório' de outros tempos estava a serviço da arte", confirma Robert Brustein, crítico de teatro do *New Republic*. "A realidade é que os críticos, que se tornavam cada vez mais corruptos, estão desaparecendo, substituídos pela promoção, cada vez mais manipuladora. Para se ver a que ponto chegamos! E tudo isso tem uma causa única: os críticos chegaram à conclusão de que a audiência e a bilheteria eram bons critérios de avaliação. Para dizer de forma mais neutra, eu diria que o crítico americano tem uma escala de valores mais próxima do espectador que seu colega europeu", comenta, em Chicago, Jonathan Rosenbaum, um dos últimos veteranos americanos da crítica de cinema "à europeia".

No *Boston Globe*, no *San Francisco Chronicle*, no *Chicago Tribune*, no *Los Angeles Times*, os jornalistas com os quais me encontrei assinam cada vez menos críticas e cada vez mais reportagens, sendo a cultura tratada como uma atualidade a ser entendida, e não mais como uma arte a ser julgada. A maioria dos diários tem uma seção Arts & Entertainment, geralmente incluindo televisão, cinema, música pop (raramente a música clássica) e as diferentes formas de lazer. "Muitas pessoas acham que nosso suplemento 'Art and Life' se pauta pela publicidade. Mas não é o caso. Nós somos pautados pelos leitores", explica Joanna Connors, jornalista cultural do *Plain Dealer* em Cleveland, Ohio.

Mesmo nos jornais da costa Leste, supostamente mais elitistas, os críticos contemporâneos evidenciam uma verdadeira paixão pela cultura popular, muito perceptível, por exemplo, no *New York Times*. Ali, em Times Square, John Rockwell, o antigo crítico de rock e depois de música clássica do jornal, e que agora é o seu crítico de dança — um percurso perfeitamente simbólico da mistura de gêneros —, constata: "Existe uma espécie de fé, de entusiasmo pela cultura popular no *New York Times*. Muito espaço é destinado, por exemplo, às sitcoms e à televisão. Nós nos colocamos no nível dos leitores: o crítico é um 'regular guy' que fala dos filmes ou da música às 'regular people'. E todo aquele que só se interessasse pela 'high culture' e manifestasse desprezo pela cultura popular daria a impressão de trair o espírito popular e democrático da América". E por sinal essa ideia da mistura de gêneros não poderia ser melhor resumida do que no nome escolhido para a sala de concertos clássicos onde se apresenta a Los Angeles Philharmonic: o Walt Disney Concert Hall.

Ainda na sede do *New York Times*, encontro o editorialista cultural Frank Rich, que lamenta: "Tornei-me crítico de teatro em 1980. Acabava de conseguir 'my dream job', um emprego de sonho, no exato momento em que o sonho acabava". Mas esse crítico reputado e sofisticado faz exatamente como os outros: comenta a atualidade escorando-se na cultura americana popular e semanalmente dá conta da "cultura no universo da notícia". "Escrever sobre Debussy e o hip-hop: é isto a América. Um crítico deve escrever sobre tudo. Misturar cultura e comércio é uma tradição antiga nos Estados Unidos. A novidade é que o marketing, o dinheiro, o business interessam tanto aos críticos quanto as obras." Em Miami, converso com Mosi Reeves, um jovem negro que é redator — chefe da editoria "pop music" do jornal alternativo *Miami New Times*. Para ele, "a hierarquia 'high' e 'low' não faz mais sentido: foi aniquilada por Pauline Kael", diz ele. Mais tarde, tomo um café ao ar livre, ouvindo Gloria Estefan, a artista cubano-americana crossover por excelência, com dois jornalistas do *Miami Herald*. Evelyn McDonnell define-se como crítica de "pop culture" e Jordan Levin acompanha no jornal a música latina. "Os pontos de vista muito definidos, muito engajados, são cada vez menos pertinentes na imprensa mainstream", diz Evelyn. "É preferível fornecer informações, em vez de julgamentos. Nós funcionamos muito com pesquisas de opinião que questionam os leitores sobre o que esperam de um jornal como o nosso. Fornecemos o que eles querem: entrevistas, reportagens para anunciar os acontecimentos, perfis de estrelas e cada vez menos críticas. As pessoas querem fazer seu próprio julgamento, não querem conhecer o nosso." Jordan Levin observa por sua vez que "muitos habitantes de Miami não falam inglês e não estão interessados em uma crítica de livros ou de teatro. As pessoas se interessam mais pela música, pelo cinema. É menos esnobe". Evelyn também me informa que há no *Miami Herald* uma jornalista incumbida ao mesmo tempo do mercado imobiliário e do entretenimento. "Sim, ela acompanha os dois setores ao mesmo tempo", acrescenta, sorrindo. A informação me parece sublime, e eu prometo mencioná-la no meu livro.

A crítica de livros, portanto, é cada vez mais rara. E por sinal não se fala mais de "literatura", mas de "ficção", nem se fala mais de história ou filosofia, mas de "não ficção": "A palavra 'literatura' soa como se estivéssemos na escola, fica parecendo sério e nada fun, ler ficção é mais divertido", explica-me um jornalista do *Boston Globe* (diário que no entanto continua publicando um excelente suplemento literário aos domingos). Se já não publicam muitas críticas literárias, os jornais americanos em compensação têm todos um crítico "digital" na editoria Art & Entertainment, que acompanha a cultura digital e os produtos tecnológicos por ela gerados — e um dos mais lidos é Walter Mossberg, no *Wall Street Journal*. A Internet acentuou essas mudanças, e nos sites dos meios de comunicação na Web a mistura de gêneros e o fim das hierarquias culturais se generalizaram completamente.

O peso de uma opinião quantitativa é que interessa: mais ou menos como acontece no caso dos guias de restaurantes Zagat, que devem seu sucesso ao fato de a boa mesa não ser avaliada por um crítico culinário, mas por milhares de leitores que dão sua opinião com base em questionários. Sempre o quantitativo em vez do qualitativo. Nos anúncios de filmes ou livros nos jornais, as opiniões dos críticos são substituídas pelos "blurbs" (pequenas frases autopromocionais encomendadas pelos estúdios ou a editora e publicadas antes mesmo do lançamento do filme ou do livro): "The Best Family Film This Year", "Holiday Classic", "Wow!", "Absolutely Brilliant!, "Hilarious!", "One of the Best Movies Ever!", "Laugh-Out-Loud-Funny" ou o muito frequente "****".

Os dois críticos de cinema mais famosos dos Estados Unidos são Robert Ebert e Gene Siskel, do programa *At the Movies*, da ABC (o programa, criado em 1986, é da Disney). "Eles inventaram o sistema 'Two Thumbs Up!', dois polegares para cima. Ebert e Siskel avaliam um filme simplesmente com o polegar, o que redunda num total possível de apenas três notas: dois polegares apontando para cima quando os dois gostam do filme, dois polegares para baixo quando não gostam e um polegar para cima e um polegar para baixo quando discordam. Assim, o leitor fica sabendo se se trata ou não de um "must-see film" (um filme que deve ser visto) ou de um "turkey" (uma droga). Depois da morte de Siskel e de Ebert ter encerrado atividades, o programa foi retomado em 2009 por dois jornalistas pop, um dos quais é ninguém mais ninguém menos que o chefe da seção de cinema do *New York Times*, A. O. Scott. Que passou a levantar ou abaixar o polegar.

No lugar do crítico de arte, o jornalista dominante é portanto, nos Estados Unidos de hoje, o do entertainment. Algumas publicações dominam, por exemplo no caso do cinema e da televisão: *Premiere*, *Entertainment Weekly*, *The Hollywood Reporter* ou *Variety*. As duas primeiras são revistas destinadas ao grande público que falam de estrelas, dos filmes de sucesso, do buzz — do que rola. O espaço dedicado a críticas é muito limitado (temos de chegar à página 96 da *Entertainment Weekly* para que elas apareçam, terminando na página 103). As duas últimas, sobretudo a *Variety*, são publicações profissionais que divulgam resultados detalhados das bilheterias e informações muitas vezes não verificadas, com base em vazamentos que circulam em Hollywood.

Em Los Angeles, visito a sede da *Variety*, no Wilshire Boulevard. É possível fazer uma assinatura da versão diária, que é lida religiosamente por todos aqueles que tomam decisões no mundo do cinema e da televisão (em papel de revista, e não de jornal — estamos em Hollywood), ou então da seleção semanal, mais divulgada no exterior. O que sempre me causou impressão na *Variety* é o estilo rápido, a linguagem especializada, pouco sofisticada, com muitas palavras abreviadas, o que a torna um pouco inacessível ao leitor de fora. "As pessoas costumam dizer que nós escrevemos em '*Variety* lingo', uma língua que é só nossa", explica-me, na imensa redação da sede do jornal, Steve Chagollan, editor sênior da revista. Mas o que torna a *Variety* indispensável todo dia não são as informações confidenciais, mas as dezenas de quadros de resultados de bilheteria hollywoodianos, nacionais e internacionais, os Nielsen TV Ratings sobre as audiências da televisão na véspera, as opiniões dos críticos de cinema da imprensa nacional (resumidos em apenas três categorias: "a favor", "contra" e "mais ou menos"), além de muitas notícias curtas sobre os projetos em andamento e as filmagens que vão começar. O teatro da Broadway (chamado de Legit) também tem uma sessão completa, mais uma vez com as receitas de cada comédia musical, o número de espectadores e os resultados da Broadway "on the road", ou seja, das reprises espalhadas pelo país.

Esse culto dos números não é exclusivo da *Variety*. A revista *Billboard* faz o mesmo em relação à música, com base em dados compilados pela Nielsen SoundScan e divulgados toda quarta-feira por volta das duas horas da manhã. Essas classificações contribuem para legitimar o sucesso de um artista ou de um escritor através de suas vendas. Divulgados pelas televisões, as estações de rádio e em tempo real por inúmeros sites da Internet, esses números são encarados nos Estados

Unidos como uma espécie de sanção do público, misturando sucesso comercial e legitimidade democrática. O mercado mainstream, muitas vezes encarado com desconfiança na Europa, como inimigo da criação artística, adquiriu nos Estados Unidos uma espécie de integridade, por ser considerado resultado das preferências reais do público. Numa época de valores relativos, num momento em que os julgamentos críticos são considerados resultado de preconceitos de classe, a popularidade manifestada pelas vendas fica parecendo neutra e mais confiável. Sempre é possível discutir o que é bom e o que é ruim, mas não se discute com a Nielsen SoundScan, *Variety* ou *Billboard*.

E no entanto não faltariam motivos de contestação. É o caso da chamada bilheteria do "primeiro fim de semana" nos cinemas, divulgada pela *Billboard* na manhã de segunda-feira, quando nem todos os dados do fim de semana, justamente, foram contabilizados. Além disso, esses números são fornecidos pelos estúdios, que fazem certas extrapolações a partir de dados reais recebidos dos distribuidores no sábado. Assim, os números divulgados serão mais adiante corrigidos com a publicação de dados atualizados (chamados "the actuals"), mas o que ficará na lembrança de todo mundo é que o segundo episódio de uma franquia superou o primeiro, embora nem sempre seja este o caso.

No terreno da edição americana, sabemos hoje, graças a uma investigação detalhada publicada pelo *New York Times*, que as recomendações e seleções que aparecem nas grandes redes como Barnes & Noble ou nas seções de livros dos hipermercados Wal-Mart, como também nas grandes livrarias independentes, são "preparadas" com os editores, que remuneram as lojas para que seus livros apareçam. O mesmo no que diz respeito às famosas "frentes de gôndolas", a seleção apresentada verticalmente na extremidade das prateleiras. Até as mesas e "stepladders" (escadinhas) na entrada dos estabelecimentos, para a exposição das novidades, dos "melhores" livros e "maiores" vendas, são "subvencionadas" a preço alto pelas multinacionais da edição de livros: são portanto sucessos de mentira, já que a seleção é feita pelo dinheiro, sem qualquer relação com as preferências dos livreiros ou os números reais de vendas. No plano financeiro, esse sistema de "pay-for-display" (pagar

MAINSTREAM

para ser mostrado) geralmente não é comprado como a publicidade, com a aquisição de espaços, mas de um percentual suplementar transferido aos livreiros sobre as vendas realizadas (3% a 5% a mais, em função dos acordos feitos, quase sempre secretamente, ao arrepio das leis sobre a concorrência). A gigante americana Amazon também generalizou esse sistema em seu site, no qual os livros destacados lhe permitem embolsar percentuais maiores. No lugar dos artigos de críticos literários, cada vez menos frequentes nos Estados Unidos, os leitores passaram portanto a se pautar por "seleções" supostamente independentes, mas que na verdade são compradas pelas multinacionais do livro. Em inglês, encontrou-se um belo eufemismo para definir esse marketing maquilado de espírito crítico entre os estabelecimentos e os editores: um "cooperative advertising agreement". No meio profissional, fala-se simplesmente de um acordo de "Co-Op", o que soa melhor.

Estou no restaurante Odeon, no bairro de Tribeca, em Nova York. Marquei encontro com Steven Erlanger, editor de cultura do *New York Times* (desde então, ele assumiu a direção da sucursal de Tel Aviv e depois da de Paris). Ele resume para mim as etapas da revolução que ocorreu. O fim da hierarquia cultural, a ascensão das indústrias de conteúdos, o enfraquecimento dos independentes, já agora misturados às majors, o domínio do cool, do hip e do buzz, a cultura transformada em "commodity" (mercadoria). Mas ele também enfatiza a diversidade cultural, que, segundo ele, teve um papel decisivo no enfraquecimento do modelo europeu: "Nós nos tornamos cada vez mais colorful", diz.
Steven Erlanger considera que estamos apenas no início desse processo. "Esse movimento será consolidado por uma real afirmação da diversidade, o desenvolvimento da Internet e a intensificação da globalização." Ele se refere ao processo de desintermediação gerado pela Web, eliminando intermediários. Menciona os países emergentes, que vão transformar ainda mais a situação. Tudo isso, segundo ele, contribui para reforçar a americanização da cultura em todo o mundo, já que os Estados Unidos são por excelência o país da Internet e de acolhida de estrangeiros provenientes dos países emergentes. E a Europa? "Por não

se interessar o suficiente pelas culturas populares, o entertainment, as indústrias criativas, o mercado e a diversidade étnica, a Europa passa por uma grande estagnação cultural", conclui o editor de cultura do *New York Times* no restaurante Odeon, sem necessariamente me convencer.

Em torno de nós, movimentam-se os "bus boys" mexicanos, que trazem os pratos mas não anotam os pedidos. Na cozinha, vejo negros. Mas os garçons são brancos: fico pensando que provavelmente são atores "em devir". Nessa cervejaria hip do bairro cool de Tribeca, estou entre a Europa e a América. Um crítico de gastronomia do *New York Times* qualificou o Odeon com a seguinte frase: "European sophistication, American abundance". Um clima refinado, mas comida abundante; a qualidade, a quantidade; a Europa, a América. E sempre a ambição americana.

"É nesta cervejaria", conta-me Steven Erlanger, "que se passa o célebre romance *Bright Lights, Big City*, de Jay McInerney". Trata-se de um livro tipicamente americano, magnífico e sofisticado, que Pauline Kael detestava, Tina Brown adorava e do qual Oprah Winfrey nunca falou.

8. USC, a universidade do mainstream

"Reality ends here." Num prédio na entrada da University of South California em Los Angeles, o lema "A realidade acaba aqui" parece ambicioso. Ele assinala a passagem da realidade à ficção. E também o início do campus da USC, a escola de cinema mais famosa dos Estados Unidos.

"George Lucas, Steven Spielberg, Jeffrey Katzenberg, David Geffen: eles estão todos aqui conosco e são nossos conselheiros, nossos professores, membros de nosso conselho de administração. Fazem parte da comunidade da universidade", explica, com uma ponta de orgulho, Elizabeth Daley, que ocupa o prestigioso cargo de "dean" da USC (a decana, equivalente a reitora da universidade).

No cruzamento da Santa Monica Freeway com a Harbor Freeway, duas rodovias ao sul de Downtown Los Angeles, o campus da USC se espalha por vários hectares. Misturado à cidade, aberto à circulação, ele não tem a beleza dos campi "fechados", como os de Princeton, Yale, Duke, Harvard, Dartmouth, Stanford ou mesmo de sua vizinha e principal concorrente, a Universidade da Califórnia, Los Angeles (UCLA). Mas a USC tem uma reputação que é invejada por essas outras universidades: sua proximidade com Hollywood.

"Nós somos uma escola profissional, que formou Frank Capra e George Lucas por exemplo, entre muitos outros, e todo ano pelo menos um de nossos antigos alunos é indicado para o Oscar. Mas nossa filosofia não se baseia num trabalho estritamente individual de autor. Um filme é um trabalho coletivo", explica Elizabeth Daley. Em seu espaçoso gabinete, identificado na porta como "Lucas 209", no antigo prédio George Lucas, e cujas janelas dão para o recém-construído George Lucas Building, ela aparece em dezenas de fotografias ao lado de todos os *moguls* e estrelas de Hollywood. A USC não fica na periferia de Hollywood, é o seu centro.

Para entender o poderio das indústrias criativas nos Estados Unidos, seja no cinema ou na música, na edição de livros ou na Internet, temos de nos interessar pelas universidades americanas. Existem na América mais de quatro mil estabelecimentos de ensino superior, dos quais 1.400 são universidades, e o país lhes destina cerca de 3% de seu PNB, ao passo que na Europa o ensino superior é duas vezes menos rico, em média, com aproximadamente 1,5% do PNB. Entretanto, ao contrário do que geralmente se pensa, o sistema universitário americano não está atrelado ao setor privado: 77% das universidades americanas são públicas, em geral financiadas por um dos cinquenta estados (é o caso da UCLA, de Berkeley, ou da Universidade do Texas, em Austin). Os outros estabelecimentos tampouco são empresas de objetivos comerciais, mas associações sem fins lucrativos (Harvard, Yale, Stanford, USC). Mas todas essas universidades, sejam públicas ou sem fins lucrativos, são muito caras para os estudantes, que pagam valores exorbitantes, entre vinte e quarenta mil dólares por ano, por exemplo, na USC (sem alojamento nem pensão, em função do curso e do nível de estudo). Entretanto, os estudantes americanos têm acesso a bolsas e empregos remunerados ("work-studies"), o que explica o paradoxo das universidades americanas, ao mesmo tempo mais caras e socialmente mais diversificadas que as equivalentes europeias. Oitenta e dois por cento de uma geração entram para o ensino superior nos Estados Unidos (percentual estagnado em 59% no Reino Unido, 56% na França e 40% na Alemanha). Em compensação, se o acesso à universidade é maior nos Estados Unidos que em outros países, o número de estudantes que saem diplomados

USC, A UNIVERSIDADE DO MAINSTREAM

ao fim de três anos está em declínio, especialmente nas universidades públicas e na escolaridade curta dos "community colleges" (menos de 50% em média atualmente, um dos índices mais baixos nos países industrializados, perdendo apenas para a Itália). As graduate schools, após os primeiros anos universitários, apresentam resultados melhores.

Para além das estatísticas, de comparação sempre difícil, um ponto indiscutível é a vitalidade cultural dos campi americanos, nos quais se encontram 2.300 salas profissionais de teatro e música, setecentos museus de arte ou galerias profissionais, centenas de festivais de cinema, 3.527 bibliotecas (das quais 68 com mais de 2,5 milhões de livros, uma delas sendo a de Harvard, que é a segunda no mundo, depois da biblioteca do Congresso), 110 editoras, cerca de duas mil livrarias, 345 salas de concertos de rock, mais de trezentas estações de rádio universitárias e outros tantos selos de música independentes. O que cria um ambiente favorável à criação e constantes interações com as indústrias criativas, como acontece na USC.

"Nossos professores são exclusivamente profissionais da indústria do cinema e da televisão", continua Elizabeth Daley, "e os alunos são estimulados a trabalhar constantemente nessas indústrias. Se alguém entra para a USC, é porque ama Hollywood. É porque não tem medo de Hollywood, não hesitaria em trabalhar para um estúdio: pelo contrário, é este o objetivo. E aqui, são os profissionais que procuram o aluno. Às vezes, um aluno pode ser notado por um dos professores e rapidamente conseguir um estágio ou um emprego na Disney ou na DreamWorks ainda durante o curso: nesse caso, autorizamos que se ausente para trabalhar para depois voltar, passado um ano. Somos muito flexíveis".

A escola de cinema da USC, com 1.500 alunos, não é uma escola de atores. As mais famosas encontram-se em Harvard, Yale, Columbia. A USC especializa-se mais no business, na realização, no digital, na montagem e no som. Só no departamento "produção de filmes" há 150 professores, dos quais cinquenta em tempo integral, para apenas seiscentos alunos.

Visitando o campus, podemos ter uma ideia dos recursos à disposição dos alunos, contando cada um com um escritório pessoal, acessível 24 horas por dia. A universidade é organizada como um autêntico estúdio, constantemente misturando teoria e prática e mobilizando recursos internos para realizar filmes de verdade: o estudante de produção coordena um projeto filmado pelo aluno de realização, interpretado por atores profissionais, filmado por alunos de operação de câmera etc. Tecnicamente, os equipamentos dos estúdios, desde as salas de montagem aos mix-rooms, passando pelos editing rooms, são ultramodernos; foram presenteados à USC pela Sony, a Hewlett Packard ou a IBM.

À esquerda do campus, sucedem-se os prédios: o Steven Spielberg Music Scoring Stage (estúdio de gravação de trilhas musicais de filmes), o Carlson Television Center, o Jeffrey Katzenberg Animation Building (estúdio de filmes de animação), o USC Entertainment Technology Center e, um pouco mais adiante, o Stanley Kubrick Stage. No centro, perto dos prédios da direção, encontra-se a "loja" onde os estudantes podem livremente pegar emprestada, sem necessidade de autorização, uma das oitenta câmaras Arriflex 16 mm, uma das cinquenta câmeras Mitchell 16 mm ou uma das trezentas câmeras digitais.

No coração do campus, orgulho dos alunos, está o novo prédio com o nome de George Lucas. Ao oferecer 175 milhões de dólares em 2008 para construir o prédio, o Sr. Lucas, exatamente como Luke ao cumprir seu destino tornando-se um Jedi no fim do primeiro *Guerra nas estrelas*, foi promovido a principal mecenas da USC. Ao explicar essa doação filantrópica fenomenal, logo qualificada em Los Angeles de "blockbuster gift", George Lucas disse simplesmente: "Descobri minha paixão pelo cinema na década de 1960, quando era aluno da USC, e minhas experiências nesse campus determinaram toda a minha carreira. Sinto-me hoje muito feliz por poder ajudar a USC a continuar formando os cineastas de amanhã, tal como fez comigo". (Além de Lucas, os estúdios Warner Bros., Fox e Disney também contribuíram para o financiamento do prédio, com salas de aula e de montagem, na faixa de 50 milhões de dólares.) Mais adiante no campus, visito a Doheny Memorial Library, a biblioteca da USC, reunindo os arquivos de vários cineastas, produtores e, por exemplo, todos os arquivos da Warner Bros. Muitos dos prédios são impressionantes, tendo guardado um pouco da imponência dos Jogos Olímpicos de 1984, que transcorreram especialmente no campus.

USC, A UNIVERSIDADE DO MAINSTREAM

No departamento de roteiros, sou recebido por Jack Epps Jr., seu diretor e um profissional do ramo (escreveu o roteiro de *Top Gun*). "Aqui, nós ensinamos os alunos a se tornar escritores, para só então se tornarem roteiristas. Não existem regras para escrever um bom script: nós ajudamos os alunos a desenvolver suas técnicas e ao mesmo tempo lhes damos muita liberdade." Na USC, a formação é extremamente interdisciplinar, e os futuros roteiristas se formam também em produção e realização, para se darem conta, segundo me explica Jack Epps, do que significa concretamente rodar um filme por eles escrito. Seu principal trabalho consiste em produzir pitchs de televisão e pilotos de cinema, como na vida real. Perfeitamente sério, mas com uma ponta de humor, Jack Epps acrescenta: "Temos até um curso especializado em 'rewriting'. Os alunos reescrevem os roteiros de outros alunos que não foram considerados bons. O que pode ser útil, pois em Hollywood o 'rewriting' é uma profissão de pleno direito". Os roteiristas das séries *Grey's Anatomy* e *Sopranos*, entre outros, são antigos alunos da universidade e regularmente voltam a ela como professores.

São inúmeros os filmes realizados no campus, e os exames e provas de graduação consistem invariavelmente na apresentação de um produto cultural profissional acabado. Os estudantes dispõem de orçamentos para rodar esses filmes: em média, cada um recebe oitenta mil dólares para fazer um filme, financiado pelo departamento "business" da USC, onde os alunos-produtores recolhem fundos para os alunos-realizadores. Em sua maioria, esses filmes são feitos com atores profissionais, e graças a um escritório chamado Festival Office, dirigido no campus por um representante da William Morris Agency, são projetados nos festivais profissionais, especialmente o de Sundance, a alternativa "indie" de Hollywood. "Todo ano eu recebo centenas de filmes mandados por essas escolas de cinema, filmes coletivos ou muito pessoais, contando histórias incríveis e diferentes, muitas vezes feitos por jovens latinos, jovens negros, gays. É neles que está o sangue novo do cinema americano", confirma Geoffrey Gilmore, na época diretor do festival de Sundance, entrevistado em Los Angeles.

Essa intercorrência entre a universidade e o mundo cultural real é permanente no cinema, mas também na música e na edição de livros. Ao visitar a USC ou as escolas concorrentes, como a UCLA e a Tisch School da NYU, ficamos impressionados com a energia, a inovação constante e a criatividade dos estudantes. Uma das chaves do sistema cultural americano é a proliferação de passarelas de comunicação entre essas universidades e a cultura underground de que estão cercadas: as pequenas galerias de arte das universidades, as centenas de estações de rádio e televisão livres no campus, os milhares de festivais de curtas-metragens através dos Estados Unidos, os show-cases do teatro experimental off-off Broadway, a infinidade de clubes e cabarés mais ou menos suspeitos, com suas "open mic sessions", ou as oficinas de "creative writing" no Arts Incubator mais próximo. Em toda parte, perto dos campi, encontrei cafés "arty" oferecendo projeções de filmes e restaurantes vegetarianos apresentando em alguma sala mais interna concertos alternativos de rock híbrido ou rap latino. Muitas vezes, descobri pequenas lojas que vendem DVDs amadores e livrarias que se transformaram em coffee-shops para sobreviver, apresentando leituras de roteiros ou de poesia. Toda essa vida artística é batizada de "street-level culture", misturando os gêneros, e fica difícil distinguir o profissional do amador, o participante do observador, a homogeneidade da diversidade e a arte do comércio. Em todos os campi, pude ver esse dinamismo cultural impressionante: nele, a cultura é "messy" (bagunçada), "off hand" (desenvolta), "fuzzy" (confusa) e invariavelmente "indie" (independente).

Mas o mercado sabe perfeitamente recuperar esses nichos culturais e comunitários: apesar talvez de suas intenções, muitos desses estudantes "independentes" contribuem no fim das contas para alimentar as indústrias criativas; serão recuperados pelo comércio e, a partir de uma arte autêntica e sem fins lucrativos, acabarão produzindo uma cultura mainstream. A América nos prova que muitas vezes é difícil ser apenas *parcialmente* comercial.

Pesquisa e desenvolvimento

Mas a questão principal é outra. As universidades não são apenas onde surge nos Estados Unidos a cultura alternativa — também já fazem a esta altura uma parte da Pesquisa e Desenvolvimento (R&D) das indústrias de conteúdo. Nos campi, os estudantes correm riscos, inovam, entregam-se a experiências que em seguida serão retomadas e desenvolvidas pelos estúdios e as redes de televisão. Numa divisão de tarefas eficaz em matéria de R&D, os estudantes cuidam do "R" e as majors, do "D". Esse encaminhamento para a indústria não é casual, mas estimulado. No campus da USC, um Office of Student Industry Relations organiza essa intercorrência com a indústria do cinema e da televisão ao longo do ano, mediante estágios, empregos de férias de verão e também master classes, "guest lectures" e ofertas de emprego. Em sua maioria, os alunos da USC com quem conversei já foram D-Man ou D-Girl, expressões usadas com frequência para falar dos "Development-People" (uma espécie de assistente do realizador ou do produtor). Com isso, os estúdios e as televisões podem recrutar no próprio campus os alunos que melhor atendem a suas expectativas, para trabalharem paralelamente à sua formação nas experiências de que precisam.

Mas as regras de colaboração com a indústria são bem precisas. Assim, os direitos autorais dos filmes e as patentes das inovações realizadas no campus pelos estudantes são de propriedade da USC, e não do estúdio que as financiou. Apesar das aparências, as atividades na USC estão efetivamente no setor não lucrativo, e não no mercado. Esse ponto é decisivo, e vem à tona quando conversamos longamente com os alunos da USC e das outras escolas de cinema (elas são mais de 1.500 nos Estados Unidos). Entre as mais prestigiadas, temos a UCLA na região oeste de Los Angeles, mais voltada para o cinema independente do que para os estúdios; a Cal-Arts (California Institute of Arts) no norte de Los Angeles, mais voltada para a formação dos artistas do cinema (sendo John Lasseter, da Pixar e ex-aluno da Cal-Arts, seu criador de referência); a Tisch School na New York University, também voltada para o cinema independente e europeu (tendo como cineasta estrela Spike Lee, e não

George Lucas); e ainda a Universidade do Texas em Austin, que tenta se especializar em cinema digital. "Nosso objetivo não é o mercado, mas a experiência de nossos alunos, e aqui eles preservam os direitos autorais de seus filmes", confirma Tom Schatz, entrevistado no Texas, onde dirige o departamento de cinema, rádio e televisão da Universidade do Texas em Austin (que no entanto acaba de se associar a uma produtora privada, a Burnt Orange Productions, para comercializar os trabalhos dos alunos).

Todas essas escolas de cinema têm estúdios digitais tão profissionais quanto os das majors hollywoodianas, e isto por um motivo muito simples: os equipamentos foram financiados pelos estúdios — os da USC por George Lucas, os da Cal-Arts pela Disney, os da UCLA pela DreamWorks. Mas essas universidades também mantêm toda uma rede de vínculos com as start-ups do entretenimento e do digital: as da Califórnia colaboram com Silicon Valley; Harvard e MIT dialogam constantemente com as empresas do corredor tecnológico da Route 128; a Duke University fica perto do hub tecnológico de Raleigh, na Carolina do Norte. Com frequência ainda maior, os alunos, convencidos de que a desmaterialização completa do cinema está próxima, se prodigalizam em experiências nos próprios laboratórios de tecnologia da informação das universidades e rodam seus filmes com pequenas câmeras DV (Digital Video) cujo preço acessível e a grande facilidade de utilização contribuem para a proliferação de projetos e uma nova criatividade.

Todos se lembram do filme *A bruxa de Blair*, contando a história, justamente, de alunos americanos de cinema que se perdem numa floresta quando faziam um filme; realizado com uma câmera de vídeo rudimentar, ao custo de 35 mil dólares, o filme foi apresentado no festival de Sundance e divulgado basicamente pela Internet — o primeiro caso decisivo de marketing quase inteiramente online. Ele arrecadaria 248 milhões de dólares em todo o mundo em 1999. Nesse ano, os dirigentes dos estúdios finalmente entenderam, graças a esse modesto projeto estudantil, que Hollywood seria revolucionada pela Internet. "*Com A bruxa de Blair*, fomos tomados de incerteza e medo, literalmente — e desde então não nos livramos mais deles", confirma em conversa comigo um dirigente da Universal em Los Angeles.

*

USC, A UNIVERSIDADE DO MAINSTREAM

No cerne das escolas de cinema americanas está também a pesquisa em matéria de criação digital. O IT-Arts, por exemplo, está no centro do currículo tanto na USC quanto na UCLA. "Nosso ensino é totalmente fluido, e nós nos adaptamos todo ano às evoluções das novas mídias. Estamos constantemente mudando os temas de nossos cursos, de tal maneira que estamos sempre à frente dos estúdios em matéria de novas tecnologias", explica Elizabeth Daley, a dean da USC. Mais uma vez, as universidades fazem a R&D dos estúdios no terreno digital.

Na Interactive Media Division e no Robert Zemeckis Center for Digital Arts, um pouco distantes do campus da USC em direção norte, Kathy Smith, responsável pelo setor digital, mostra-me as salas de montagem digitais e os laboratórios em 3D. "Todo aluno deve fazer uma Dissertação Digital no fim de sua Master of Fine Arts", explica Kathy Smith. "Por exemplo, os alunos fazem o design de um site de Internet ou contribuem para o desenvolvimento de um novo programa para a Pixar, a DreamWorks ou a Sony. Os estúdios os patrocinam e financiam suas pesquisas." Na entrada do prédio do centro digital da USC, podemos ver a relação dos doadores que o financiaram: George Lucas e a Lucasfilm, como acontece em toda parte no campus, mas também Steven Spielberg, a 20th Century Fox, as agências William Morris e CAA, Electronic Arts, a Warner Bros., a Sony Pictures Entertainment e a David Geffen Foundation.

No prédio principal, visito também a Trojan Vision, uma autêntica estação de televisão que funciona no campus, sendo vista pelos 29 mil alunos e os 18 mil empregados da universidade (a "Trojan", referência aos troianos, é a mascote da universidade). A cinemateca da USC, um pouco adiante, com seis salas de cinema, conta com milhares de filmes em 35 e 16 mm e um cineclube permanente administrado pelos alunos, que programam os filmes e organizam festivais.

Passei vários dias no campus da USC e semanas visitando cerca de cinquenta campi através dos Estados Unidos. O que mais me impressionou, além da riqueza dessas universidades, de seu profissionalismo e dos vínculos permanentes que mantêm com a indústria e o mundo profissional reais, foi a diversidade dos estudantes. Essa diversidade étnica e cultural, ao mesmo tempo nacional, pela abertura voluntarista às minorias asiáticas, latinas e negras, e internacional, por uma excepcional capacidade de atração de estudantes do mundo inteiro, é sem dúvida um dos elementos centrais, não raro subestimados, do modelo cultural americano.

A diversidade cultural

A Whistling Woods International School, parte do complexo da Film City, fica a uma hora de estrada a nordeste de Mumbai, na Índia. Para chegar a ela, é preciso atravessar dezenas de mercados e favelas, perguntar várias vezes o caminho até encontrar a Film City Road, de tal maneira o acesso é mal sinalizado. Errando o caminho, estamos em plena selva, perto dos lagos do imenso parque nacional Sanjay Gandhi, com os chimpanzés que vêm recepcionar e pulam em cima do táxi, como me aconteceu. Uma vez no campus, encontramos equipamentos modernos, contando os 24 prédios do complexo com estúdios e salas de montagem de nível profissional. São trezentos alunos nessa escola de cinema, em sua maioria indianos, todos vestindo a mesma camiseta negra com o nome da faculdade, segundo o modelo dos campi americanos, e muitos levando debaixo do braço um computador portátil MacBook Pro com o programa de montagem Final Cut Studio e um iPhone. No restaurante (onde como com as mãos, como todo mundo), meu interlocutor, Somnath Sen, professor de cinema na escola, traz consigo a revista *Wired*, e na mesa vizinha uma aluna lê a *Variety*.

"A maioria dos estudantes aqui tem um sonho: ir estudar nos Estados Unidos", explica-me John J. Lee, diretor do estabelecimento. John é americano e deixou seu país para dirigir essa escola de cinema, entre as mais prestigiadas da Ásia. Homem de Hollywood, ele foi produtor de cerca de trinta filmes de estúdios, tendo publicado um livro sobre o tema, *The Producer's Business Handbook* (vendido no campus). "Nós nos concentramos nos mercados emergentes e globalizados. Com isso, 76% de nossos alunos encontram emprego ao deixar a faculdade. Mas, apesar disso, a atração pelos Estados Unidos continua sendo irresistível."

USC, A UNIVERSIDADE DO MAINSTREAM

Um pouco mais tarde nesse mesmo dia, encontro-me com Ravi Gupta, o presidente da escola de cinema. Ele é indiano, mas igualmente fascinado pelos Estados Unidos. "Todos os nossos cursos são em inglês. É a única língua realmente comum aos indianos. Além disso, queremos preparar nossos alunos para serem competitivos nos mercados asiáticos, em Cingapura, Hong Kong, no Japão e na China — e a língua comum é o inglês. Mas se continuamos tão centrados no inglês é sobretudo porque as técnicas de cinema, o vocabulário, os programas de informática, as ferramentas digitais, tudo isso é americano."

É na Índia, na China, na Coreia, em Taiwan que entendemos por que a atração dos Estados Unidos é tão forte nos setores das indústrias criativas em geral, e no cinema em particular. E basta visitar o departamento de cinema e televisão da Universidade de Pequim ou o de "indústrias culturais" (*sic*) da Academia de Ciências Sociais em Xangai para entender por que os melhores estudantes chineses querem — quando podem — estudar nos Estados Unidos. A pobreza de recursos não é nada em comparação com a lentidão gerada pelo medo da mudança e da inovação. Para não falar da permanente vigilância para impedir os jovens profissionais de criar com toda liberdade. Quando visitei esses diferentes departamentos, eu sequer pude me comunicar com os estudantes (o "responsável pelas relações internacionais" tratava de impedir qualquer diálogo). Quanto aos principais apresentadores dos jornais das estações chinesas de televisão, vêm da famosa Universidade de Comunicações da China — uma escola estatal centralizada onde se ensina durante quatro anos propaganda e rigidez.

"A gente pensava que a cultura era um meio de conter o êxodo rural", explica-me por sua vez Germain Djel, diretor do centro cultural Boulevard des Arts, entrevistado em Yaoundé, nos Camarões. "Mas na verdade a coisa se volta contra nós. A cultura e sobretudo o entretenimento contribuem para o êxodo. Quando se revelam brilhantes e têm algum sucesso, os jovens africanos querem partir para novos mundos. Querem antes de mais nada ir para as capitais, Douala e Yaoundé, e depois Dacar, Paris ou Londres. E no fundo, naturalmente, estão sempre visando os Estados Unidos."

Em outras regiões, no Sudeste asiático, na América Latina ou na Europa central e oriental, a pressão política atualmente é menos forte, mas a atração continua viva. E os Estados Unidos aproveitam essa demanda para renovar seu plantel de criadores e tirar partido das inovações imaginadas pelos estudantes mais brilhantes dos países emergentes. E no coração do sistema americano vamos encontrar, mais uma vez, as universidades e sua diversidade cultural.

Os Estados Unidos têm 45 milhões de hispânicos legais (entre os quais 29 milhões de mexicanos), 37 milhões de negros e 12 milhões de asiáticos (entre eles 3 milhões de chineses, 2,6 milhões de indianos, 2,4 milhões de filipinos, 1,5 milhão de vietnamitas, 1,3 milhão de coreanos e 800 mil japoneses). Nos campi das escolas de cinema, seja na USC, na UCLA ou na NYU, eles são bem visíveis e numerosos, sejam estrangeiros que vieram estudar nos Estados Unidos ou americanos descendentes de imigrantes. Estima-se em 3,3 milhões o número de estudantes hispânicos nos Estados Unidos e em 1,3 milhão o de estudantes asiáticos.

"Hollywood é uma indústria globalizada, e nós devemos ser uma escola globalizada", confirma Elizabeth Daley, a presidente da USC. "Somos muito ativos no recrutamento de estudantes americanos os mais diversos possíveis, de todas as minorias, e também buscamos em todo o mundo os melhores estudantes ou profissionais estrangeiros." Entre os estudantes recebidos pela USC estão justamente os alunos da Whistling Woods International School que eu visitei em Mumbai.

É graças à diversidade cultural interna e externa que os Estados Unidos conseguem se renovar. A partir do momento em que são admitidos por uma universidade, os estudantes estrangeiros têm apressada a concessão de um visto de entrada. É o que explica o elevado percentual de estudantes internacionais em solo americano, da ordem de 3,4% dos contingentes escolarizados (o equivalente a 573 mil estudantes, dos quais 356 mil provenientes da Ásia). Esse percentual aumenta fortemente se contabilizarmos os estudantes americanos nascidos no exterior (10% nos dois primeiros ciclos, 18% no terceiro no ciclo). A proporção sobe ainda mais se levarmos em conta os estudantes nascidos no exterior ou cujos

USC, A UNIVERSIDADE DO MAINSTREAM

pais nasceram no exterior (22% nos primeiros ciclos, 27% no terceiro ciclo). São dados sem equivalente no resto do mundo. Mas não se trata apenas de estatísticas. A diversidade cultural americana é visível também nos filmes de Hollywood, onde já se perdeu a conta dos realizadores e atores negros, latinos e asiáticos. Ficou longe a época da comédia *Adivinhe quem vem para jantar*, na qual uma americana "caucasiana" levava o noivo negro (Sidney Poitier) à casa dos pais ricos e brancos (Spencer Tracy e Katherine Hepburn), deixando-os chocados (na época do lançamento do filme, em 1967, os casamentos inter-raciais ainda eram proibidos em 17 estados americanos). Hoje, os atores de cor são frequentes, inclusive nos blockbusters e nas séries de televisão. Quanto aos cineastas de Hollywood, vêm do mundo inteiro, do canadense James Cameron ao taiwanês Ang Lee. Onde quer que seja, essa diversidade é um formidável estímulo à promoção e à identificação com o cinema americano.

E o que se aplica a Hollywood também se aplica à indústria da música, da edição e do teatro comercial. Nos últimos anos, os autores mais premiados da Broadway foram o dramaturgo negro August Wilson (duas vezes vencedor do prêmio Pulitzer), o judeu gay americano Tony Kushner (19 prêmios Tony com *Angels in America* e *Caroline or Change* e o prêmio Pulitzer), o sino-americano David Henry Hwang (prêmio Tony por *M. Butterfly*) e o cubano-americano Nilo Cruz (prêmio Pulitzer por *Anna in the Tropics*). E na Broadway foi Denzel Washington que interpretou recentemente o papel de Brutus em *Júlio César*.

Quanto aos artistas estrangeiros recebidos nos Estados Unidos, são inúmeros, às vezes tendo chegado ilegalmente, mas frequentemente recebidos com procedimentos acelerados de concessão do visto. Todo ano, com efeito, o governo americano reserva aos profissionais da cultura e do entretenimento 44 mil vistos especiais chamados "O-1" (visto sem efeito para a imigração e limitado a três anos), concedidos em função da repercussão na imprensa, dos prêmios internacionais, dos contatos e contratos no setor das indústrias criativas. Os técnicos dessas indústrias podem se beneficiar de um visto "H-1B" e os investidores nesses setores, de um visto "E-1" ou "E-2". Mas essa real abertura para os artistas estrangeiros é acompanhada de um forte protecionismo do mercado de trabalho, que torna o sucesso raro e ainda mais aleatório para os candidatos ao exílio. Todo o sistema cultural dos Estados Unidos, com efeito, é construído sobre a proteção dos empregos americanos, em particular através da filiação a sindicatos de atores e sociedades de realizadores e roteiristas. São necessários, assim, muita perseverança e muito talento para ter êxito em solo americano.

Filantropia americana? Na verdade, essa capacidade de receber talentos estrangeiros representa para Hollywood uma vantagem excepcional frente à concorrência. "Nossos atores e realizadores são contratados nos Estados Unidos. É uma sorte para eles, mas isso seca completamente a criatividade aqui. Desse modo, os blockbusters hollywoodianos vão bem na América Latina, mas os cinemas nacionais, privados de seus melhores atores e cineastas, logo ficam fragilizados, quando não desaparecem completamente", lamenta Alejandro Ramírez Magaña, diretor-geral da principal rede de salas mexicanas, Cinépolis, entrevistado na Cidade do México.

"Os heróis de *Terra de um sonho distante*, o filme de Elia Kazan, hoje em dia seriam asiáticos ou latinos; e chegariam a Los Angeles, e não a Nova York", diz-me Mark Valdez, animador cultural do espaço comunitário Cornerstone, em Los Angeles. Ao encontrá-lo na sede da associação, em Downtown-LA, eu estou no centro da cidade que não tem centro. Trata-se também de uma cidade chamada de "minority-majority city": nela, as minorias são a maioria da população.

Na zona Oeste estão as lojas de discos de J-Pop do bairro japonês de Little Tokyo; a leste, o bairro da música reggaetón de Boyle Heights, ao redor da avenida César Chávez (antigamente um bairro judeu, hoje 95% hispânico); mais adiante ainda na direção leste, East Los Angeles, o bairro mexicano onde se pode encontrar qualquer DVD das telenovelas da Televisa, e Diamond Bar, o bairro indiano onde podemos comprar qualquer filme de Bollywood por 2 dólares; a Norte, as dezenas de galerias de arte e óperas populares em mandarim e cantonês de Chung King Road, o bairro chinês "hip" de downtown-LA; a sudoeste, Korea Town

USC, A UNIVERSIDADE DO MAINSTREAM

e suas lojas de CDs e DVDs vendendo K-Pop e os "dramas" coreanos; e no Sul tem início South Central Avenue, conduzindo aos estúdios hip-hop do bairro negro de South Central e às centenas de associações comunitárias de Watts, outrora majoritariamente negras e hoje cada vez mais hispânicas.

Se Los Angeles atualmente supera Nova York como principal ponto de entrada de imigrantes nos Estados Unidos, e se a cidade é um exemplo vivo de diversidade artística, no fundo não passa de mais um exemplo entre outros de uma diversidade cultural em andamento que eu pude ver em toda parte, tanto nos bairros de Houston quanto em Des Moines, Jackson ou Denver, em Albuquerque como em Fort Apache. Hoje, Los Angeles é a maior cidade coreana do mundo depois de Seul, a maior cidade iraniana depois de Teerã, a maior cidade polonesa depois de Varsóvia, uma das maiores cidades vietnamitas ou tailandesas do mundo etc. Outras capitais regionais americanas ostentam números equivalentes. Chicago é uma das maiores cidades gregas do mundo e Newark, uma das maiores cidades portuguesas; Miami, uma capital haitiana; Minneapolis, uma importante cidade somaliana e o Colorado, a região onde há maior número de mongóis no mundo, depois da Mongólia. Em compensação, os árabes são pouco numerosos nos Estados Unidos e os muçulmanos constituem apenas 0,55% da população americana; são originários sobretudo do sul da Ásia e do Irã.

Os Estados Unidos não são apenas um país, nem mesmo um continente: são o mundo, ou pelo menos o mundo em miniatura. Nenhum país tem tamanha diversidade e nenhum —nem mesmo a Europa dos 27 — pode de tal maneira arvorar-se a representar uma nação universal. Esse dado é decisivo na explicação do crescente domínio das indústrias criativas americanas no mundo, arte e entretenimento, mainstream e nichos ao mesmo tempo.

A americanização cultural do mundo traduziu-se na segunda metade do século XX nesse crescente monopólio sobre as imagens e os sonhos. Ela enfrenta atualmente a concorrência e a contestação de novos países emergentes — a China, a Índia, o Brasil, os países árabes —, mas também de "velhos países" como o Japão e a "velha Europa", que também querem defender suas culturas e talvez até lutar em condições iguais com os Estados Unidos. Toda uma nova geopolítica de conteúdos está surgindo diante de nossos olhos. E o que se anuncia é o início das guerras culturais.

II. A guerra cultural mundial

9. *Kung Fu Panda*: a China diante de Hollywood

Estou no "Vale", perto de Hollywood, Los Angeles, no escritório do vice-presidente de um dos principais estúdios. Meu interlocutor tenta falar algumas palavras em francês, mas não quer ser citado. A entrevista segue tranquila, mas banal. Conversamos sobre mercados internacionais de cinema, a nova estratégia global dos estúdios e a globalização do cinema americano. Não aprendo nada que já não tenha lido dezenas de vezes na imprensa especializada. Mas uma coisa me intriga. Na mesa desse chefão de Hollywood vejo três relógios: "Japan Time", "China Time" e "India Time". Os estúdios americanos estão de olhos colados no tempo da Ásia: uma nova fronteira para Hollywood?

Li Chow é a diretora da Sony e da Columbia na China. Marquei encontro com ela no BookWorm, uma livraria-café americana no bairro de Chao Yang, em Beijing (nova transliteração de Pequim, palavra a palavra). De origem taiwanesa, filha de diplomata, Li falava um inglês perfeito — o que é raro na China. A Sony Pictures abriu um escritório em Beijing em 1996, com o objetivo de facilitar a distribuição dos filmes da major nipo-americana no país. Mas em seguida a ambição aumentou, e ela passou à produção. No papel, a estratégia chinesa da Sony era perfeita.

MAINSTREAM

"O negócio era fazer tudo ao mesmo tempo, tudo que fosse possível", esclarece Li Chow. Mas a realidade se revelou mais difícil.

Mercado emergente num país emergente, o potencial da indústria cinematográfica chinesa parece à primeira vista inesgotável, com 1,3 bilhão de habitantes. Na última década, sobretudo, paralelamente a um crescimento econômico excepcional (8-9% por ano em 2008 e 2009), as bilheterias avançam dois dígitos por ano, e atualmente uma nova tela de multiplex é construída todo dia na China. Como a produção nacional real é insuficiente, com cerca de cinquenta filmes por ano, muito atrás das estatísticas da propaganda oficial chinesa (cerca de quatrocentos), os americanos não demoraram a enxergar a oportunidade. Na verdade, verdadeiros sonhos delirantes: 1,3 bilhão de chineses à espera de cartões de crédito Bank of America, de carros General Motors, de iPods e iPhones, de programas Windows e, naturalmente, 2,6 bilhões de mãos prontas para aplaudir filmes de Hollywood. Ao se voltar para oeste, e não mais para leste, a América se conscientizou de que era acima de tudo uma nação do Pacífico. Para as majors, contudo, a penetração nesse mercado haveria de se revelar arriscada.

O primeiro obstáculo, que não é dos menores, é a censura. Para entender o sistema que os americanos tentariam conquistar, devemos ter em mente que, desde a chegada ao poder em 1949, o partido comunista chinês estabeleceu um controle férreo sobre o conjunto dos meios de comunicação. A "revolução cultural" aumentou ainda mais a censura, transformando o cinema em objeto de pura propaganda. Cada palavra publicada, cada informação transmitida na imprensa, no rádio ou na televisão, cada livro editado, cada texto representado no teatro, cada palavra de uma canção num disco é alvo de controle drástico. Essa vigilância *a priori* é possibilitada por uma inacreditável rede labiríntica de dezenas de milhares de censores, agentes e policiais indiretamente subordinados ao Ministério da Propaganda, que por sua vez não é subordinado ao poder executivo, como os outros ministérios, mas, estranhamente, ao partido comunista chinês. O cinema, considerado setor "estratégico", não é exceção — muito pelo contrário. E o que já é difícil para um produtor chinês torna-se ainda mais complexo para um estrangeiro.

Para distribuir um filme na China, um estúdio internacional precisa obter várias autorizações das autoridades chinesas, no caso, de diferentes agências do departamento de censura, outra dependência do Ministério da Propaganda. O filme é apresentado, já com legendas, para receber o visto de distribuição. A censura é uma mistura complexa de controle político, controle pequeno-burguês de tipo vitoriano e protecionismo. A sexualidade, a violência, a política, o islã, as "distorções" da história chinesa e, naturalmente, qualquer referência aos acontecimentos da praça Tian'anmen, ao Dalai Lama, ao Tibete, à independência de Taiwan, à seita Falun Gong, à homossexualidade e de maneira geral aos direitos humanos constituem temas tabus que podem levar à imediata proibição do filme. Foi o que pôde constatar a Disney, por exemplo, ao produzir o filme *Kundun*, de Martin Scorsese, homenageando a luta não violenta do Dalai Lama: o estúdio quase teve todo o seu catálogo proibido para distribuição na China e enfrentou o adiamento em vários anos de seu projeto de um parque temático em Xangai. Fora de cogitação, igualmente, criticar um aliado da China: a Rússia, a Venezuela, Cuba ou certas ditaduras africanas. Ou fazer apologia de uma potência pouco apreciada, como o Japão ou a Índia.

No fim das contas, considerando-se o amplo espectro de temas proibidos, muitos filmes podem conter alguma cena que gere problema. "Na realidade, não existem realmente regras de censura", explica Li Chow. "Um filme foi censurado porque mostrava tatuagens e um ator com um piercing, um outro, porque a pobreza era mostrada muito explicitamente, um terceiro, por causa de seu caráter 'niilista', outro ainda, por ter muito suspense. E muitas vezes, a censura sequer fornece explicações." Fala-se também de casos de filmes proibidos pela censura e depois liberados ao serem apresentados com outro título. Isabelle Glachant, produtora independente com quem tive contato em Beijing, é ainda mais severa:

A censura é paranoica e a autocensura, permanente. Para as autoridades chinesas, na verdade, as questões políticas são secundárias: importa apenas o patriotismo econômico. O governo está preocupado apenas em fazer com que as bilheterias dos filmes chineses continuem superiores às dos americanos. Para isso, está disposto a tudo: censurar filmes que não precisariam sê-lo, instituir períodos de "black-out" total ou, com frequência ainda maior, mentir sobre as estatísticas.

Outras pessoas entrevistadas na China dão informações mais nuançadas sobre a censura. Em Xangai, por exemplo, Chen Sheng Lai, ex-presidente da rádio (oficial) da cidade, defende a ideia de que a China tem o direito de estabelecer cotas, como tantos outros países. Para ele, não resta dúvida de que a China deve proteger sua cultura nacional. Várias outras pessoas entrevistadas em Beijing e Xangai compartilham esse ponto de vista. E aquilo que os ocidentais chamam de "censura" seria na verdade um simples sistema de regras de proteção dos valores chineses, diferentes dos ocidentais, mas igualmente aceitáveis. "Os valores do Ocidente podem ser bons, mas não são universais", comenta Hua Jian, professor universitário e diretor do Cultural Industry Research Center, integrante da Academy of Social Science de Xangai, instituição das mais oficiais. "A liberdade de associação, a liberdade de imprensa, a liberdade de opinião e de religião não são necessariamente universais", prossegue Hua Jian. Além disso, conclui ele, com habilidade, "a qualidade artística dos filmes muitas vezes surge desse conflito com a censura. A tensão entre a repressão e a liberdade, tal como acontecia no sistema dos estúdios americanos na década de 1920, gera uma grande criatividade na China e um certo 'glamour' nasce dessa tensão".

A censura oficial é apenas um dos muitos obstáculos criados pelos chineses para se proteger do cinema estrangeiro. Quando o filme é liberado, ainda precisa ser distribuído nas salas. Como todos os cinemas pertencem ao Estado, o monopólio da distribuição está nas mãos da China Film, o escritório cinematográfico que também é diretamente ligado ao Ministério da Propaganda. Acontece que a China Film só autoriza a circulação de cerca de vinte filmes por ano, mediante um complexo sistema de cotas. Na verdade, os blockbusters hollywoodianos representam ainda 50% dos filmes distribuídos, pois o sistema de cotas sofre do paradoxo de favorecer os filmes mainstream mais voltados para o grande público.

Temos aqui um bom resumo do capitalismo de Estado chinês, capitalismo autoritário também conhecido — numa formulação famosa, herdada dos anos Deng Xiaoping — como "economia socialista de mercado". Trata-se de uma mistura original de verdadeira economia de mercado, dinâmica e mesmo selvagem, pequenas empresas bastante autônomas e voltadas para o consumo interno e um sistema de comando ainda leninista, no topo, garantindo um controle político total — contribuindo todo esse conjunto para algo que não podemos deixar de chamar afinal de milagre econômico chinês.

Com a condição de não ser citado pelo nome, um dirigente de um estúdio americano na China explicou-me por sinal que as majors hollywoodianas fazem uma repartição dos blockbusters antes de submetê-los à censura, ao arrepio das leis mais elementares da concorrência — leis, precisamente, que elas pretendem impor aos chineses na OMC. Esse acerto ilegal é feito em Washington sob o patrocínio da MPAA, o lobby de Hollywood, e cada estúdio escolhe anualmente dois filmes que em geral são validados pelas autoridades chinesas.

Por que será que os chineses, perfeitamente informados das intenções e dos métodos cartelizantes dos americanos, aceitam o jogo? "Porque só os blockbusters americanos dão lucro maciço e assim eles podem encher suas salas de cinema", explica-me um diretor da Disney na China, igualmente com a condição do anonimato. Desse modo, é muito difícil para um filme americano que não seja dos grandes estúdios ou para um filme europeu entrar nessas cotas. Quando se veem apanhadas em sua própria armadilha por terem jogado demais com o capitalismo junto aos estúdios, especialmente quando a bilheteria americana ameaça superar a bilheteria chinesa, as autoridades chinesas decretam períodos de black-out total, proibindo filmes estrangeiros nas salas do país. Nesses casos, nas férias de Natal, no ano-novo chinês ou no feriado de 1º de maio, resta apenas ver filmes nacionais épicos e de época. Mas, apesar disso, os blockbusters americanos, com apenas uma dezena de filmes autorizados por ano, de *Homem de ferro* a *Piratas do Caribe*, passando pelo sucesso da franquia *Harry Potter* ou mais recentemente de *Transformers 2*, *2012* e *Avatar* (embora *Batman — O cavaleiro das trevas*

MAINSTREAM

tenha sido proibido), alcançam cerca de 50% da bilheteria chinesa todo ano. Uma cifra astronômica, levando-se em conta as cotas e a censura. E restam ainda a censura financeira e as cópias piratas. Quando um filme é liberado e distribuído — o que em geral só acontece com os blockbusters mais inofensivos para a família —, o produtor estrangeiro recebe na melhor das hipóteses cerca de 13% da bilheteria, valor ridiculamente irrisório. Foi o que pôde constatar o estúdio DreamWorks Animation com *Kung Fu Panda*: inicialmente o filme foi recebido com frieza pelas autoridades e os críticos na China, que acusaram o estúdio americano de lhes ter roubado ao mesmo tempo o tesouro nacional chinês, o panda, e seu esporte favorito, o kung-fu. Apesar da polêmica, o público aprovou a história do panda com excesso de peso que quer se transformar em mestre de kung-fu, e o filme foi um sucesso. Mas o fato é que o estúdio americano de Jeffrey Katzenberg não pôde recolher os frutos da bilheteria, estando limitado aos 13% que cabem aos produtores estrangeiros. Entretanto, por reduzida que seja em dólares, a parte do mercado que cabe aos americanos na China está em acentuado crescimento, levando-se em conta o avanço da bilheteria chinesa, que dobra de tamanho de três em três anos.

Quanto à pirataria, é tão generalizada e visível que fica difícil entender por que as autoridades chinesas, apesar dos compromissos assumidos junto à Organização Mundial do Comércio, não conseguem sancioná-la. Cassetes de áudio piratas ainda ontem, DVDs piratas hoje e também muito download ilegal na Internet (apesar da rapidez de conexão ainda medíocre na China), vale tudo para tornar o cinema e a música gratuitos e ao alcance de todos. Essa generalização da falsificação é tanto mais vasta na medida em que a oferta cinematográfica é muito insuficiente, tanto em número de filmes distribuídos como em quantidade de cinemas, para não falar da censura, que, naturalmente, contribui para decuplicar a demanda por DVDs piratas. "No lançamento de *Casino Royale*", conta-me Li Chow na Sony em Beijing, "ficamos perplexos com o fato de os chineses conhecerem o personagem e a música do filme de cor, embora fosse o primeiro James Bond liberado na China. Todo mundo o tinha visto em DVDs piratas, o que facilitou muito o nosso marketing. Pela primeira vez, eu gostei da falsificação".

Para ter uma ideia desse mercado negro à luz do dia, pedi a meus interlocutores chineses que me dessem o endereço de uma fábrica ilegal onde são produzidos esses CDs e DVDs piratas, para poder visitá-la. Explicaram-me inicialmente que eu teria de ir à região de Cantão, no sul da China, mas que seria complicado e talvez até arriscado. Meus contatos nos estúdios americanos disseram-me que tentaram durante muito tempo entender os segredos desse mercado negro que prejudica fortemente seus interesses no cinema e na música. Sem conseguir um endereço, comecei a percorrer algumas das milhares de lojas de CDs e DVDs de Beijing, Xangai e Hong Kong. Finalmente, conversando com um comerciante de CDs e DVDs de Xangai, entendi por que os DVDs falsificados se parecem tanto com os autênticos: "Não seja burro", disse o vendedor (com a condição de não ser citado nominalmente e traduzido por minha intérprete). "É claro que são as mesmas fábricas que produzem os DVDs legais e os ilegais. Exatamente como acontece com as canetas Montblanc e os relógios Rolex." Na loja, ele me mostrou os DVDs "autênticos" misturados aos "falsos" — e vice-versa. Os americanos também entenderam o ardil, e acharam muito menos divertido que eu. Constataram inclusive, mediante pequeno exercício de espionagem, modificando certas imagens de um filme-teste, que os longas-metragens que submetiam à censura chinesa iam parar no mercado negro mesmo quando eram proibidos — inacreditável operação de desvio que diz tudo sobre a corrupção na China comunista. Com isso, decidiram atacar a China na OMC por descumprimento das leis internacionais de copyright e laxismo em matéria de pirataria selvagem. (Vários de meus interlocutores também levantam a hipótese de que os americanos deliberadamente distribuem seus filmes no mercado negro para acostumar os chineses aos blockbusters, já que não os podem distribuir legalmente.) "Não é possível impedir a pirataria", relativiza em Hong Kong, no entanto, Gary Chan Chi Kwong, dono da East Asia Media, uma das mais importantes produtoras de discos da Ásia. "É a mesma fábrica que produz os CDs legais e os outros. Todo mundo sabe disso. O que se faz é ficar com um olho aberto e o outro fechado: tenta-se combater, mas também se finge não ver. Pois é absolutamente impossível impedir a falsificação."

Perto da praça Tian'anmen, no coração da censura chinesa

"Aqui é o Wild Wild East." Com esta referência à Califórnia, durante muito tempo considerada o Wild Wild West, Barbara Robinson resume o desafio que representa para os americanos fazer cinema na China. Do 32º andar da célebre torre do Bank of China, projetada pelo arquiteto I. M. Pei, Barbara contempla as colinas de Hong Kong, que lhe lembram as de Hollywood. Essa americana dirige a Columbia Pictures Film Production Asia, igualmente pertencente à Sony. Se a distribuição dos filmes é administrada de Beijing, a capital, onde ficam a censura e o poder político, foi em Hong Kong que a Sony instalou seu braço de produção cinematográfica e suas redes audiovisuais. Longe do poder chinês, longe da censura.

"'Location, Location, Location' e 'Cheap, Cheap, Cheap': são nossos lemas para produzir filmes aqui", explica Barbara Robinson: as melhores locações e os melhores preços. E a coisa funciona. A Sony produz cerca de quatro filmes por ano em Hong Kong, em língua chinesa (sobretudo mandarim) e para um público essencialmente chinês. Acima de sua mesa, vejo o cartaz do filme *O tigre e o dragão*, de Ang Lee, cujo sucesso internacional em 2000 corroborou a estratégia da Sony, que também começou então a sonhar com o mercado potencial dos filmes chineses. "Para o pessoal da Sony em Hollywood, o principal motivo de nossa presença aqui é permitir a distribuição dos filmes da Sony na China. É com isso que estão preocupadas as pessoas na Sony. Mas por enquanto não é possível. E então, a gente espera. Todo mundo sabe que a China vai se abrir: 'Open Up' é a expressão que todos nós temos em mente. Mas por enquanto ela ainda não está aberta. E então vamos ficando por aqui. Esperamos."

Tampouco aqui o mercado chinês se mostra muito acolhedor, nem mesmo para os filmes feitos localmente. Embora produza seus filmes na China, em chinês, com atores chineses, o simples fato de a Sony,

KUNG FU PANDA: A CHINA DIANTE DE HOLLYWOOD

uma major estrangeira, estar sediada em Hong Kong lhe veda o acesso a uma distribuição normal na China. Como sempre, o filme entra nas cotas. Para contornar esse obstáculo (conseguindo um percentual das receitas da ordem de 40%, muito superior ao que é autorizado a filmes estrangeiros), a Sony criou parcerias com empresas privadas chinesas de Beijing habilitadas a produzir filmes. O objetivo dessas coproduções não é obter verbas para fechar o orçamento (não é esse o problema da Sony), mas contornar a censura e as cotas. Também aqui, o caminho está cheio de armadilhas. Dessa vez, o censor se chama China Film Coproduction Corporation, etapa obrigatória para toda coprodução na China. Decido então observar mais de perto seus funcionários.

Num bunker protegido pelo exército "do povo" em Beijing, um pouco a oeste da praça Tian'anmen, tenho encontro marcado com Zhang Xun, a presidente da China Film Coproduction Corporation. Faz um frio glacial, que aumenta ainda mais com o vento terrível, no momento em que entro no "compound" oficial da censura cinematográfica chinesa. Recebo um passe e sou entregue aos cuidados de um guarda impassível. Nós passamos por carros oficiais de vidros escurecidos, alguns com faróis giratórios no teto — o que me parece estranho, tratando-se de um escritório de cinema. Dezenas de prédios sediam numerosos canais de televisão, entre eles a famosa Central China Television (CCTV), mais oficial que todas as estações oficiais, e ainda temos de caminhar longos minutos para chegar ao nosso destino. Uma superpopulação de burocratas vegeta em escritórios mortíferos; alguns guardas estão literalmente adormecidos, outros me olham como se eu viesse de outro planeta.

Na imensa sala de reunião à qual sou levado com minha tradutora, foram içadas uma bandeira da China e uma bandeira da França, ao lado de um horrendo buquê de flores de plástico. Instintivamente, sento-me do lado francês. É possível que Zhang Xun esperasse encontrar o cônsul da França.

Ela não demora a chegar. A presidenta da instituição internacional que controla todas as coproduções da China e negocia com os estúdios do mundo inteiro não fala uma palavra de inglês (e muito menos de francês). Ela se expressa longamente, me diz o quanto a China é favorável às coproduções, o quanto o sistema cinematográfico chinês é produtivo, com "mais de quatrocentos filmes por ano" (o número real, como já disse, é inferior a cinquenta), que é uma indústria mais influente ainda que Bollywood na Índia (o que não é verdade, nem pela produção, nem pela difusão nacional, nem pelas exportações), que a bilheteria dobrou em 2008 (o que ela não diz é que chega a apenas 50% da bilheteria da Coreia do Sul, país infinitamente menos populoso), que o presidente da República Popular da China, Hu Jintao, acredita no cinema, e eu já estou esperando a lengalenga habitual sobre "a cooperação mútua, a amizade e o respeito entre a França e a China", o que finalmente acaba mesmo por chegar. Eu me belisco para ver se estou acordado.

Será que Zhang Xun acredita mesmo no que está me dizendo? Todas essas frases são vazias, os números são falsos, será que ela sabe? Ela é o rosto suave, quase sincero, da censura. Fala com segurança e tato, assessorada com brilhantismo por uma tradutora eficiente (só que minha própria tradutora diria, depois da entrevista, que ela constantemente melhorava o discurso em perfeito "burocratês" da minha interlocutora). Enquanto ela fala das "coproduções" do jeito que as imagina, dou-me conta de que o uso do prefixo "co" é totalmente inadequado: ela fala de produções autorizadas pelo regime, e que portanto se tornam chinesas, e de maneira alguma de "co-"produções, que seriam por definição binacionais. Pergunto-lhe então como ela faz para determinar a nacionalidade de um filme, considerando-se os frequentes investimentos cruzados feitos por diversos produtores internacionais. Sua resposta me deixa perplexo: ela se baseia no IMDb, o banco de dados cinematográficos americano! Entendo então que todo o sistema não está organizado realmente para defender valores nem para proteger as famílias chinesas: trata-se antes de mais nada de um poderoso mecanismo de protecionismo. Arrisco então uma tímida e banal pergunta sobre a censura, em plena sede por excelência da censura chinesa. "Cada país tem sua censura", responde Zhang Xun com a maior delicadeza, sem a mais leve sombra de hesitação. "Nos Estados Unidos existe uma censura muito forte, mais dura ainda que na China. Nós temos o direito de proteger nossas crianças da violência e da pornografia."

*

Nessa mesma noite, estou no hotel Konlun de Beijing, palácio cujo café giratório no 29º andar, com sua vista espetacular da capital chinesa, é por si só uma atração. Peter Loehr está à minha espera; é o diretor de CAA para a China. A Creative Artist Agency é uma das principais agências de talentos americanas com a missão de contratar atores de cinema, mas também cineastas, roteiristas, cantores ou escritores, todos chineses. Sinólogo, Peter Loehr vive na Ásia há vinte anos e já passou treze anos em Beijing. E por sinal esse americano verdadeiramente apaixonado pela China se casou com uma chinesa.

A estratégia da CAA é diferente da estratégia dos estúdios para os quais trabalha, na medida em que ela se concentra nos homens, e não no mercado chinês. Peter Loehr está ali para assinar contratos com o máximo de talentos chineses, e nesse terreno teve total êxito, como seus colegas da William Morris, a outra agência americana, sediada em Xangai. Ao contrário dos estúdios, que tentaram resistir ao sistema de produção chinês e depois à distribuição, deparando-se com um muro, as agências de talentos fazem "deals" com talentos locais. Elas contornam a censura e as cotas concentrando-se nos indivíduos que aceitam assinar contratos de exclusividade, na esperança de uma carreira mais internacional e de contratos mais polpudos (o célebre método de "packaging" da CAA permite a um ator receber um percentual sobre todos os produtos derivados de um filme). Em troca, a agência embolsa em média 10% dos contratos do artista. Num mercado de que os europeus, os indianos e os japoneses estão ausentes, os americanos contrataram ano após ano a maioria dos artistas importantes da China. "Honestamente, não é muito complicado trabalhar aqui", comenta Peter Loehr com ar jovial (e não mais falaria "on the record", não querendo que eu o cite). Na China, as raras agências que empresariam artistas muitas vezes estão ligadas a estúdios ou produtoras de discos, o que gera consideráveis conflitos de interesses, dos quais os artistas são as primeiras vítimas. É este um dos motivos pelos quais os "talentos" chineses tendem a contratar os serviços de uma agência americana.

O trabalho da CAA e da William Morris, trabalho de formiga, é terrivelmente eficaz, pois seus agentes estão constantemente trabalhando

MAINSTREAM

o terreno e preparando o mercado para o dia em que a China se abrir. Onde estão os europeus? Não vi nenhum.

Resta portanto a produção local. Belíssima taiwanesa criada na Indonésia, Felice Bee, protegida do frio glacial que invadiu Beijing por um longo sobretudo negro, molha os lábios com um chá refinado no coffee shop onde marcou encontro comigo. Por que se transferiu para a China ao deixar Taiwan? "Porque é aqui que está o mercado", responde Felice Bee sem hesitação. "A China é um sistema cultural novo, nada está congelado, tudo se mexe, tudo é possível. É aqui que está o futuro." Nós conversamos sobre a estratégia da Disney na China, pois ela trabalhou durante muito tempo para a Buena Vista International, o ramo de distribuição da Disney, mas é sobretudo sobre a produção local que quero ouvi-la, pois ela passou a trabalhar com um dos principais produtores privados, o grupo Huayi Brothers Pictures. A priori, já que se trata de um grupo chinês sediado em Beijing, não prevalecem mais as cotas reservadas aos estrangeiros. "Não", corrige Felice Bee, "o controle político continua sendo exercido em todas as etapas do filme, mesmo quando é produzido por uma empresa chinesa: é necessário conseguir um visto já na etapa do roteiro e renová-lo a cada modificação, naturalmente acompanhado de tantas autorizações quantas forem as cidades onde o filme tiver de ser rodado". Até então, meus interlocutores americanos haviam dado a entender que os produtores chineses, desde que tivessem bons contatos com os burocratas de Beijing, podiam fazer o que bem entendessem no sistema neocapitalista chinês. Mas agora eu me dou conta de que toda a indústria cinematográfica é controlada, pois foi transformada em setor estratégico pelo departamento de propaganda. E o controle, por definição, é exercido sobre o argumento. "No script", prossegue Felice Bee, "é preciso tomar cuidado para que o policial seja sempre bom e o bandido sempre mau. O policial nunca pode ser um mau pai de família e está fora de cogitação que o bandido seja um bom pai. Além disso, como não existe um 'rating system', como nos Estados Unidos, parte-se do princípio de que todos os filmes se dirigem ao grande público, o que é do interesse da censura chinesa, permitindo-lhe proibir toda forma de sexualidade ou violência".

Seria possível assumir riscos controlados em matéria de produção local? Foi o que pensaram a Universal e os irmãos Weinstein. Os Weinstein, depois de seus gloriosos anos na Miramax, investiram num escritório em Hong Kong para coproduzir filmes localmente e sobretudo comprar direitos de filmes promissores. Quem dirige o escritório da Weinstein Company na Ásia é Bey Logan. Divertido, fanfarrão e caricaturalmente americano — embora fale cantonês —, ele se encontra comigo embaixo de seu escritório, no café Lavande, no belíssimo bairro Prince Terrace de Hong Kong. "Harvey Weinstein sempre teve um verdadeiro caso de amor com a Ásia", diz-me Bey Logan. A partir do sucesso nos Estados Unidos de filmes como *O tigre e o dragão*, de Ang Lee, *Conflitos internos*, de Andrew Lau e Alan Mak, e *Herói* e *O clã das adagas voadoras*, de Zhang Yimou, a estratégia dos irmãos Weinstein consistiu em adquirir os direitos internacionais de muitos filmes chineses, e para financiar as aquisições eles criaram um fundo "Ásia", gerido pelo banco Goldman Sachs. Com base nesse catálogo considerável, eles optam, em função do público visado, por lançar os filmes nos Estados Unidos ou se limitar ao mercado regional, onde contam com uma bela rede de distribuição pan-asiática.

Na frente da produção local, os irmãos Weinstein tiveram menos sorte. "O dinheiro não é problema na China e em Hong Kong. O problema é encontrar roteiros bons e capazes de atingir um grande público, contratar estrelas de grande potencial, encontrar o coprodutor local certo e no fim conseguir trabalhar com a censura de Beijing", suspira Bey Logan. Por enquanto, os Weinstein limitaram-se a produzir o filme *Xangai*, cujo orçamento é de 45 milhões de dólares, com direção e distribuição inteiramente chinesas, e que deveria ser rodado em Xangai. Mas então entrou em cena a censura, que à última hora recusou o certificado de coprodução e determinou que a equipe de filmagem, que já se encontrava em preparativos locais, deixasse a China. As filmagens foram então transferidas para Bangcoc, num cenário improvisado tentando evocar a Xangai da década de 1940. "Harvey ficou chocado com o comportamento dos chineses, louco de raiva", confirma Bey Logan. "Perdemos 3,4 milhões de dólares nessa história." O representante dos irmãos Weinstein não parece ressentido. Está pronto para se lançar em novos projetos. "Todos os estúdios americanos, sejam grandes ou pequenos, vêm à China para tentar abocanhar uma parte do imenso mercado chinês, com estratégias que fazem sentido no papel, como a guerra no Vietnã ou no Iraque. Mas a situação in loco é muito mais complexa. De qualquer maneira, o mercado é tão vasto e tão estratégico que vamos continuar tentando, tentando e tentando."

Outra pretendente, a Universal, teve ainda menos sorte. O estúdio lançou-se na produção do filme *Desejo e perigo*, do cineasta taiwanês Ang Lee, através de seu braço "independente" Focus Features. No início, os funcionários chineses viram com bons olhos o retorno à Ásia de um cineasta estrela em Hollywood, premiado com Ursos de Ouro e Oscars por *Banquete de casamento*, *O tigre e o dragão* e mais recentemente *O segredo de Brokeback Mountain*. As autorizações de filmagem foram concedidas pelo departamento de censura, que se mostrou tanto menos preocupado com o roteiro na medida em que os chineses se orgulhavam do sucesso mundial de *O tigre e o dragão*. E por sinal o risco era limitado para a Universal, já que um renomado produtor local fora escolhido por Ang Lee e sabia como administrar os funcionários. Nas altas esferas, contudo, as coisas não foram assim tão simples. Mal havia sido autorizado, e o filme foi brutalmente proibido por causa da sexualidade demasiado explícita e das alusões consideradas "sensíveis" aos japoneses. A atriz principal foi proibida de dar entrevistas e o filme, censurado. O que deveria ter sido a consagração de um filho de Taiwan de volta à China acabou se transformando, debaixo das vaias da comunidade internacional, numa ilustração da pior censura. E provocou, da parte das autoridades, um revide cujo preço ainda hoje está sendo pago pelos cineastas independentes. "Foi uma verdadeira Tian'anmen para a indústria cinematográfica", conclui, fatalista, Felice Bee.

Mas em matéria de atropelos na China ainda houve pior que os episódios envolvendo a Columbia, a Sony e a Universal: o caso exemplar da Warner.

O roubo dos multiplexes da Warner

Conversando com Ellen Eliasoph, chego à conclusão de que a Warner despachou para a China sua melhor "sino-jurista". Sinóloga, falando mandarim e cantonês, advogada escolada, especialista em direitos autorais, Ellen Eliasoph vive na China há mais de vinte anos. Dirige o escritório da Warner Bros. no país enquanto o marido é um importante diplomata no Departamento de Estado americano. Estamos no 23º andar de uma torre, num complexo ultramoderno onde também se encontra o célebre Grand Hotel Hyatt de Beijing, cuja piscina zen e spa permitem àqueles que quiserem recuperar forças desfrutar de um ambiente com "céu virtual" evocando a Via Láctea e música submarina dita "neo-tropical" (mas na verdade extraída, da maneira mais banal possível, como costuma acontecer nos hotéis de luxo da Ásia, de um disco do DJ Stéphane Pompougnac, *Hôtel Costes*).

Recuperar forças? "No início, a Time Warner estava muito otimista com o mercado chinês", explica Ellen Eliasoph. "Nossa estratégia consistia em investir nas salas, distribuir nossos filmes, comercializar maciçamente nossos DVDs e reinvestir os lucros em novos filmes coproduzidos localmente. A priori, era uma estratégia implacável." O plano deveria ser seguido, naturalmente, de um considerável projeto de instalação de canais de televisão do grupo (CNN, HBO, os canais a cabo Turner) e, naturalmente, da distribuição dos sucessos da major do disco Warner, na época ainda de propriedade da Time Warner.

O ramo de produção local da Warner está sediado em Hong Kong e há cerca de dez anos produz aproximadamente um filme por ano, basicamente em mandarim. "Não é possível produzir um filme chinês na China, é este o paradoxo; produzimos então em Hong Kong", explica Hsia Mia, jovem de Hong Kong que estudou na Cornell University nos Estados Unidos e atualmente dirige a Warner em Hong Kong. Habilmente, a Warner joga em vários mercados: o mercado de Hong Kong, moderno, ocidental, no caso de um filme de baixo orçamento; o mercado de Taiwan, se o projeto é mais internacional, visando um público mais amplo, pan-asiático, a partir de Taiwan; e finalmente o mercado da

China continental, quando a Warner dispõe de um orçamento maior, de um cineasta conhecido e de estrelas. "São três mercados chineses, muito diferentes. Atualmente, a tendência é que se aproximem, e o objetivo da Warner, naturalmente, é atingir os três ao mesmo tempo", confirma Hsia Mia durante um café da manhã num restaurante trendy na base da torre HSBC de Hong Kong.

O mais interessante, contudo, e também o mais perigoso, foi a estratégia de distribuição na China continental projetada pela Warner. Em vez de ficar refém das redes de salas oficiais, a Time Warner teve em 1994, quando a China dá início ao processo de adesão à Organização Mundial do Comércio e parece inexoravelmente fadada a se abrir, a ideia luminosa de investir diretamente em multiplexes. Um acordo de parceria foi firmado com o organismo oficial China Film para a construção de salas. Criou-se uma joint-venture com repartição do capital e investimento de 70% da parte dos americanos e 30% para os chineses. Mas seria tomar os chineses por ingênuos.

Para começar, os funcionários de Beijing explicaram à Warner que ela poderia construir multiplexes na China, mas não projetar neles os seus filmes. Seria necessário submeter-se à censura e, naturalmente, às cotas. Primeira ducha fria.

Em seguida, meses depois, a repartição do capital das salas construídas em regime de 70-30 entre americanos e chineses foi revista, diminuindo para 51-49 em benefício dos americanos. Em Los Angeles, os dirigentes da Warner acharam aquilo estranho. Entretanto, cegados pelas próprias ilusões, chegaram à conclusão de que era "cultural", pois os contratos chineses eram muito "vagos" e os americanos, muito "específicos"; assim, continuaram construindo cinemas, chegando ao oitavo. De repente, as autoridades chinesas decidiram mudar a lei e considerar que uma empresa estrangeira não podia ser dona de salas de cinema, e o percentual do capital foi retroativamente invertido: 49-51, dessa vez em benefício do parceiro chinês.

"Na Warner Bros., em Los Angeles, o diretor-presidente ficou literalmente 'crushed' (arrasado)", confessa Ellen Eliasoph, que dirige os escritórios da Time Warner na China continental. No topo da torre de

Beijing onde conversamos há mais de duas horas, instalou-se um silêncio pesado. Essa mulher forte, calma, bela, que imagino particularmente temível nas negociações financeiras, tem lágrimas nos olhos. "Nós fizemos tudo: concebemos esses multiplexes, fizemos o projeto, gastamos milhões de dólares, treinamos os chineses para dirigi-los e... eles mudaram a lei! Tudo aquilo para nada. Foi simplesmente um pesadelo. Os estúdios de Hollywood foram ingênuos demais com os chineses. Eles é que foram espertos, nos induziram a lhes oferecer tudo, a lhes dar tudo, e depois tomaram tudo. Foram muito 'smart'. Atualmente, não existe a menor esperança de penetrar nesse mercado." Um pouco mais calma, ela acrescenta: "Você não está escrevendo um livro sobre o cinema na China: o que é preciso escrever é um livro sobre a corrupção no partido comunista chinês."

Não será construído um nono multiplex da Warner na China. Em Hollywood, a decisão é de sair completamente da jogada. As outras majors americanas que acompanharam a aventura de perto ficam igualmente consternadas. O exemplo lhes serve de lição. A MPAA, o lobby das majors em Washington, transmite a mensagem ao Congresso. Não demora, e os Estados Unidos atacam a China na Organização Mundial do Comércio por entrave ao mercado internacional.

Ao me despedir de Ellen Eliasoph, ela parece arrasada. "Não sinto raiva dos chineses, é um povo formidável. Dediquei minha vida a eles. Só sinto um grande ressentimento em relação ao governo." Uma satisfação pelo menos ela tem: tendo sido a primeira a construir multiplexes na China, a Warner lançou uma moda que mudou para sempre a paisagem cinematográfica chinesa. Atualmente, uma tela de multiplex é inaugurada todo dia no país. Um prêmio de consolação para a Warner?

Hong Kong, a Hollywood da Ásia

"Nós temos um bilhão de chineses; temos o dinheiro; temos a economia mais dinâmica do mundo; temos experiência: seremos capazes de conquistar os mercados internacionais e entrar em concorrência com Hollywood. Nós seremos a Disney da China." No 19º andar da torre de vidro AIG, em 1 Connaught Road, Hong Kong, encontro-me em salas privadas, entre um mobiliário de grande luxo e telas de mestres em todas as paredes, diante de uma imensa janela envidraçada com vista para Hong Kong e o delta do rio das Pérolas. Peter Lam, um dos homens mais poderosos de Hong Kong, recebe-me com tato e profissionalismo. Ele fala com clareza, articulando cada sílaba, como se tivesse aprendido o inglês em fitas cassetes da Berlitz.

Herdeiro de uma velha família da cidade, o Sr. Lam está à frente do grupo eSun, imensa empresa muito ativa na indústria do cinema e da música. Embora tenha nascido em Hong Kong, ele fala em nome da China, e eu ficaria sabendo depois que é membro do CPPCC, uma das instituições políticas mais oficiais da China comunista em Beijing (uma espécie de Senado chinês).

Ele se sente pronto para partir em busca dos mercados culturais ocidentais. Sua prioridade é defender os "conteúdos chineses", para usar uma expressão sua. "Hong Kong é o porto através do qual a cultura chinesa pode conquistar o mundo", confirma. Conhecido por suas boas relações políticas em Beijing, Peter Lam nutre considerável ambição para seu grupo e seu país. Ele me leva a uma sala de cinema interna para a projeção de um pequeno filme institucional, com o objetivo de me dar uma ideia do poderio econômico de seu grupo (o filme é ridículo, de pura propaganda, mas eficiente). "Os americanos não têm mais como crescer. Onde poderiam encontrar um crescimento de dois dígitos? Em lugar nenhum, exceto na China, e eles fracassaram na China. Nós vamos ter sucesso." O que Peter Lam esquece de dizer é que, por enquanto, os cinemas chinês e de Hong Kong encontram dificuldade de transcender os mercados chineses ditos "tradicionais", como Taiwan, Macau, Cingapura e os países do Sudeste asiático. Faço o comentário, e ele responde citando *Internal Affairs*, a trilogia produzida por seu grupo que obteve em 2002 e 2003 um belo sucesso internacional (mas ele esquece mais uma vez de especificar que foi Martin Scorsese que assinou a refilmagem, *Os infiltrados*, com Leonardo DiCaprio e Matt Damon, para a Warner, que obteve sucesso espetacular quatro anos depois).

KUNG FU PANDA: A CHINA DIANTE DE HOLLYWOOD

Seria motivo de preocupação para ele a censura chinesa, que pode atingir Hong Kong, agora que o território foi reintegrado à China? "Em qualquer lugar do mundo existe censura. Para trabalhar na China, a gente tem de aceitar as regras", explica Lam com a maior simplicidade, sem a menor hesitação nem a sombra de um sorriso. Eu observo que Beijing conseguiu a devolução de Hong Kong à China em 1997, mas que a produção de Hong Kong continua sendo considerada "estrangeira", como se o território se tivesse mantido independente exclusivamente no cinema. Em vez da expressão "Um país, dois sistemas", como se costuma dizer, trata-se de uma política de "dois pesos, duas medidas". Peter Lam concorda sem dar importância nem entrar na discussão do tema.

Com estúdios de grandes proporções que produzem cerca de uma dezena de longas-metragens por ano, uma distribuidora e, nos grandes centros comerciais, dezenas de lojas de venda de DVDs, o grupo eSun é um protagonista importante da indústria cinematográfica na Ásia. Mas também está presente na música, com quatro selos, uma agência de empresariado de artistas e um ramo de produção de comédias musicais. "Hong Kong é a capital do entretenimento na Ásia", explica Gary Chan Chi Kwong, que dirige o ramo de música e os quatro selos do grupo eSun. "Nosso objetivo é fazer com que nossos artistas aconteçam aqui em Hong Kong, pois então poderão alcançar todo o Sudeste asiático. Desse modo, eles atingem o mercado de Taiwan, a Malásia, Cingapura e sobretudo a China continental. Mas já é mais difícil no caso do Japão e quase impossível no da Índia." Gary Chan Chi Kwong prossegue: "Hong Kong é um lugar onde são lançadas modas, um trendsetter para a Ásia: quando alguém quer fazer sucesso, seja chinês ou malásio, de Taiwan ou de Cingapura, vem aqui para Hong Kong. Hong Kong é a Hollywood da Ásia".

É verdade que Hong Kong conseguiu manter uma cinematografia influente que produz, para 7 milhões de habitantes, tantos longas-metragens quanto a China, que tem 1,3 bilhão. É uma cidade-região diversificada, pela população e as línguas nela faladas; muitos asiáticos de todas as nacionalidades passam pelo território sem precisar de visto (a começar pelos taiwaneses, que precisam fazer esse trânsito para entrar na China). Em Hong Kong, a segurança bancária é real, a bolsa de valores é mais confiável que as de Xangai ou Shenzhen, as regras jurídicas, de acordo com as normas internacionais, os direitos alfandegários e as regulamentações, limitados, o que quase transforma o território numa zona franca. A isso se somam uma rede de meios de comunicação capaz de gerar um buzz pan-asiático e leis de copyright bastante rigorosas, ao passo que na China os direitos autorais são constantemente desrespeitados. Finalmente, segundo os muitos profissionais que entrevistei, Hong Kong não teria sofrido um aumento significativo da censura desde a reintegração à China em 1997 (em compensação, a autocensura seria maior, sobretudo quando o objetivo é atingir o público da China continental, donde a particularidade dos filmes produzidos localmente: eles têm sempre duas versões, a versão Hong Kong e a versão "continental"). Tudo isso contribui para transformar essa cidade singular numa capital do entretenimento. Hong Kong é a Ásia em miniatura — como Miami é a América Latina em miniatura e o Cairo, o mundo árabe concentrado.

Com toda evidência, são grandes as ambições dos chineses e de Hong Kong em matéria de produção de "conteúdos". Conversando com meus interlocutores no grupo eSun em Hong Kong, tive a impressão de que se tratava de uma questão de orgulho, de nacionalismo cultural, tanto quanto de uma questão econômica. A guerra cultural foi declarada, mas na China ninguém sabe muito bem quais são seus objetivos. O foguete cultural chinês decolou sem que o regime autoritário tenha estabelecido uma trajetória para ele. Pé no acelerador. Quanto ao destino, veremos depois.

É exatamente o contrário da estratégia concorrente, e não menos guerreira, de um outro turbo-capitalista: Rupert Murdoch.

Como Murdoch perdeu milhões na China e encontrou uma mulher

"Just imagine." É quase igual ao slogan da Nike, "Just do it". Está inscrito em letras douradas, ao estilo americano, numa parede de vidro no grande e luxuoso salão de recepção da sede pan-asiática do grupo Star, no 1 Harbourfront em Kowloon (Hong Kong). Com todas as luzes, as estrelas "Stars" cintilando, as escadas de vidro, quase parece um estúdio da MTV. Do oitavo andar do prédio azul espelhado, tem-se uma vista espetacular de Victoria Harbor e do mar da China. À minha frente, sete telas planas gigantes e um grande mapa-múndi: fico pensando que Rupert Murdoch sempre quis dominar o mundo. "Just imagine."

O novo homem forte de Murdoch na Ásia, Paul Aiello, um banqueiro de Nova York que vive em Hong Kong há 15 anos, foi vice-presidente do banco First Boston, trabalhou para a Morgan Stanley e como consultor para o Banco Mundial, recebe-me no quartel-general da Star TV, de que é diretor-presidente desde 2006. Com um ar meio preocupado diante desse francês que vem fazer uma investigação sobre sua empresa, volta e meia envolvido com seu Blackberry Bold de última geração, ele tem a seu lado Laureen Ong. À primeira vista, ela me parece antipática, e a tomo por mais uma fiscal de RP. Durante a longa entrevista, contudo, ela se revela encantadora e cooperativa, antiga colaboradora da *National Geographic* que fez o resto de sua carreira na televisão esportiva nos Estados Unidos e agora ocupa o posto de número dois do grupo Star.

A Star são sessenta canais de televisão em sete línguas, capilarizados por toda a Ásia a partir de Hong Kong. "Podemos atingir potencialmente 3 bilhões de pessoas em 53 países asiáticos, quase dois terços da população do planeta", explica Paul Aiello, reproduzindo uma frase famosa de Murdoch (na verdade, o grupo Star pode atingir apenas, e potencialmente, 300 milhões de pessoas). Com sede em Hong Kong, a Star representa para Murdoch, chefe globalizado da multinacional News Corp, o equivalente asiático do grupo Sky no Reino Unido ou da Fox nos Estados Unidos. E se trata de uma das apostas audiovisuais mais audaciosas dos vinte últimos anos.

As aventuras chinesas de Rupert Murdoch remontam ao início da década de 1990, e o objetivo era simples: ter uma televisão hertziana na China. O bilionário australiano-americano apostou todos os seus recursos, todo o seu pragmatismo em matéria de negócios e toda a sua "guanxi" (palavra crucial na China, definindo os bons contatos políticos no partido comunista). Nesse processo, perdeu milhões de dólares e acabou fracassando. Mas a experiência lhe rendeu uma esposa, Wendi.

*

MAINSTREAM

"No fim das contas, o partido comunista chinês não seria a maior câmara de comércio do mundo?" Estamos em 1997. Rupert Murdoch se orgulha da sua "joke", que acaba de fazer o efeito desejado num jantar em Beijing. Seguro de si, ele investiu na China com um plano bem traçado: apanhar no seu próprio jogo do dinheiro os comunistas que desde Deng Xiaoping querem "enriquecer". E dinheiro é o que não falta a Murdoch.

Não demora, e Murdoch está de olho no grupo Star, cujas iniciais significam Satellite Television for the Asian Region. O grupo foi criado em Hong Kong em 1991, com cinco canais iniciais em inglês (entre eles MTV Asia e o sinal do BBC World Service). A Star logo fez um sucesso razoável, mas foi um fracasso financeiro. Já em 1993, assim, Murdoch resolve desembolsar cerca de 525 milhões de dólares na compra do grupo. As autoridades chinesas mostram preocupação? Ele oferece garantias, aceitando em 1994 retirar o BBC World Service de sua oferta por satélite, já que, desde os acontecimentos da Praça Tian'anmen, Beijing considera que o canal britânico se mostra insuficientemente "justo, equilibrado e positivo" na abordagem das questões políticas chinesas. Pouco depois, Murdoch vai mais longe: exorta também a Sky, seu grupo britânico, a se mostrar mais "equilibrada" no tratamento das questões chinesas, dando a palavra ao governo chinês, quando for atacado, para divulgar seu "ponto de vista". Tratava-se de parar de mostrar no Reino Unido, por exemplo, as imagens do "Tank Man", o homem que enfrentou os tanques na Praça Tian'anmen, sobre o qual, precisamente, a Sky queria notícias atualizadas; a menos que Beijing fosse autorizada, por uma questão de "equilíbrio", a dar sua versão dos fatos. Não demora, e Murdoch, para agradar ao partido comunista, critica o Dalai Lama numa frase que ficou célebre: "Um velho monge muito politizado que anda por aí com sapatos Gucci", denunciando a sociedade tibetana como "autoritária e medieval". Com isso, Murdoch revela uma faceta essencial de seu personagem: o absoluto pragmatismo, quando estão em jogo os negócios, indo de encontro até a seus próprios ideais políticos. No fundo, ele se dispõe a aceitar as normas chinesas e até o controle político de seus jornais e programas, desde que possa ganhar dinheiro. Ele cultiva menos as ideias que os dólares, menos os conflitos que os lucros. No

Reino Unido, a imprensa não se mostra muito sensível a tais nuances ou às hesitações e segundas intenções do bilionário: suas declarações e decisões causam enorme indignação.

Entretanto, por prudente que seja, Murdoch poria em risco seu império com uma única frase. Em 1993, numa recepção em Londres para o lançamento de um novo serviço a cabo de seu grupo Sky, Murdoch começa, num breve trecho de seu discurso, quase inadvertidamente, a fazer a apologia das televisões por satélite contra os regimes totalitários: "O fax permitiu aos dissidentes dispensar os veículos escritos controlados pelos Estados; as televisões por satélite permitirão às populações dos países fechados, ávidas de informações, contornar as televisões estatais."

A mensagem transmitida ao pequeno círculo da elite dos meios de comunicação britânicos inevitavelmente dá a volta ao mundo em poucas horas, e Li Peng, o primeiro-ministro chinês, a recebe em seu complexo de Beijing, a oito mil quilômetros de distância. Ele sabe melhor que ninguém que o fax foi usado pelos estudantes da Praça Tian'anmen para marcar secretamente os pontos de encontro para as manifestações, e se ainda tivesse alguma dúvida, já está entendendo agora os objetivos chineses do bilionário. Vai então cuidar pessoalmente do caso Murdoch. Ante os colossais recursos financeiros de que ele dispõe, os chineses respondem à sua maneira: com suas armas pesadas. Para começar, o primeiro-ministro assina um decreto, um mês apenas após o discurso de Murdoch sobre "o fax e os satélites", proibindo em todo o território chinês a instalação de antenas parabólicas para captar televisões por satélite. A partir de então, o cabo, e não mais o satélite, seria privilegiado na difusão dos canais de televisão na China. Ele incumbe ainda o chefe do departamento de propaganda em Beijing, diretamente subordinado ao partido comunista chinês, de preparar um dossiê "Murdoch" e acompanhar cada movimento e cada projeto do empresário em Hong Kong e na China. Objetivo: prevenir a "spiritual pollution" (na linguagem do partido, os valores antissocialistas capazes de ameaçar a cultura chinesa). Nesse dia, segundo suas próprias palavras, Murdoch passa da "watchlist" à "blacklist".

O dossiê Murdoch vai crescendo, pois ele dispõe dos recursos compatíveis com suas ambições. Já financiou por exemplo, a um grande custo, um "news media center" em Beijing, e convidou dezenas de contatos oficiais privilegiados para visitar as infraestruturas da Fox em Nova York e da Sky em Londres, para impressioná-los. Agora, ele compra um influente diário em língua inglesa de Hong Kong, financia um estúdio de cinema na cidade de Tianjin e chega a publicar nos Estados Unidos, para agradar à família presidencial, as memórias de Maomao, a filha caçula de Deng Xiaoping (a HarperCollins, ramo editorial do grupo News Corp, é convidada a publicar o livro sem se preocupar com gastos — chegou-se a escrever que Maomao recebera um adiantamento de um milhão de dólares). A turnê promocional pelos Estados Unidos montada por Murdoch para Maomao lembra a que a União Soviética organizou para a visita de André Gide, mas a imprensa americana não se deixa impressionar. O *New York Times* ridiculariza a autobiografia na época do lançamento: "Uma obra indigesta de propaganda, de estilo literário empolado."

Murdoch persegue metodicamente seu objetivo. Vem agora a se deixar levar por uma onda de afeto pelo filho mais velho de Deng Xiaoping, que é deficiente. Financia sua associação, a Federação Chinesa de Pessoas Deficientes, e o recebe, juntamente com seus colaboradores, num cruzeiro em seu iate, com transporte gratuito em avião particular. Murdoch vai sempre em frente: em 1993, decide mudar-se com a mulher e os filhos para um dos mais belos palacetes de Hong Kong (os Murdoch voltariam para Los Angeles menos de seis semanas depois). Em 1997, veta a publicação pela HarperCollins das memórias críticas de Chris Patten, o ex-governador de Hong Kong, para não desagradar às autoridades de Beijing após o fim do mandato britânico na ilha e sua reintegração à China continental.

Essa campanha de sedução desenfreada funciona inicialmente, mas quando Deng Xiaoping é afastado do poder, sendo sucedido por Jiang Zemin, Murdoch se vê sem "guanxi" (sem contatos políticos). Enquanto isso, os chineses começaram a confiscar mais de quinhentas mil antenas parabólicas, tentando limitar a influência das televisões estrangeiras em geral, e da Star TV em particular.

KUNG FU PANDA: A CHINA DIANTE DE HOLLYWOOD

A resposta de Murdoch viria em três etapas. Inicialmente, ele decide internacionalizar a Star. Como não pode atingir os chineses do continente, vai se dirigir aos asiáticos do mundo inteiro. Assim é que abre escritórios por toda a Ásia e mesmo além. Em Dubai, por exemplo, fiquei surpreso ao me deparar com um escritório da Star TV na Dubai Knowledge City. "A Star se implantou aqui no Golfo tendo em vista os imigrantes chineses, indianos e paquistaneses. Nossos canais vão ao ar em hindi, mandarim e inglês, e têm bons níveis de audiência, considerando-se o grande número de asiáticos que vivem no exterior. Mas não produzimos nenhum programa em Dubai, temos apenas um 'sale office', para a venda de espaço publicitário. É a aposta a honrar aqui. Foi ele que quis abrir um escritório em Dubai, para cuidarmos do Golfo", explica-me Alis Terb, assessor do diretor da Star TV em Dubai.

A segunda estratégia é a música, menos problemática que a informação. Ao lançar o Channel V no pacote da Star, Murdoch quer recriar na Ásia um equivalente da MTV. A estratégia é hábil, jogando com conteúdos locais para atrair públicos variados. Assim, existe uma versão do Channel V voltada para a China continental, feita em Taiwan em mandarim, com programação extremamente local, sob estrito controle político. Para o resto do mundo, o Channel V gera uma versão internacional, feita em inglês em Hong Kong, à base de canto-pop e mais livre em sua expressão. As diferentes versões têm considerável sucesso.

A terceira resposta de Murdoch, em 1996, é mais ambiciosa, com um nome significativo: Phoenix. Com a Phoenix, Murdoch espera renascer das cinzas.

Do oitavo andar do prédio de escritórios da Star em Hong Kong, pode-se subir por uma bela escada de vidro ao nono andar, onde se encontram, justamente, as instalações da Phoenix. Através dessa escada simbólica, os dois canais trocam conteúdos, compartilham estúdios e testam estratégias diferentes. A partir de Hong Kong, o grupo Phoenix transmite atualmente por satélite para a China três canais em mandarim, fruto de uma joint-venture entre Murdoch e o empresário chinês Liu Changle. Seus detratores ironizam essa "joint-adventure".

MAINSTREAM

Em 1996, o novo estratagema de Murdoch está montado. Ele precisa encontrar para a Phoenix um parceiro bem relacionado em Beijing, para ajudá-lo a conseguir as autorizações necessárias, em troca de infraestruturas de satélite e de dinheiro. Liu Changle é o homem certo: por um lado, é filho de um apparatchik comunista e serviu no exército chinês, o famoso People's Liberation Army, passando à reserva com a patente de coronel; por outro, trata-se de um autêntico homem de negócios, apaixonado pelos meios de comunicação (foi jornalista militar na Rádio Central do Povo em Beijing), e um temível negociador financeiro, que fez fortuna misteriosamente nas refinarias de petróleo de Cingapura e depois no setor imobiliário, nas rodovias, portos e hotéis na China continental. Liu Changle prova de forma caricatural que na "economia socialista de mercado" chinesa é possível desfrutar de amplas possibilidades comerciais quando se tem boas relações políticas. Decidido a enfrentar esse "Far-East", Murdoch conhece o preço dessa rede e sabe lidar com os homens. Rapidamente ele percebe em Liu Changle as contradições típicas da nova elite chinesa: o fervoroso budista e o magnata multimilionário, o homem ao mesmo tempo frustrado pelo partido e leal ao sistema comunista, o homem de negócios inescrupuloso e o pai que matriculou as filhas numa universidade americana, o apparatchik que existe graças ao regime e aquele que dá a mão a um jornalista que o mina por dentro, dupla condição de seu próprio sucesso. Com a condição de que Murdoch se comprometa a manter a Phoenix "politicamente neutra", Liu Changle dispõe-se a montar com ele a rede privada Phoenix Satellite Television. Negócio fechado: Murdoch e Changle detêm cada um 45% do novo grupo, sediado em Hong Kong e cotado na bolsa de valores local, sendo os 10% restantes oferecidos, como sinal de boa vontade, à CCTV, a televisão oficial comunista de Beijing.

Já em 1996, a Phoenix consegue as autorizações necessárias para a transmissão na China continental, por motivos que não ficaram completamente claros, mas que provavelmente têm a ver com o retorno antecipado da região autônoma de Hong Kong à esfera comunista chinesa em 1997. Em poucos meses, com vários canais em mandarim, a Phoenix obtém considerável sucesso na Ásia: com seus talk-shows, seus noticiários ao vivo e seus apresentadores fazendo perguntas realmente questionadoras a convidados "on-air", a nova televisão deixa para trás os programas empoeirados das televisões públicas chinesas. "Good Morning China", "Phoenix Afternoon Express" e "Newsline" são alguns dos programas de sucesso do novo canal, cópia deslavada do canal Fox de Murdoch nos Estados Unidos.

Mais uma vez, contudo, Beijing toma o cuidado de limitar os riscos. A captação da Phoenix é autorizada na China continental apenas nos hotéis três estrelas (ou mais), nas embaixadas e em certos prédios governamentais. Sobretudo, Liu Changle cuida para que Murdoch não dirija os programas nem a redação do canal. Pela primeira vez na vida, Murdoch se vê confinado a uma segunda posição e aceita infringir a regra por que se pautou em toda a sua carreira: jamais administrar um negócio que não esteja completamente sob seu controle.

O 11 de setembro de 2001 é que haveria de tornar a Phoenix indispensável, mais ou menos como a primeira guerra do Golfo e a (segunda) guerra do Iraque tornariam a CNN e depois a Al Jazeera incontornáveis. Enquanto as televisões oficiais chinesas limitam-se a um breve anúncio sobre os atentados terroristas em Nova York, à espera da posição oficial do partido e do sinal verde para transmitir as imagens — que levariam mais de 24 horas para chegar —, a Phoenix imediatamente retransmite as imagens sem parar e altera toda a sua programação para se manter ao vivo de Nova York durante vários dias. Milhares de chineses acorrem aos hotéis para acompanhar os acontecimentos. A compra de antenas parabólicas ilegais se potencializa, apesar da proibição, e elas vão surgindo por toda a China, tanto mais numerosas quanto maior a distância da capital política, Beijing. Ao realizar minha pesquisa na China, constatei que era possível comprar um aparelho de bom tamanho por cerca de 3.000 iuanes RMB (aproximadamente 300 euros). De acordo com meus diferente contatos, milhões de chineses têm acesso às televisões estrangeiras por satélite. Às vezes, uma antena parabólica maior é instalada no alto de um prédio para atender aos moradores de todo o bairro — fenômeno completamente ilegal e visivelmente generalizado. Não raro, também na maior ilegalidade, as redes a cabo locais, apesar de públicas, capturam o sinal da Phoenix por satélite e o oferecem em seu pacote, para se tornar mais atraentes. Por enquanto, as autoridades de Beijing fecham os olhos e a Phoenix tolera a pirataria sem exigir indenização, para aumentar sua audiência e sua influência.

Apostando com a Phoenix na descentralização, no comércio ilegal de antenas parabólicas, na obsolescência da regulamentação e na fome de lucro do "capitalismo de Estado" de Beijing, Murdoch conseguiu marcar pontos. Mas ainda não venceu a guerra.

"Temos diariamente 180 milhões de telespectadores na China." O vice-presidente da Phoenix, Roger Uren, um australiano afável que me acompanha em visita aos estúdios do canal, na sede de Hong Kong, acaba de me revelar de passagem, meio calculista, meio brincalhão, um número precioso. "180 milhões": pela primeira vez ouço oficialmente um número tão preciso. Seria verdadeiro? Ninguém sabe ao certo, nem Roger Uren. A direção da Phoenix certamente teria interesse em aumentar sua audiência para bombar seu mercado publicitário, mas também pode querer diminuí-lo, para evitar qualquer medida de represália da censura. Mas o fato é que esse número, nesse arriscado exercício de equilibrismo, parece plausível. Oficialmente, claro, a Phoenix Television atinge apenas algumas centenas de milhares de turistas, diplomatas e funcionários, já que está limitada à captação em hotéis. Todo mundo fica satisfeito com essa ilusão.

Conversando com jornalistas, apresentadores e funcionários da Phoenix, todos sempre atarefados em instalações muito concorridas, eu entendo o sucesso do canal. A Phoenix é uma televisão moderna e jovem, inovadora e audaciosa, apesar dos riscos políticos que enfrenta e dos parcos recursos financeiros. Wang Ruolin, por exemplo, prepara-se para apresentar um programa quando o encontro na sala de maquiagem em frente a um dos três estúdios da Phoenix: com apenas 25 anos, ele traja uma camiseta branca colante e usa um corte de cabelo que lembra os dos apresentadores hip-hop da MTV, dizendo-me que é especializado em "infotainment"; Sally Wu, por sua vez, contratada em Taiwan, é uma apresentadora de jornal particularmente telegênica, estilosa e sutil,

KUNG FU PANDA: A CHINA DIANTE DE HOLLYWOOD

tem uma voz suave que a torna incrivelmente sedutora e me dizem que milhões de estudantes chineses são apaixonados por ela; finalmente, Dou, com quem me encontro num escritório open-space, me informa que é assistente do primeiro talk-show gay jamais produzido na televisão na China. Estamos muito longe dos apresentadores jurássicos e do burocratês monótono e austero dos canais oficiais, que transformaram o "no sex, no violence, no news" em regra máxima. Mas a juventude e a liberdade têm seus limites.

"Fizemos concessões demais para não bater muito de frente com a censura", reconhece Roger Uren, o vice-presidente da Phoenix. "Nós nos concentrarmos nos fatos. Não provocamos o regime, somos um canal chinês. E ao passo que a Star é um canal extremamente ocidental, nós somos mais locais." Essas concessões têm um preço: às vezes é possível ver na Phoenix programas fazendo a apologia de medidas econômicas tomadas por governos das províncias (apesar de unanimemente criticadas); contando a vida maravilhosa de Deng Xiaoping; entrevistando o ministro da Saúde dias antes de ser demitido por ter tentado ocultar a epidemia de síndrome respiratória aguda severa (SRAS); criticando o Dalai Lama; e jamais se faz a menor menção dos acontecimentos da Praça Tian'anmen. Os detratores de Rupert Murdoch veem na Phoenix um canal que simplesmente faz propaganda mais sutil que a dos canais oficiais chineses.

Por mais imprevisível que seja, a estratégia de Murdoch vai ficando clara: com a Star, o magnata da mídia fez uma jogada pan-asiática, tentando, do exterior, abrir o país às influências internacionais, levando os chineses ao pé da letra em sua preocupação de modernização; com a Phoenix, ele fez uma jogada pró-chinesa e conseguiu penetrar no mercado interno jogando com suas zonas de obscuridade, ao mesmo tempo em que decuplicava sua audiência nas "chinatowns" do mundo inteiro, que preferem a Phoenix aos canais oficiais da CCTV.

Na Star, em Hong Kong, o diretor-presidente do grupo não haveria, naturalmente, de reconhecer o que o vice-presidente da Phoenix admitiu em conversa comigo um andar acima. Em conversa comigo, Paul Aiello, o diretor-presidente da Star, escolhe as palavras com prudência, sem

MAINSTREAM

dizer nem de mais nem de menos: "Levando-se em conta quem somos e aquilo que representamos, só podemos agir na China por vias legais [*through the front door*]. Não podemos atuar em terreno dúbio [*the grey area*]". Na China, a zona "de sombra" é o arriscado espaço entre o legal e o ilegal, tudo aquilo que é tolerado pelas autoridades sem ser oficialmente proibido. A Phoenix joga com isso, tentando deslocar as fronteiras dessa "sombra"; a Star também, mas sem reconhecê-lo oficialmente (como se as antenas parabólicas dessem acesso à Phoenix e não à Star). Nenhuma das duas estratégias é realmente satisfatória, claro, mas ao segurar a China pelas duas pontas, por assim dizer, dos dois lados, "in" e "out", Murdoch marcou mais pontos do que se dispõem a reconhecer em geral os seus detratores. E nessa movida conseguiu, em especial, uma nova mulher.

Alta, atraente, entusiástica, Wendi Deng é em 1997 uma jovem chinesa de 29 anos com um diploma MBA por Yale, e que há alguns meses faz um estágio na sede da Star em Hong Kong. Fala fluentemente inglês e sua língua materna é o mandarim (ao passo que a maioria dos empregados da Star fala cantonês, a língua de Hong Kong). As circunstâncias a levam a ser mobilizada como intérprete de Rupert Murdoch. Na época, o magnata da mídia está em seu segundo casamento, que no entanto vai mal das pernas. A jovem chinesa lhe parece sedutora e ele imediatamente confidencia a seu principal assessor: "Acho que quando a gente já está com mais idade precisa cercar-se de jovens, pessoas com ideias novas, cheias de energia e entusiasmo. É contagiante, nos revitaliza". Pouco depois, ele começa uma relação com Wendi, que logo se torna sua terceira esposa.

Wendi Deng Murdoch teria uma influência decisiva em Murdoch, acompanhando-o em sua nova — e derradeira — aventura na China. A esta seria dado um nome estranho: ChinaByte. É com a Internet que o magnata da mídia ainda espera vencer sua batalha na China. Mais uma vez, Murdoch apanhou todo mundo de surpresa, a começar pelos chineses. Mais ainda que as televisões por satélite, a Internet logo representou um problema considerável para as autoridades comunistas. O controle absoluto do partido podia ser posto em risco. Pensando inicialmente poder "proibir a Web", Beijing deu-se conta de que as medidas técnicas e policiais para frear seu desenvolvimento e controlar seus conteúdos não eram muito eficazes. Sobretudo, as autoridades se depararam com um quebra-cabeça incontornável, já que frear a Internet era o mesmo que frear a economia. Sem acesso à Internet, nenhuma economia pode lutar em condições de igualdade com os Estados Unidos, a Europa, a Índia e o Japão. Pela primeira vez, o controle político e o desenvolvimento econômico pareciam inexoravelmente incompatíveis. Uma década, duzentos milhões de internautas e cinquenta milhões de blogs depois, a tensão continua.

Essa contradição é que seria explorada por Murdoch com incrível habilidade. Já em 1995, ele decide investir na Web na China, e o faz à sua maneira, blefando. Tendo aprendido a frequentá-los e lisonjeá-los, ele negocia com os dirigentes do diário oficial do partido comunista a criação de uma joint-venture para o lançamento de um site comum, garantindo às autoridades que será ao mesmo tempo ultramoderno no plano técnico e confiável no político. Em tais condições, o governo chinês dá o sinal verde, mas exigindo que o site de Murdoch dependa do provedor oficial chinês, Chinanet. Na época, estima-se em menos de 250 mil o número de internautas na China. Murdoch aproveita a brecha, mas não consegue sua conexão: em janeiro de 1996, o primeiro-ministro chinês anuncia a total proibição da Internet. Motivo oficial: "lutar contra a pornografia" (ao que parece, um "camarada" do escritório de propaganda que havia instalado Windows 95 em casa deu com um site de pornografia). O controle é intensificado e as empresas de Internet são obrigadas a solicitar nova autorização especial. Depois de vários meses de tratativas, Murdoch consegue licença para lançar o site chinabyte. com. Nova ducha fria: o modelo econômico de seu projeto baseia-se na publicidade, mas acontece que sua empresa não tem autorização para vender espaços publicitários, pois um dos dois sócios não é chinês.

Em seu primeiro ano de funcionamento, esse site da Web, finalmente autorizado no papel, ainda não consegue conexão de acesso à Internet. Novas negociações, e sete meses depois Murdoch consegue uma conexão de 28 K, mediante assinatura de 22 mil dólares por mês. Os críticos se regalam com seus percalços, afirmando que, com um valor tão ridiculamente alto, ele estava na verdade subvencionando o desenvolvimento da Internet em toda a China.

Em janeiro de 1997, o chinabyte.com é oficialmente lançado, com as congratulações do governo chinês e uma extraordinária cobertura na mídia internacional. Em poucos meses, transforma-se no maior site chinês. A essa altura apoiado pela nova mulher, oficialmente incumbida da Internet no grupo Star, Murdoch multiplicaria os investimentos — e os riscos.

Mais que nunca, ele acredita nas virtudes da sinergia em seu grupo, totalmente baseado no modelo da concentração vertical: um filme adaptado de um livro da HarperCollins é produzido pela 20th Century Fox e em seguida transmitido pela televisão aberta Fox nos Estados Unidos, pela Sky na Grã-Bretanha e a Star na Ásia, recebe cobertura ampla no *Times* e no *Sun* em Londres, no *New York Post* nos Estados Unidos e assim por diante, nas dezenas de meios de comunicação e empresas sob o guarda-chuva do grupo News Corp. Com o lançamento de *Titanic*, no fim de 1997, Murdoch deu um golpe de mestre internacional — na China, um golpe de gênio.

Tendo Wendi como sua boa fada, Murdoch consegue, com efeito, convencer o presidente chinês, Jiang Zemin, a assistir a uma projeção privada de *Titanic*, produzido por seus estúdios da 20th Century Fox. O líder comunista se emociona com as aventuras do adolescente pobre que se apaixona por uma jovem rica e morre para salvá-la; gosta dos efeitos especiais de *Titanic* e mais ainda do sucesso comercial planetário do filme. Dias depois, num gesto raro, assina pessoalmente uma crítica do filme no diário comunista oficial: "Convido meus camaradas do birô político a ver o filme, não para promover o capitalismo, mas para nos ajudar a ter êxito. Não devemos acreditar que somos os únicos a saber como fazer propaganda". Embora Murdoch tenha tomado o texto como um cumprimento, trata-se na verdade do programa estabelecido por Jiang Zemin para os dirigentes "culturais" do partido: a China deve pôr mãos à obra, reconstruir suas indústrias culturais obsoletas e vencer Hollywood em seu próprio terreno. Através de sua crítica de cinema, com força de decreto, o presidente chinês dá ordens para enfrentar o desafio de construir um cinema poderoso.

Aproveitando a oportunidade do artigo do presidente chinês, Murdoch promove uma série de projeções para os membros do birô político do partido comunista chinês, sem esquecer, naturalmente, de convidar os dirigentes da censura. Três meses depois, obtém autorização para lançar *Titanic* na China com grande quantidade de cópias, o que teria sido impossível sem o artigo de Jiang Zemin. *Titanic* torna-se assim o maior sucesso do cinema estrangeiro em toda a história da China.

Eis portanto Murdoch novamente nas graças de Beijing. Pelo menos é o que ele acha. E ele também espera, em troca, o fim da proibição das antenas parabólicas na China e mais liberdade para a Internet. Murdoch passa a declarar publicamente que a Star, até há pouco uma simples cadeia de canais pagos, vai se transformar na primeira plataforma multimídia da Ásia. Ele então encomenda a Wendi e a seu próprio filho, James Murdoch, que tomou a frente da Star em Hong Kong, cerca de vinte outros sites chineses e indianos na Web, comprados por cerca de 150 milhões de dólares.

Mais uma vez, era subestimar os chineses em matéria de concorrência. As autoridades comunistas de fato autorizam a transmissão na China continental da versão em mandarim da Star, mas o canal oferecido pode ser visto numa rede a cabo de uma província chinesa distante, cujos habitantes falam sobretudo cantonês. Em troca, Murdoch se compromete a abrir suas redes a cabo americanas ao novo canal oficial de informação contínua em inglês, uma espécie de Voice of China. A oferta não era negociável.

Mas há pior. Murdoch constatou que em sua maioria os programas de sucesso por ele lançados na Star e na Phoenix são literalmente clonados e reproduzidos — às vezes simplesmente com uma tradução para o mandarim, e ao arrepio das leis de pirataria — pelas televisões nacionais, que os revendem, entrando em concorrência com a Star. Em caso de processo, os tribunais chineses sempre dão razão às televisões governamentais. Um fenômeno semelhante se dá com o site de Murdoch, totalmente copiado. Os sites piratas são realizados pelas próprias equipes contratadas pelo dono da News Corp e em suas próprias instalações. Com isso, o site original logo atinge um teto de algumas centenas de milhares de visitantes, enquanto o site clonado, maciçamente divulgado pelas televisões e a imprensa oficiais, rapidamente supera milhões. Com o estouro da bolha da Internet e as tensões com os parceiros oficiais chineses dos outros sites que proliferam na Web, Murdoch finalmente decide retirar-se desse mercado. E logo também da China.

"Murdoch ainda nos telefona com frequência", diz-me Paul Aiello, o diretor-presidente do grupo Star em Hong Kong. "Às vezes, são quatro horas da manhã, pois lá nos Estados Unidos ele se enganou sobre os fusos horários. O que Murdoch tem de formidável é seu entusiasmo. Ele nunca fica preso ao passado, a seus erros. Pergunta-me: 'What's next?' Agora a Internet se transformou para ele numa obsessão. Ele está sempre pensando no futuro. Nunca aceita o status quo."

E no entanto, é com efeito o status quo que domina atualmente a Star na China. Rupert Murdoch, apresentado por Paul Aiello como sendo tão "hands-on", tão diretamente envolvido no andamento do negócio, parece ter deixado de lado seu brinquedo chinês, dando preferência a outros desafios, o *Wall Street Journal* ou o MySpace, suas recentes aquisições nos Estados Unidos, e sobretudo à Índia, que passou a comparar favoravelmente com a China.

Hoje, se o grupo Star tem real influência na Índia, onde realiza 70% de seu volume de negócios, e em Taiwan, onde seus canais dominam o mercado, a penetração no mercado chinês ainda está por fazer. Com a Star, Murdoch não conseguiu ter o canal de televisão aberta com que sonhava; já na Phoenix, não é seu o controle financeiro nem o controle editorial (e assim foi que recentemente ele vendeu metade de sua participação à operadora telefônica pública chinesa). "Se você quer que eu diga que nossa entrada no mercado chinês foi uma decepção, sim, foi realmente uma decepção", reconhece Paul Aiello. O próprio Murdoch manifestou numa conferência sua perplexidade quanto ao balanço de seus negócios na China: "Nós não nos saímos muito bem na China. Devemos mostrar-nos extremamente humildes. Posso dizer apenas que ninguém — e digo bem: ninguém —, nenhum dos grupos americanos ou ingleses de mídia, conseguiu até agora ter um impacto na China. É um mercado muito amplo, mas muito sensível, realmente muito sensível. Um mercado muito difícil para forasteiros".

Em agosto de 2009, numa decisão muito esperada, a Organização Mundial do Comércio (OMC), respondendo a queixa apresentada em 2007 pelos Estados Unidos, considerou em Genebra que a China violava as regras do comércio internacional ao limitar a importação de livros, meios de comunicação, discos e filmes. A displicência chinesa em matéria de pirataria e o desrespeito às leis internacionais de direitos autorais também foram sancionados. Entretanto, quaisquer que sejam as consequências da decisão — da qual a China recorreu —, os americanos parecem por enquanto ter virado a página chinesa.

Nos últimos meses, os escritórios da Warner em Beijing e da Columbia em Hong Kong foram fechados. A Disney continua esperando o sinal verde das autoridades chinesas para construir seu parque temático em Xangai. A Google ameaça retirar-se da China. A antiga diretora da Warner, Ellen Eliasoph, é hoje advogada de uma grande empresa americana e continua vivendo em Beijing. Barbara Robinson deixou a Columbia e continua vivendo em Hong Kong. Peter Loehr continua contratando artistas locais, à espera de que a China se abra. Quanto a Paul Aiello, o diretor-presidente da Star, acaba de anunciar que deixará a chefia da empresa e que o grupo vai efetuar uma retirada estratégica de Hong Kong para Mumbai.

Escaldados pelos sucessivos fracassos na China, pela censura e as cotas de Beijing, assim como por esse capitalismo autoritário de "dois pesos, duas medidas", os americanos têm um novo plano: trocar o leste da Ásia pelo sul da Ásia como destino de seus investimentos. Em suma: abandonar a China para conquistar sua rival, a Índia. Em vez de um mercado de 1,3 bilhão de chineses, os americanos dispõem-se a se contentar com um mercado de 1,2 bilhão de indianos. Afinal, continua sendo, como eles dizem, um país de população na categoria "Billion +" (mais de um milhão).

Em março de 2009, a Motion Picture Association abriu um escritório na Índia. Os estúdios Disney, Warner Bros., 20th Century Fox e Paramount abriram escritórios em Mumbai e começam a produzir filmes localmente. A MTV decola na Índia. As séries produzidas pela Colors, o canal da Viacom, fazem sucesso arrasador. E por que não, no lugar de *Kung Fu Panda*, produzir outros *Quem quer ser um milionário?* Para os americanos, sempre em busca de uma nova fronteira e de um novo mundo, a nova China se chama Índia.

10. Como Bollywood sai em conquista do mundo

"Se eu não apareço no hotel Marriott durante uma semana, as pessoas acham que eu não estou mais trabalhando", ironiza Uday Singh, diretor da Sony India. "Quando estou no BBC, um dos cafés do Marriott, todo mundo sabe que estou preparando um filme e com quais atores e com qual cineasta vou fazê-lo", explica por sua vez o produtor indiano Bobby Bedi.

Em Bollywood, cada geração tem seu hotel. Depois do Juhu Hotel, hoje decadente, na praia de Juhu, em Mumbai, capital do cinema indiano e novo nome de Bombaim, a "cena" transferiu-se para o Sun-n-Sand, hotel luxuoso mais ao norte. Mas agora a moda mudou de novo e os profissionais de cinema, quando querem se encontrar, as estrelas de Bollywood, para dar suas festas, e os jornalistas, para entrevistar as estrelas, marcam encontro no Marriott, um palácio cinco estrelas, hotel supremo e ultrachique mas sem personalidade, também situado em Juhu, entre o bairro da moda, Santa Cruz, ao sul, e a Film City, os estúdios de Bollywood, no norte de Mumbai. Nos sete restaurantes e cafés do Marriott, uma infinidade de produtores, distribuidores, agentes e atores se mobiliza para dar vida aos futuros blockbusters bollywoodianos. Todo mundo fala inglês contra um pano de fundo de música lounge Buddha-Bar.

Desinteressado de modas e festas, Amit Khanna marcou encontro comigo no Sun-n-Sand, ao qual se manteve fiel em Mumbai. O antigo templo bollywoodiano, cuja vista para a praia de Juhu é muito mais bela que a do Marriott, está superado, caidinho, mas continua sendo um porto seguro para as velhas famílias da cidade. No café do hotel, onde o espero, o último Coldplay toca sem parar. De repente, Khanna chega, atrasado, com dois telefones celulares que atende constantemente em 15 segundos, a cada chamada. Com seu terno à antiga, a cabeça raspada, sério, Amit Khanna fala curto e responde rápido, com autoridade, sem simpatia nem detalhes. Suas palavras são contadas. "Temos aqui 1,2 bilhão de habitantes. Temos dinheiro. Temos experiência. Juntamente com o Sudeste asiático, representamos um quarto da população do planeta, e com a China, um terço. Queremos desempenhar um papel central, política, econômica, mas também culturalmente. Nós acreditamos no mercado global, temos valores, os valores indianos, a promover. Vamos enfrentar Hollywood em seu próprio terreno. Não só para ganhar dinheiro, mas para afirmar nossos valores. E estou profundamente convencido de que teremos êxito. Vão ter de nos aguentar."

Desde que eu cheguei à Índia, ninguém me falou assim. Até agora, meus interlocutores deram mostra de extrema cortesia, e muitas vezes, especialmente em casos de diferença de nível de vida, de uma espécie de deferência e de humildade sempre incômodas. Amit Khanna não tem esses cuidados. Ele tem o olhar emergente, observando o francês que tem à sua frente como representante de um povinho em extinção, o olhar do dominante sobre o dominado — o contrário, em suma, do olhar dos condutores de riquixá, dos barbeiros, engraxates ou "chai wallahs" (os que servem chá) com que nos deparamos na Índia, e que, intimidados, estão sempre dizendo "Yes, sir".

Amit Khanna é o diretor-presidente da Reliance Entertainment, uma das mais poderosas multinacionais indianas do setor das indústrias criativas e da mídia. O grupo pertence ao multibilionário Anil Ambani, 50 anos, a sexta fortuna do mundo, especializado em distribuição de gás, eletricidade e telecomunicações, enquanto seu irmão Mukesh Amba — com o qual está em guerra — recuperou na tradição da fa-

COMO BOLLYWOOD SAI EM CONQUISTA DO MUNDO

mília as indústrias pesadas, a petroquímica, as refinarias de petróleo e os supermercados. Anil é o mais "cultural" dos dois irmãos, amigo da estrela Amitabh Bachchan, e casou com uma atriz de Bollywood, com isso rompendo os códigos de sua casta — a dos comerciantes, os bânias.

"Nossa estratégia consiste em construir um grupo pan-indiano, integrado, de nova geração", explica Amit Khanna. "Isso significa que estaremos presentes em todas as telas ao mesmo tempo, e em todos os setores. Com a Reliance Telecommunications, número 1 indiana dos celulares, com 60 milhões de assinantes, temos as telas menores, e com nossa rede de multiplexes, uma das maiores da Índia, temos também as maiores. Podemos produzir conteúdos para todas essas telas. Além disso, fornecemos acesso à Internet em vinte mil cidades e 450 mil aldeias indianas, podendo agora levar-lhes música, cinema. Hollywood é a indústria cinematográfica do século XX; nós estamos construindo a indústria do século XXI."

Com um dos principais estúdios de cinema de Bollywood, uma rede de vinte canais de televisão e 45 estações de rádio (Big TV, Big FM), uma das duas maiores redes de multiplexes da Índia (Big Cinemas), uma produtora de discos especializada em canções bollywoodianas e sites monopolísticos, a Reliance já é um gigante incontornável nas indústrias de conteúdos e mídia. O grupo é conhecido na Índia pela marca Big, e de fato tudo é "gigante" no país. Para começar, o PIB. A Índia tem uma das economias mais dinâmicas do mundo, com um crescimento anual entre 6% e 8%. No setor das indústrias criativas e do cinema, o crescimento é ainda mais espetacular, superando 18% ao ano. "Nosso futuro está aberto, somos o segundo país mais populoso do mundo", insiste Amit Khanna, que quer romper com a imagem do cinema indiano das décadas de 1960 e 1970, apreciado pela crítica e os festivais internacionais, como cinema do Terceiro Mundo, mas não levado muito a sério como indústria e como mercado.

O grupo Reliance, portanto, pensa "big": como já possui 240 salas de cinema nos Estados Unidos, investiu 600 milhões de dólares em 2008 no estúdio DreamWorks SKG de Steven Spielberg, para entrar em Hollywood pela porta da frente. Paralelamente, o grupo botou na mesa mais 600 milhões para produzir uma dezena de filmes de grande orçamento em colaboração com oito produtoras, entre elas as de Brad Pitt, Jim Carrey, Nicolas Cage, Tom Hanks e George Clooney (os acordos foram fechados pela sucursal de Beijing da agência americana Creative Artists Agency). Pela primeira vez um país emergente entra com tanto dinheiro em Hollywood. O investimento foi festejado pela imprensa americana e Bollywood recebeu a notícia triunfalmente. "Os indianos vão pagar milhões de dólares por um contrato que não lhes garante muito mais que a oportunidade de assistir à estreia com Steven Spielberg", relativiza, contudo, um importante produtor entrevistado em Los Angeles. Eu repito o maldoso comentário para o meu anfitrião. Amit Khanna sorri.

> Nós nunca fomos a nenhuma estreia. Não é o glamour que estamos procurando, mas a oportunidade econômica. Nós somos sócios, como investidores financeiros, mas estando igualmente associados ao projeto artístico. Os estúdios americanos envelheceram, precisam de sangue novo. E nós temos esse sangue novo. Vamos proporcionar-lhes uma nova sensibilidade, investindo diretamente em homens, talentos, para criar os maiores filmes. Nossa força está no fato de sermos tão numerosos, em nossa juventude, nossa tradição cinematográfica, nossa maneira de contar histórias.

Farão então filmes indianos em Hollywood?

> Na Reliance, nós achamos que o entretenimento é etnocêntrico. Se tentarmos exportar valores indianos, fracassaremos. Em Bollywood, nós defendemos nossos valores; em Hollywood, faremos um cinema diferente para ser mainstream, faremos filmes hollywoodianos para o grande público. Vamos entrar em concorrência com Hollywood com diferentes tipos de conteúdos, diferentes plataformas.

Ele faz uma pausa. "Ao mesmo tempo, somos o maior país de fala inglesa do mundo e temos a massa crítica necessária para nos tornar amanhã um gigante mundial. Precisamos antes de tudo seduzir pela

COMO BOLLYWOOD SAI EM CONQUISTA DO MUNDO

criatividade, e só depois por nosso modelo econômico." A essa altura Khanna já deixou de lado os celulares, da operadora Reliance, é claro, e parece mais calmo. Concorda em falar um pouco de si mesmo, de sua trajetória. Conta então que mora numa casa pequena perto da praia de Juhu, em Mumbai, e que não é casado. Sua paixão é a composição musical, além de ler e escrever. Vários indianos com quem conversei em Mumbai e Nova Déli referem-se a ele como uma "biblioteca ambulante", totalmente voltado para o trabalho e a leitura. "Eu tento expandir meu conhecimento o máximo possível, e um dia talvez escreva minhas memórias", diz ele. Depois de escrever sobre as mídias num grande jornal indiano, ele assinou dezenas de roteiros de filmes, produziu muitos longas-metragens e dirigiu vários canais de televisão antes de fundar o braço "entertainment" do grupo Reliance. Também é presidente da Associação Indiana de Produtores de Cinema.

"Geralmente me consideram o inventor da expressão 'Bollywood'", diz-me Amit Khanna. Gerando aproximadamente 250 longas-metragens por ano, o equivalente a apenas um quarto da produção cinematográfica indiana, estimada em mais de mil filmes anuais, Bollywood representa apenas o cinema produzido em hindi em Mumbai. "Mas é o cinema que conta na bilheterias indianas e na internacional. É o cinema mainstream da Índia." Quando Khanna me fala de Bollywood, eu sinto expressar-se o orgulho nacional. Ele sorri (é a segunda vez). Já agora não para mais de falar, logo ele que, segundo sua assessora, teria tão pouco tempo para nosso encontro. Ele me conta a história de Bollywood e de suas estrelas. Aquelas mesmas que, quando aparecem numa rua de Mumbai ou na menor aldeia indiana, geram uma identificação histérica, adoração e tumulto: os atores Amitabh Bachchan, Abhishek Bachchan, Shah Rukh Khan, Aamir Khan, Salman Khan, Saif Ali Khan, Akshay Kumar e Hrithik Roshan (os indianos fazem de tudo para vê-lo de perto e constatar que de fato tem seis dedos numa das mãos), as atrizes Aishwarya Rai Bachchan, Kajol Devgan, Rani Mukerji, Kareena Kapoor, Preity Zinta e tantas outras. "Vários desses atores são muçulmanos", acrescenta Khanna, insistindo na diversidade do cinema indiano. Ele defende o que chama

MAINSTREAM

de uma espécie de "Bollywood masala", o contrário de Hollywood: nos Estados Unidos, tornar-se mainstream é privilegiar o menor dos denominadores comuns para falar a todo mundo; em Bollywood, o que se faz é o inverso, misturando todos os gêneros ao mesmo tempo — drama, comédia, ação, musical, thriller, dança tradicional, dança contemporânea —, para falar a todos os membros da família, aos gostos mais variados, mas que convergem nessa mistura de ingredientes. O mainstream pelo tutti frutti, por assim dizer.

Khanna abraça plenamente a mitologia de Bollywood: crianças pobres que sabem de cor as canções e as cantam nos cinemas de uma só tela da favela de Dharavi; as arrumadeiras que se levantam para dançar no cinema; o poder do cinema de transcender as classes sociais e as castas, unindo os indianos. "Bollywood desempenha um importante papel de integração nacional, unindo as regiões com a nação, vinculando a cultura popular e a arte, servindo de língua comum num país com 22 línguas oficiais." Arrebatado por seu discurso flamejante — e no fundo extremamente bollywoodiano —, Khanna passa rapidamente pelas zonas de sombra da indústria: os notórios vínculos do mundo do cinema com a máfia (que no entanto seriam confirmados em conversa comigo, em Nova Déli, pelo próprio vice-ministro da Cultura); ou o fato de Bollywood ter servido para lavagem de dinheiro durante o regime socializante das décadas de 1950 a 1990. Amit Khanna descarta esse debate com um gesto de desprezo, explicando que desde 1991 a Índia não é mais socialista e que desde 1998 o governo reconheceu Bollywood como uma autêntica indústria, abrindo-lhe caminho para o financiamento legal, os empréstimos bancários, os seguros e todo um ecossistema financeiro que torna obsoletos os laços com a máfia.

Em vez de falar de lavagem de dinheiro, Khanna prefere voltar às canções. Sua fama se deve às quatrocentas canções que compôs para Bollywood ao longo de trinta anos. E hoje ele pretende estabelecer uma sinergia entre o cinema e a música em seu trabalho na Reliance. "A chave de tudo é o fato de o profissional ser ao mesmo tempo ator, dançarino e cantor em Bollywood, precisando desses três talentos para fazer sucesso. Ou pelo menos dos dois primeiros...", diz ele sem concluir a frase, dando a entender que os atores muitas vezes são dublados em Bollywood, cantando portanto com playback. Conta-me também que os indianos usam as canções de Bollywood em casamentos, festas, enterros. Que se valem de citações dos filmes na vida cotidiana. Que todo mundo, na mais pobre e distante favela, sabe de cor as canções mais conhecidas. Amit Khanna se orgulha de Bollywood e do seu país.

Será que teme a concorrência dos outros países emergentes? Do Golfo? "Eles só têm dinheiro, não têm os talentos. Já nós temos as duas coisas. Vamos conseguir." E a China? Amit Khanna faz uma pausa. Hesita. "Estamos acompanhando o que acontece na China com muita atenção."

Ao longo de nossa conversa no café do hotel Sun-n-Sand, venho a entender então que, ao contrário do que parecia indicar o início de nossa conversa, o verdadeiro rival da Índia não são os Estados Unidos, com os quais a Reliance está construindo parcerias e uma cooperação de longo prazo, mas a China. Na verdade, os indianos precisam dos americanos para fazer contrapeso à China; e os Estados Unidos precisam da Índia para conseguir o que querem na Ásia, já que fracassaram na China. Amit Khanna não me descreveu claramente essa nova geopolítica do entretenimento, mas me diz o quanto gosta do cinema americano e o quanto prefere o caos indiano e Bollywood à ordem chinesa e à rigidez da China Film. "A Índia é uma democracia, a China, não. A Índia é um mercado onde um estrangeiro pode investir livremente, a China, não. Não temos medo de ninguém. Os americanos são bem-vindos se quiserem investir aqui." Não daria para ser mais claro, na verdade. O que eu acabo de entender na praia de Mumbai, a Índia se aliando aos Estados Unidos contra a China, é o que se chama em diplomacia de mudança de parceria.

A nova Bollywood

Deixo a praia de Juhu de riquixá, um desses triciclos motorizados pretos e amarelos que permitem circular com mais rapidez em Mumbai. Sagar, o condutor turbinado que entendeu por meus gestos que eu estava atrasado, passa em meio aos carros a toda velocidade, vencendo o trá-

MAINSTREAM

fego terrível, ao mesmo tempo que ouve a todo volume um esplêndido sucesso de Bollywood. No subcontinente indiano, o cinema não é uma arte elitista, mas uma cultura popular de massa.

Rumo a Santa Cruz, um bairro do centro de Mumbai. No sétimo andar de um prédio despido de adornos, tenho encontro marcado com Ritesh Sidhawani, a nova sensação de Bollywood. Ele acaba de produzir o filme *Rock On!!* (fazendo questão dos dois pontos de exclamação), uma espécie de comédia musical "jukebox" voltada para os adolescentes e lembrando espetáculos da Broadway como *Rent* e *Movin' Out*.

"Os jovens estão mudando a Índia. Os filmes clássicos de Bollywood, ao estilo 'song & dances', com canções e danças, precisam evoluir. Os jovens são cada vez mais educados, têm acesso à Internet, celular, veem a MTV, e nós precisamos mudar com eles." Ritesh Sidhawani encarna justamente essa "nova Bollywood", mais experimental, mais rock, mais disposta a correr riscos e visando um público mais "urbano". Com apenas 35 anos, de origem paquistanesa, é um dos jovens produtores importantes do cenário cinematográfico local que aspira a se tornar global. O orçamento de *Rock on!!* chega a 6,5 milhões de dólares, o que é considerável, em relação à média dos orçamentos em Bollywood.

O aumento dos orçamentos foi possibilitado pelo desenvolvimento dos multiplexes nas grandes cidades, o que se traduz em forte aumento do preço das entradas (200 rupias para ver um filme num multiplex, o equivalente a cerca de 3 euros, contra 10-40 rupias numa sala normal, ou seja, menos de 50 centavos). Desse modo, os filmes voltados para o público urbano arrecadam mais dinheiro; a nova Bollywood procura atrair essa juventude dourada com filmes de ação e histórias mais modernas. Depois de mais de 15 anos de televisão por satélite, com a liberalização da economia, o aumento da emigração para o Ocidente, o acentuado número de jovens indianos estudando em universidades americanas e a generalização da Internet na Índia, as expectativas dos espectadores, especialmente o público jovem, urbano e educado, estão mudando — e Bollywood também precisa mudar.

"Não gosto muito da palavra Bollywood. Prefiro falar apenas da indústria cinematográfica de Mumbai. Pois é de fato de uma indústria que estamos falando. E por sinal não temos na Índia o menor problema de financiamento, atualmente é muito fácil conseguir dinheiro", constata Ritesh Sidhawani. A mutação econômica em curso em Bollywood é inusitada: há pouco tempo, esse setor isolado e pouco valorizado, entregue à máfia, baseava-se numa espécie de capitalismo doméstico "filho de papai", num regime socializante pouco pródigo em verbas; os contratos eram verbais, os roteiros, improvisados no dia a dia, e o marketing, entregue às próprias salas de cinema. Hoje, segundo me confirma Sidhawani, Bollywood tornou-se uma indústria americanizada. Os produtores e diretores de marketing se formaram em Los Angeles; a profissionalização do setor se generaliza, o orçamento de marketing de um filme foi multiplicado por dez, os investidores estrangeiros tornam-se indispensáveis e as agências de talentos, os advogados e os diretores financeiros impuseram ordem à contabilidade. Bollywood começa a aprender o significado das palavras Accountability, Pilot, Green Light, Pitch e Balance Sheet. Ao estilo americano.

Rock On!! tem como alvo um mercado mundial, inicialmente indiano, depois inglês, australiano, sul-africano, o Golfo, o Paquistão e, naturalmente, os Estados Unidos. "No exterior, nosso público é formado sobretudo pelos indianos expatriados. Para eles, ir ao cinema é buscar fantasia, sonho, tudo que lhes permita manter-se ligados ao país." Ritesh Sidhawani fala desarticuladamente num pequeno escritório desordenado onde se vê uma pilha de publicações, entre elas várias edições indianas de *Rolling Stone* (a matéria de capa do mês fala justamente do filme *Rock On!!*). Será que ele acredita realmente na possibilidade de penetrar no mercado americano? Ritesh Sidhawani devolve a pergunta:

> Sim, não precisamos dos americanos para atingir os indianos que vivem nos Estados Unidos. Nós nos viramos sozinhos. Em compensação, eles precisam de nós para alcançar o público indiano, pois seus filmes não têm boa bilheteria aqui. Eles sabem que o cinema indiano está se tornando global e querem estar presentes para conseguir 'a piece of the pie', mas por enquanto não estão conseguindo. Nem através da distribuição nem das coproduções locais.

MAINSTREAM

Uma parte do bolo? Sem cotas, sem censura nem regras protecionistas, o cinema indiano vai bem na Índia. Representa mais de 90-95% da bilheteria, contentando-se os americanos com uma parte muito pequena da "pie", em torno de 5% (alguns dos meus interlocutores, assim como os dirigentes hollywoodianos, afirmam que é mais para 10%, mas é difícil conseguir estatísticas confiáveis na Índia). O fato é que essa resistência dos filmes indianos, e antes de mais nada de Bollywood frente a Hollywood, não deixa de surpreender. Em termos de espectadores, a comparação chega a ser espantosa: 3,6 bilhões de entradas para assistir a filmes indianos vendidas em todo o mundo, contra 2,6 bilhões no caso dos filmes de Hollywood. Mas a vantagem para por aí: o total em dólares das bilheterias indianas — apenas 2 bilhões — é pouco significativo em comparação ao de Hollywood, em torno de 38 bilhões de dólares (dados de 2008). E um filme como *Piratas do Caribe* representou sozinho, em 2006, a metade de bilheteria mundial de todos os filmes de Bollywood.

Para dar o troco, os americanos adotaram uma nova estratégia: produzir filmes indianos na Índia. A Warner, a Disney, a 20th Century Fox e a Columbia já estão em ação. Fui então entrevistar os dirigentes desses quatro estúdios na Índia, para entender seus objetivos.

"Meu trabalho consiste em fazer seis filmes indianos por ano. A estratégia dos estúdios americanos hoje em dia é mundial. Não queremos mais distribuir nossos filmes na Índia, mas produzir todos os filmes do mundo", explica Uday Singh, o vice-presidente da Sony Pictures India, que supervisiona o setor de produção de filmes da Columbia. Eu estou muito longe, no extremo norte de Mumbai, numa região urbana conquistada a terrenos pantanosos, e na qual vão surgindo da terra prédios modernos nos quais se pode ver por exemplo, como no saguão onde me encontro, uma falsa floresta de bambus de plástico.

Aproximadamente quatrocentas pessoas, muitas delas jovens, trabalham aqui em seus "cubicles", com computadores Sony de última geração e telefones Blackberry — cenário que contrasta com a imensa pobreza das favelas atravessadas para chegar a essa zona comercial meio perdida. "Os conteúdos locais são a única coisa que funciona", insiste Uday Singh. "Nós fracassamos na distribuição dos filmes americanos na Índia: precisamos produzir filmes localmente, se possível com um potencial mundial. É nosso único valor agregado: os indianos não sabem fazer filmes globais. Dispomos dos recursos de marketing e da rede de distribuição internacional para transformar um sucesso nacional em sucesso mundial."

Para atingir um mercado único no mundo, no qual um blockbuster indiano gera 33 milhões de entradas em uma semana, Uday Singh me explica que a Sony tentou de tudo com seus blockbusters americanos: dublou os filmes em vinte línguas para tentar atingir todos os públicos de um país que tem 22 línguas oficiais e centenas de línguas regionais e dialetos (a Warner, por sua vez, dublou *Batman — O cavaleiro das trevas* em 14 línguas). Acrescentou canções em hindi em *Casino Royale*. Produziu vídeos com grupos de rock locais para lançar Homem-Aranha e montou cinco campanhas de marketing diferentes em cinco línguas, entre elas o hindi, o tâmil e o telegu, para promover o filme. De nada adiantou. Se *Homem-Aranha* teve um sucesso significativo na Índia (uma receita de 17 milhões de dólares, o que representa uma bilheteria histórica para Hollywood na Índia), estamos longe, aqui, do sucesso obtido no resto do mundo. "Os filmes de Bollywood são muito diferentes, em sua concepção, em sua estrutura, dos filmes americanos. E o público indiano espera que um filme tenha os habituais 'songs and dances'. Essa mistura de tradição e modernidade é que é tão difícil de compreender para os ocidentais", conclui Uday Singh.

Alguns escritórios adiante, no mesmo complexo, Kunal Dasgupta dirige a Sony Entertainment Network, braço audiovisual do grupo na Índia. "O fascinante, com os indianos, é que absorvem todas as culturas, mas no fim continuam sendo eles mesmos. Podem gostar das séries americanas, mas na hora de casar aceitam os casamentos arranjados pela família." A Sony pretende portanto aumentar ainda mais sua produção local, embora o programa *Indian Idol* não passe de uma adaptação de *American Idol.* "Nossos conteúdos serão cada vez mais locais e cada vez menos americanos", confirma Kunal Dasgupta, trabalhando há 15 anos para a Sony.

O investimento da Sony na Índia não deixa de ter segundas intenções. O cinema e a televisão são uma maneira de promover a marca e, a partir de uma imagem de glamour, vender aparelhos de televisão de tela plana, computadores, telefones e câmeras digitais. "Na Índia, as pessoas acham que somos um canal de televisão que fabrica produtos eletrônicos!", diverte-se Kunal Dasgupta, subordinado ao escritório da Sony em Los Angeles e não à sede mundial da Sony no Japão. O produtor Aditya Bhattacarya ironiza essa pretensão americana de conquistar o mercado indiano: "Em número de olhos, nós somos o maior mercado do mundo", diz ele, apontando os próprios olhos com dois dedos. "Isso excita os americanos, sobretudo depois que fracassaram na China. Mas eles tampouco conseguirão penetrar no mercado indiano."

Esse discurso é também o de Navin Shah, o jovem diretor-presidente do grupo multimídia Percept, com quem me encontro em Lower Parel, no extremo sul de Mumbai. Precisei passar por duas horas de engarrafamento para encontrá-lo, de tal maneira Mumbai é uma cidade-mundo cujo urbano não foi planejado. Entre os dois pontos do percurso, tudo é caos, as favelas, numerosas, a coleta do lixo, inexistente, as calçadas, tão perigosas quanto as avenidas, são saturadas, a segurança alimentar e sanitária, mais precária ainda, a água, estagnada. E por sinal, não é potável. Na competição entre os dois grandes rivais que são a Índia e a China, aquela é muito mais pobre que esta, e muito mais caótica. Mas a Índia tem uma vantagem: é um país jovem, uma democracia, e quer mudar.

"Nós queremos construir a nova Bollywood", diz-me Navin Shah. Aos 35 anos, ele já produziu 45 filmes para Bollywood. Estou diante do jovem diretor-presidente de uma jovem empresa, num país jovem — é o que primeiro chama a atenção de um pesquisador que vem da "velha Europa", onde o diretor-presidente de um grupo dessa importância (a Percept tem dois mil assalariados) teria necessariamente mais de 50 anos. Na China, seria um velho funcionário do partido comunista.

"A nova Bollywood precisa de novas histórias, de roteiros melhores, de um verdadeiro storytelling, de atores mais jovens. Está fora de questão

COMO BOLLYWOOD SAI EM CONQUISTA DO MUNDO

abandonar as 'songs & dances', que são a assinatura de Bollywood, mas precisamos rejuvenescer os filmes, pois o público está mudando. Os filmes precisam ser um pouco menos previsíveis, mas o *happy end* continua sendo obrigatório." E sobretudo, Navin Shah acredita na tecnologia, setor em que os indianos se adiantaram a outros países emergentes, e é graças a ela que o cinema indiano pretende progredir. "A Índia é um país tão orgulhoso do seu avanço tecnológico que aqui as pessoas acham que 'IT'* significa 'Indian Technologies'", diz ele com humor.

Navin Shah mostra-me um documento dando conta da atual bilheteria na Índia: "Grosso modo, o dinheiro vem agora dos multiplexes e do setor internacional, e não mais dos cinemas 'one-screen' que existem em nossas seiscentas mil aldeias. Esses cinemas são muito numerosos, mas não rendem mais nada. Nosso único objetivo, portanto, é o indiano urbano que frequenta um multiplex". Navin Shah se expressa num inglês perfeito, e eu o cumprimento por isso. Ele se mostra orgulhoso. Na Índia, a língua oficial no meio do cinema é o inglês, e até os indianos falam inglês entre si — ou pelo menos uma espécie de "hinglish", mistura de inglês e hindi. Comento com ele que no Japão e na China até no setor do entretenimento os dirigentes que falam inglês são raros. Percebo que seu orgulho aumenta mais um pouco. Em seguida, lúcido, Navin Shah acrescenta, meio enigmático: "Bollywood é hoje uma indústria dirigida por pessoas que falam inglês entre si, mas que fazem filmes em hindi. É isso a nova Bollywood — e aí é que está o problema".

Na Star India, em Nova Déli, o discurso é um pouco diferente — e não sem motivo. A Star India pertence ao grupo pan-asiático Star, que tem sua sede em Hong Kong, mas cuja matriz, a News Corp de Rupert Murdoch, fica nos Estados Unidos. Parul Sharma recebe-me na sede da Star India em Nova Déli. "Na verdade, os americanos estão cada vez mais presentes na Índia, e têm cada vez mais êxito: a questão é apenas encontrar a boa estratégia." E qual seria essa estratégia? "Localized contents", responde Parul Sharma sem hesitar. "Nossos conteúdos

---

*Information Technology (tecnologia de informação).

devem ser 100% locais: formatos americanos que sejam 'indianizados' ou então programas inteiramente formatados para a Índia." Segundo ele, que significa essa "indianização"? "Nós precisamos defender os valores indianos nos nossos conteúdos: o indiano tem obrigações para com a família, o casamento é um tema sensível, podendo ser arranjado, nunca se deve falar de sexo nem usar palavras vulgares na presença dos pais, não se pode mostrar beijos nem fazer qualquer insinuação sexual, o código de vestuário frente à família não pode ser ocidental, o respeito aos animais é sagrado, não se come carne de boi, tudo é muito 'family-oriented'." Vários interlocutores meus na Índia descreveram um lento processo de transformação desses valores, e eu me pergunto de que maneira isso pode afetar os conteúdos. Parul Sharma:

> Sim, a Índia está mudando, mas não necessariamente como os ocidentais gostariam. Os jovens indianos são os agentes dessa mudança. Numa série de televisão, é possível hoje em dia ver casamentos por amor, e não apenas casamentos arranjados, existem divórcios, vidas duplas, as pessoas se vestem à maneira ocidental e acontece até de aparecerem gays nas séries. Mas as coisas levam tempo.

Em tom casual, pergunto a Parul Sharma se o novo interesse da Star pela Índia é uma reação aos fracassos das majors americanas e do grupo Star em particular na China. Parul Sharma não responde: diz-me apenas que não posso citá-la, e que não quer declarar nada sobre o assunto "on the record". Fico então com vontade de lhe perguntar, como no fim do filme *Quem quer ser um milionário?*: "É sua última palavra?".

O exemplo que ela me daria mais tarde é justamente o do programa de perguntas e respostas *Quem quer ser um milionário?* De propriedade do grupo Sony, o formato do programa foi retomado na Índia pela Star TV com o título indiano *Kaun Banega Crorepati*, com o célebre ator de cinema Amitabh Bachchan como apresentador (uma outra estrela, Shah Rukh Khan, tomou seu lugar na última temporada). Com esse programa, a Star tornou-se um dos canais de maior audiência do subcontinente indiano.

COMO BOLLYWOOD SAI EM CONQUISTA DO MUNDO

A versão indiana de *Quem quer ser um miolionário?* constitui o enredo do filme *Quem quer ser um milionário?* de Danny Boyle, vencedor de oito Oscars. Seu sucesso, por sinal, foi decuplicado por essa matriz televisiva conhecida que constitui o roteiro. O jovem Jamal Malik (Dev Patel, um inglês de origem indiana de 19 anos) chega de uma favela de Juhu a Mumbai e fica milionário graças ao programa, sendo no entanto acusado de trapacear. O filme foi adaptado de um romance indiano de Vikas Swarup e rodado na Índia, sobretudo em Mumbai. Mas não é um filme indiano. Assinado por um cineasta inglês, foi produzido por vários estúdios americanos e ingleses, particularmente a Pathé UK (ramo britânico da francesa Pathé), a Fox Searchlight Pictures (do grupo de Murdoch) e a Warner Bros. Foi distribuído em todo o mundo pela Pathé e na América do Norte pela Warner Independent Pictures (na Índia, a distribuição foi da Fox Star Studios, mais uma vez marcando a presença de Murdoch). Mais ou menos como aconteceu com *Kung Fu Panda*, produzido pelos americanos, e não pelos chineses, ou com *Bombay Dreams*, comédia musical da Broadway montada por ingleses, o exemplo de *Quem quer ser um milionário?* mostra que os indianos não estão necessariamente nas melhores condições para distribuir mundialmente uma cultura que no entanto se baseia em suas próprias histórias. Os americanos cuidam deles. E, como em *Quem quer ser um milionário?*, uma criança pode dizer, pouco antes de entender que seu protetor quer deixá-la cega: "Ele cuida da gente, deve ser um homem bom".

De outra feita, encontro no sul de Mumbai, perto da Porta da Índia, o diretor da Warner Bros. India, Blaise Fernandez. Ao contrário da maioria de meus interlocutores na Índia, ele se mostra confiante quanto à penetração do cinema americano no subcontinente. Chega inclusive a prever um aumento da bilheteria do cinema americano, chegando a algo da ordem de 50% do mercado em questão de poucos anos, "como na maioria dos países" (embora esteja atualmente em torno de 5%). Mas com uma condição, diz ele: produzir filmes compatíveis com "o espírito de Bollywood".

Blaise Fernandez está na Warner há vinte anos, mas o estúdio americano começou a produzir filmes na Índia somente depois de 2005, ampliando seus investimentos aqui à medida que ia se retirando da China.

Visamos claramente um público mainstream. Mas não existe fórmula mágica em Bollywood. Sei apenas que precisamos produzir filmes locais. É um mercado local mas gigantesco, e um mercado muito aberto. Os indianos querem continuar sendo indianos: querem ver seus filmes em hindi, com songs & dances, melodramas extravagantes e brigas sensacionais. Querem filmes longos, muitas vezes de três horas de duração, e também conversar no intervalo, logo depois de uma sequência de grande suspense. Querem que o bem sempre prevaleça sobre o mal, que o vilão continue sendo vilão. Por causa da pobreza, das favelas, do analfabetismo, os indianos querem fugir da realidade. Querem fantasia. Ao mesmo tempo, é preciso que tudo seja previsível no filme, não há lugar para surpresas. É assim. E não vai mudar. Cabe a nós nos adaptarmos. Um estúdio como o nosso, apesar de americano, deve produzir aqui filmes indianos, e não filmes americanos. E é o que vamos fazer.

Na Índia, na China, no Egito, na Turquia, no Brasil, quem melhor me explicou a globalização da cultura foram, paradoxalmente, os representantes dos estúdios e das majors americanas nesses países. Todos os meus interlocutores contestaram a ideia de uma uniformização da cultura; não tanto porque quisessem defender seus interesses, mas por pragmatismo, por terem fracassado quando privilegiaram conteúdos estritamente americanos. Os homens que estão à frente da Warner India, da Disney India, da Condé Nast na Índia, da CNN Türk, da MTV France, da Warner China, da Fox no Egito, da Universal no Brasil sabem por experiência própria que é preciso continuar sendo "local" para existir nos mercados emergentes. "'Localize or die' (seja local ou morra) é uma fórmula que ficou famosa na Índia", diria um desses dirigentes. "Nós fazemos 'bollyvogue' e nos tornamos cada vez mais locais em nossos conteúdos", confirma, por sua vez, Bandana Tewari, redatora-chefe da *Vogue India*. "Aqui, fala-se das estrelas de Bollywood, e não das de

COMO BOLLYWOOD SAI EM CONQUISTA DO MUNDO

Hollywood. Ocorre uma autêntica 'bollywoodização' da cultura indiana, e nós temos de levá-la em consideração. Com isso, nos interessamos pouco pelo resto do mundo na *Vogue India*, nem mesmo pela Ásia, pois a Índia é um continente por si só." E por sinal as revistas ocidentais aprenderam a lição: da *GQ* à *Rolling Stone*, da *People* à *Marie Claire*, da *Cosmopolitan* à *Elle*, inúmeras publicações americanas e europeias de publicidade globalizada, mas falando apenas da Índia, podem ser encontradas nas bancas e livrarias. Muitas vezes, são vendidas nas ruas por indianos pobres de 12 ou 13 anos, repetindo desesperadamente "*Vogue*, madam? *GQ*, sir?" nas janelas dos carros parados no sinal vermelho, crianças quase sempre exploradas por intermediários que embolsam quase toda a receita, entregando-lhes menos de um dólar por dia.

Por enquanto, os resultados das majors americanas na Índia não são muito positivos. Em matéria de produção local, já se pode inclusive falar de fracasso. A primeira tentativa da Columbia em 2007, o filme *Saawariya (Beloved)*, foi um fracasso nas salas porque *Om Shanti Om*, de Farah Khan, com a estrela Shah Rukh Khan no papel-título, foi lançado simultaneamente. A coprodução da Disney com os estúdios Yash Raj no caso do filme de animação *Roadside Romeo*, em 2009, tampouco foi muito mais concludente, e a experiência da Warner com o filme *Chandni Chowk to China* igualmente deu em fracasso. Quanto aos investimentos da DreamWorks para montar um estúdio de animação em Bangalore, em parceria com o estúdio indiano Paprikaas Interactive, ainda não deram fruto. E no entanto, ideias bem articuladas são o que não falta aos americanos: a Warner tem 12 projetos de filme na Índia, a Disney, quatro filmes de animação em pré-produção, a Sony-Columbia contempla um projeto de seis filmes por ano e a 20th Century Fox, o estúdio de Murdoch, tem atualmente quatro projetos em produção e dois sob contrato. Os indianos observam toda essa movimentação sem preocupação, e vão tirando as devidas lições.

Bollywood representa apenas uma parte do cinema indiano. O resto é realizado fora de Mumbai, em mais de vinte línguas, em diferentes regiões. "Os filmes não bollywoodianos raramente atingem um público nacional, e ainda mais raramente fazem sucesso de público", explica Nina Gupta, que dirige em Mumbai a National Film & Development Corporation, o organismo público de promoção e desenvolvimento do cinema. As outras cinematografias indianas, como o cinema tâmil em Chenai (novo nome de Madras), o cinema de "Tollywood" em Kolkata (novo nome de Calcutá) ou os de Nova Déli, Bangalore (em canada) ou Andhra Pradesh (em telugu), têm "influência sobre os críticos, nos cineclubes e festivais do mundo inteiro, mas atingem pouco o público, inclusive na Índia", acrescenta Nina Gupta.

Assim como Bollywood representa uma parte essencial das bilheterias na Índia, o cinema bollywoodiano é o que é mais exportado para todo o mundo. Vários dos meus interlocutores estimaram uma penetração internacional de aproximadamente 2,5%, o que seria um resultado melhor que o dos europeus, mas ainda fraco em relação aos americanos, que têm cerca de 50% do mercado mundial. Mas o mapa da difusão do cinema de Bollywood não deixa de ser significativo, e seus resultados estão em progressão, especialmente com a ajuda dos indianos que vivem no exterior, os famosos NRI, ou Non Resident Indians. Há, para começar, os mercados tradicionais de Bollywood: Bangladesh, Paquistão, Nepal, Sri Lanka, Afeganistão, uma parte do Sudeste asiático (especialmente a Indonésia, a Malásia e Cingapura), mas nada de China, Coreia, ou Japão, onde o cinema indiano simplesmente não existe. Outros mercados também são importantes, não raro por motivos políticos, como é o caso de Cuba, da Rússia e das repúblicas da Ásia central, do Turcomenistão ao Cazaquistão (na época da URSS, o cinema bollywoodiano era privilegiado por motivos políticos em detrimento do cinema hollywoodiano, proibido). O que hoje em dia constitui o principal vetor de exportação dos filmes de Bollywood, em relação aos de Hollywood, é o preço. O que explica em parte a influência no Magreb, especialmente no Marrocos, e em vários países da África de língua inglesa em que o cinema indiano é popular (Nigéria, Quênia, África do Sul). Mesmo na África francófona, eu o ouvi falar de Bollywood: "Os espectadores de Camarões querem filmes indianos, pois foram criados vendo o cinema bollywoodiano, e para nós, hoje em dia, programar filmes indianos sai

COMO BOLLYWOOD SAI EM CONQUISTA DO MUNDO

muito mais barato que programar filmes americanos", explica-me Sally Messio, diretora de programação e apresentadora principal da Televisão Nacional de Camarões (CRTV), durante minha visita às instalações dessa estação estatal em Yaoundé. "Além disso, o cinema de Bollywood tem a ver com a cultura africana, com o respeito aos velhos e os valores da família; é um cinema menos sexualizado e menos violento que as séries ou os filmes americanos, oferecendo mais um clima de sonho, de conto de fadas, de príncipe encantado, de bons e maus, exatamente o que os africanos querem", acrescenta Sally Messio.

Mas esses mercados estão evoluindo. Para começar, a própria Índia, que tomou consciência do peso da nova Bollywood em sua economia emergente, aumentou seus direitos de venda e distribuição e já agora pretende cobrar muito bem dos russos e dos africanos, ao passo que anteriormente fechava os olhos à distribuição não autorizada e ao mercado de vídeos piratas. Depois, Bollywood é vítima da concorrência de Hollywood: quando o cinema americano era proibido, como acontecia na URSS, a comparação entre as duas cinematografias populares não era possível, mas hoje ela se dá em detrimento dos indianos. Os jovens russos ou marroquinos preferem muitas vezes os filmes de ação hollywoodianos de menos de duas horas de duração aos xaroposos longas-metragens bollywoodianos, de enredo previsível, que duram três horas. O declínio de Bollywood nos países emergentes, na África e nos países do Terceiro Mundo já começa a ser constatado.

A questão se coloca de maneira um pouco diferente no Golfo e no Oriente Médio, mercado ao mesmo tempo antigo e emergente. Estranhamente, os indianos se referem a essa região como "West Asia", e atualmente Bollywood se desenvolve nela, seja porque os trabalhadores indianos imigrados são numerosos (eles superam 20% da população em Catar e também são influentes em Dubai e no Iêmen), seja porque os valores indianos sobre a família, as mulheres e o sexo são compatíveis com o islã sunita ou xiita. "O cinema indiano atualmente representa aqui 10% da bilheteria, mas equivalia a 30% na década de 1950", explica-me, em Damasco, Mohamed Al-Ahmad, diretor do Escritório de Cinema do governo sírio. "O público popular adora esses filmes, com suas músicas e suas danças. É o mistério 'oriental', que nos agrada. Além disso, em matéria de família, de valores, o cinema indiano compartilha os ideais do povo árabe. Mas as classes altas, os estudantes preferem o cinema europeu e sobretudo o americano."

Restam então os mercados ocidentais. Nos Estados Unidos, no Canadá, na Inglaterra e na Alemanha, os NRI, os indianos expatriados, gostam de ver os filmes de Bollywood, para se lembrar de "casa". Calcula-se que sejam pelo menos 20 milhões, repartidos em 120 países de todo o mundo, dos quais quase 3 milhões nos Estados Unidos. E por sinal o governo indiano criou recentemente um Ministry of Overseas Indian Affairs para melhor cuidar deles.

Definitivamente, o que faz a força do cinema indiano em casa — seu caráter fortemente identitário, suas "songs & dances", as cores quentes, as emoções vivas — também pode constituir sua fraqueza em nível internacional. "O debate é entre o lassi e a modernidade, a sensualidade e o sexo, as atrizes super-kitsch que repetem os preconceitos de suas castas e a liberação da mulher, o filme de Bollywood que conta seis vezes a mesma história e o filme de ação que carrega o público com seu ritmo e sua rapidez", afirma o produtor Pinaki Chaterjee em Mumbai. "Se Bollywood quiser tornar-se global, não poderá continuar contando as histórias que conta atualmente", avalia a crítica de cinema Saibal Chaterjee, entrevistada em Nova Déli.

Outros mostram-se ainda mais críticos, como o produtor e realizador Aditya Bhattacharya:

> O problema de Bollywood hoje em dia é que os NRI são ainda mais conservadores em suas preferências culturais que os habitantes do subcontinente indiano. Eles querem encontrar no cinema o que deixaram para trás. Não evoluíram com o tempo, ao contrário das novas gerações de indianos. Do ponto de vista dos valores, da família, das castas, eles são muito reacionários e extremamente arcaicos. Querem ver na tela meninas, para saber como elas são hoje na Índia, querem ver casamentos indianos arranjados, querem roupas muito coloridas. Ora, como são eles

os responsáveis por uma parte considerável da bilheteria, não tanto por sua quantidade, mas pelas rendas em dólares que geram, o fato é que estão contribuindo para a estagnação de Bollywood.

Se observarmos atentamente os recentes sucessos de Bollywood nos Estados Unidos, constatamos que o essencial de bilheteria se concentra numa quantidade reduzida de salas de cinema, aproximadamente sessenta telas. Todos esses cinemas situam-se nos bairros conhecidos como Little Indias de cidades ou estados onde os indianos são numerosos, como Nova York, Chicago, Atlanta e Washington, assim como na Califórnia, no Texas e em Nova Jersey. Por sinal, no filme bollywoodiano *Kal Ho Na Ho* afirma-se que em Nova York um quarto da população é de indianos (seria mais exato dizer um trinta e dois avos, o que no entanto já é um número considerável de indianos). No lançamento de um grande filme de Bollywood, as salas dessas "Little Indias" podem receber um público imenso, mas quase sempre composto de No Resident Indians. Cerca de sessenta salas, mesmo cheias, são pouca coisa em comparação com o lançamento nos Estados Unidos de um blockbuster como *Batman*, em 4.366 telas.

Entre a tradição e a modernidade, Bollywood hesita. O sucesso em 1995, que se prolongou por mais de 13 anos nas telas da Índia, do filme *The Brave Heart Will Take the Bride* (com as estrelas Shah Rukh Khan e Kajol Devgan), com a história de amor de dois indianos de segunda geração que vivem no Reino Unido, mas aos quais estão reservados na Índia casamentos arranjados — servindo o final feliz para defender o casamento por amor —, mostrou claramente o que está em jogo nessa modernização à indiana. Decididamente, o futuro vai-se delineando através das expectativas do público, especialmente dos emigrantes, que também estão mudando. "A primeira geração de NRI quer voltar a encontrar em Bollywood o 'sound of home' (a lembrança da terra)", diz-me o crítico Jerry Pinto no BBC, um dos cafés do hotel Marriott. "Para a segunda geração, no entanto, Bollywood é o 'sound of their parents', a cultura dos pais, e não a deles. Quanto à terceira geração, pouco está

MAINSTREAM

ligando. Para eles, é o 'sound of nothing'." A se confirmar essa hipótese, a indústria de cinema na Índia pode muito em breve desistir de suas ambições de desenvolvimento nos mercados ocidentais.

Será que a Índia conseguirá impor-se no mundo através do seu cinema e de suas canções bollywoodianas, criando conteúdos globais? A maioria dos produtores com os quais me encontrei no hotel Marriott da praia de Juhu, todos os chefes de estúdios entrevistados na Film City de Mumbai e os dirigentes com quem conversei em Nova Déli estão convencidos disso. Mas cada um deles tem sua estratégia própria para fazer filmes mainstream, entre um cinema mais identitário e etnocêntrico (o storytelling indiano pode conquistar o mundo) e um cinema mais globalizado, do qual seria mais ou menos apagado o caráter indiano (para seduzir, Bollywood precisa aprender a fazer filmes como os americanos) — só que as duas visões provavelmente são incompatíveis. Por outro lado, cabe perguntar se os americanos conseguirão impor-se na Índia, com seus blockbusters ou através da produção de conteúdos locais. É o que acham todos os chefes de estúdios americanos entrevistados na Índia ou em Los Angeles, e de maneira tanto mais cega na medida em que têm à sua frente um mercado de 1,2 bilhão de habitantes, ainda não saturado e nem mesmo maduro. Um mercado tão grande e um país de tal maneira descentralizado que deveríamos falar dos "Estados Unidos da Índia".

Quem está com a razão? Por enquanto, o primeiro grupo, pois a Índia soube proteger sua indústria e conservar cerca de 95% das bilheterias para o cinema nacional. Mas o segundo grupo sabe que a americanização da Índia está em marcha, e que tem um nome temível: "indianisation". Ao adaptar ao gosto local as séries e filmes americanos, os indianos assinaram alguns de seus maiores sucessos. Mas dessa maneira são conteúdos americanos que vão lentamente penetrando o subcontinente indiano. No momento, com o fim de sua economia socializante, os indianos partem em conquista de Hollywood, comprando produtoras nos Estados Unidos e produzindo seus próprios blockbusters. Estão emergindo. Sem garantia de sucesso. Pois o fato é que, por enquanto, Bollywood, de olho em Hollywood, alternadamente invejosa e ressentida, não conseguiu lançar um único blockbuster mundial nem um "global hit", como dizem os americanos. Os dois países se estudam, num face a face decisivo bem resumido na palavra "Bollywood". Raramente uma expressão terá sido tão imprecisa. Mas raramente uma palavra terá sido tão eficaz.

11. Lost in translation

No 52º andar do Park Hyatt Hotel no bairro de Shinjuku, em Tóquio, comecei minha investigação sobre os fluxos musicais na Ásia esperando uma noite inteira um produtor de "J-Pop" que não apareceu. Felizmente, o lugar é espetacular, com uma das vistas mais impressionantes de Tóquio. Depois de me informar, fiquei sabendo que meu entrevistado me esperava num outro café, no 38º andar. Prêmio de consolação: o New York Bar do 52º andar é o lugar onde Bill Murray e Scarlett Johansson se encontram no filme *Lost in Translation*. Acontece que a questão da tradução está justamente no cerne da circulação de conteúdos na Ásia.

A música japonesa contemporânea é conhecida hoje como "J-Pop" (de Japan Pop). Fala-se também de "K-Pop" no caso do pop sul-coreano, de "canto-pop", tratando-se do pop chinês produzido em Hong Kong, e às vezes de "mandarin-pop" (ou pop continental), o pop cantado em mandarim, mas muitas vezes produzido em Taiwan. Esses fluxos culturais "pop" na Ásia são complexos: desenham uma nova cartografia das indústrias criativas asiáticas, sendo interessante decifrá-la entre Tóquio e Beijing, Xangai e Seul, Bangcoc e Jacarta. Decidi assim acompanhar o J-Pop, o K-Pop e o "canto-pop" em uma dezena de países da Ásia, para saber se existe uma cultura asiática comum. Mas o fato é que a música não funciona como o cinema: apesar de permanecer no mesmo continente, estou diante de trocas culturais muito diferentes.

MAINSTREAM

"Existem dois tipos de mercados internacionais para o J-Pop", explica-me, em Tóquio, Ichiro Asatsuma, presidente da Music Publishers Association of Japan, na sede desse importante lobby da música. "Existe um mercado mais asiático, para o qual o J-Pop pode ser exportado como música; e existe um mercado europeu e americano para o qual o J-Pop é exportado como produto de acompanhamento dos desenhos animados, dos filmes de animação, dos vídeo games e das séries de televisão. São dois mercados distintos."

Na Ásia, o J-Pop tem força na Coreia do Sul, nos países reunidos na sigla "SEA" (South-East Asia, ou Sudeste asiático), mas simplesmente não existe na Índia, pois o subcontinente indiano tem uma fronteira quase hermética para as trocas de conteúdos culturais com a Ásia oriental. Resta a China: "O J-Pop penetra na China, mas por vias transversas", explica Masaru Komai, presidente da Fuji Pacific Music, entrevistado em Tóquio. "Vias transversas": a explicação parece algo enigmática.

Depois de dois meses numa dezena de países da Ásia, para realizar essa investigação, eu entendi o que significavam essas "vias transversas". Em primeiro lugar, são naturalmente uma referência à pirataria, muito disseminada na Ásia, e que no caso da China pode chegar, tratando-se de música e cinema, a 95% (informação, é claro, impossível de tirar a limpo, que no entanto foi fornecida pela maioria de meus interlocutores no Japão, na Coreia, no Sudeste asiático e na própria China). Mas esse "desvio" por vias transversas pode significar algo mais sutil: contornar através das "cover-songs". O J-Pop é mais fascinante do que parece. Como tantas vezes acontece no mundo do entretenimento, as estratégias, o marketing e a difusão dos produtos culturais são mais interessantes que os conteúdos propriamente ditos.

Cool Japan

"O principal é que há cerca de dez anos o Japão tornou-se cool na Ásia, o que se deve em grande parte ao J-Pop", explica-me Tatsumi Yoda, o diretor-presidente da DreamMusic em Tóquio (os coreanos me diriam exatamente a mesma coisa ao falar dos seus "dramas"). "Durante muito tempo", prossegue Tatsumi Yoda, "o Japão só se interessava por seu mercado interno, sem ambição regional nem global. A gente não se sentia muito bem, como se não quiséssemos ficar parecendo imperialistas. Hoje, essa preocupação desapareceu: queremos difundir nossos conteúdos culturais em escala regional e internacional ao mesmo tempo, por todos os meios possíveis".

O Japão tem a particularidade de ser um país industrializado e um país que não pertence ao "Ocidente". Moderno e "non-western": foi, durante muito tempo, um caso digno de ser estudado. Ao mesmo tempo, o Japão conteve desde a Segunda Guerra Mundial suas veleidades de conquista cultural, de tal maneira que, durante tanto tempo introvertido, deu a impressão de se ter voltado sobre a própria cultura. Orgulhoso dessa homogeneidade e pouco favorável à imigração, o país passou de um "grande imperialismo" a uma espécie de "pequeno nacionalismo". O Japão é um dos países mais fechados às outras culturas, e, para começo de conversa, um dos que melhor resistem à cultura americana, sem cotas nem censura. Como acontece na Índia, quando um produto cultural americano é importado, logo vem a ser "japonizado".

Reverso da medalha: o Japão é um país que no passado pouco exportou sua cultura e seus conteúdos. Efetivamente vendeu seus walkmans, seus telefones portáteis, seus computadores, suas televisões de tela plana, seus PlayStations 1, 2 e 3, mas até a década de 1990 pouco exportou seu cinema, sua música e sua literatura. As estatísticas da OMC e do Banco Mundial ainda situam o país em décimo segundo lugar entre os exportadores de filmes, programas de televisão e música, depois da Coreia, da Rússia e até da China. Os eletrônicos industrializados sem identidade cultural vendiam bem, mas não os conteúdos de forte identidade japonesa. Muito hardware, pouco software. Existem, naturalmente, exceções: os desenhos animados já na década de 1970 (*Goldorak* e *Candy*, por exemplo), os mangás a partir dos anos 1980, alguns filmes de animação (*Akira*, também adaptado de um mangá) e os vídeo games (os primeiros jogos da Nintendo, da Sega e da Sony). Nesses setores, muito ligados à imagem, o Japão apresenta há muito tempo exportações muito superiores às importações. Com ou sem razão, todavia, os japoneses tiveram durante

MAINSTREAM

muito tempo um complexo de inferioridade, sentindo-se culturalmente dominados pelo "Oeste". O que não quer dizer, naturalmente, que a cultura japonesa seja fraca ou frágil — muito pelo contrário. Graças à considerável demanda interna e a indústrias criativas autossuficientes (pela força do iene, o mercado interno japonês é hoje em dia o segundo mercado de televisão no mundo e o segundo mercado da indústria de música, depois dos Estados Unidos), a cultura japonesa se manteve bem no Japão, embora já não se exportasse tão bem.

A globalização cultural transformou essa situação. Corroendo a distinção entre mercado interno e mercado externo, graças ao desenvolvimento tecnológico e à aceleração das trocas e fluxos culturais entre os países, a globalização permitiu ao Japão se abrir. Em questão de poucos anos, o país recuperou o atraso, embora as exportações de conteúdos culturais continuem deficitárias em relação às importações, seja no cinema, na edição de livros ou mesmo na música — à exceção, como vimos, dos vídeo games e dos mangás.

Como a revolução econômica asiática, a cartografia das trocas culturais também foi profundamente modificada no continente desde a década de 1990: os países emergentes (China, Indonésia) ou já capitalistas (Coreia do Sul, Hong Kong, Cingapura, Taiwan) abriram vastas perspectivas comerciais ao Japão. A China, que em breve deve destronar o Japão como segunda potência econômica mundial, tornou-se seu principal parceiro econômico, passando à frente dos Estados Unidos. Em toda parte, a liberalização do audiovisual decuplicou a demanda de conteúdos. Os japoneses se conscientizaram de que não podiam continuar isolados em suas ilhas (à mesma conclusão chegaram os sul-coreanos, que com eles compartilham esse sentimento de estar numa ilha, em vista da fronteira hermeticamente fechada com a Coreia do Norte).

A tentação de se voltar sobre si mesmos existiu. Poderia ter sido privilegiada. Mas o Japão constatou que seu mercado interno estava saturado, e acontece que o país precisava investir e inovar para se desenvolver, ao passo que sua economia estagnava, sua dívida pública aumentava e sua população envelhecia (21% dos japoneses têm mais de 65 anos, o que o torna o país mais velho do mundo). Assim foi que adotou, no início da década de 1990, uma nova estratégia, consistindo em reafirmar sua identidade asiática — uma estratégia batizada de "Retorno à Ásia".

Para começar, politicamente. O famoso METI, o Ministério da Economia, do Comércio e da Indústria, reconheceu pela primeira vez a importância das indústrias criativas para a economia do país, especialmente depois do sucesso do jogo Pokemon, da Nintendo, e dos filmes *Princesa Mononoke* e *A viagem de Chihiro*, do genial Hayao Miyazaki. Vieram então as subvenções. "Nosso primeiro objetivo é a Ásia", explica-me Keisuke Murakami, um dos diretores do METI em Tóquio, "e nosso objetivo final é a China. São as nossas prioridades". No discurso de um alto funcionário do governo japonês, não poderia ser uma mensagem mais clara.

À medida que a globalização oferecia aberturas para o comércio, o Japão mostrou uma certa tendência a se aproximar dos países críticos em relação ao imperialismo americano, discurso sustentado pouco tempo atrás pelos chefes de governo Lee Kuan-Yew em Cingapura e Mahathir Mohamed na Malásia. Juntamente com esses países, e por outros motivos, de caráter mais econômico, com a China, o Japão se posicionou no sentido de defender os "valores asiáticos" frente à moral ocidental decadente. Aos poucos, foi se conscientizando de sua "asianidade", ou pelo menos passou a assumi-la, o que é bem resumido num dos slogans japoneses mais famosos do início da década de 1990: "Datsuô nyua" (Fugir do Ocidente, entrar na Ásia).

Com isso, os japoneses descobriram uma coisa de que nem suspeitavam: a modernidade de seus vizinhos. Em Seul, Taiwan, Cingapura e já também em Xangai, os japoneses encontraram economias tão desenvolvidas quanto a sua, com classes médias muito educadas e tecnologias de ponta. Não se tratava mais de sair em "missão" pela Ásia, nem de "civilizar" a Ásia. O Japão não estava tão à frente quanto pensava.

Esse "retorno à Ásia", que também foi uma volta à terra, traduziu-se numa nova diplomacia nipônica em relação aos países da Ásia, já agora considerados parceiros, em torno de trocas culturais recíprocas (o que se costuma chamar de doutrina Fukuda). Essa estratégia diplomática, que é também uma política comercial que não ousa dizer seu nome, foi aplicada inicialmente em relação à Coreia do Sul e depois a países do Sudeste asiático, sendo estendida em seguida ao Leste da Ásia e, naturalmente, à China, com a qual o Japão se engajou num processo de reconhecimento mútuo dos respectivos poderios. Até a Austrália era visada pelos japoneses, pois essa grande ilha pouco povoada também manifestava na mesma época seu desejo de se "asiatizar".

Afirmar o próprio poderio: os japoneses entenderam que isso agora dependia dos conteúdos culturais e dos meios de comunicação, e não mais apenas da eletrônica. Era necessário, portanto, inspirar-se no modelo de entretenimento americano e ao mesmo tempo romper com ele. Não é por acaso que nessa época, por volta de 1990, a Sony e a Matsushita compram os estúdios americanos Columbia e Universal, confirmando a estratégia da época, a chamada estratégia de "sinergia" entre o hardware e o software no universo audiovisual, ou seja, entre os aparelhos e os conteúdos. Os japoneses dão-se conta então de que o verdadeiro detentor do poder é aquele que ao mesmo tempo dispõe dos meios de distribuir os produtos culturais e fabrica imagens e sonhos. O hard mas também o soft. O monopólio dos americanos sobre as indústrias de conteúdo tinha de enfrentar concorrência. A partir de agora, os japoneses querem enfrentar os americanos em seu próprio terreno.

Essa nova estratégia global, espécie de defesa do soft power à asiática — não mais fazer a guerra, não mais causar medo, difundir suas imagens, tornar-se cool —, estava um passo à frente em determinado terreno: o dos mangás, exemplo da reconquista japonesa da Ásia e logo também do resto do mundo.

Os mangás, mídia global

Estou no bairro de Iidabashi em Tóquio, na sede do grupo Kadokawa, um dos principais editores de mangás do Japão. Logo de entrada, Shin'ichiro Inouye, presidente da Kadokawa, estabelece as bases de nosso diálogo: "O senhor precisa ficar sabendo que a cultura japonesa está aberta ao mundo, procura se desenvolver em mercados internacionais, mas ao mesmo tempo tem uma identidade muito forte e continuará sempre profundamente japonesa". Que significa isso então? "Significa que difundimos nossos produtos internacionalmente tal como são. Não procuramos adaptá-los, como os americanos, aos gostos do público mundial. É aí que está nossa força: o Japão é cool continuando a ser ele mesmo, ou seja, extremamente japonês."

Por mais japonês que seja, o grupo Kadokawa decidiu lançar-se numa ofensiva internacional, adaptando seus mangás à estratégia de variação dos conteúdos, para saturar todos os mercados. E por sinal eu constato, na sede social em Tóquio, que Keroro, um dos personagens-estrela dos mangás do grupo, completamente verde, está presente em toda parte, nos elevadores, nos corredores dos prédios, em vídeo games e, naturalmente, em forma de bonecos de pelúcia "kawai" nas mesas dos trezentos desenhistas e redatores que trabalham ali. "Um mangá é sempre feito por duas pessoas: um desenhista e um redator", confirma Shin'ichiro Inouye.

A força do Japão no mercado dos mangás não deixa margem a dúvida, e é internacional. Mas restam algumas exceções: o Reino Unido, que é um mercado muito pouco receptivo aos mangás, ao passo que o mercado francês já está bem saturado; a Alemanha e os Estados Unidos, muito atrás, mas que avançam rapidamente, e a América Latina, que durante muito tempo se mostrou reticente, mas há alguns anos vem-se abrindo aos mangás.

Em grande medida, o sucesso do grupo se explica por essa variação dos mangás em todos os suportes, estratégia decuplicada atualmente pela vertente digital, os telefones celulares e as séries de televisão. É o que Shin'ichiro Inouye chama de "media mix" (no Ocidente, fala-se de "versioning" ou "media global").

Essa convergência de conteúdos e tecnologias, tão bem misturados no caso dos mangás, é uma das chaves do sucesso do Japão. Shubei Yoshida, diretor-presidente da Sony Computer Entertainment Worldwide Studios, que entrevistei numa das torres da Sony em Tóquio, confirma a força dessa estratégia: "Com o desenho animado, o filme de animação, o vídeo game, os mangás, as histórias em quadrinhos e muitas vezes também as séries de televisão, construímos um novo ecossistema muito específico ao Japão, misturando esses diferentes setores. Aqui, com o PlayStation, temos uma boa ilustração dessa estratégia, pois tecemos variações de nossos conteúdos em numerosos jogos". (Mas Yoshida não diz que esses conteúdos de jogos de vídeo para PlayStation 3 muitas vezes são desenvolvidos por estúdios europeus ou americanos e fabricados na China.)

A exportação nem sempre é fácil. E a concorrência é dura. Em virtude das más lembranças deixadas pelo "império japonês" antes da guerra, a cultura Made in Japan foi proibida durante muito tempo por Taipé e Seul (até 1993 no caso dos produtos de televisão em Taiwan, e até 1998 no dos produtos culturais em geral na Coreia). Por sinal, o governo da Coreia do Sul tende a preferir a cultura americana à cultura japonesa, considerada mais imperialista e mais perigosa para o povo coreano.

Para esse grande "retorno à Ásia", o Japão tinha de preparar uma boa estratégia. A guerra de conteúdos foi lançada com o artifício de dar vida novamente a uma cultura pan-asiática — subentendido: "japonizante". E atualmente ela é travada no setor dos formatos de televisão, das séries e "idols", as estrelas da música disputadas entre japoneses e coreanos.

A guerra entre o J-Pop e o K-Pop

Yoyo é a empresária do grande roqueiro chinês Cui Jian. Estamos tomando chá num hotel de Beijing. Jian vendeu 50 milhões de álbuns em todo o mundo (tem um contrato com a EMI, a major britânica). Yoyo me explica de que maneira Cui Jian tornou-se célebre na China, apesar da censura. "Antes dele, os cantores chineses faziam música de propaganda. Eram marcados pelo folclore e cantavam em playback. Cui Jian fazia rock, falava dos problemas da sociedade chinesa e cantava ao vivo num palco." Depois de um período de proibição, por ter se apresentado num concerto na Praça Tian'anmen "a pedido dos estudantes" (esclarece ela), Cui Jian voltou às boas graças. As autoridades o toleram porque ele nunca ultrapassa os limites: o sucesso popular, que é imenso, o protege, tanto mais que seus ataques ao sistema musical chinês (especialmente seu combate ao playback) se mantêm num nível comedido. Suas letras, previamente submetidas ao departamento de censura, como acontece com todos os artistas chineses, já não apresentam problemas. E por sinal jamais lhe passaria pela cabeça, como fez a banda britânica Radiohead, desfraldar uma bandeira tibetana no palco, nem, como a cantora islandesa Björk, gritar "Tibete, Tibete" no fim de um de seus concertos em Xangai. Bem-comportado, Cui Jian apresentou-se na primeira parte do show dos Rolling Stones na China, ao passo que as bandas R.E.M, U2 e Oasis estão proibidas de entrar na China por causa de suas declarações em favor do Dalai Lama. "Ao contrário do cinema, a música não é um setor estratégico para o governo chinês, sendo portanto muito menos regulamentada", explica Yoyo. "E se o rock, sobretudo o alternativo, às vezes se torna alvo da censura, o pop mandarim não é muito visado, de tão inofensivo. Como, aliás, os adolescentes inocentes e meio sem noção que formam as boy bands. Esse pop mainstream não preocupa Beijing. O que explica sua disseminação e seu sucesso."

Apesar de cantada em cantonês ou mandarim, a música pop ouvida na China não é necessariamente chinesa. Muitas vezes é importada, embora os chineses não o saibam. Para ter uma ideia da influência do "pop" transasiático na China, basta visitar uma das milhares de lojas de CDs e DVDs de Beijing, Xangai ou Hong Kong. Muitas vezes os álbuns são vendidos aos milhões de exemplares, embora as estatísticas de vendas sejam ainda maiores, considerando-se a generalização das cópias piratas, impossíveis de distinguir dos álbuns originais. Quase sempre, os chineses não sabem que esses discos, em muitos casos piratas, foram produzidos em fábricas do sul da China a partir de canções gravadas fora do país.

O "canto-pop" de Hong Kong (em cantonês) e o pop em mandarim (erroneamente chamado de "continental") é que constituem o essencial da música popular dos jovens chineses. Nos dois casos, esse pop de origem estrangeira foi formatado para o público chinês em Hong Kong ou Taiwan, autênticas plataformas de circulação da música popular chinesa. Nesses dois territórios os artistas têm mais liberdade, a diversidade étnica é maior, as produtoras de discos, mais confiáveis (contando com o apoio de bancos internacionais e das agências de talentos americanas) e o copyright (um pouco) mais protegido. "É também por Hong Kong e Taiwan que as músicas asiáticas entram na China. O que se aplica particularmente ao importante pop japonês, geralmente retrabalhado, traduzido para o mandarim, reempacotado e redistribuído na China continental. Trata-se de cover songs", explica-me Yoyo.

"Cover songs"! É assim que o J-Pop, o K-Pop e o canto-pop são difundidos na Ásia e na China. É o caso da voluptuosa Jolin, por exemplo, que retoma sucessos americanos, manipulando-os, e os grava, usando um sotaque "continental" mandarim, nos estúdios de Taiwan para o público chinês.

É também o caso de BoA, a superestrela sul-coreana que canta em coreano para o público coreano, em japonês para os jovens de Tóquio (ela é bilíngue), em inglês para os de Cingapura e Hong Kong, e que aprendeu a cantar em mandarim para agradar à juventude de Taipé. A partir de Taiwan, seus discos são distribuídos na China, onde ela é uma estrela, de Xangai a Shenzhen. Espécie de Janet Jackson asiática, BoA também faz enorme sucesso nos Estados Unidos desde 2008, especialmente junto às comunidades asiáticas (13 milhões de asiáticos vivem nos EUA). Para seduzi-los, ela transformou sua imagem de teenager sexy e "kawai" (fofa), tornando-se mais madura e mais feminista. Na versão internacional de seus álbuns, BoA regrava canções em inglês e em mandarim (como seu grande sucesso "Girls On Top", em seu quinto álbum em coreano). BoA é atualmente uma das maiores cantoras transasiáticas, e ninguém parece achar estranho que uma coreana, bilíngue em japonês, comece de repente a cantar em mandarim. Pelo contrário, os chineses acham "cool".

Melhor ainda, temos Super Junior: um grupo de 13 rapazes coreanos que apresentam a particularidade de terem sido escolhidos pela gravadora para penetrar em todos os mercados asiáticos ao mesmo tempo. Cada um deles, todos jovens e atraentes, com seus longos cabelos à coreana, canta em várias línguas. O grupo, assim, divide-se em "unidades" menores, para se adaptar aos países onde se apresenta: na China, a unidade chinesa "Super Junior M" canta em mandarim; no Japão, a "Super Junior J" faz seus concertos em japonês; na Coreia, é a unidade "Super Junior K" que sobe ao palco. Com essas diferentes combinações, o grupo pode se apresentar em praticamente qualquer lugar da Ásia numa língua nacional entendida pelo público.

Existem outros exemplos, como as boy bands MAP (cinco rapazes japoneses que ficaram famosos através do Channel V, o canal pan-asiático), U2K (dois japoneses e um sul-coreano), TVXQ! (cinco rapazes coreanos cantando em mandarim e que são estrelas no Japão), Dreams Come True (um trio de Taiwan difundido pela Sony) e HOT (grupo coreano que canta em japonês e chinês). Os grupos de moças não ficam para trás: é o caso, por exemplo, de Girls' Generation (Coreia), SES (trio coreano, com uma coreana, uma japonesa e uma americana) e Perfume (Japão). Alguns cantores isolados também adotaram esse formato camaleão: Rain, um jovem coreano, transformou-se numa espécie de Michael Jackson asiático, com seus álbuns feitos especialmente para os japoneses; Dick Lee é uma estrela de Cingapura que canta há muito tempo em inglês e mandarim; Stefanie Sun é outra cantora de Cingapura que canta em mandarim e vários dialetos chineses, o que lhe abriu os mercados chineses de Taiwan e da China continental; finalmente, Jay Chou é um célebre cantor de Taiwan contratado pela Sony e ator do filme *A maldição da flor dourada*, de Zhang Yimou, que canta em mandarim e se veste de caubói para agradar a toda a Ásia.

Muitas vezes, esses cantores retomam canções anglo-saxônicas famosas, como o grande sucesso "YMCA", do Village People, as quais, cantadas em mandarim ou cantonês, alcançam enorme sucesso local. O público chinês se entusiasma com esses hits, os quais, travestidos em mandarim, ficam parecendo nacionais; ninguém sabe realmente que são produzidos pelos japoneses, os coreanos ou em Taiwan (às vezes pelos japoneses de Taiwan, através do selo Sony Music Taiwan). Desse modo, através de todo um jogo linguístico, a globalização cultural se desenvolve por um duplo filtro: a música americana é recuperada pelos japoneses ou os coreanos para ser em seguida regravada por uma boy band ou um "idol" em mandarim.

*

O grupo que produz BoA, Super Junior, HOT, SES e TVXQ! na Coreia chama-se SM Entertainment (sem relação com o sadomasoquismo). Lee Soo-Man, o diretor-presidente da SM, recebe-me em Seul:

> A estratégia de nosso grupo é construída em torno da língua. Nós fabricamos boy bands a partir de castings, escolhendo rapazes que falam diferentes línguas, como no caso dos membros do Super Junior, todos de nacionalidades diferentes. Em certos casos, eles são encaminhados para cursos de línguas, como aconteceu com a cantora BoA: assim que a contratamos, quando ela tinha 11 anos, ela começou a aprender japonês, inglês e depois mandarim. Em geral, nossas boy bands são capazes de cantar em quatro línguas, coreano, inglês, japonês e mandarim — e às vezes mais. Depois, organizamos uma intensa campanha de marketing, com a particularidade de ser completamente local: promoção, produtos, programas de televisão, tudo é integralmente formatado em nível local. Finalmente, nossos artistas são "multi-purpose stars", o que significa que são treinados para cantar, dançar, representar nas séries de televisão e atuar como modelos. São muito polivalentes. E foi com essa receita específica que lançamos a moda das boy bands coreanas.

Como tantas vezes acontece no K-Pop e no J-Pop, a maioria das estrelas da SM Entertainment são "idols" (em japonês, *aidoru*): foram recrutadas em idade muito precoce, não raro entre 11 e 15 anos, tanto pelo físico quanto pela voz. "A beleza é um dos valores que melhor se deslocam de uma mídia para outra e de um país para outro na Ásia", confirma , sem ironia, Lee Soo-Man.

Outros grupos adotam lógicas cross-media equivalentes, a começar pela Sony, que tem seu quartel-general para a Ásia em Hong Kong (esse escritório pan-asiático está diretamente subordinado à Sony nos Estados Unidos, com a exceção do Japão, acompanhado diretamente por Tóquio). Na Ásia, região da culinária fusion, descubro também a fusion nas mídias e línguas. "Localização" e "media fusion": eis a dupla e sofisticada estratégia das produtoras de discos japonesas e coreanas para atingir o público asiático em geral. E eu também haveria de constatar que o mesmo procedimento se aplica às séries de televisão.

"Glocalização": desde a década de 1990, ouvi muitas vezes esta palavra, contração de "global localization". Na verdade, sempre desconfiei um pouco desse tipo de conceito supostamente empresarial, cujos símbolos são os McFelafels da McDonald's no Egito, o McLuks de salmão na Finlândia e o McHuevos, com ovo, no Uruguai. Mas agora eu estava na Ásia, avaliando, com BoA e Super Junior, a dimensão local e regional da música pop. Ao contrário do cinema, no qual são raras as trocas regionais, a música está um passo adiante.

O que os japoneses e os coreanos entenderam perfeitamente, com pragmatismo, na hora de exportar sua música e suas séries de televisão para a China e toda a Ásia, foi que não podiam impor um produto padronizado nem se preocupar em defender sua língua. Estratégia ainda mais sutil que a dos americanos. Assim foi que eles inventaram a cultura sushi, mais "glocalizada" ainda que a cultura McDonald's: um produto complexo, aleatório e jamais idêntico, mas que lembra Japão, qualquer que seja a língua falada localmente. Essa técnica de "relocalização" opera através das "cover songs", artifício eficiente e fenômeno mais disseminado do que eu supunha. Vamos encontrar a mesma receita com o sucesso de diferenciação do Channel V (o canal musical do grupo Star TV baseado em Hong Kong) em relação ao americanizado MTV Asia (baseado em Cingapura). Muito ativo nos terrenos do J-Pop, do K-Pop e da música em mandarim formatada em Taiwan, o Channel V instalou seus estúdios em Taiwan, onde se fala mandarim, justamente, e começou a produzir conteúdos locais, pan-asiáticos e menos americanos. Graças a essa "asianidade", o canal de Murdoch passou a levar a melhor sobre o concorrente do grupo Viacom. Em seguida, o MTV Asia corrigiu o tiro, graças sobretudo ao programa prime time "JK Hits", difundindo hits do J-Pop e do K-Pop. Em Cingapura, o AXN, canal musical da Sony, também se inscreve nessa dinâmica.

Na brincadeira de gato e rato, os coreanos passaram a promover seus artistas de K-Pop em japonês no Japão, assim adquirindo vantagem sobre os japoneses, que inicialmente não queriam ceder na questão da língua: com isso, o J-Pop quase acabou sofrendo as consequências. Mas os japoneses voltaram a se aprumar com suas próprias armas. Concursos de "idols", séries de televisão, telefonia celular, vídeo games e, mais uma vez, os mangás.

"Asia Bagus!" (A Ásia é formidável) foi a primeira reação japonesa: um concurso de idols concebido pela televisão japonesa Fuji TV, filmado em Cingapura (para conferir um toque mais transasiático) e promovido simultaneamente na Coreia do Sul e em uma dezena de países do Sudeste asiático, para reconquistar esses mercados. A Sony Music Japan formatou um programa semelhante, "A Voz da Ásia", para encontrar a nova pop-star pan-asiática, o que lhe permitiu por exemplo descobrir a cantora filipina Maribeth, que desde então se transformou numa estrela na Indonésia, graças ao marketing japonês. Quanto às agências de talentos japonesas, Amuse e HoriPro Entertainment Group, também se desdobraram em concursos na China, para descobrir a futura estrela em mandarim entre dezenas de milhares de candidatos. À sua maneira, os japoneses funcionam na Ásia exatamente como os americanos no resto do mundo. Melhor ainda, representam uma espécie de filtro que traduz a cultura "ocidental" para a Ásia. Se se saíram muito melhor que os Estados Unidos, especialmente na China, foi por se terem concentrado nos setores dos jogos e da música, muito menos sensíveis politicamente que o do cinema. Com isso, a cultura japonesa acaba perdendo muito de sua japonidade.

Outra estratégia de difusão do J-Pop: os dramas. A música japonesa foi associada aos conteúdos das séries de televisão de sucesso: tal como na Índia, com os "songs & dances" dos filmes de Bollywood, a onipresença das boy bands nos dramas japoneses permitiu tornar as canções conhecidas nos países da Ásia à medida que as séries eram transmitidas. Finalmente, os japoneses fizeram melhor ainda com as tecnologias. O J-Pop invadiu os telefones celulares, especialmente graças aos Ring Back Tones, sinais de espera dos celulares (não confundir com as campainhas propriamente ditas): em vez ouvir a campainha, a pessoa ouve um trecho de uma canção de J-Pop. Para não falar do muito apreciado Color Call Tone, trecho de J-Pop ouvido como fundo sonoro durante a conversa. Já as capas dos álbuns são transformadas em fundo de tela dos celulares.

Essas invenções japonesas, já agora também coreanas, causam sensação na Coreia, na Indonésia, em Taiwan e praticamente por toda uma Ásia que voltou a ser japonizante.

Em qualquer dos casos chama a atenção o fato de que a música na Ásia é nacional ou transasiática, mas em geral muito pouco americana: no Japão, estima-se que a música japonesa responda por 80% das vendas, contra 20% para a música anglo-saxônica; na Coreia, o K-Pop representaria 80% do mercado nacional; em Hong Kong, o "canto-pop" atingiu 70% das vendas, e a música asiática nacional também é dominante na Indonésia. É possível que a realidade da música "ouvida", e não só "comprada", seja um pouco mais favorável aos americanos, em virtude do mercado negro, do download ilegal e da televisão, mas não em proporções fundamentalmente diferentes. Pois o fato é que a pirataria também afeta o J-Pop e o K-Pop, e não apenas os produtos americanos. Na China, na Indonésia e nos países mais pobres do Sudeste asiático, como o Vietnã, os CDs e DVDs piratas permitem às séries coreanas, ao J-Pop, como aos filmes americanos, uma difusão mais ampla do que a tolerada pelo mercado oficial.

Mas existe uma exceção: Cingapura. Na cidade-Estado, a música anglo-saxônica domina, com 80% das vendas. E no entanto, entrevistando-se os dirigentes das indústrias criativas da cidade, constatamos que o debate sobre a identidade cultural ameaçada não existe, embora pareça tão essencial na China, no Japão e até na Coreia do Sul. Os habitantes de Cingapura, país multiculturalista e extremamente comunitarista, importam sem problemas todos os conteúdos sem sequer se dar ao trabalho de adaptá-los. Não há filtro, como no Japão, nem censura antiocidental, como na China, nem fusão, como na Tailândia: em Cingapura, onde em muitos casos se fala mandarim e inglês, os braços estão abertos aos produtos culturais americanos, às vezes em detrimento dos produtos asiáticos (os povos do Sudeste asiático gostam de ir a Cingapura como turistas para ter a sensação de estarem "no Ocidente"). É um país muito diversificado, uma Ásia em miniatura, a tal ponto que, ao desembarcar em Cingapura, fiquei pensando que de alguma forma era uma espécie de "Ásia para iniciantes". E no entanto a cidade-Estado é a própria quintessência de uma forma de modernização que não é nem ocidentalização nem americanização, mas uma espécie de cingapurização, na qual cada cultura de cada minoria é valorizada. Depois de terem inventado, segundo dizem eles próprios, o "capitalismo à asiática", hoje em dia convencidos de que os valores da Ásia são superiores aos do "Oeste", os habitantes de Cingapura talvez estejam começando a imaginar uma nova cultura transasiática. Se a hipótese se confirmar, é provável que se volte menos para produtos e conteúdos do que para serviços e, como em Hong Kong ou Taiwan, que busque todas as formas possíveis de aproximação com Beijing. Pois a população de Cingapura também é chinesa.

No cinema, como na música, os americanos não ganham mais todas na Ásia. Ficou para trás o tempo — a década de 1950 — em que eram aclamados pelos asiáticos, por terem inventado o forno elétrico para arroz, símbolo do "American way of life" que chegava à Ásia. De tanto insistirem em difundir mundo afora conteúdos mainstream idênticos, em inglês, os dirigentes americanos não tiveram a sutileza dos coreanos, dos taiwaneses, dos cingapurianos e dos honcongueses, os quais, para tornar seus produtos culturais mainstream, aceitaram apagar sua singularidade nacional e sua língua. E nesses fluxos culturais interasiáticos, conseguiram se sair bem apesar de perderem — lost in translation — sua identidade.

Restam os "dramas", como são conhecidas as séries de televisão na Ásia. Uma outra batalha cultural começa, mais uma vez diferente do cinema e da música. O mainstream tem regras que mudam de acordo com os continentes e os setores. E dessa vez a guerra não é regional, mas planetária.

12. Geopolítica dos dramas, novelas do Ramadã e telenovelas

Em qualquer lugar da Ásia, eles são conhecidos como "F4". São os quatro rapazes da série de televisão *Boys Over Flowers*, o "F" significando "flores", mas também "bonito" na linguagem habitual dos adolescentes. Uma jovem pobre, cujos pais têm uma lavanderia automática, consegue entrar para um colégio da elite na Coreia, enfrentando a dominação dos quatro rapazes ricos, sedutores mas arrogantes, que aterrorizam os alunos mais frágeis. A jovem começa a defender as vítimas mais fracas, injustamente maltratadas pelos "F4", mas se apaixona por um deles. Espécie de *Sex and the City* masculina, a série de 24 episódios é muito atraente, com suas múltiplas histórias ramificadas e entrelaçadas, o texto de ritmo muito rápido e as peripécias que deixam transparecer, por trás de uma intriga falsamente simplista, profundas diferenças sociais. Além disso, há a música, onipresente e eficaz, que serviu, antes do início das transmissões, de pré-marketing para a série, contribuindo após a estreia para as vendas recordes da trilha original em toda a Ásia.

A história baseia-se num célebre mangá japonês da década de 1990, do tipo conhecido como "shojo mangá" por estar voltado para um público de mocinhas de 10 a 18 anos. Inicialmente, por sinal, em 2001, *Boys Over Flowers* era uma série de televisão de Taiwan, tornando-se também japonesa em 2005 e afinal coreana em 2008, antes de várias refilmagens já anunciadas nas Filipinas, na China e talvez até de um filme e uma comédia musical. Cada uma dessas adaptações, a partir do "formato" taiwanês, foi um sucesso considerável em toda a Ásia, inclusive nos países onde a versão taiwanesa já funcionava bem. Os fãs — milhões de adolescentes, em sua maioria mocinhas — analisam as versões, comparam as famílias dos dois campos (estamos numa espécie de *Amor, sublime amor* asiático) e discutem indefinidamente, cotejando a beleza dos quatro rapazes (meu preferido é Kim Hyun-Joong, mas as moças em geral preferem Lee Min Ho ou Kim Sang Bum). A versão coreana, apesar de já ser uma terceira refilmagem, foi um sucesso em prime time na KBS, a televisão pública coreana, inicialmente, e depois também em quase toda parte, no Japão, na Indonésia, no Vietnã, na Tailândia, em Taiwan, graças ao mercado negro, em DVD na China — transformando-se assim no fenômeno asiático de 2009. E por sinal na Coreia, em vista da importância que adquiriram, não se fala de séries de televisão: fala-se simplesmente de "dramas".

A batalha dos formatos

"*Boys Over Flowers* é um autêntico fenômeno social na Ásia", explica BJ Song. Personagem cultuado na Coreia do Sul, BJ Song é um célebre produtor de música e presidente do Group8, enorme empresa de audio-visual que produz música K-Pop, comédias musicais e sobretudo célebres dramas coreanos — entre os quais, justamente, *Boys Over Flowers*. Seu escritório é prolongado por um imenso terraço com vista para o bairro hip de Itaewon, em Seul. Ele usa óculos grandes, uma barbicha branca, fala bem o inglês. "Na versão coreana de *Boys Over Flowers*, nós man-tivemos o ritmo original do mangá, os 'cliffhangers', que são a chave do suspense, e a experiência colegial foi depurada de maneira a que até as pessoas idosas possam se identificar com os alunos, pensando em sua própria adolescência." Pergunto-lhe o que caracteriza as soap operas coreanas. BJ Song quase engasga de tanto rir: "Não são soap operas! São dramas! Verdadeiros seriados, com uma história e um tema. Uma soap

GEOPOLÍTICA DOS DRAMAS, NOVELAS DO RAMADÃ E TELENOVELAS

nunca tem um verdadeiro foco, serve apenas para passar o tempo. Mas nós criamos a 'Hal-lyu'". Se na Europa passamos a associar a Hal-lyu (literalmente, a "nova onda coreana") aos filmes de arte coreanos, no próprio país a expressão é usada sobretudo para se referir ao sucesso dos dramas. A nova onda coreana não foi um fenômeno de festival e cineclubes, mas um fenômeno de massa, de entretenimento para o grande público. Foi desde o início mainstream.

BJ Song começa a digitar num de seus computadores Samsung (estamos na Coreia). Seu sobrenome realmente faz sentido, pois ele é músico e assinou a trilha sonora de dezenas de séries de televisão e filmes famosos em toda a Ásia. Não tenho coragem de perguntar se é seu nome verdadeiro ou um nome "cover". Depois de uma longa pausa, BJ Song prossegue: "Nossas séries devem estar perfeitamente de acordo com os valores asiáticos. E o motivo disso é o confucionismo, que é muito forte na Coreia, não tanto como religião, mas como cultura. Isto quer dizer que a família é o centro da sociedade, que a lei do sangue tem primazia sobre as outras leis; na Coreia, os irmãos e irmãs são cruciais, e ninguém discute um pedido do pai ou do irmão mais velho. E há também tudo que diz respeito ao casamento: o amor é uma responsabilidade que compromete, cria vínculos; não podemos casar com alguém que nossa família recusasse e devemos obedecer ao código coreano do 'seon', uma espécie de casamento arranjado pelos pais, sobretudo quando ainda não casamos aos 30 anos. Nossos dramas devem refletir essa mentalidade, definida como um código de ética muito rígido. Ao mesmo tempo, se respeitamos o código como pano de fundo, muitas coisas são permitidas na tela". O que, por exemplo? BJ Song: "Para começo de conversa, há o riso", prossegue ele. "Um drama precisa ser divertido. Depois, devemos falar da realidade, pois um drama coreano é muito real, os atores interpretam seu papel normalmente, sem exagerar na representação, como nas séries japonesas, e é aí que a coisa se torna interessante. Não há sexo nas nossas séries, mas vemos beijos: não estamos em Bollywood! E, como na vida cotidiana, existem adultérios, prostituição e gays. Pois bem, nós podemos falar também desses temas. E é o que fazemos."

Uma coisa me chamou a atenção nos dramas coreanos: a onipresença de atores jovens e belos. Por quê? "A beleza física é um critério essencial num drama coreano, especialmente a dos rapazes, pois o público das séries de televisão é essencialmente de donas de casa e mocinhas. Para se ter uma ideia, fizemos testes com quatrocentos atores para cada personagem de *Boys Over Flowers* na Coreia. Além disso, como se destinam à exportação, nossas séries são dubladas: o que importa mais, portanto, não é a voz ou a dicção do ator, mas seu visual. E muitas vezes, na Ásia, se considera que os jovens coreanos são a quintessência da beleza asiática, o tipo do top model. E nós também exportamos isso."

A exportação dos dramas coreanos é uma indústria por si só. Na direção do canal MBC em Seul, Jung-Sook Huh confirma a importância desse mercado. "Nós somos o maior produtor de dramas coreanos. Nossos dramas são vendidos em toda a Ásia, mas nós também vendemos 'formatos', o que é igualmente importante." Protegido por copyrights, um formato é mais que uma ideia e menos que um drama: ao adquirir os direitos, um produtor pode refazer a série, retomar sua intriga, os personagens, ao mesmo tempo que tem a liberdade, bem definida no contrato, de adaptá-la localmente para torná-la compatível com os valores locais, com atores nacionais e que falem a língua do país.

A guerra do audiovisual na Ásia oriental, entre o Japão e a Coreia, entre a Coreia e Taiwan, entre Taiwan e a China, é na realidade uma batalha de formatos tanto quanto uma batalha de programas. E por sinal costuma-se falar de "format trade": o comércio de formatos.

Seguindo o exemplo dos japoneses, os coreanos tornaram-se poderosos exportadores de formatos de dramas. Sua língua é pouco falada na Ásia, e portanto eles têm interesse em comercializar conceitos, mais que produtos acabados. E é de fato o que acontece: a Coreia vende duas vezes mais formatos que sérias prontas. E o fascinante é a globalização desses formatos e de seu mercado.

A venda de séries ou formatos coreanos está em forte progressão na Ásia: inicialmente, para o Japão, que constitui o principal mercado, por razões financeiras. Depois, há também Taiwan, Hong Kong, Cingapura, ou sejam, os mercados "chineses", estando na linha de mira toda a problemática da penetração na China continental. "A China é para nós um mercado difícil de atacar diretamente. Nós o atingimos sobretudo através da venda de formatos. Podemos participar de coproduções com o Shanghai Media Group e outras empresas públicas chinesas que nos servem de intermediárias. Quando esse caminho não funciona, privilegiamos a venda dos formatos a Taiwan ou Cingapura, que por sua vez cuidam da transferência para a China", comenta Jung-Sook Huh. Em outras palavras, os coreanos estão com os olhos voltados para a China, e por sinal foi ao constatar a queda de produção de Hong Kong para as séries de televisão continentais que eles resolveram aproveitar a brecha. Mais uma vez, a censura chinesa tolera essas séries inofensivas de adolescentes, que não ameaçam sua soberania. Mas em caso de aumento do sucesso, é possível que a censura intervenha por protecionismo econômico.

A estratégia da Coreia do Sul é então de se posicionar nos mercados secundários, aqueles que interessam menos aos americanos e aos japoneses. A Tailândia, por exemplo, é um mercado essencial para os coreanos, assim como a Indonésia, em virtude de seus quase 250 milhões de habitantes. Todo o Sudeste asiático, as Filipinas, a Malásia e até o Vietnã, não obstante seu baixo poder aquisitivo, entram nessa categoria. E a estratégia dos coreanos consiste em inundar esses espaços econômicos com séries baratas, ainda que correndo o risco de perder dinheiro, como no Vietnã, para habituar os espectadores à cultura coreana e poder então extrair benefícios políticos e financeiros. Os dramas e o K-Pop são para a Coreia uma ferramenta do soft power.

Outro mercado muito em vista é o dos coreanos que vivem longe da Coreia do Sul, e prioritariamente os 1,3 milhão de coreanos estabelecidos nos Estados Unidos. "Os coreanos-americanos são a chave do nosso sucesso na América do Norte, graças especialmente aos canais especializados da TV a cabo", explica Jung-Sook Huh. Mas um outro mercado é igualmente sensível aqui, o dos norte-coreanos. No Sul, pensa-se constantemente neles, sem falar a respeito. Aqui, a questão do dinheiro importa pouco, o objetivo é político. Na Coreia do Sul, todo mundo me deu a entender que a difusão dos dramas ao norte da zona desmilitarizada que serve de fronteira é uma prioridade não confessada. Como a fronteira não pode ser atravessada, os coreanos do Sul têm uma estratégia para contorná-la, divulgando suas séries através do mercado negro e da China continental. Nas cidades da fronteira entre a China e a Coreia do Norte, os dramas coreanos e o K-Pop são de acesso tanto mais fácil na medida em que essas províncias têm em sua população um grande contingente de chineses de origem coreana e as relações comerciais sino-norte-coreanas estão atualmente em forte expansão. Os chineses revendem aos norte-coreanos seus aparelhos de CD ultrapassados e seus VCR vencidos, sem que a polícia norte-coreana, apesar de sua obsessão com o controle de produtos culturais americanos ou sul-coreanos, seja capaz de conter esse movimento. Pois o fato é que por trás da ditadura comunista de Kim Jong-il se esconde um mercado negro generalizado que vem a ser um capitalismo exacerbado e subterrâneo (sendo a economia sul-coreana aproximadamente cinquenta vezes mais rica que a do Norte, com uma população que é apenas o dobro). "Alguns anos atrás, ser apanhado com um disco sul-coreano levava qualquer um imediatamente para a prisão. Hoje, os policiais da Coreia do Norte podem no máximo apreender os produtos culturais para seu próprio uso", explica-me, em Seul, um importante profissional do comércio com a China (que não quer ser citado para não pôr em risco sua empresa).

Resta ainda, em matéria de exportação dos dramas coreanos, o mundo muçulmano. "Vendemos muito os nossos dramas para o Oriente Médio, pois as mulheres muçulmanas se identificam completamente com as heroínas coreanas", confirma Jung-Sook Huh na direção do canal MBC em Seul. "Nossas ideias sobre a família, sobre a situação da mulher, são perfeitamente compatíveis. Nossa série *Jewel in the Palace,* em 54 episódios, por exemplo, teve um enorme sucesso no Irã e no Afeganistão. O Golfo também é um mercado em forte crescimento. Ao mesmo tempo, existe uma tensão difícil que precisa ser resolvida entre as expectativas muito conservadoras do público dos países muçulmanos, por exemplo, e da censura chinesa, que querem histórias muito românticas, fantasia, com heróis perfeitamente identificáveis como 'bons' e 'maus', e as expectativas muito mais pós-modernas, se assim posso dizer, do público

GEOPOLÍTICA DOS DRAMAS, NOVELAS DO RAMADÃ E TELENOVELAS

japonês ou dos coreanos-americanos, que querem histórias mais atuais, mais surpreendentes e menos presas a códigos. Precisamos jogar com esses mercados, e é por isso que produzimos formatos diferentes. Por um lado, *Jewel in the Palace*, com a estrela mundial Lee Young-Ae fazendo o papel de uma jovem pobre que se torna chef de cozinha, preparando as refeições de um rei, e cuja história transcorre há quinhentos anos; por outro, *Coffee Prince*, minissérie extremamente gay friendly na qual o herói não quer obedecer aos desejos da família e abre um café num bairro hip de Seul, contratando exclusivamente rapazes sexy como garçons e se apaixonando por um travesti que acaba se revelando uma mulher de verdade..." Realmente, pós-moderno.

Num subúrbio distante mas chique de Seul, encontro-me com Kim Jong Sik, diretor-presidente da Pan Entertainment, importante produtora de "dramas". Ele está acompanhado de uma produtora de televisão, e, como nenhum dos dois fala inglês e eu não disponho nesse dia de uma intérprete, ele convoca à última hora um dos mais promissores jovens atores do seu plantel, Yoo Dong-hyuk, que é bilíngue. "Os dramas coreanos são muito atípicos. Falam de desejo, paixão, de um grande e puro amor. Foi o que fez o sucesso em toda a Ásia de nossa série *Sonata de inverno*." Kim Jong Sik insiste na questão da música, importante nos dramas e que contribui igualmente para que os cantores do K-Pop se tornem conhecidos na Ásia. Como acontece em Bollywood, as duas indústrias estão ligadas uma à outra.

Kim Jong Sik detém-se e eu não entendo o que ele está tentando me dizer. O jovem Yoo Dong-hyuk tampouco consegue traduzir. Kim Jong Sik lança mão de uma máquina de traduzir Samsung e procura a palavra exata. Eis então o que diz a máquina: "Confucionismo." Pela segunda vez a palavra é pronunciada na minha presença em Seul. Kim Jong Sik volta a falar: "A China comunista rejeitou o confucionismo, o Japão não o adotou, só os dramas coreanos preservaram o espírito de Confúcio, e é isso que explica o sucesso de nossas séries na Ásia. É o que os chineses esperam consciente e o que os japoneses buscam inconscientemente. Quanto aos coreanos, hoje em dia na sua maioria cristãos, nem por isso deixam de continuar profundamente imbuídos de confucionismo." Não fico de todo convencido por essa análise pseudorreligiosa, mas guardo a ideia comigo.

Mais tarde, no café Starbucks da esquina, dou continuidade ao diálogo com Yoo Dong-hyuk, meu intérprete improvisado. Top model, 26 anos, ele traja uma camisa branca, uma longa túnica negra, calças jeans de grife e traz os cabelos desalinhados, como os atores de *Boys Over Flowers*. Pergunto-lhe como é chamado esse corte de cabelo tão frequente nos jovens ídolos: "À coreana", responde Yoo Dong-hyuk com simplicidade. E acrescenta: "É esse corte que nos deixa *sweet* — e as meninas adoram". Segundo me informa o diretor-presidente do grupo Pan Entertainment, que o tem sob contrato, o rapaz já participou de seis dramas e é uma estrela entre os coreanos-americanos nos Estados Unidos. Por que fala tão bem o inglês? "Eu trabalhei na América", responde ele, "e sou fascinado pela cultura da televisão americana, a maneira de representar dos atores de *Friends*, e também, naturalmente, por Wentworth Miller em *Prison Break*". E ele acrescenta: "Eu gostaria de ser uma espécie de Yunjin Kim masculino" (referência a uma atriz de Seul que participou do célebre filme coreano *Shiri*, sendo em seguida contratada para a série de televisão americana *Lost*). Como é que alguém se transforma em estrela na Coreia? "É uma questão de sorte, de timing, e é preciso ser bonito, é isso que conta." Pergunto ao ídolo sobre seu contrato, para saber se é assalariado ou trabalha por tarefa em sua produtora: "Não posso responder, você terá de fazer a pergunta ao meu agente, é ele que cuida disso".

O que me chama a atenção na Coreia e no Japão é a juventude dos atores. Em Bollywood e Hong Kong, as estrelas são atores maduros que conquistaram a celebridade ao longo do tempo — Amitabh Bachchan, Shah Rukh Khan, Jackie Chan, Andy Lau. Na Coreia, a maioria dos atores nasceu ontem e muitas vezes nem completou ainda vinte anos. É uma exacerbação da cultura "teen-pop": o que os adolescentes querem determina o que a população como um todo vai consumir. Fico pensando que o fenômeno é uma inversão do que foi a cultura durante séculos na Europa, mas também na Ásia, a cultura do Ramayana e do Mahabha-

GEOPOLÍTICA DOS DRAMAS, NOVELAS DO RAMADÃ E TELENOVELAS

rata, de Akira Kurosawa, Kenzaburo Oe ou Yukio Mishima. Em seu lugar, hoje em dia, temos as boy bands japonesas, os jovens atores de cabelos longos cortados "à coreana", as estrelas do rap tailandês e as jovens cantoras de Taiwan que dão o tom da cultura asiática globalizada.

Existe uma intensa polêmica na Coreia sobre as pressões exercidas pelos americanos para liberalizar o audiovisual e o cinema e com isso abrir o mercado de conteúdos para os estúdios hollywoodianos. Em acordo bilateral de livre comércio assinado a 30 de junho de 2007 em Washington, os coreanos aceitaram afrouxar suas cotas no cinema. As organizações oficiais de defesa do cinema coreano e os militantes da Coalition for Cultural Diversity in Moving Images de Seul deram a entender em conversas comigo que os Estados Unidos teriam ameaçado retirar suas tropas da Coreia se fossem mantidas as cotas contra os filmes americanos. A retirada do Exército americano da Coreia? Não vamos exagerar. Provavelmente nunca houve semelhante pressão, da qual os americanos, que não seriam capazes de trocar o hard power pelo soft power, seriam por sinal as primeiras vítimas. Mas que os americanos jogaram com a relação de forças e fizeram de tudo para acabar com as cotas, é evidente.

Na embaixada dos Estados Unidos em Seul, superprotegida pelos fuzileiros navais americanos, sou recebido pelo ministro-conselheiro, um diplomata calejado que exerce a função de conselheiro comercial (e que eu não posso citar nominalmente). Ele nega firmemente qualquer pressão. "A Coreia é um mercado-chave para os americanos nas indústrias de conteúdo, juntamente com o Japão, um dos principais para nós na Ásia. É um fato inegável. Mas foram os próprios coreanos que aceitaram abaixar as cotas em matéria de cinema, pois tinham em jogo outros interesses econômicos, mais importantes para eles. Isso nunca foi uma precondição, como chegaram a afirmar. Posso lhe garantir, pois fui eu que negociei esse acordo. E francamente, se tivesse havido alguma precondição de nossa parte, não teria sido a respeito do cinema. Os coreanos também tinham muitas exigências, especialmente em questões agrícolas, e portanto foi realmente uma negociação. Uma negociação difícil, mas uma negociação exatamente igual à que conduzimos em muitos países

MAINSTREAM

para a assinatura de acordos comerciais bilaterais. Os coreanos queriam absolutamente assinar esse acordo, essencial para sua eletrônica, sua agricultura, e para isso aceitaram sacrificar o cinema. Optaram pela Samsung em detrimento dos filmes. Foi uma escolha dos coreanos."

O sistema de cotas coreano é original. Durante certo número de dias do ano, o cinema nacional deve ser o único projetado nos cinemas, tendo cada sala a liberdade de escolher os dias em que é proibida a projeção de filmes estrangeiros. Até 2007, 146 dias do ano eram reservados ao cinema coreano, o equivalente a aproximadamente 40%; a cota baixou para 73 dias após o acordo coreano-americano, ou seja, 20%. O resultado não se fez esperar. O cinema americano representava 40% das bilheterias coreanas antes do acordo comercial bilateral de 2007 (60% para o cinema coreano), e desde então subiu para 50% (e o cinema coreano caiu para 49%). "A diminuição das cotas não é a única explicação desse recuo do cinema coreano, embora tenha contribuído para isso", corrige Mark Siegmund, da Seoul Film Commission. "O problema é que nossa indústria produz menos filmes, e cada vez menos filmes para um público mainstream. Nosso cinema continua se comportando bem nos festivais na Europa, mas não atrai mais os jovens coreanos. É esse o nosso problema, e não apenas a questão das cotas." Se no Korean Film Council, o braço governamental de proteção da indústria do cinema, o sistema de cotas é firmemente defendido, a maioria de meus interlocutores na indústria cinematográfica em Seul — e sobretudo entre os exibidores — já não se mostra tão convencida. Há inclusive aqueles que julgam o sistema contraproducente, tendendo a militar por sua eliminação: "Essas cotas enfraqueceram as salas de cinema. Como os jovens coreanos querem maciçamente ver filmes americanos, as cotas os afastaram das salas, levando-os a comprar DVDs ou piratear os filmes na Internet. Além disso, é um sistema indiferenciado, que sanciona tanto o cinema japonês, taiwanês ou francês quanto o cinema americano. E todo mundo sabe que há muito tempo as cotas não eram mais respeitadas pelos próprios exibidores. Na verdade, em vez desse sistema arcaico, o que precisamos é de uma produção forte, de qualidade e voltada para o grande público. É aí, e só aí, que está a solução", explica o diretor de uma rede de multi-

GEOPOLÍTICA DOS DRAMAS, NOVELAS DO RAMADÃ E TELENOVELAS

plexes (desejando não ser citado nominalmente por medo das reações do meio profissional). "Na realidade, é preciso notar que, como aconteceu no México, a MPA combateu ferozmente o sistema coreano de cotas, concentrando sua pressão nos exibidores locais. Os próprios exibidores, convencidos de que os blockbusters hollywoodianos eram desejados pelo público e sobretudo pela juventude coreana, é que foram os maiores aliados dos americanos na exigência do fim das cotas, esperando assim que seus lucros aumentassem", comenta Alejandro Ramírez Magaña, o célebre dono da rede de salas mexicanas Cinépolis, que investe pesado na Ásia (e que entrevistei na Cidade do México). Para os exibidores, contudo, o resultado não foi tão concludente.

Mas o fato é que, com ou sem cotas, a Coreia do Sul mais ou menos se apresenta, desde a Guerra da Coreia, como 51º estado americano. Considerando-se a fronteira hermeticamente fechada com a Coreia do Norte, o país é uma ilha, além de um autêntico navio militar americano. Nas ruas de Itaewon, não longe de uma base americana, vemos patrulhas de fuzileiros americanos, e à noite os bares e cabarés duvidosos são frequentados por soldados. Os Estados Unidos são o país onde vive o maior número de coreanos fora da Coreia. Tudo isso tem um peso nas trocas culturais entre os dois países.

Mas nessa relação singular com os Estados Unidos também interfere um problema mais complexo para os coreanos, misturado a uma necessidade de reconhecimento e à busca de uma identidade. Ao contrário do Japão, desejoso de preservar sua singularidade, ou de Cingapura, que não tem essa pretensão, a Coreia tenta encontrar uma identidade própria. Uma identidade complexa perdida com a guerra da Coreia e a separação do Norte. Existe ódio em relação à Coreia do Norte, mas também um certo fascínio algo invejoso pela pureza nacionalista "coreana" que ela continua encarnando, ao passo que a Coreia do Sul está globalizada. Existe uma relação complexa com os americanos, que aceitaram morrer por uma Coreia do Sul livre, mas que se mostram militarmente onipresentes e pesados na Coreia. Finalmente, um certo sentimento de insularidade parece comprimir a Coreia do Sul entre o Japão, colonizador de ontem, e a China, que já agora ameaça economicamente e talvez também militarmente. Não é fácil ser sul-coreano hoje em dia.

MAINSTREAM

As novelas do Ramadã

A uma hora de estrada a oeste do Cairo, perto das pirâmides, encontram-se os estúdios de cinema e televisão egípcios, uma verdadeira cidade conhecida como Media City. Na realidade, essa nova cidade, construída do zero no deserto, chama-se 6th October City (referência à guerra do Yom Kippur em 1973, que os egípcios dizem ter vencido).

Aqui é que são produzidos os "mousalsalets", as novelas de televisão do Ramadã. Inventadas pelos egípcios, essas soap operas são populares em todo o mundo árabe. Com duração média de cinquenta minutos e equivalendo, com a publicidade, a uma hora de programa de televisão, cada série comporta trinta episódios, transmitidos diariamente durante o Ramadã e depois retransmitidos à saciedade no resto do ano. Em Media City são rodadas cerca de vinte séries completas por ano.

"O sucesso dos mousalsalets está estreitamente ligado ao Ramadã", explica Yussef Cherif Rizkallah, diretor do departamento internacional de Media City. "As famílias ficam fechadas dentro de casa o dia inteiro durante um mês e assim assistem à televisão o tempo todo. Até os jovens não podem muito ir ao cinema, exceto durante a noite." O modelo é muito simples: trata-se de um divertimento para o grande público, leve e compreensível por todos. Embora possam abordar questões da vida cotidiana, problemas conjugais ou sociais, trata-se antes de mais nada de novelas de fundo moral. "É um divertimento com valores e princípios", frisa Yussef Osman, diretor de produção das novelas em Media City, acrescentando, com lucidez: "Esses valores, perfeitamente adequados à religião muçulmana, é que fazem o sucesso das novelas do Ramadã no mundo árabe, assim como seu fracasso em qualquer outra parte do mundo".

Esse divertimento egípcio popular tem seus limites, mesmo no recesso do lar. "Os jovens querem mais ação e menos melodrama", prossegue Yussef Osman. "Com isso, já se começa a produzir séries de 15 episódios em vez de trinta, para acelerar a história. Os jovens também querem ver moças mais bonitas, sem véu, com menos roupa." Os jovens querem mais sexo? "Eu não diria que querem sexo, mas querem pelo menos que o rapaz possa beijar a moça. E agora já acontece de permitirmos que os rapazes beijem as moças." Esses filmes, com mais liberdade, são atualmente bem tolerados no Egito, no Marrocos e na Tunísia, no Líbano, na Síria ou na Palestina, mas todas as cenas de beijo ou com um pouco menos de roupa são sistematicamente cortadas nos países do Golfo e na Arábia Saudita. "Acredito que o sucesso do cinema egípcio no mundo árabe, e especialmente dos mousalsalets, decorre do fato de sermos mais livres e mais liberados que o resto dos países muçulmanos", acrescenta Yussef Osman. "Nossos filmes abrem um espaço de liberdade, abrem o imaginário dos jovens árabes, e eles gostam da beleza de nossas mulheres e da força de atração de nossos homens." O ressurgimento do islamismo poderia mudar a tendência? Yussef Osman se retrai um pouco em sua poltrona, debaixo do retrato do presidente Hosni Mubarak:

> Veremos. A televisão e o cinema egípcios são cada vez mais controlados por capitais dos países do Golfo. Isso não poderá deixar de ter efeitos. As atrizes voltam a usar o véu para atender ao mercado e atingir um público maior, especialmente no Golfo. Certamente temos hoje muito mais mulheres cobertas com o véu do que há vinte anos. Manifestações sorrateiras de islamização também se multiplicam no audiovisual egípcio. O que igualmente terá seus efeitos. Globalização versus islamização: é este o debate atualmente.

Verdadeira Cinecittà do Oriente Médio, espécie de Hollywood oriental, Media City é um complexo cinematográfico de alto nível, um dos mais modernos do mundo árabe. Seus estúdios, construídos no deserto, não têm concorrência, à parte talvez a Media City de Dubai. Zona franca oferecendo condições vantajosas de filmagem, o complexo cinematográfico foi criado pelo Ministério da Informação egípcio em 1998, com capitais públicos e privados. Inaugurado em 2002, ele oferece infraestruturas, equipes técnicas com contingentes e competências consideráveis, autorizações de filmagem no deserto ou diante das pirâmides. "Se um produtor precisa de mil figurantes, eu posso encontrá-los em poucas horas", explica Yussef Cherif Rizkallah. Com dois imensos estúdios de cinema, 75 palcos de filmagem com cenários, cinquenta estúdios de televisão e 15 zonas de filmagem ao ar livre em cenários naturais, o local, que visitei longamente, é fascinante. Precise a produção de uma pirâmide (de cimento, apenas com a fachada), de uma estação ferroviária, de uma velha rua do Cairo, de um acampamento de beduínos, de um rio ou de uma floresta tropical ou até mesmo de um campo de minas com soldados israelenses de plástico, tudo está à disposição.

Com isso, equipes de produção vêm filmar em Media City de todo o mundo árabe, sobretudo dos países do Golfo, mas também do Líbano, da Síria ou do Iraque, sendo os mousalsalets iraquianos rodados atualmente nos estúdios de October City. Os dirigentes de Media City também esperam atrair equipes de filmagem da Europa: na conversa comigo, fazem propaganda de seus equipamentos, sem se dar conta de que as regras de filmagem, a questão do véu islâmico e a proibição total de álcool podem determinar uma certa hesitação dos produtores ocidentais. Mais uma vez, o que faz a força do Egito frente aos demais países árabes representa também sua fragilidade diante do resto do mundo.

No fim da visita, no entanto, fica uma impressão estranha, como se o lugar encarnasse uma certa mania de grandeza de outras épocas, não tanto o Egito dos faraós mas a Romênia de Ceausescu — versão Hosni Mubarak. Enormes fontes das quais não sai nenhuma água; avenidas desérticas que não levam a lugar nenhum; montanhas artificiais formadas de escombros; pálidas cópias de esculturas egípcias; por toda parte, até na Master Control Room, vemos homens fazendo a sesta. O próprio prédio principal — batizado de "complexo Mubarak A" — tem a forma da letra H. Pergunto por quê. "H de Hosni", responde Yussef Cherif Rizkallah.

"As novelas do Ramadã feitas pelos egípcios não são mais modernas. Os mousalsalets são históricos demais, invariavelmente filmados em estúdio e abordam os mesmos temas há quarenta anos. O público árabe não vai continuar suportando por muito tempo, e os jovens já estão fugindo deles." Em Damasco, meses depois, Firas Dehni, famoso diretor de novelas de televisão e antigo diretor do departamento de produção da televisão nacional síria, manifesta suas dúvidas sobre o modelo egípcio.

Na Síria, as séries de televisão vão de vento em popa. Enquanto o cinema nacional está em pandarecos, as novelas vão muito bem. "Elas encarnam a 'Intifah', a atual abertura do país", explica Firas Dehni, com quem me encontro num restaurante da cidade velha de Damasco, num momento de pausa de sua equipe durante uma filmagem. Prossegue ele: "Aqui, nós filmamos na rua, em exteriores, e abordamos todos os temas tabus, como a corrupção, o sexo, o aborto, as drogas, as relações sexuais fora do casamento e até a transexualidade. Mas é claro que existe uma linha vermelha além da qual não se pode ir" (trabalhando para a televisão estatal, Firas Dehni não diria mesmo qual é essa linha vermelha, mas eu sei que qualquer crítica política ou religiosa, qualquer distanciamento em relação ao princípios muçulmanos, qualquer defesa dos direitos humanos ou da liberdade de associação, qualquer apologia de Israel, qualquer crítica ao presidente Bachar al-Assad levam diretamente para a prisão, como me confirmou o diretor de uma ONG entrevistado em Damasco, depois de passar dois anos na prisão por ter defendido os direitos humanos).

As novelas sírias são formatadas segundo o modelo das séries americanas: cada episódio contém uma história completa, com início e fim, não sendo portanto necessário assistir toda noite para acompanhar o enredo. É o seu trunfo em relação aos "mousalsalets" egípcios, nos quais os episódios vão se sucedendo durante toda uma temporada, especialmente durante o Ramadã.

Sentado à minha frente num hotel do centro histórico de Damasco, Makram Hannoush, um libanês que produz na capital síria várias séries de televisão, tenta entender o atual boom do audiovisual sírio.

> É preciso relativizar as coisas. Emprega-se gíria, as filmagens são feitas em exteriores, existe mais liberdade: tudo isso é verdade. Mas se por um lado nossas séries são muito inventivas, por outro dispomos de menos liberdade quando vem o Ramadã. Nesse período, temos de retomar formatos tradicionais muito rígidos, como os egípcios, e voltamos ao formato em trinta episódios de 45 minutos, num total de 22 horas e cinquenta minutos. Nem um minuto a mais! É isso o Ramadã.

MAINSTREAM

Tendo participado de muitas novelas do Ramadã, o célebre ator sírio Jihad Saad defende mais o sistema, mostrando-se algo perplexo com as mudanças em andamento: "Para que serve a abertura síria? Para se abrir aos americanos? Para fazer como os americanos?".

Recém-chegada ao mundo da produção audiovisual árabe, a Síria faz figura de concorrente em relação ao Egito, com suas quase cinquenta séries anuais de televisão. Aposta na ousadia, pois apesar das regras drásticas da ditadura síria sabe que só conseguirá se afirmar através de temas atuais, das filmagens em exteriores e dos riscos que se dispõe a assumir. O regime finge que não vê. O sucesso econômico de exportação dos produtos dessa indústria criativa que vai ganhando espaço no mercado do mundo árabe provavelmente tem a ver com essa liberdade controlada, nada permitindo prever do futuro. Por enquanto, à falta de uma democracia política e de liberdade nos meios de comunicação, a modernização da Síria, concorrente do Egito, depende das séries de televisão. Até quando?

As novelas conquistam a América (do Norte e do Sul)

Estou num restaurante indiano com produtos de confeitaria de plástico, uma atriz envolta num sári, uma garçonete que interpreta várias vezes seu papel a pedido de um diretor que parece meio impaciente. Ficamos entendendo que a atriz se apaixonou por um intocável depois de a família ter organizado um casamento arranjado. Lá fora foi construída uma rua de Jaipur, cidade do Rajastão, com lavanderias, um templo indiano e até um cinema no qual é projetado, a julgar pelo cartaz, *Jodhaa Akbar*, filme recente de Bollywood, com a estrela Ashwarya Rai Bachchan. Para a filmagem da novela televisiva *Caminho das Índias*, o diretor exigiu inclusive que fosse recriado um trecho do Ganges, mobilizando centenas de operários. E o Ganges está ali, no cenário. Como se corresse em Jaipur.

Única particularidade: no set de filmagem, fala-se português. Pois estou no Rio de Janeiro, Brasil, nos estúdios da TV Globo. *Caminho das Índias* é uma novela que, escrita conforme vai sendo realizada, já é avidamente acompanhada por milhões de brasileiros todas as noites da semana, à espera de um novo episódio, como o que está sendo filmado diante de mim. E cujo tema é a Índia.

Situados uma hora a sudoeste do Rio, os estúdios do Projac (o nome oficial é Central Globo de Produção) espraiam-se por 130 hectares e dez estúdios, quatro deles inteiramente dedicados às novelas brasileiras. Com 2.500 horas de programas rodados todo ano, esses estúdios pertencem à gigante TV Globo, uma das quatro redes mais poderosas do mundo. Estamos no coração da indústria brasileira de entretenimento.

"Se quiser saber o que eram os estúdios americanos na época de ouro de Hollywood, veja o que fazemos aqui", diz com certa ironia Guel Arraes, diretor, roteirista de sucesso e atual diretor de núcleo da TV Globo. Como a maioria dos técnicos e atores de novelas, ele é assalariado. Trabalha-se para a Globo o ano inteiro, e não por contrato, para uma novela específica. Como em Hollywood na década de 1930.

Durante um dia inteiro, eu percorro os estúdios da TV Globo a bordo de um "carro elétrico" (um cart de golfe brasileiro) pilotado por Edson Pimentel, diretor-executivo dos estúdios Projac. No local de filmagem, vejo uma falsa favela, um heliporto, uma igreja com cada lado representando um estilo diferente (gótico, barroco, romano), um quartel de bombeiros (verdadeiro), um cenário de Fez e outro de Miami, e, naturalmente, uma rua de Jaipur à beira do Ganges. Em sua maioria, esses cenários são montados sobre rodas para serem deslocados, reposicionados, alinhados. Estou numa autêntica usina de sonhos sobre rodas. Mais tarde, visito a oficina de costura, onde se encontram 65 mil costumes, cada um com um código de barras, alinhados ao longo de quilômetros.

A TV Globo transmite seis episódios de cada novela por semana e até cinco novelas por dia, três delas inéditas, às 18, 19 e 21 horas, além de minisséries por volta das 22 horas. Diariamente, por volta das duas da tarde, são retransmitidas novelas de temporadas anteriores. "Temos portanto de produzir aqui cerca de vinte episódios por semana. É matemático", diz-me Pimentel. Que acrescenta: "E nós levamos ao ar uma semana depois da filmagem. A novela é um produto fresco".

*

Produto fresco? Certamente. Mas também um produto sendo constantemente adaptado, de tal maneira o gênero foi remendado e precisa mudar. Guel Arraes recapitula: "A novela é uma instituição no Brasil. Seja no interior ou nas favelas, todo mundo assiste à novela da noite, a mais popular, a das 21 horas, depois do Jornal Nacional das 20 horas, que ainda é visto pela maioria dos brasileiros". O tema? "Grosso modo, é a história de um casal que quer se beijar mas que ao longo de quase duzentos episódios não tem autorização do roteirista. Dá para entender a impaciência do casal — e dos telespectadores. Enquanto isso, existem infinitas intrigas secundárias que mantêm o suspense — elemento decisivo da novela." Era este o modelo. Que está em plena transformação. Guel Arraes volta a explicar: "Mas os tempos mudam. Para a exportação, passamos a reduzir o número de episódios a cinquenta/sessenta, muitas vezes eliminando as intrigas secundárias, para conservar apenas a 'main story line'" (a história central, Arraes utiliza a expressão inglesa). Comento então que sessenta episódios para conseguir um beijo ainda é bastante longo.

De um país a outro, as novelas variam muito, no estilo e no espírito. "A novela brasileira é menos melodramática que a dos outros países da América Latina", prossegue Guel Arraes. "Queremos ser mais realistas, os atores interpretam seus papéis de maneira menos exagerada, sem super-representar. Não temos necessariamente uma mulher de presença forte aparecendo de repente com as mãos no ar no alto da imensa escada na entrada da casa, símbolo de riqueza e diferença social, gritando 'Dios mío!'."

O Brasil foi o primeiro país a programar suas novelas em prime time, numa época em que elas ainda estavam confinadas aos horários da tarde nos outros países da América Latina, destinadas a um público de donas de casa. E o resultado foi espetacular, especialmente com uma forte audiência masculina. "No México, as telenovelas são mais tradicionais, mais melodramáticas e portanto mais conservadoras: a heroína é pura, branca, sempre boa, sofredora, uma santa. Na Venezuela, as telenovelas são puro entretenimento, e, paradoxalmente, tratando-se do país de Chávez, mais liberais. Na Colômbia, recorre-se a fatos reais

GEOPOLÍTICA DOS DRAMAS, NOVELAS DO RAMADÃ E TELENOVELAS

para fazer telenovelas policiais ou fantásticas. Na Argentina, a heroína também sofre, mas pode revelar-se perversa, fazer jogo duplo e no fim das contas ser má. Ousamos abordar temas polêmicos. Rompemos um pouco os esquemas esperados", resume Victor Tevah, diretor-adjunto de uma importante empresa de produção de telenovelas argentinas, a Pol-Ka, situada no bairro hip de Palermo, em Buenos Aires.

No Brasil, filma-se muito em externas, pelo menos 40% da série, não raro no exterior, ao passo que no México, por exemplo, as telenovelas são feitas sobretudo em estúdios. O custo é mais elevado, mas o resultado são imagens mais coloridas e verossímeis.

A especificidade das nossas novelas está no fato de serem filmadas à medida que vão ao ar, o que nos permite modificar a história em função das reações do público e dos níveis de audiência. Sobretudo, a história continua, não é como numa série de televisão americana, na qual cada episódio conta uma história inteira: no Brasil, é preciso ver os 180 episódios para conhecer a história toda, o público é mais fiel e mais leal —, explica Edson Pimentel, o diretor-executivo dos estúdios da TV Globo.

As novelas brasileiras são longas, portanto, tendo geralmente algo em torno de 170-180 episódios na TV Globo, 250 na TV Record, e quando faz sucesso a novela pode ser prolongada indefinidamente (o máximo até hoje foram 596 episódios). Sejam comédias, dramas ou sobretudo melodramas, os temas nelas abordados são muito variados, não raro ligados a problemas pessoais e sociais: disfunções de família, dificuldades do casal, revelação de um filho ilegítimo. Elas também abordam a vida nas favelas, a droga, o alcoolismo, a corrupção. Como se concentra nas maiores capitais, São Paulo e Rio, o mercado publicitário não deixa de influir no conteúdo: "Como o público das grandes cidades é mais aberto em questões de sociedade, de sexualidade, de homossexualidade, as novelas brasileiras são mais modernas, mais 'edgy', é simples assim", confirma Luigi Baricelli, astro que entrevistei no restaurante da rede e que diariamente apresenta ao vivo, na TV Globo, o programa *Video Show.*

A TV Globo, rede privada, não é a única produtora de novelas no Brasil, embora domine o mercado. De outra feita, encontro-me com o célebre roteirista Tiago Santiago, que dirige as novelas da TV Record, rede concorrente da Globo, próxima dos evangélicos e financiada sobretudo pela Televisa, a gigante mexicana. "Como todo mundo, eu venho da TV Globo. Mas a concorrência é sadia: na nova temporada, nós vamos apresentar três novelas por dia." Como roteirista, Tiago Santiago coordena uma equipe de oito coautores:

> Nós escrevemos juntos, obedecendo a um planejamento diário perfeitamente azeitado: de manhã cedo eu escrevo um resumo da cena que vamos fazer no dia, inspirando-me sobretudo em notícias dos jornais; em seguida, envio o texto por e-mail para meus colaboradores, que trabalham em casa. Nós dividimos as tarefas, cada um escreve sua parte. No meio do dia, toda a equipe me envia o que foi escrito. Unificamos então a intriga, corrigimos, e no fim do dia temos cerca de cinquenta páginas prontas, com emoções e minissaias. A cena que estamos escrevendo esta semana será filmada na semana que vem e irá ao ar na semana seguinte. Com isso, podemos acompanhar de perto o noticiário e as expectativas do público.

E, por sinal, Tiago Santiago me explica que sua renda depende da audiência da novela, aumentando o seu salário-base de acordo com o desempenho da série. "No fim do dia, o sucesso é medido de maneira muito simples: você foi capaz de criar novelas a que as pessoas tenham vontade de assistir?"

Na entrada, um imenso mapa-múndi com uma televisão no interior: o logotipo da TV Globo. Estou na sede histórica do grupo, muito distante dos estúdios, perto do Jardim Botânico, no Rio. Luiz Cláudio Latgé, um dos diretores da Globo, atualmente à frente do canal de informação contínua, mostra-se entusiástico:

> As novelas da TV Globo contribuem para unir o país no plano linguístico e social. A família inteira, todas as classes econômicas se reúnem ao redor da novela da noite. O Brasil tem quase 200 milhões de habitantes,

é um gigante, o único na América, juntamente com os Estados Unidos. Nossa programação é transmitida por 120 estações em todo o Brasil, e nossas novelas são vendidas em uma centena de países. É um sucesso espetacular, levando-se em conta que falamos português, uma língua de pouca penetração no mundo.

Na realidade, o Brasil é um recém-chegado ao mercado de trocas culturais internacionais. Trata-se de um país ainda emergente no audiovisual, pois, se as novelas brasileiras são vendidas há muito tempo, só há pouco são realmente rentáveis. "Ainda somos um mercado jovem no entretenimento", confirma Luiz Cláudio Latgé. "O público com poder aquisitivo significativo, aquele que é visado pelos publicitários, é da ordem de apenas 6 milhões de pessoas no Brasil. Não é, portanto, um mercado maduro. Mas, se tomarmos o exemplo dos telefones celulares — mais de metade da população os possui atualmente —, as perspectivas de crescimento são claras. As pessoas com poder aquisitivo significativo devem passar em breve de 6 a 100 milhões. Vamos nos tornar uma formidável potência econômica, e os recursos do entretenimento e da mídia vão decuplicar. Muito em breve o Brasil não será mais um país emergente: já teremos emergido", conclui Luiz Cláudio Latgé, todo sorrisos.

Os mercados das novelas brasileiras são muitos. Há, para começar, os países hispânicos, e desde o início as séries são gravadas em duas versões: portuguesa para o Brasil, espanhola para exportar para a América Latina (mas pouco para a Espanha, onde as novelas brasileiras não têm muito público). O mercado hispânico principal, nessa região, continua sendo o México, por seu tamanho. A Argentina é um mercado mais limitado, que no entanto indica tendências, representando um bom teste para os outros países. O mercado lusófono limita-se a Portugal, mas é um cliente fiel, importante para a TV Globo do ponto de vista simbólico, embora economicamente pouco significativo. Para além dos países da América Central e da América do Sul, consumidores intermitentes de novelas brasileiras, em função de sua própria produção, existe o mercado latino dos Estados Unidos. Nesse nicho, os mexicanos levam vantagem numérica e estilística; mas a TV Globo assinou um importante contrato de parceria com o canal americano Telemundo, por cinco anos, para difundir seus produtos dublados em espanhol.

Há também os países da Europa central e oriental, grandes consumidores de novelas. A Romênia, por exemplo, tem um canal, Acasa TV ("Em casa"), amplamente dedicado às telenovelas sul-americanas. Os produtos brasileiros, colombianos e venezuelanos são os que funcionam melhor na Romênia. Motivo? "Na Romênia, as 'telenovelas' surgiram logo depois de 1989, como uma espécie de exorcismo do primeiro 'reality show' que foi a revolução romena", explica o crítico de cinema romeno Alex-Léo Serban. "Essas novelas têm na Romênia um público majoritariamente feminino, não muito culto. Certas mamães 'telenovelófilas' chegam inclusive a batizar os filhos com o nome dos protagonistas." O fato de a Romênia ser um país latino, com uma língua próxima do italiano, sem dúvida facilita essa identificação. Mas resta o fato de que as novelas brasileiras também funcionam na Rússia, na Polônia, na Sérvia e na República Tcheca, confirmando o alcance do fenômeno. "Os países do Leste e a Rússia representam atualmente 70% de nossas vendas", confirma, em Buenos Aires, Michelle Wasserman, que comercializa as telenovelas argentinas do canal Telefe.

> Os russos preferem nossas telenovelas por opção ideológica, pois elas não são americanas, e também porque nossos atores são mais 'brancos', têm aparência mais europeia do que os das séries mexicanas e brasileiras, e é mais fácil para os russos se identificar com eles. E é por sinal isso que faz nossa força na Europa, e às vezes também na América Latina, pois os hispânicos adoram atrizes louras de olhos azuis.

O sucesso das novelas brasileiras também é grande no Oriente Médio e no Magreb, de maneira bastante semelhante à dos dramas coreanos. Algumas novelas foram gravadas no Marrocos, o que certamente serviu de apelo para o público árabe. Muitos ingredientes estrangeiros, especialmente árabes, foram incorporados às novelas brasileiras nos últimos anos, o que também terá contribuído para sua difusão. Mas a chave do sucesso comercial de exportação das novelas ainda é o preço.

A Globo distribui suas novelas a preço camarada; em relação às séries americanas, chega a ser hard discount. "Nós preferimos comprar novelas brasileiras, em vez de séries americanas, por causa do preço", explica-me Sally Messio, diretora de programação e apresentadora principal da Televisão Nacional de Camarões (CRTV), durante minha visita às instalações dessa estação estatal. "Não compramos os programas diretamente do Brasil, mas através das distribuidoras com sede em Abidjan ou Dakar", acrescenta. A Discop, em Dakar, é uma feira especializada na qual os países africanos se abastecem de séries de televisão, como acontece com a Discop de Budapeste, para a Europa central e oriental, a BCWW na Coreia do Sul, a ATF em Cingapura e, naturalmente, a MIP-TV em Cannes, no caso dos mercados europeus clássicos. "Existem muitos lugares exóticos, não raro feiras profissionais, onde funciona esse mercado de séries de televisão. É realmente um mercado internacional. Mas a maioria das compras é feita anualmente nos Estados Unidos, na LA Screenings de Los Angeles e na NATPE de Las Vegas", explica Michelle Wasserman, a diretora internacional de vendas da Telefe em Buenos Aires. Globalmente, de acordo com os dados da TV Globo, 104 países compram novelas brasileiras produzidas pela Globo. É a maior exportação cultural do Brasil.

Ao deixar o Rio, surpreendo-me ao constatar que o motorista de táxi, enquanto dirige, olha com frequência para uma tela digital instalada na parte direita do console do carro. Fico me perguntando se está de acordo com os critérios de segurança, mas os motoristas brasileiros não têm medo de nada. O motorista volta-se para falar comigo ao mesmo tempo que dirige, e diz que gosta muito da novela que está no ar. Pergunto-lhe qual é, e ele responde: *"Caminho das Índias"*.

Meses depois, estou no México, na sede da Televisa. Para entrar nesse império do entretenimento, temos de passar por uma portinha à beira de uma estrada. Na parte externa do prédio, o logotipo inconfundível da Televisa, um imenso sol amarelo. Lá dentro, é uma fábrica. Tudo é tão grande e tão rápido que, segundo me relata Rodrigo Arteaga, o diretor-adjunto da Televisa, "os atores nem têm tempo de decorar o texto

MAINSTREAM

ou se aprofundar no papel, aqui eles usam fones de ouvido como ponto para os diálogos". Eu assisto à gravação da telenovela *Atrévete a soñar*: o ator principal, um astro mexicano adorado pelas multidões, está de pijama na cama. Um desses fones de ouvido me é trazido e eu ouço o ponto. "Eu vou morrer depois dessa cena?", pergunta de repente o ator ao diretor. Ele não se lembra mais do script da telenovela de que está participando, de tal maneira circula entre as cenas de diferentes novelas gravadas aleatoriamente. Mais tarde nesse mesmo dia, estou no Centro de Educación Artística da Televisa: é a escola de atores dos próprios estúdios, na qual assisto às aulas. Durante três anos, nove horas por dia, os alunos aprendem a dançar, cantar, representar. A formação baseia-se numa cultura física muito desenvolvida e a seleção, partindo de sete mil candidatos, leva até o fim apenas 25 diplomados escolhidos a dedo. Fico fascinado com o fato de a Televisa tomar tanto cuidado com a formação de seus atores. À noite, vendo na televisão um episódio da novela a cuja filmagem assisti, constato que ele é constantemente interrompido por anúncios. Fico então sabendo que a Televisa é uma rede mainstream de publicidade, com novelas nos intervalos.

O mercado internacional de telenovelas representa atualmente uma guerra cultural entre a maioria dos países da América Latina, conduzida por poderosos grupos de mídia. A concorrência é tanto mais exacerbada na medida em que não existe uma rede comum aos países da América Latina, como a Star TV na Ásia ou a Al Jazeera no mundo árabe. O gigante brasileiro TV Globo enfrenta o gigante mexicano do entretenimento Televisa, mas também a Telefe na Argentina, a RCN na Colômbia e a Venevision na Venezuela (que tem a particularidade de produzir suas telenovelas em Miami, em parceria com a americana Univision). Todos esses grupos também estão em concorrência no mercado mais rentável: o dos latinos que vivem nos Estados Unidos, já cortejados pelas cadeias americanas em espanhol, a Telemundo e a Univision.

Com 45 milhões de hispânicos em solo americano, para não falar dos 10 a 15 milhões de imigrantes ilegais, majoritariamente mexicanos, os Estados Unidos são atualmente o segundo maior país hispanófono do mundo, depois do México mas antes da Espanha. Esse mercado "latino" dos Estados Unidos é essencial para os produtores de telenovelas. Trata-se de um público potencial muito maior que o da maioria dos outros países da América Latina, à exceção do México e do Brasil. E sobretudo um alvo publicitário ideal, de forte poder aquisitivo. Todos os protagonistas dessa indústria têm portanto os olhos voltados para Miami e Los Angeles, capitais exógenas da América Latina.

Por enquanto, o líder do mercado é incontestavelmente a Univision, que tem sede social em Nova York, mas estúdios em Miami. A cadeia atrai 90% da audiência latino-americana, especialmente na costa Oeste e no sul dos Estados Unidos, graças às telenovelas compradas ao gigante mexicano Televisa, seu parceiro privilegiado para os Estados Unidos. Com três quartos de sua programação dedicados às telenovelas, a Univision dirige-se sobretudo aos mexicanos-americanos, estimados em mais de 29 milhões em solo americano (sem incluir os ilegais, estimados em pelo menos 11 milhões, ou seja, mais de 40 milhões de telespectadores potenciais no total). A rede tem como alvo em particular os imigrantes recentes, ainda presos à cultura do país de origem, e seus filhos, a primeira geração de mexicanos-americanos, ou seja, a comunidade numericamente mais significativa. Nos estúdios da Univision em Miami é que são gravados semanalmente os célebres talk-shows da cubano-americana Cristina Saralegui, espécie de Oprah Winfrey latina, assim como o espetáculo de variedades *Sábado Gigante*, programas que são retransmitidos em "syndication" por várias redes latinas de televisão nos Estados Unidos e na América Latina.

Mas a concorrência é dura: a Telemundo, que desde 2002 pertence à NBC-Universal e atinge apenas 10% da audiência, vem avançando acentuadamente na costa Leste. Ao contrário da concorrente, a Telemundo visa o público hispânico em toda a sua diversidade, particularmente os jovens latinos bilíngues de segunda e terceira gerações. Obcecada com a ideia de conquistar partes do mercado à líder Univision, a Telemundo vem tentando de tudo há cerca de dez anos para compensar o atraso: começou inicialmente a produzir em espanhol refilmagens de séries americanas famosas, como *Starsky & Hutch* ou *As Panteras*, convencida de que os latinos já estavam suficientemente americanizados para

MAINSTREAM

querer séries americanas, mas continuando hispânicos o bastante para desejá-las em espanhol. Ledo engano. Os latinos queriam *Friends* em inglês e sua telenovela em espanhol: a audiência desmoronou. A segunda tentativa da Telemundo foi comprar novelas originais às redes brasileiras, como a TV Globo, argentinas, como a Telefe, ou colombianas, como a RCN, e naturalmente também ao concorrente da Televisa-Univision no México, a TV Azteca. Dessa vez, a audiência cubana, porto-riquenha e colombiana aderiu, mas não a dos mexicanos-americanos — o único mercado que interessa. Estes continuaram preferindo maciçamente a outra rede. Segundo fracasso. Mais recentemente, a Telemundo adotou uma outra estratégia, pesadamente financiada pela NBC: produzir telenovelas originais em seus próprios estúdios de Miami, com o objetivo de privilegiar temáticas preferidas pelos mexicanos-americanos, mas ao mesmo tempo adicionando uma dimensão sobre sua própria vida nos Estados Unidos (o que as telenovelas mexicanas da Televisa transmitidas pela Univision não podem fazer). A música era encomendada a grupos mexicanos-americanos, o sotaque latino dos atores foi de certa maneira neutralizado e começaram a aparecer nos enredos temas específicos, como o racismo anti-hispânico ou a imigração ilegal nos Estados Unidos. O sucesso do novo formato é relativo, mas a audiência aumenta de forma encorajadora. Mais recentemente ainda, num lance teatral digno de uma telenovela, a Telemundo e sua poderosa proprietária, a NBC, conseguiram romper parcialmente o acordo de exclusividade entre a Univision e a Televisa: agora o concorrente pode adquirir as séries mexicanas da Televisa para a audiência "latino" dos Estados Unidos, mas também vender algumas de suas telenovelas rodadas em Miami no mercado mexicano. Com toda evidência, as perspectivas são boas para as duas redes americanas, levando-se em conta a demografia: a população latina continua aumentando naturalmente nos Estados Unidos e o mercado hispânico necessariamente se consolidará.

Ninguém ignora esse potencial. E a concorrência não se limita a esses dois protagonistas, em guerra aberta há dez anos. Em face dessas redes americanas, a brasileira TV Globo consegue vender seus formatos nos Estados Unidos, assim como a argentina Telefe. E até as majors Disney,

CBS, Fox e Time Warner começaram recentemente a produzir suas telenovelas em Miami para o público latino-americano. "Grosso modo, o mercado de televisão na América Latina é constituído pelos públicos mexicano e brasileiro, por formatos imaginados no Rio e em Buenos Aires, por dinheiro mexicano, patrões em Miami e um mercado que dá lucro nos Estados Unidos", resume Mariano Kon, diretor-geral da produtora Cuatro Cabezas na Argentina.

Seu colega da produtora Pol-Ka, ainda em Buenos Aires, cuida justamente da adaptação "latino" de *Desperate Housewives*, a série americana de sucesso da Disney e da ABC. "Nós não fazemos uma adaptação, mas cinco versões: uma para o Brasil em português, três para a Colômbia, a Argentina e o Equador e uma versão 'telemundo' para a cadeia homônima, visando ao mesmo tempo os mexicanos e, de maneira mais ampla, os hispânicos que vivem nos Estados Unidos", explica Victor Tevah, diretor-adjunto da Pol-Ka em Buenos Aires. Manifesto minha estranheza com o fato de não ser produzida nenhuma versão para a Espanha. "É natural, nós retomamos diretamente a série dos Estados Unidos e a dublamos aqui para a cadeia Quatro, em nossos estúdios, e não utilizando uma versão sul-americana", explica Pablo Romero Sulla, diretor de conteúdo da Sogecable, o ramo audiovisual do grupo Prisa, entrevistado em Madri. "De uma série a outra, o conteúdo não muda muito, o que nós modificamos é a forma", acrescenta Tevah.

> Em cada versão latina, é mantido o mesmo contexto, o mesmo cenário, com gravações num subúrbio do norte de Buenos Aires; em compensação, o interior das casas muda de uma versão a outra. São alterados detalhes como as roupas dos personagens ou os pratos que consomem à mesa. Por exemplo, certos personagens têm sua profissão modificada: na série argentina, o bombeiro é transformado em dono de uma empresa de encanamento, pois aqui, ao contrário do que acontece nos Estados Unidos, não se poderia imaginar que um bombeiro vivesse num subúrbio chique. Na série para a Telemundo, o imigrante mexicano por sua vez é transformado em imigrante venezuelano.

No fim das contas, e apesar de já haver muitas mulheres à beira de um ataque de nervos na série original, as produtoras dão um jeito de transformar a versão americana numa autêntica telenovela. Cujo nome em espanhol se torna algo almodovariano: *Esposas Desesperadas*.

Na América Latina, portanto, a questão da adaptação local e do sotaque é importante. Ao contrário do que se costuma acreditar, nem todos os latino-americanos hispanófonos têm facilidade para se entender uns aos outros. "Geralmente se considera que o sotaque mais típico é o dos mexicanos", comenta Mariano Cesar, diretor de programação da rede argentina ISAT, entrevistado em Buenos Aires. "O sotaque colombiano também é bastante típico. Mas os sotaques cubano, argentino, uruguaio e venezuelano são muito diferentes. Para nos transformar em uma rede comum a todos os hispânicos, nós tentamos usar um espanhol 'neutro', um espanhol indiferenciado e algo simplificado, ou então legendar ao máximo nossas telenovelas e nossos conteúdos. Mas até a legendagem precisa ser feita em diferentes línguas: a título de exemplo, não se escreve da mesma maneira para os espanhóis da Espanha e para os argentinos. Caso contrário, é grande o risco de que eles não consigam acompanhar nossos programas."

Mariano Kon, da produtora Cuatro Cabezas, em Buenos Aires, não se mostra muito convencido: "Em determinada época, chegamos a achar que o espanhol 'neutro' era a solução: é o espanhol inventado para a dublagem, um espanhol de televisão. Mas é muito artificial. É o espanhol com que sonhavam os estúdios hollywoodianos. Era uma ilusão". Por sua vez, Michelle Wasserman, a diretora de vendas da Telefe, a maior rede argentina, confirma em Buenos Aires: "O mercado das telenovelas é que nos impõe a dublagem. Pois mesmo quando vendemos as telenovelas a países hispânicos, é necessário dublar: ninguém imaginaria uma série francesa com sotaque do Quebec; é a mesma coisa na América Latina".

Na sede do Canal 9, em Buenos Aires, uma das principais redes argentinas, o diretor-presidente, Carlos Gaustein, em concorrência direta com a Telefe, faz uma análise bastante próxima. Mas chama a atenção para o estreito vínculo entre os países produtores de telenovelas e sua

GEOPOLÍTICA DOS DRAMAS, NOVELAS DO RAMADÃ E TELENOVELAS

economia e a ascensão dos países emergentes, inclusive no audiovisual. "A produção de novelas e a importância dos mercados estão muito estreitamente ligadas ao poderio econômico. Atualmente, o México avança, o Brasil explode, nós estamos estagnados e a Venezuela cai. O sucesso depende muito do mercado interno: os países emergentes se saem melhor que os outros na produção, e assim conseguem exportar. A Venezuela, por exemplo, era uma grande exportadora de telenovelas. Mas o presidente Hugo Chávez debilitou o sistema de produção privado, e os conteúdos afundaram. Hoje, a cadeia venezuelana, Venevision, é obrigada a produzir suas telenovelas em Miami, em parceria com a cadeia americana Univision." As indústrias criativas são indústrias do começo ao fim.

Em Caracas, Marcel Granier, diretor-presidente da RCTV, uma rede aberta que foi proibida por Chávez mas continua transmitindo seus programas por cabo e satélite, confirma: "A economia está arruinada e a censura da mídia é total. Antes de Chávez, a Venezuela era o segundo produtor de telenovelas, depois do México. Hoje, mal chegamos ao quinto lugar e temos de comprar séries dos mexicanos da Televisa e dos colombianos da RCN". Seu principal concorrente, a Venevision, até certa altura acentuadamente anti-Chávez mas já agora mais moderada, por medo de perder sua concessão, montou uma segunda linha de produção de telenovelas em Miami "para ter mais liberdade, unir suas forças e preparar o futuro em caso de dificuldades em Caracas" (segundo um de seus dirigentes, que prefere manter o anonimato). Os motivos desse desmoronamento? Germán Pérez Nahím, o diretor-geral da Televen, importante rede privada venezuelana, mostra-se prudente, pois não pode se dar ao luxo, segundo me diz, de ter uma relação polêmica com o governo de Chávez: "As regras jurídicas mudam com frequência. O mercado publicitário afundou. A recente instituição de uma dupla taxa de câmbio é arbitrária. A inflação galopa, as desvalorizações se sucedem e o desemprego aumenta. As tecnologias estão atrasadas. E a insegurança econômica explodiu. É o afundamento da economia que acaba com o mercado das telenovelas. Para não falar que hoje a Venezuela é o

MAINSTREAM

país com o índice de criminalidade mais alto da América Latina, o que fragiliza qualquer projeto". Sua família vive em Miami. E ele mesmo mantém guarda-costas sob contrato.

A vice-presidente da RCTV, Ines Bacalao de Peña, acrescenta em Caracas um outro elemento, o da cultura e da língua. "As telenovelas venezuelanas sofrem por ficar entre dois estilos. Nossas histórias não são nem clássicas, tradicionais e históricas, como no México — com a menina pobre que encontra o amor e o dinheiro, representando em trajes de época —, nem contemporâneas e diretamente ligadas à vida cotidiana das pessoas, como no Brasil, onde as séries falam das favelas, das drogas, dos gays. Não temos tanta liberdade em matéria de costumes quanto no Rio, mas temos mais que no México. Além disso, há o problema do sotaque. O sotaque espanhol dos mexicanos ou dos colombianos é muito bem aceito na América Latina. Já o dos argentinos ou o nosso não é tão bem recebido. Para difundir nossas telenovelas na América do Sul, é preciso traduzir."

O mais fascinante nessa geopolítica das séries de televisão talvez seja a questão da dublagem em relação à legendagem. É um ponto essencial no que diz respeito ao papel das culturas locais na globalização. Seria possível inclusive classificar os países em três categorias. Existem em primeiro lugar países, não raro pequenos, que aceitam que as séries estrangeiras sejam transmitidas na língua original, e assim elas são legendadas para a compreensão do público local. É o caso dos países nórdicos, como a Holanda, a Dinamarca, a Finlândia, a Bélgica de língua flamenga, mas também de Portugal, Israel, Islândia, Romênia, Malásia e de maneira geral os países árabes, que adotam as legendas e não optam pela dublagem. Há também os países que, muitas vezes por nacionalismo, por motivos sindicais ou porque a população ainda é parcialmente analfabeta, não legendam as séries, preferindo optar pela dublagem. É o caso da Hungria, da República Tcheca, do Vietnã, do Canadá (sobretudo o Quebec), da França, da Bélgica francófona, da Itália (onde os sindicatos impedem a legendagem para proteger os

GEOPOLÍTICA DOS DRAMAS, NOVELAS DO RAMADÃ E TELENOVELAS

empregos dos atores dubladores) e até da Espanha, que chega a dublar as telenovelas hispânicas com sotaque castelhano. E há finalmente um sistema misto, raro, utilizado pelos russos e os poloneses, chamado de "voice-over": um ou dois locutores descrevem o que está acontecendo na tela, mas os atores se expressam em sua língua original; é uma forma de narrativa, de conto, herdada da censura soviética.

Nos Estados Unidos, em compensação, nenhuma das duas alternativas é apreciada. Já dizia Jean Baudrillard: "A América é a versão original da modernidade, e a Europa, a versão dublada ou legendada". Nos Estados Unidos, a preferência é para as séries e os filmes originais, em inglês, e poucas séries estrangeiras são importadas. "É mais repousante", explica, com ironia, Chris Clark, diretor do Saint-Louis Film Festival, entrevistado no Missouri. "Com legendas, é menos 'entertaining'. Saímos da cultura mainstream para entrar na dos nichos."

A guerra mundial das séries e formatos de televisão está apenas começando. Como numa boa telenovela, o mercado desperta cobiça, resistência, reviravoltas nas alianças e muitas vezes ciumeira. A Coreia do Norte cuida para que os dramas sul-coreanos não atravessem a fronteira; os chineses desconfiam do sucesso dos dramas de Taiwan; os japoneses não medem esforços para vencer os sul-coreanos, que não têm mãos a medir para vencer os japoneses; sírios e libaneses querem recuperar o mercado das novelas do Ramadã, sequestrado pelo Egito, com os países do Golfo armando emboscada; o gigante brasileiro TV Globo combate o gigante mexicano Televisa, inclusive a ponto de se aliar com os imperialistas americanos da Telemundo; e Hugo Chávez bem que gostaria que a Venevision, a rede venezuelana, produzisse suas telenovelas localmente (ela passou a produzi-las em Miami, o que o deixa exasperado). É uma verdadeira guerra cultural que temos diante dos olhos, e também nas telas.

E no entanto, ao contrário do que acontece no cinema ou na música, para não falar dos desenhos animados ou dos vídeo games, as séries de televisão não viajam muito — e quando o fazem muitas vezes é em distâncias curtas, em escala continental, raramente global. O mercado

MAINSTREAM

da televisão é um mercado muito local, embora os formatos possam ser mundiais. Só os americanos se saem bem, prodigalizando-se em programas para o grande público e conseguindo às vezes, ou pelo menos melhor que os outros, falar a todo mundo. Para entender esse sucesso, é preciso visitar a capital da América Latina mainstream: Miami.

13. Miami, capital pop da América Latina

Lincoln Road, em Miami Beach, é uma pequena artéria que atravessa a península de oeste a leste. Na extremidade, à beira do Atlântico, uma praia célebre, sobre a qual se debruça o hotel Ritz-Carlton, oferece a quintessência daquilo que South Beach, o sul de Miami Beach, que começa ali, representa para o imaginário americano. Sol o ano todo, arquitetura art déco, Shakira, charutos La Gloria Cubana, o espanhol como língua oficiosa, a residência de veraneio de Madonna, *Miami Vice*, a diversidade étnica e sobretudo a música "latino".

"Na América Latina não existem latinos. Os latinos estão aqui", solta, provocador, José Tillan, o vice-presidente da MTV Latin America, quando o encontro no número 1.111 da Lincoln Road em Miami Beach. "Todas as majors do disco, as agências de talentos, as redes de televisão musical e seus shows especializados, as rádios 'latino', as empresas de direitos autorais, as publicações musicais, como a *Billboard*, ou as do mundo do entretenimento, como a *Variety*, têm escritório na Lincoln Road ou nas ruas próximas. A tal ponto que esses poucos quarteirões ficaram conhecidos como "Silicon Beach" ou "Hollywood Latin America".

José Tillan é cubano, como muitas pessoas que vim a encontrar na indústria do disco em Miami. Mas seus colegas da MTV Latin America (às vezes também chamada de MTV Latin ou simplesmente MTV Latino) são espanhóis, argentinos, venezuelanos, colombianos e sobretudo mexicanos.

MAINSTREAM

Tillan resume assim:

Aqui é o quartel-general da MTV para toda a América Latina. Temos empregados de todas as origens hispânicas. Historicamente, Miami sempre foi muito cubana. Aos poucos, tornou-se uma cidade mais variada, com hispânicos de todas as nacionalidades e todas as raças. E também é uma cidade muito mista, na qual as minorias vivem menos em guetos do que no resto dos Estados Unidos. É um condensado da América Latina. Mas nosso principal mercado hoje em dia é o México.

O escritório regional da MTV em Miami é especializado na música latina, assim como o de Nashville se concentra na música country. "Também cuidamos do mercado 'latino' para os Estados Unidos, que está em forte expansão", esclarece Tillan.

Desde o fim da década de 1990, a MTV não é mais homogênea: o canal se adapta a cada país, em sua língua, com programas locais. "É o que está resumido no nosso slogan: 'I want my MTV'. Temos transmissões diferentes na América Latina: há um canal para os latinos que vivem nos Estados Unidos, outro para o México, um canal para a Argentina e a MTV Brasil, que tem sua própria transmissão em português." Ouvindo José Tillan, fico pensando no metrô de Miami, onde os anúncios e cartazes são inteiramente reproduzidos em três línguas: inglês, espanhol e português.

No dia seguinte, tenho encontro marcado com Gabriela Martinez, vice-presidente da Warner Music Latin America, na sede do grupo na Washington Street, rua perpendicular à Lincoln Road, em Miami Beach. Como a MTV, a Warner instalou seu quartel-general "latino" em Miami, antena regional de que depende uma dezena de escritórios nos Estados Unidos e na América Latina. No total, cerca de 250 empregados da Warner cuidam da música "latino", prova, se necessário fosse, de que se trata de uma prioridade para a major de Nova York. Gabriela Martinez é mexicana e, como todo mundo em Miami, está constantemente indo e vindo entre Miami, o México e a América Latina. "Nós tínhamos sede em Nova York há alguns anos, mas em 2001 transferimos nosso quartel-general latino aqui para Miami, a capital da América Latina nos Estados Unidos", explica Martinez. "A Flórida não é o mercado mais importante, mas Miami é o símbolo desse mercado, e também a cidade mais diversificada, além daquela que, geograficamente, permite mais fácil deslocamento para qualquer parte", acrescenta ela. A partir de Miami, toda a América Latina pode ser alcançada de avião.

Jorge Fonseca é diretor artístico da Sony Norte, o selo "latin" da Sony em Miami: "Estou constantemente em campo", explica ele. "Vou ao México para ouvir grupos em estúdio, a Porto Rico para assistir a concertos, a Miami para participar das noitadas 'open-mic' da Universidade de Miami. Encontro ao mesmo tempo letristas e cantores, compositores e músicos. E a melhor visão de conjunto desse mercado está em Miami."

"Viva Havana, viva Cuba, viva os Estados Unidos, viva Miami, viva Nova York e viva Washington." Foi com estas palavras em espanhol que o cantor Juanes, procedente de Miami, concluiu seu concerto em setembro de 2009 na Praça da República, em Havana, diante de um milhão de pessoas — público realmente incrível.

Miami é também a capital exógena de Cuba. A música cubana vendida no mundo inteiro muitas vezes é produzida e difundida por cubanos de Miami, como me explica Rafael Artero, vice-presidente da BMG Music Publishing em Miami (a BMG é o braço musical "publishing" do gigante alemão Bertelsmann, já agora autônomo em relação à Sony). "Os europeus, que gostam tanto de música cubana, não sabem, mas a música cubana que ouvem muitas vezes é feita nos Estados Unidos. É uma música de cubanos de Miami. A verdadeira música cubana não vende muito no exterior: não é suficientemente aberta aos novos estilos para obter amplo sucesso comercial no resto do mundo. Ela não é mainstream. Ao mesmo tempo, também é mais pura." Outros dirigentes ouvidos em Miami explicam, em compensação, que de fato trabalham com Cuba, "por baixo do pano", segundo a expressão de Ivan Alvarez, vice-presidente da Universal Music Publishing em Miami. Prossegue ele: "Nós temos relações com Cuba, faz parte da profissão. Temos muita música cubana em nosso catálogo, embora de fato ainda seja uma música em evolução, datada, um pouco à margem das tendências atuais. Mas ao mesmo tempo também é o que faz o seu sucesso, esse lado vintage. E sobretudo, estamos preparados para o dia em que Cuba se tornar livre". Enquanto isso, Ivan Alvarez está menos atento a Cuba que a Porto Rico. Pois foi lá que nasceu o novo gênero musical de que todo mundo fala em Miami: o "reggaetón".

"O reggaetón une as massas latinas"

"O reggaetón é o hip-hop dos latinos", resume Rafael Artero. "É uma música urbana, um outro nome para o rap latino", prossegue. Na Latino 96,3 em Los Angeles, na Mega 97,9 em Nova York, na KLOL em Houston e em várias outras estações da Univision e do Clear Channel em Miami, o reggaetón torna-se a música dominante por volta de 2005-6. Inicialmente, essa música — um rap em espanhol com ritmos sincopados derivados das músicas do Caribe — vem de Porto Rico, território pertencente aos Estados Unidos. É importada e difundida em território americano pela comunidade porto-riquenha de Nova York e Orlando, na Flórida, logo imitada também pelos jamaicanos. O gênero se dissemina em seguida de uma região a outra, graças aos milhões de latinos que vivem nos Estados Unidos, revolucionando a cartografia tradicional da música latina, até então extremamente compartimentada em "nichos": músicas inspiradas pelo Caribe na costa Leste (tropicalismo, salsa, merengue, bachata); músicas influenciadas ou derivadas dos gêneros mexicanos na Califórnia e nos estados do Sul (particularmente a regional mexican, espécie de country mexicano, e sobretudo banda, ranchera, mariachi, norteña); e uma música muito cubana, na Flórida. Cantado em espanhol, o reggaetón vai-se tornando assim mais misto, à medida que se torna mais mainstream, tomando emprestadas expressões ao "spanglish", meio espanhol, meio inglês.

Na verdade, o sucesso do reggaetón explica-se pelo fato de ligar pela primeira vez a segunda e a terceira gerações de hispânicos que vivem nos Estados Unidos com suas origens, as origens dos pais: o estilo urbano do hip-hop representa o país onde eles vivem e o ritmo caribenho, suas raízes. O jovem latino não precisa mais escolher entre a família e a pop

MIAMI, CAPITAL POP DA AMÉRICA LATINA

culture americana, entre a tradição e o "cool". O que é resumido assim por Daddy Yankee, um porto-riquenho de 28 anos que se tornou a grande estrela do gênero: "A música permite à segunda geração sentir-se latina. O reggaetón une as massas latinas".

A partir do momento em que o reggaetón decola nos Estados Unidos, as majors do disco, que até então o haviam ignorado, a pretexto de que se tratava de "um hip-hop com 25 anos de atraso" (expressão de um alto dirigente de uma das majors, citado pela *New Yorker*), apropriam-se dele. Cabe lembrar que no início da década de 2000 a comunidade hispânica torna-se a maior minoria americana, à frente dos negros. Como o número de hispânicos aumenta três vezes mais rápido que o resto da população americana (atualmente 45 milhões, o equivalente a 15% da população dos Estados Unidos, tendo a metade deles menos de 29 anos), as produtoras de discos se polarizam nesse mercado latino potencialmente ilimitado. Extrapolando o possível número de vendas de álbuns, a partir desse percentual crescente de latinos, os chefões das majors julgam ter encontrado ouro "brown". De olhos grudados toda quarta-feira de manhã nas estatísticas da Nielsen (que fornece aos assinantes os números detalhados das vendas da semana anterior por gênero e cidade, nos Estados Unidos e no Canadá), eles começam a se apaixonar pela "Hurban music", fusão de "Hispanic" e "Urban", evocando o hip-hop latino e o reggaetón. O primeiro disco de ouro seria conquistado justamente com Daddy Yankee, que vende um milhão de álbuns de *Barrio Fino* em 2004 (pela Universal), graças ao hit *Gasolina*. O clip mostra uma garota que gosta de paquerar os rapazes de carro, e portanto precisa de "gasolina" — o que seria sucessivamente traduzido como velocidade, álcool contrabandeado, esperma e, naturalmente, gasolina. "Tits & ass [literalmente, tetas e rabo] são as chaves do negócio", diria em conversa comigo, com toda seriedade, o veterano da música latina, Henry Stone, 89 anos, entrevistado em sua residência de Coconut Grove, no sul de Miami. Agressivamente sexual, portanto, especialmente quando dançado corpo a corpo nos dance-floors, o reggaetón é um gangsta rap latino assumido — já que a língua espanhola, segundo seus defensores, permite mais audácia que o inglês em solo americano.

*

MAINSTREAM

O ecossistema muito específico de Miami explica em grande medida o fato de Miami Beach ter se tornado a capital do reggaetón e, de maneira geral, da música latina. Em Downtown Miami, do outro lado da baía, a cinco quilômetros de Miami Beach, estão os bancos mais ricos de toda a América Latina. É lá que as estrelas do México, os exilados cubanos, os venezuelanos anti-Chávez e os mafiosos brasileiros ou uruguaios depositam seu dinheiro, com maior ou menor segurança.

Em Miami há também estúdios de gravação de grande qualidade — herdados da era do Miami Sound, o soul e o rock locais da década de 1970 —, que atraem os músicos, e não só no universo da música "latino". Muitos grupos americanos de R&B ou rap, e frequentemente também os britânicos que querem gravar com calma, longe de Londres, têm encontro marcado nos estúdios de Miami. Há também os ramos das majors especializados na distribuição de CDs e DVDs, atualmente em grande dificuldade, mas sempre estruturados em Miami.

"Além do mais, existe todo o trabalho jurídico, que é feito de acordo com as regras americanas em Miami, ao passo que na América Latina é muito pouco confiável", explica Rafael Artero. "Por exemplo, a negociação dos direitos, a gestão do copyright, a redação de contratos internacionais extremamente complexos. É aí que está a força dos Estados Unidos, o que explica o papel determinante de Miami para toda a América Latina." Menos conhecidas, algumas subvenções públicas também são oferecidas em Miami às indústrias do entretenimento, especialmente créditos fiscais, e há ainda o sistema de "zoning", que facilita a transferência para Miami Beach de empresas americanas ou estrangeiras. Na Universal Miami, Ivan Alvarez confirma essas hipóteses:

> Na Venezuela, não existe estabilidade política ou econômica, e há a presença de uma forte criminalidade; na Colômbia, ninguém tem muita segurança quanto aos bancos; no México, os direitos autorais não são protegidos e o CD comprado pela Amazon nunca chega; na Argentina, as taxas de câmbio são artificiais; no Brasil, existe tensão social e muita corrupção; por toda parte, faltam redes de televisão, agências de

talentos, a imprensa musical e os sites de Internet capazes de gerar um buzz internacional. Só Miami atende a nossas necessidades. Miami é a América Latina sem criminalidade nem corrupção.

(Talvez, mas ao me lembrar de que o costureiro Gianni Versace, que vivia em Ocean Drive, em Miami, foi assassinado por um gigolô serial-killer na praia de South Beach, não tenho tanta certeza assim de que Miami tenha todas as qualidades e os países da América do Sul, todos os defeitos; trata-se também de preconceitos que remetem ao passado da América Latina e não necessariamente a seu presente — com exceção da Venezuela —, quando o México e o Brasil são países emergentes poderosos e a Colômbia se mostra perfeitamente capaz de garantir o funcionamento de seus bancos.)

Jorge Fonseca, representante da Sony em Miami, acrescenta um elemento segundo ele determinante, o da diversidade étnica: "Miami é a América Latina em miniatura. Só em Miami encontramos uma tal mistura étnica. Em nenhuma capital, nem em Buenos Aires, na Cidade do México, no Rio ou em São Paulo, existe tamanha diversidade. Até os negros estão muito bem integrados aqui. Além disso, Miami é uma capital gay assumida, visível, fator determinante para que os artistas se sintam bem. Miami tornou-se a capital da América Latina na música, pois é a cidade da diversidade latino globalizada".

Se acrescentarmos a esse ecossistema particular os grupos de publicidade e marketing — todas as grandes agências têm uma sucursal em Miami —, o número impressionante de clubes, discotecas e sobretudo lugarezinhos onde grupos menores podem se apresentar, por exemplo os fundos de um restaurante da Washington Avenue em South Beach, vamos entender o interesse que qualquer artista pode ter em se estabelecer em Miami. E há também as rádios. "As rádios é que transformaram Miami num lugar incontornável para a música latino, inclusive com muitas rádios ilegais de baixa frequência", explica Bo Crane, presidente do selo independente latino Pandisc. Miami tem a massa crítica de um continente, concentrada numa única cidade.

MAINSTREAM

L.A., Latin America

Visto da América Latina, esse domínio de Miami causa incredulidade, ressentimento e inveja. Vários dirigentes da indústria musical entrevistados em Buenos Aires, Cidade do México, Caracas, Porto Alegre ou Rio criticam a pretensão dos "gringos" de Miami em se arvorar em capital exógena da América Latina. Mas todos reconhecem o domínio de Lincoln e, através dessa rua famosa de Miami Beach, dos "EE.UU" ou "EUA".

Na Argentina, os dirigentes da indústria da música frisam com razão o bom nível de vendas dos gêneros locais, como a salsa e o tango (no Brasil, eles falam do samba e da bossa nova, uma música mais negra). Todos são obrigados a reconhecer que apesar de tudo, quando se fala de pop transnacional, comum aos diferentes países da América Latina, as pessoas só se lembram dos nomes dos latinos americanizados ou "miamizados".

Para muitos jovens sul-americanos, a música pop "latino" se chama Juanes, Shakira ou Gloria Estefan, às vezes Jennifer Lopez ou Ricky Martin. São as maiores estrelas da América Latina globalizada, e atualmente são todas americanas ou americanizadas.

Juanes é colombiano, e embora continue a cantar em espanhol (podendo até usar nos Estados Unidos sua célebre camiseta "se habla español", por pura militância), o fato é que é contratado da Universal em Miami, onde tem uma casa. Orgulhoso de suas origens, ele disfarça sua americanização. Em sentido inverso, Shakira, estrela líbano-colombiana que cantava em espanhol, optou por aprender o inglês com determinação e começar a cantar em americano; ela já era conhecida na Colômbia, mas foi o inglês que lhe permitiu alcançar celebridade internacional, ao ser produzida em Miami (e tornar-se loura). Hoje, ela lança álbuns nas duas línguas, uma versão "US" e outra "latina". Juanes e Shakira são letristas-compositores-intérpretes, o que lhes permitiu manter-se mais tempo em cartaz.

Com sete prêmios Grammy e 90 milhões de álbuns vendidos no mundo inteiro, um quarto deles nos Estados Unidos, Gloria Estefan é

MIAMI, CAPITAL POP DA AMÉRICA LATINA

a maior estrela cubana do entretenimento latino contemporâneo. Sua família exilou-se em Miami durante a revolução cubana, pois o pai de Estefan era um dos guarda-costas do presidente Batista. Aos 25 anos, sua carreira tem início no grupo Miami Sound Machine. Fazendo o percurso inverso de Shakira e orientada pelo marido, o produtor cubano-americano de origem libanesa Emilio Estefan (empresário de ambas), ela começou a cantar em inglês, para só então voltar às origens e gravar em espanhol. Vive em Miami Beach.

As carreiras de Jennifer Lopez e Ricky Martin — ambos contratados pela Sony Music Entertainment — são ainda mais americanas. A primeira é uma "Nuyorican" (neologismo para designar os nova-iorquinos de origem porto-riquenha): nasceu numa família da comunidade porto-riquenha do Bronx, embora muitas vezes seja criticada por não falar corretamente o espanhol (o que ela quis corrigir, sem chegar realmente a convencer, com "Una Noche Más", versão latina de sua célebre "Waiting for Tonight"). O segundo nasceu em Porto Rico, território dos Estados Unidos. Os dois integraram os ritmos do reggaetón a suas canções para parecerem mais "latinos". Mas se Jennifer Lopez canta em inglês, Ricky Martin seguiu a mesma trajetória que Shakira: começou a carreira numa boy band latina, para em seguida lançar álbuns solos em espanhol e mais adiante passar ao inglês (o célebre *Livin' la Vida Loca*, com título espanhol mas letras em inglês, que assinala a transição). A estratégia de Ricky Martin consistia então em sair do "nicho" da música latina, passar pelos diferentes hit-parades e, atingindo um público mais amplo nos Estados Unidos, tornar-se mainstream. E funcionou, tanto para Jennifer Lopez quanto para Ricky Martin: ao acentuar sua americanização, os dois artistas tornaram-se estrelas globalizadas. Reverso da medalha, foram criticados na América Latina por terem abandonado as raízes, mas suas vendas continuam fortes mesmo na América do Sul. Atualmente, os sucessos de todos esses cantores, à exceção de Juanes, constam das paradas "pop", e não mais das "latin", pois cantam em inglês. Talvez se tenham tornado mainstream, mas deixaram para trás a música hispânica

*

A trinta minutos de estrada do Rio de Janeiro, num parque tropical de árvores centenárias, junto à lagoa da Tijuca, entre as colinas e o oceano, visito a sede da Universal Music Brasil. Afável, sorridente, José Antonio Eboli, o diretor-presidente da Universal, recebe-me de jeans e camiseta no segundo andar de um enorme prédio neo-le-corbusiano nesse cenário paradisíaco. Sobre a coffee-table, ele tem toda a coleção da revista *Billboard*, que parece ter decorado. Nas paredes, cartazes de Mariah Carey, Eminem e Caetano Veloso — o grande artista da Universal Brasil. "Aqui são coordenadas as atividades da Universal para todo o Brasil, e eu estou subordinado ao diretor-presidente da Universal Latin America, sediada em Miami", explica José Eboli logo de entrada. A estratégia de marketing para a fabricação de uma estrela "latino" na Universal é perfeitamente linear. Eboli a descreve sem rodeios: "Para começar, é preciso 'break your own market first', fazer sucesso localmente. Dispor dessa base local é a chave, na Colômbia no caso de Juanes ou mesmo de Shakira, em Porto Rico no de Daddy Yankee ou mesmo Ricky Martin. É preciso ter feito sucesso na própria comunidade e ter uma popularidade a transmitir, uma história de sucesso a contar. Depois, 'you have to get the US latino market'". José Eboli insiste nessa expressão em inglês. E, justamente, como conquistar o mercado dos latinos nos Estados Unidos? "Só é possível em Los Angeles ou Miami", prossegue Eboli.

> É lá que o artista se torna "latino". A colombiana Shakira transformou-se em cantora mundial em Miami, conhecida até no Japão; o mesmo no caso de Juanes. Eles jamais poderiam ter atingido o Japão sem passar por Miami. A partir de Miami, com sorte, é possível atingir inicialmente o mercado latino nos Estados Unidos, um mercado complexo e compartimentado em nichos. Em Miami, os latinos se consideram ao mesmo tempo hispânicos e americanos; sua ascensão social depende em grande medida da negação de sua cultura original, sobretudo a partir da segunda geração. Trata-se portanto de um público complicado, que muitas vezes prefere Madonna a Ivete Sangalo.

José Eboli prossegue:

Depois, enfrenta-se o mercado mexicano, o mais importante quantitativamente e o mais difícil de atingir; em seguida, se o plano funcionar, vem o resto da América Latina. Tudo sempre acontece mais ou menos nessa ordem. É somente a partir daí que um artista pode atravessar fronteiras, tornando-se hot na América Latina e depois no resto do mundo. Mas a passagem obrigatória nessa estratégia é Miami.

Resta o Brasil. José Eboli hesita antes de responder:

Quase sempre é um mercado à parte, como se não estivéssemos na América Latina. O Brasil é uma ilha, e por causa do português os hispânicos penetram com mais dificuldade aqui. Juanes, por exemplo, que é um artista Universal e uma imensa estrela entre os latinos, nunca foi muito famoso no Brasil. Tentamos promovê-lo associando-o a músicos brasileiros. Pensamos em fazê-lo cantar em português, mas os brasileiros não gostam de estrelas que cantam em português de maneira artificial. Seria melhor até que ele cantasse em inglês! De modo que a melhor maneira de se tornar 'big' aqui é participar de uma novela da TV Globo.

Eu gosto particularmente dos álbuns de Juanes, e de todos esses artistas ele me parece o mais autêntico, tendo permanecido radicalmente colombiano. Como esses cantores poderiam existir na Europa? José Eboli:

A passagem obrigatória no caso é Madri, ou Ibiza no verão. Lisboa desempenha um pouco o mesmo papel no caso da música brasileira, mas é muito mais marginal. Em qualquer dos casos, a circulação da música é em geral em sentido único, da América Latina para a Europa, e não mais o inverso. Durante muito tempo, as capitais da América Latina eram Madri e Lisboa, mas atualmente elas foram suplantadas por Miami. A influência de Portugal no Brasil e da Espanha nos países hispânicos hoje em dia é quase completamente marginal — o que também se explica pelo tamanho dos países, pela diferença econômica e sobretudo pela população.

MAINSTREAM

O Brasil, por exemplo, tem hoje uma população vinte vezes maior que a de Portugal; é membro do G20, com um PIB quase cinco vezes superior ao de Portugal. "O Brasil tornou-se um gigante, e Portugal, um anão", conclui José Eboli.

E afinal, como um artista brasileiro pode tornar-se "global"? Nem José Eboli nem a produtora brasileira Leninha Brandão, com quem conversei pouco depois, quiseram reconhecer que o fato de ter um contrato localmente com uma grande major quase nunca conduz a um sucesso mundial. O escritório da Universal no Rio, por exemplo, jamais levará um artista brasileiro a se tornar "global". Ele administra apenas um mercado nacional, com poucas latitudes ou influências no mercado internacional. E por sinal, nos raros casos em que artistas locais são suficientemente mainstream para serem exportados, geralmente são recuperados pela direção da major em Miami ou Los Angeles.

Por toda parte na América Latina, senti um justificado ressentimento com o hold-up musical que os Estados Unidos conseguiram ao gerar a música "latino". Mas meus interlocutores mais lúcidos perceberam que o problema era mais grave: se existem músicas nacionais ricas e poderosas, e gêneros tipicamente sul-americanos que atravessam fronteiras sem precisar de Miami — da salsa à bossa nova, passando pelo tango e a cúmbia, entre dezenas de outros —, não existe mais uma cultura pop comum aos diferentes países da América Latina, exceto a cultura mainstream norte-americana.

"Os Estados Unidos se impõem culturalmente na América Latina por causa da divisão dos países latinos", explica José Zimerman, um dos diretores da TV Brasil, a televisão pública brasileira. E o que se aplica à música se aplica também ao cinema, como confirma subjetivamente Steve Solot, um americano entrevistado no Rio e que trabalha para os estúdios hollywoodianos: "A América Latina é um agregado de países muito nacionalistas que rejeitam os vizinhos. Tendo sozinhos o equivalente ao poder econômico de toda a América Latina, os brasileiros estão voltados para a Ásia e a África, numa lógica Sul-Sul, e não para a América do Sul; voltados para a Europa, os argentinos olham os brasileiros com desprezo; o México, a Colômbia e o Chile voltam-se mais para os Estados Unidos do que para os outros países latinos; os venezuelanos se isolam e criticam todo mundo. Essa guerra fratricida é que explica o fato de não haver uma cultura comum, nem cinema 'latino': os filmes brasileiros não têm público no México; os filmes argentinos são fracassos no Brasil. O único lugar onde praticamente todas as cinematografias latino-americanas são mostradas e apreciadas são, paradoxalmente, os Estados Unidos. Na América Latina, nós, americanos, temos assim pista livre para exportar nossos blockbusters. Os filmes americanos são o único cinema comum a todos os latinos". Steve Solot esquece o sucesso de filmes como *Diários de motocicleta* (sobre Che Guevara) do brasileiro Walter Salles, com atores mexicanos e roteiro escrito com um argentino, e o filme mexicano *E sua mãe também*, mas é bem verdade que se trata de exceções (este último filme foi lançado nos Estados Unidos em três cinemas de arte de Nova York e cinquenta salas latinas de Los Angeles, com um marketing hábil combinando a elite artística e o público latino, em seguida sendo distribuído em toda a América Latina).

Os americanos sabem recuperar e explorar a sensibilidade "latina" quando é possível: "A força de Juanes, Shakira, Ricky Martin e Jennifer Lopez está no fato de serem artistas americanos com um *spanish flavor*, um perfume latino", explica o crítico Diego Lerer, do importante diário *Clarín*, em Buenos Aires. "Esse pop latinizado e americanizado reduziu o espaço 'latino'", lamenta, por sua vez, o produtor Daniel Grinbank, ao se encontrar comigo na sede da empresa, no bairro de Palermo, em Buenos Aires. Grinbank é atualmente um dos principais promotores na América Latina: organizou o concerto gratuito dos Rolling Stones em Copacabana, no Rio, assim como as 11 apresentações de Madonna na América do Sul. Prossegue ele: "Os artistas são colombianos, cubanos ou mexicanos, mas vivem nos Estados Unidos. As transmissões 'latino' são feitas a partir de Miami, e o público por sua vez as recebe no México ou no Brasil. É isso hoje em dia a música 'latino', e ela é americana."

A nostalgia de uma época em que os países da América Latina dialogavam entre si revela-se ainda mais forte em André Midani, um veterano da bossa nova, e que aos 78 anos me recebe perfeitamente alerta em sua casa toda de madeira e vidro, proeza arquitetônica nas colinas do Rio de Janeiro. "Cada país da América Latina tem sua própria guerrinha de independência cultural e musical. Cada um luta contra os outros como um reizinho feudal", suspira Midani. "Com isso, a música 'latino' não funciona entre os países da América Latina, exatamente como o Mercosul!" (Midani refere-se ao fracasso do Mercosul, o mercado comum criado em 1991 pelo Brasil, a Argentina, o Paraguai e o Uruguai). E o célebre produtor da bossa nova prossegue: "Os únicos que têm público em toda parte são os americanos, especialmente cantores como Ricky Martin e Jennifer Lopez, pois assumem suas origens". Ele observa que há toureiros e dançarinas de flamenco, do gênero Carmen, nos clipes em inglês de Jennifer Lopez (por exemplo, em seu hit "Ain't It Funny"). "Talvez sejam clichês latinos, mas atingem um mercado de 50 milhões de pessoas nos Estados Unidos", prossegue André Midani.

> No caso do Brasil, o problema é ainda maior, pois não temos uma verdadeira comunidade brasileira nos Estados Unidos. Desse modo, os americanos não nos conhecem, porque não nos veem. E nossa música não vende nos Estados Unidos, exceto em nichos muito localizados. Por que um cubano de Miami, um mexicano de Albuquerque ou um porto-riquenho de Nova York haveriam de ouvir um artista brasileiro que sequer fala espanhol? Miami talvez seja a capital exógena para Cuba ou o México, mas não para o Brasil.

(Cerca de 346 mil brasileiros vivem nos Estados Unidos, o equivalente a apenas 0,1% da população americana, o que é muito pouco em relação aos 29 de milhões de mexicanos-americanos, embora exista uma ativa comunidade brasileira em Miami.)

Meses antes, depois de um concerto em Juan-les-Pins, onde se apresentou cheio de energia e humor aos 67 anos, entrevistei Gilberto Gil, o célebre cantor de bossa nova e depois do tropicalismo, que na época era ministro da Cultura do Brasil, no governo Lula (ele desempenhou a função de 2003 a 2008). "A política do presidente Lula tenta restabelecer vínculos com a maioria dos países da América Latina, mais ou menos como o Japão voltando a se integrar à Ásia", diz-me calmamente Gilberto Gil, em francês, sentado em seu camarim. E ele prossegue: "Nossa prioridade é construir indústrias de conteúdo fortes. Eu acredito na cultura como uma arte, mas também como uma indústria. E para os jovens das nossas favelas, acredito no desenvolvimento econômico através da cultura. A vida inteira acreditei nisso". Em seu camarim, Gil fala com calma. Conta-me como foi que, em 1967, quando começou a usar guitarras elétricas num festival em São Paulo, foi vaiado e acusado de ser um agente do imperialismo americano tentando impor influências ocidentais na música brasileira pura. "As pessoas só gostavam do rock anglo-saxônico e da cultura pop", exclama Gilberto Gil. Ele foi preso e se exilou.

Gilberto Gil ousa uma comparação entre essa batalha homérica pelo rock e a que hoje ocorre na esfera da Internet. O músico que existe nele defende o direito autoral, mas o ministro fez questão de promover uma livre difusão da música — diz-me, por exemplo, que ele próprio é um "hacker" —, especialmente através das licenças "creative commons". Ele pensa no jovem negro que foi, crescendo num Brasil pobre, e se sente investido de uma missão junto aos jovens das favelas, querendo ajudá-los a se comunicar através dos recursos digitais. Na noite de nossa entrevista, Gilberto Gil cantou "Pela Internet", com os seguintes versos: "Eu quero entrar na rede / Promover um debate / Juntar via Internet / Um grupo de tietes de Connecticut / Eu quero entrar na rede para contatar / Os lares do Nepal, os bares do Gabão".

Ao longo de minha investigação, ouvi várias pessoas citarem a frase de George W. Bush, na época presidente dos Estados Unidos, ao chegar à América Latina e se desculpar num comício: "Sorry, I don't speak latin" (me desculpem, mas não falo latim). Autêntica ou não, a frase é engraçada, mas o essencial não é isso: os latinos tampouco falam "latin". E está aí o problema.

Ao contrário do que eu supunha, não existe muito uma cultura comum que transcenda a de todos os países hispânicos e lusófonos. O sonho de Simón Bolívar, de uma América Latina unida, é uma miragem em matéria cultural, especialmente no entretenimento. É verdade que existe um mercado de 350 a 450 milhões de pessoas de grande homogeneidade linguística — o espanhol —, mas só as majors americanas do cinema e da música conseguem atingi-lo. Essa "diversidade padronizada" é profundamente perturbadora. Só uma cultura globalizada, em grande medida formatada nos Estados Unidos, é capaz hoje em dia de congregar os povos da América Latina, especialmente através dos cantores superstars, de um pop "latino" híbrido, dos blockbusters do cinema, dos formatos de talk-shows de televisão e dos best-sellers literários — a começar por Paulo Coelho, autor do romance planetário O alquimista, inicialmente publicado por uma pequena editora brasileira e hoje distribuído nos Estados Unidos pela HarperCollins, a editora de propriedade da News Corp de Rupert Murdoch, e em todo o mundo por uma agência sediada na Espanha. Longe ficou o tempo em que escritores como Jorge Luis Borges, Julio Cortázar, Octavio Paz, Gabriel García Márquez ou Mario Vargas Llosa eram considerados embaixadores culturais de seus países e da América Latina. Hoje, o soft power é medido antes pelo entretenimento que pela cultura da elite. Só as telenovelas escapam a essa uniformização, mas elas próprias são produto de uma comercialização desenfreada e de uma concorrência selvagem entre os países da América Latina e as televisões norte-americanas.

Hoje, a separação entre a América do Norte e a América do Sul se atenua e confunde com a globalização. Em certa medida, à exceção das novelas, muitas vezes é a cultura pop americana ou americanizada que assume o papel de uma cultura comum na América Latina na esfera do entretenimento mainstream.

Desde que dei início a minha investigação, a crise econômica modificou a paisagem de Miami. A MTV Latin America manteve a sede principal em Miami, mas "regionalizou" mais seus escritórios do México e de Buenos Aires, para estar mais próxima de seu público, beneficiar-se com a taxa de câmbio favorável entre o dólar e o peso e fazer concorrência na Argentina à Much Music TV. Em matéria de televisão, a Disney, por sua vez, ampliou seu escritório de Buenos Aires e fechou o de Miami; a CNN Español continua baseada em Atlanta. A HBO, em compensação, reforçou a HBO Latin America em Miami. No caso do cinema e do audiovisual, Miami sofre o impacto da concorrência de Los Angeles, Buenos Aires, Rio ou México; no da música, em compensação, Miami mantém sua vantagem.

"Toda vez que há uma crise econômica nos Estados Unidos, a indústria do disco deixa Miami; mas toda vez que há uma crise política séria na América Latina, todas as equipes são mandadas de volta para Miami. Ficamos esperando a próxima crise para fazer a bagagem. Talvez seja a abertura de Cuba, e nesse caso Miami vai se tornar absolutamente incontornável", resume Rafael Artero.

Resta a demografia — como sempre, uma das chaves do sucesso ou do fracasso das indústrias criativas em todo o mundo. E para começo de conversa nos Estados Unidos, coração desse mercado: "A principal ameaça com que se defronta o mercado latino na América do Norte, a longo prazo, é a assimilação. Hoje temos Mom e Dad vendo telenovelas na sala de estar e ouvindo música 'latino', enquanto os filhos no quarto assistem a uma série de televisão americana e ouvem hip-hop", explica um diretor de rede de televisão entrevistado em Los Angeles. Por sua vez, Mariano Kon, da produtora Cuatro Cabezas em Buenos Aires, mostra-se ainda mais crítico: "A certa altura, chegou-se a acreditar que o 'latino' existia, mas se trata na verdade de um elefante branco. É a ilusão de que os hispânicos são todos mais ou menos iguais. É uma visão de americanos. Os estúdios hollywoodianos sonham com um 'mercado latino': é extremamente artificial. E Miami é de fato a capital desse mundo artificial". Luiz Claudio Latgé, um dos diretores do grupo TV Globo, é mais explícito ainda: "Os próprios americanos sabem que não podem mais dirigir a América Latina a partir de Miami".

Outros mostram-se mais otimistas, considerando que a América Latina pode despertar: "O Brasil tornou-se um gigante econômico, mas na Europa ainda é visto através das favelas, da miséria, da violência. E os americanos nem sabem que existimos e que falamos português. Eles nos confundem com a Venezuela! Quando se derem conta do seu erro, seremos uma potência com a qual terão de lidar, inclusive no entretenimento", comenta José Zimerman, um dos diretores da TV Brasil, a televisão pública brasileira.

José Tillan, vice-presidente da MTV Latin America, também enfatiza que as previsões de americanização dos hispano-americanos são equivocadas: "Nós não somos como os húngaros ou os italianos, cuja aculturação tornou-se absoluta e total, à medida que se foram americanizando. Os latinos continuarão sendo latinos nos Estados Unidos, por sua quantidade, por causa dos meios de comunicação modernos, pela proximidade geográfica e sobretudo porque vamos mudar profundamente os Estados Unidos". E Tillan conclui: "Estamos promovendo a 'latino-americanização' da cultura dos Estados Unidos".

14. Como a Al Jazeera se tornou a rede mainstream do mundo árabe

Por volta das 16 horas de um sábado, numa bela tarde de julho de 1997, quente e úmida, as famílias sauditas assistiam tranquilamente a um programa educativo para crianças no Canal France International — um banco de programas francês, filial do grupo France Télévisions. A retransmissão era possibilitada pelo satélite ArabSat, lançado em 1985 por 21 países árabes, e cujo sinal principal é emitido em Riad, na Arábia Saudita. De repente, um erro de manipulação das retransmissões por satélite cometido na Télédiffusion de France teve como consequência inesperada trocar o sinal do CFI com o da TV a cabo paga Canal +. O incidente não teria tido maiores repercussões se o programa do Canal + nesse dia não fosse *Club privé au Portugal*, um filme pornográfico.

Sentado numa velha poltrona, na praça de Ailes, em Boulogne-Billancourt, subúrbio a oeste de Paris, onde a maioria das televisões francesas tem sua sede social, Philippe Baudillon parece calmo. Na época, ele dirigia a rede Canal France International (é atualmente diretor-presidente da Clear Channel France, filial do gigante americano dos outdoors, onde me recebe): "O que posso lhe dizer é que foi o teste mais difícil de toda a minha carreira. A audiência dos programas franceses através do Canal France International estava em acentuada progressão no Golfo.

E esse erro acabou com toda a nossa estratégia de desenvolvimento".
A transmissão do "pornô" do Canal + durou cerca de trinta minutos,
até que os técnicos parisienses se dessem conta da mancada (o filme
estava programado para um canal a cabo do Pacífico). Segundo dados
da época, o "pornô" deve ter alcançado cerca de vinte países árabes e
um público potencial de 33 milhões de pessoas. "Foi terrível. Aquilo
acabou com a presença francesa no Golfo. Fomos apagados do mapa",
lastima Philippe Baudillon.

Entrevistado em Riad, capital da Arábia Saudita, Ahmed H. M. Al
Kilani mostra-se mais crítico: "Na época eu era representante do CFI
na Arábia Saudita. Lembro-me muito bem. Foi horrível. Nós tentamos
interromper o programa imediatamente, mas ninguém atendia no CFI.
E por sinal, não era o primeiro alerta: o CFI já tinha transmitido um
espetáculo de casa noturna do Lido de Paris. Eles eram muito pouco
competentes no CFI, não entendiam nada dos valores árabes".

Em Paris, a versão oficial, não parecendo muito embasada, é que o
incidente, que efetivamente ocorreu, foi um pretexto para excluir os
franceses do satélite ArabSat. "Parece plausível", explica Saud Al Arifi,
diretor-presidente do importante grupo saudita de mídia por satélite
Salam Media Cast, também entrevistado em Riad e que administra a
integração dos conteúdos do satélite ArabSat. Prossegue ele: "Na Arábia Saudita existem filmes pornográficos por assinatura. Claro que são
bloqueados, mas muitos também os desbloqueiam ilegalmente. De modo
que a indignação dos sauditas era proporcional ao seu desejo de se livrar
dos franceses". Para deixar as coisas bem claras, Al Arifi lança mão do
telefone e, na minha presença, chama um representante da ArabSat na
Jordânia, fazendo-lhe diretamente a pergunta: "Você acha que foi um
pretexto para se livrar dos franceses?". Pelo viva-voz, ouço o outro responder em árabe, de Amã. Saud Al Arifi desliga e traduz para mim, em
inglês: "Na ArabSat, eles confirmam que não foi um pretexto, o filme
realmente os deixou enfurecidos".

Encenação? Pretexto? O fato é que o caso do filme "pornô" do Canal +,
transmitido em plena tarde para as famílias sauditas e em vários países
árabes, traduziu-se imediatamente na expulsão do CFI do satélite

ArabSat. Os sauditas se declaram indignados com o erro "técnico" francês, e apesar das pressões diplomáticas de Paris decidiram pelo banimento do CFI. O canal, liberado, foi então concedido a uma jovem rede que há muito tempo tentava aumentar sua audiência nos países árabes através da transmissão pelo ArabSat, pretendendo tornar-se mainstream: a Al Jazeera.

Na sede da Al Jazeera no Catar

Precisamente às 21h30, a imagem de Mohamed Krichen aparece nas telas do "control room". Ao meu redor, oito homens trabalham diante de 36 telas de televisão e cerca de vinte computadores de última geração. Quatro deles usam a *dishdasha*, o longo e magnífico traje branco dos países do Golfo, trazendo na cabeça um *keffieh* branco. Estou em Doha, a capital do Catar, na sede da Al Jazeera. Um dos mais famosos talk-shows da rede, "Ma war'a al khabar" (*Nas entrelinhas*), acaba de começar. Ao vivo.

O quartel-general da Al Jazeera ("a Península", em árabe) é um bunker superprotegido, a cerca de vinte minutos do centro de Doha, cercado de areia. Do lado de fora, homens armados e mirantes; lá dentro, gramados verdejantes (importados, segundo me dizem, em placas inteiras). Passo por dois controles de segurança antes de entrar, mas a partir dali posso circular livremente pelo prédio. O que logo me impressiona é uma grande diversidade: vejo muitas mulheres cobertas de véu, e outras sem véu, igualmente numerosas. Homens de dishdasha e muitos de jeans. Um ambiente variado.

Na cafeteria, onde me encontro com Mohamed Krichen, chama-me a atenção a pluralidade de nacionalidades e religiões. Sou apresentado a drusos, libaneses xiitas, palestinos sunitas, sauditas leigos, britânicos islamitas — tudo, exceto catarenses, muito pouco numerosos entre os jornalistas, e de maneira geral também.

"A força do movimento islâmico é grande no mundo árabe. E é natural que também se manifeste na Al Jazeera. É perfeitamente possível ser islâmico e bom jornalista", comenta logo de entrada Mohamed Krichen, em francês. O apresentador-estrela da Al Jazeera, que começou sua carreira na BBC e foi um dos fundadores da rede catarense, não é islamita. No comitê editorial da rede, ele seria considerado antes um nacionalista pan-árabe, e se comenta que não está em muito bons termos com o atual diretor da Al Jazeera. Krichen não quer entrar nessa discussão: "Eu defendo os valores e a integridade do jornalismo, é minha única motivação, minha única linha de conduta". Mais diretamente, pergunto o que ele acha de Wadah Khanfar, o atual diretor da Al Jazeera, muito criticado por sua proximidade com os islamitas (sabendo perfeitamente que Krichen é um de seus principais opositores internamente):

> Sua nomeação foi uma decisão política do emir do Catar, não tenho de me pronunciar sobre a escolha. No que diz respeito à Al Jazeera, contudo, não devemos julgá-la precipitadamente. Erros são cometidos, naturalmente, uma rede como a nossa não tem como ser invariavelmente perfeita e ideal. Mas o pluralismo pode ser constatado no conjunto da grade de programação, e o que eu posso dizer é que todas as tendências árabes estão representadas na Al Jazeera.

No início da guerra do Afeganistão, Krichen estava presente. Mais adiante, foi ele que entrevistou Shimon Peres, o presidente de Israel, durante a guerra de Gaza — um feito e tanto para uma rede árabe. Ele também entrevistou Bachar al-Asad, Mahmud Abbas e Hugo Chávez. Aonde quer que se vá na Al Jazeera, Krichen é respeitado por seu profissionalismo e sua seriedade. Apresenta regularmente os jornais da noite e também, três vezes por semana, *Nas entrelinhas*, um dos programas políticos mais populares do mundo árabe: "É o programa número um na rede árabe número um", resume, algo convencido, o produtor do programa, Nazar Daw, que entrevistei no fim da transmissão ao vivo. Menos cabotino, Krichen banca o modesto: "Nosso sucesso é explicado pelo fato de que privilegiamos a informação em detrimento do comentário, tentando analisar os acontecimentos, em vez de dar nossa opinião". O principal é que o news-show acompanha de perto as informações do dia. Os temas são escolhidos na tarde anterior, e o produtor me confirma que tem condições de mudá-los até trinta minutos antes do início do programa. "É certamente o programa mais mainstream da Al Jazeera", comenta Nazar Daw, "por ser transmitido em prime time e estar atrelado ao noticiário imediato. Na verdade, é uma espécie de editorial da rede". Nesse deserto do Catar, tenho a impressão de que vozes como a de Krichen e o eco da liberdade dos meios de comunicação árabes, simbolizado pela Al Jazeera, chegam longe.

A Al Jazeera foi lançada a 1º de novembro de 1996 por iniciativa do emir do Catar. O Catar é um microestado de oitocentos mil habitantes, sendo uma grande maioria constituída de imigrantes do Paquistão, da Índia e do Irã. Durante muito tempo, foi um dos países mais pobres do Oriente Médio; em menos de vinte anos, graças à descoberta de reservas de gás (as maiores do mundo, depois da Rússia e do Irã), tornou-se um dos mais ricos. Foi o "boom do petróleo", como se diz aqui. Ainda ontem absolutamente desconhecido, o emir convive atualmente com os grandes. E fala com todo mundo. Inicialmente podendo ser considerado mais pró-árabe, ele teria mudado desde 2001, aceitando o diálogo com os islamitas (segundo alguns, passando da órbita da Liga Árabe para a da Organização da Conferência Islâmica, o que é muito discutido). Seja como for, o Catar é um país pivô atualmente na construção de um novo eixo forte com a Síria e o Irã, e não com o Egito e a Arábia Saudita. Essa diplomacia traduz-se às vezes por idas e vindas complexas e indecifráveis. O Catar tem uma política diplomática não alinhada em relação ao mundo árabe, numa linha de visibilidade internacional e independência regional: diálogo entre as culturas, mediação entre o Oriente e o Ocidente, desconfiança em relação ao irmão maior saudita, pacificação do Líbano através da negociação com o Hezbolah e a todo momento uma verdadeira diplomacia do talão de cheques. Mas também joga com todas as possibilidades: ao se aproximar do Irã, ao mesmo tempo mantendo em seu território a importante base militar americana de Al-Udeid (a partir da qual foi lançada em 2003 a guerra contra o Iraque); prestando lealdade ao mesmo tempo a George W. Bush e a Bachar al-Assad; autorizando os israelenses a abrir um escritório "comercial" em Doha, com estatuto diplomático e situado não longe da residência de Khaled Meshal, o líder do Hamas, em exílio protegido no Catar.

Essa diplomacia sutil — ou incoerente, segundo o ponto de vista — traduz-se inevitavelmente na linha editorial da Al Jazeera. A rede mais ou menos se alinha com as variações da política diplomática do Catar. "A Al Jazeera é a política externa do Catar, um produto de exportação, uma embaixada do Catar", explica Ahmed Kamel ex-diretor da emissora. "Não se trata de uma embaixada", corrige Atef Dalgamuni, um dos fundadores e principais dirigentes da Al Jazeera em Doha. "É o Ministério de Relações Exteriores do Catar."

No fim de dezembro de 1998, quando assume o novo e poderoso sinal deixado vago pelo Canal France International, é que a Al Jazeera realmente decola: ela é a única em condições de mostrar imagens da operação Desert Fox, o ataque aéreo americano no Iraque. Essas imagens exclusivas são responsáveis pelo início de seu reconhecimento internacional e o aumento de sua audiência, o que seria potencializado pela segunda Intifada Palestina a partir de 2000, pelos vídeos de Osama Bin Laden e da guerra do Afeganistão em 2001, pela guerra do Iraque em 2003 e depois a guerra em Gaza em 2008, tornando-a incontornável no mundo inteiro.

Uma região árabe, portanto, mas cujas relações com os países muçulmanos são incertas. A Al Jazeera é proibida na Tunísia, no Marrocos, na Argélia e no Iraque; periodicamente, é ameaçada de proibição por certos países árabes, como a Arábia Saudita, até 2007, e mais recentemente a Autoridade Palestina. É também o caso da Índia. Mas o fato é que, proibida ou não, basta uma antena parabólica de menos de cem euros para captá-la em qualquer lugar do Oriente Médio ou Próximo.

Paradoxalmente, a rede, ameaçada pelos talibãs e os xiitas radicais, também foi criticada violentamente e ameaçada pelo governo Bush nos Estados Unidos (uma conversa entre George W. Bush e Tony Blair, relatada num documento confidencial britânico, leva a pensar que Bush teria pretendido bombardear a sede da rede em Doha, mas a autenticidade do documento não foi comprovada). A Al Jazeera chega inclusive a acusar o governo Bush de ter pressionado os principais operadores de televisão a cabo para eliminá-la dos lares americanos; a alegação tampouco foi comprovada, mas é verdade que a Al Jazeera, por motivos políticos ou comerciais, não está muito presente nas transmissões a cabo americanas. De qualquer maneira, resta um paradoxo: em relação à Al Jazeera, os Estados Unidos se comportaram, em termos de censura e limitação da liberdade de informação, exatamente como as ditaduras árabes, quando a rede, segundo seus defensores, simplesmente fazia o trabalho jornalístico de campo que a CNN não quis ou não foi capaz de fazer.

O período entre 1996 e 2001 foi o dos grandes anos da Al Jazeera. A rede quebra então os tabus do mundo árabe, especialmente no que diz respeito às mulheres e à sexualidade. Abre um escritório em Israel e pela primeira vez no mundo árabe dá a palavra aos representantes do Estado hebraico (muitas vezes sem cortar nem desnaturar suas declarações). Assim foi que muitos telespectadores árabes viram pela primeira vez um israelense defender seu ponto de vista num canal árabe. Desde 2001, no entanto, a rede teria mudado de linha editorial.

Hussein Abdel Ghani dirige o escritório da Al Jazeera no Cairo. Para encontrá-lo, são necessárias doses equivalentes de persistência e senso de orientação. O escritório da Al Jazeera fica num prédio antiquado, à beira do Nilo, sem qualquer menção aparente nem indicação. O elevador está com defeito e as escadas não são varridas há meses. Poeira por todo lado. No quinto andar, nem campainha, nem placa, nem recepção. Nem tampouco quaisquer medidas de segurança especiais. A Al Jazeera instalou um de seus principais centros nevrálgicos mundiais, no Cairo, num lugar inacessível e desconhecido de (quase) todo mundo. Lá dentro, muitos jornalistas e operadores de câmera mostram-se atarefados, mulheres sem véu e vestindo camisetas colantes e coloridas, ao estilo American Apparel, trabalham perfeitamente descontraídas, em igualdade de condições com os homens. Dezenas de câmeras digitais podem ser vistas sobre as mesas, assim como aparelhos Sony. Um copeiro traz-me café. Em todas as paredes é bem visível o logotipo da Al Jazeera — o nome, numa caligrafia em caracteres árabes dourados, parece uma chama —, tendo abaixo, em árabe ou em inglês, o lema: "O ponto de vista e o seu oposto".

Hussein Abdel Ghani recebe-me de jeans e tênis — à americana. Em decorrência das estritas regras de comunicação na rede, ele é o único autorizado a falar, o que faz, surpreendentemente, com toda liberdade. "No Egito, nós somos muito polêmicos. É difícil trabalhar aqui. Estamos pagando o preço de nossa liberdade e nossa independência", afirma, confirmando a informação, lida nos jornais, de que acaba de passar dois dias na prisão. À frente de uma equipe de 25 pessoas, ele dirige um escritório sensível num país sensível.

Hussein Abdel Ghani fala inglês com sotaque perfeito. Como cerca de 120 jornalistas da Al Jazeera, começou em Londres, no escritório da Arabic BBC News, uma rede em joint-venture entre o BBC World Service e a empresa saudita Orbit. O fechamento dessa rede em 1996, em decorrência de desentendimentos entre os ingleses e os sauditas, é que contribuiria para o lançamento da Al Jazeera. Em 1997, Hussein Abdel Ghani foi encarregado de abrir o escritório egípcio da Al Jazeera, um ano depois do lançamento da rede em Doha. Ao lado de Ramallah e Bagdá, o Cairo é um de seus principais escritórios. Com base em dois estúdios equipados da maneira mais sumária possível, mas muito bem localizados, os jornalistas realizam seus flashes diante de um cenário natural impressionante: janelas envidraçadas que dão para o Nilo e a imensa cidade do Cairo.

"Nós fazemos jornalismo de acordo com as regras internacionais, e é exatamente por isso que somos criticados nos países árabes... e na América", explica Hussein Abdel Ghani, mostrando-me as dezenas de diplomas e medalhas internacionais que recebeu, símbolos de independência jornalística que ocupam quase todo o espaço de seu escritório. No Cairo, há também uma equipe do canal esportivo da Al Jazeera, assim como jornalistas preparados para produzir documentários culturais e talk-shows. "Nosso sucesso decorre de uma sutil mistura entre informação e entretenimento. Essa combinação é muito atraente para os milhões de pessoas que nos são fiéis em todo o mundo. Nós nos interessamos por tudo que afeta as pessoas, ao maior número, e não à elite. Nossos programas e nossos jornais, e sobretudo nossos talk-shows, são essenciais: os 'fatwa talk-shows' apresentados por 'satellite sheiks', por exemplo, fazem muito sucesso."

*

COMO A AL JAZEERA SE TORNOU A REDE MAINSTREAM DO MUNDO ÁRABE

"Fatwa talk-shows"!? Xeques por satélite!? Abdul Hamid Taufik, com quem converso alguns meses depois na Síria, não é do tipo que faz piada. Não aprecia muito o humor de seu colega egípcio. Ex-editor de política da televisão oficial síria, Abdul Hamid Taufik é atualmente chefe da sucursal da Al Jazeera em Damasco. Bigodinho, óculos pequenos, cabelos já algo grisalhos, ele fala depressa, sem parar, aceitando poucas perguntas. Como não domina o inglês, eu sou assistido por meu intérprete na Síria. A sucursal síria da Al Jazeera fica em cima do Colombus Café, em East Mazeh, subúrbio rico do oeste de Damasco. Na rua, o logotipo da rede é pequeno mas bem visível. No primeiro andar, em quatro ou cinco salas, encontro cerca de 15 pessoas. Câmeras estão espalhadas pelo chão. "É uma cadeia popular na Síria", comemora Abdul Hamid Taufik. "As pessoas mais politizadas assistem à Al Jazeera ou à rede do Hezbolah, Al Manar, que se apresenta como a rede da resistência. Fora isto, em matéria de divertimento, muitos sírios assistem à LBC, a rede libanesa, ou aos canais sauditas da MBC." Como obter informação sobre os números de audiência? "Não é possível. Não existem estatísticas sobre o audiviosual na Síria, nem por sinal nada equivalente nos países árabes", suspira Abdul Hamid Taufik. "Nem o governo nem o setor privado sabem nada sobre o pulso das audiências. Pode-se apenas levantar hipóteses" (de acordo com diferentes fontes, a audiência da Al Jazeera superaria 50 milhões de lares por dia). Um copeiro nos oferece chá turco. Conversamos durante muito tempo, sem que eu fique sabendo de grande coisa sobre o assunto: como a Al Jazeera tornou-se uma rede mainstream? O escritório é cercado de cortinas vermelhas que tornam o ambiente sufocante, com uma sensação de claustrofobia. Ao se despedir, Abdul Hamid Taufik mostra-me um esplêndido exemplar do Corão pintado à mão, bem na entrada de seu escritório. Ao chegar à porta, comento boatos segundo os quais a Al Jazeera estaria próxima do regime na Síria, e dou a entender que podem ter sido necessárias concessões para abrir uma sucursal em Damasco. O diretor da Al Jazeera em Damasco me contempla calmamente. Nesse momento, faz-se ouvir, em alto-falantes modernos e ruidosos instalados num minarete, o chamado para a oração do muezim. "Nós não dependemos do governo;

trabalhamos de acordo com as leis sírias e a deontologia jornalística da Al Jazeera", explica-se habilmente Abdul Hamid Taufik.

Dias antes, eu fora informado por um dos fundadores da Al Jazeera em Londres, que dirigiu igualmente várias estações da rede, para acabar se demitindo: "A sucursal da Al Jazeera em Damasco está muito ligada ao regime sírio e transmite informação oficial", avisara ele (esse antigo diretor da rede não quis se identificar, por respeito aos colegas e para poder falar mais livremente).

Cabe lembrar que durante vários anos a Síria, como vários outros países árabes, proibiu a Al Jazeera em seu território, recusando todos os pedidos de visto para seus jornalistas; abrir um escritório em Damasco, portanto, parecia altamente improvável. Pode-se levantar a hipótese de que a recente inauguração tenha sido negociada nas altas esferas, em favor de uma aproximação diplomática entre o Catar e a Síria, a partir da segunda guerra do Líbano, em 2006, e das negociações para o fim do conflito conduzidas por Doha (em 2008, o emir do Catar deu um Airbus como presente pessoal ao presidente da Síria, Bachar al-Assad).

Mas o fato é que o fundador da Al Jazeera que entrevistei em Londres critica o tipo de jornalismo feito pela Al Jazeera na Síria e, mais globalmente, a evolução da rede. Segundo ele, houve "uma clara reislamização da Al Jazeera desde 2001", de efeitos visíveis particularmente na Síria e no Líbano. Meu contato entra por uma longa análise, expondo sua visão da evolução da rede: "Antes de 2001, era uma rede mais para nacionalista, ou digamos laica, na tradição do nacionalismo árabe, do pan-arabismo e do socialismo árabe encarnado pela Liga Árabe — da qual o Catar é membro. A ideia por trás da rede era a modernização dos países árabes e o espírito de abertura árabe, a 'infitah', como se costuma dizer. A partir do 11 de setembro de 2001, a rede evoluiu para uma crescente islamização. Aos poucos, em pequenos e sucessivos passos, passa-se a optar pela Síria contra o Egito, pela Irmandade Muçulmana de preferência à Liga Árabe, pelo Hamas em detrimento da Al Fatah. Os vídeos de Osama Bin Laden são divulgados, menos a título de informação ou para atingir o grande público e mais com finalidades de propaganda. As palavras também têm seu peso: fala-se do 'presidente' Saddam Hussein, e não do 'ditador', como os ocidentais; de 'resistentes' para se referir aos 'rebeldes' iraquianos; de 'forças invasoras' americanas, e não de 'forças da coalizão'". Em 2003, Wadah Khanfar, um palestino que havia estudado na Jordânia, assume a direção da Al Jazeera. Tem na época 34 anos. Ele coordenava o escritório de Bagdá na época da derrubada de Saddam Hussein, o que lhe permitira fazer nome, muito emborá, segundo meu interlocutor, "tivesse experiência jornalística limitada". O fundador da Al Jazeera que entrevistei em Londres retoma de onde havia parado: "Desde que Wadah Khanfar chegou a Doha, a Al Jazeera tornou-se favorável à resistência iraquiana. Passou a se posicionar contra os xiitas do Iraque, mas a favor dos xiitas do Irã, do Líbano e da Síria. Ela apoia a al-Qaida no Afeganistão, venera a memória de Saddam Hussein, é pró-Hezbolah, pró-Ahmadinejad. E defende até o antiamericano Chávez na Venezuela e o islamita Erdogan na Turquia! É uma total reviravolta em relação à objetividade da Al Jazeera no início e em relação a sua preocupação de neutralidade. Foi aí que eu me demiti".

Eu o deixei falar. Ele conhece a história por dentro, é legítimo e confiável, muito embora apresente a sua leitura dos fatos. Naturalmente, ela não é compartilhada por vários outros de meus interlocutores, que consideram a Al Jazeera "uma rede como outra qualquer". Alguns observam que há muita liberdade e muitas diferenças no interior da rede. Afinal, comentam comigo em Doha, o fato de a rede defender valores árabes não a impede de fazer jornalismo, o que não é mais problemático que a CNN defendendo o ponto de vista dos Estados Unidos e os valores americanos. Observam também que se certas sucursais da Al Jazeera de fato estão "atentas" ao Hezbolah e ao Hamas, em função das situações locais, o escritório de Ramallah, por exemplo, continua bastante laico e "atento" à Al Fatah. "Eu seria a primeira a deixar a rede se a Al Jazeera se tornasse pró-iraniana e islamita", afirma Dima Khatib, a diretora do escritório da Al Jazeera na Venezuela, uma palestina entrevistada em Caracas. Em sentido inverso, o diretor de um escritório da Al Jazeera que acaba de ser demitido confirma que nas manifestações da oposição iraniana em 2008 veio à tona a verdadeira natureza da Al Jazeera: "É

MAINSTREAM

uma rede que foi totalmente pró-Ahmadinejad durante os acontecimentos. Até agora, o empenho era no sentido de defender as populações e a democracia; no Irã, eles acabam de defender uma ditadura". Esse mesmo diretor sustenta que "os vínculos entre a Al Jazeera e o Hamas se fortaleceram desd˘ que Wadah Khanfar assumiu a direção da rede". A informação é confirmada por vários de meus contatos.

Outros explicam que os meios audiovisuais foram privatizados em muitos países árabes, como a Síria, graças à Al Jazeera, e que os efeitos da existência da rede a longo prazo serão decisivos para a modernização do mundo árabe. Acima de tudo, Mohamed Krichen explica em Doha que "a oposição entre xiitas e sunitas não é pertinente quando se trata de entender o tratamento da informação por parte da Al Jazeera". Ahmad Kamel, ex-diretor da sucursal da Al Jazeera em Bruxelas, explica que a evolução da rede é ao mesmo tempo ideológica e comercial: em vista do sucesso alcançado, a Al Jazeera quis acompanhar de perto as expectativas da "rua árabe", tornando-se por força das circunstâncias mais islamita, à medida que os Estados Unidos de George W. Bush se tornavam mais antiárabes. "A Al Jazeera é uma rede privada que busca a audiência e o lucro", explica Labib Fahmy, seu colega e novo chefe da sucursal da Al Jazeera em Bruxelas. "O que move a rede é na verdade a pressão da rua", confirma Mohamed Krichen. "Estamos constantemente sob pressão da opinião pública árabe. Mas eu fico me perguntando se refletimos essa opinião ou somos levados por ela."

Bem ao lado de um famoso restaurante gay, não longe da rede concorrente Future, a sede da Al Jazeera na rua Hamra, no bairro Kantari de Beirute, no Líbano, também parece bastante discreta. O prédio amarelo e rosa El Mina, onde a Al Jazeera fixou domicílio, é cercado por câmeras, e também aqui são poucas as indicações visíveis, do lado de fora, de que existe uma rede de televisão no primeiro andar. Só a dezena de antenas parabólicas no telhado poderia despertar a atenção de um observador mais atento. Lá dentro, uma imensa redação em open space. Vejo numa das paredes a imensa chama, o logotipo da Al Jazeera, mas também uma foto de Tarek Ayub, o correspondente da

COMO A AL JAZEERA SE TORNOU A REDE MAINSTREAM DO MUNDO ÁRABE

Al Jazeera que morreu em abril de 2003 quando um míssil americano caiu no escritório da rede em Bagdá.

O chefe do escritório da Al Jazeera em Beirute chama-se Ghassan Ben Jeddou. Toda semana ele apresenta na Al Jazeera, de Beirute, o talk-show *Debate aberto*. Filho de pai tunisino sunita e mãe cristã, casado com uma xiita, ele também provoca polêmica e fascínio. No mundo árabe, é conhecido sobretudo por ter sido o único jornalista que entrevistou Hassan Nasrallah, o secretário-geral do Hezbolah, em julho de 2006, em pleno conflito israelense-libanês. Ghassan Ben Jeddou também filmou os túneis secretos entre Gaza e o Egito, circulando com sua câmera por baixo da terra. (Não pude entrevistá-lo durante minha investigação em Beirute, pelo motivo oficial de que ele estava gravando seu show nessa semana no sul do Líbano.)

Também aqui divergem as opiniões a respeito da concepção do jornalismo encarnada por Ghassan Ben Jeddou. "A Al Jazeera é contra a democracia no Líbano, é pró-Hezbolah, próxima dos iranianos e do emir do Catar", defende Ahmed Kamel, antigo contratado da Al Jazeera, atualmente chefe da sucursal da BBC em Damasco. Outros consideram que entrevistar o líder do Hezbolah, Hassan Nasrallah, é um furo jornalístico que até a CNN gostaria de ter dado: "Isso confirma seu profissionalismo jornalístico, e não alguma cumplicidade com o Hezbolah", comenta um diretor da Al Jazeera em Doha. (Vale lembrar que Ghassan Ben Jeddou foi conduzido de olhos vendados até um lugar desconhecido, num "blind bus", um ônibus de vidros escurecidos, para a realização dessa entrevista com Hassan Nasrallah, um dos homens mais procurados por Israel, que o considera "um dos maiores terroristas do mundo"; o mais significativo é que, quando Ben Jeddou perguntou a Nasrallah onde se encontravam, ele respondeu que também não sabia, pois também fora conduzido até ali com uma venda nos olhos.)

Um formato News & Entertainment

Para além da política, que aqui é essencial, que se pode dizer das formas jornalísticas e dos formatos de televisão? Ainda estou tentando entender

MAINSTREAM

os motivos que permitiram à Al Jazeera tornar-se uma rede mainstream. "O sucesso da Al Jazeera vem de seus talk-shows", sentencia Labib Fahmy, o diretor da sucursal na Bélgica. Eu o reencontro num pequeno café do centro de Bruxelas. Ele não quer ser citado em questões políticas (não é autorizado a se expressar sobre esses temas), mas concorda em falar sobre a maneira como a Al Jazeera tornou-se mainstream.

O segredo da Al Jazeera é sua grade de programas. Graças a uma programação diversificada, ela tem um talk-show a oferecer a todos os gostos no mundo árabe. Para os liberais, há o programa político *Mais de uma opinião*, gravado em Londres, tendo como apresentador Sami Haddad. E também *Apenas para as mulheres*, programa de noventa minutos sobre questões femininas conduzido pela síria Luna Shebel, que provoca ódio ou adoração em todos os árabes que entrevistei nessa investigação (mas o programa foi suspenso recentemente). Os nacionalistas também têm seu programa, *A opinião contrária*, inspirado no modelo do *Crossfire* da CNN e apresentado em Doha por um druso sírio, Fayçal al-Qazem, que não hesita em debater temas tabus, "desiconizar os ícones", segundo sua própria expressão, e criticar os governos. O programa político *Nas entrelinhas*, de Mohamed Krichen, também atrai esse público fiel ao nacionalismo pan-árabe, mais que os islamitas. Quanto aos islamitas sunitas, justamente, têm por sua vez *Sem fronteiras*, apresentado no Cairo pelo fleumático Ahmed Mansur (um egípcio considerado próximo da Irmandade Muçulmana). E têm sobretudo *A charia e a vida*, transmitido todo domingo, de Doha, às 21h05 (hora de Meca). É desse programa que participa regularmente, não como apresentador, mas como convidado, a superestrela da telepregação islâmica, o xeque Yussef al-Qardaui (um exilado egípcio também sabidamente próximo da Irmandade Muçulmana).

Nesse programa, o "xeque do satélite" (assim chamado porque esse líder religioso muçulmano faz sua pregação via satélite) responde a perguntas concretas que os muçulmanos se fazem para viver na modernidade ao mesmo tempo sendo bons fiéis. Milhões de pessoas são influenciadas por suas opiniões e suas fatwas. Grande defensor dos palestinos que cometem atentados suicidas, inimigo dos Estados Unidos por causa

COMO A AL JAZEERA SE TORNOU A REDE MAINSTREAM DO MUNDO ÁRABE

da invasão do Iraque, mas crítico da al-Qaida, que ele denuncia pelas atentados "contraproducentes" do 11 de Setembro, o xeque Yussef al-Qardaui seria no fim das contas, segundo seus adeptos, um intérprete do islã progressista, especialmente no que diz respeito às mulheres. Outros o criticam por ter exortado a um jihad contra a França, que proibiu o uso do véu islâmico nas escolas públicas. Quando um telespectador lhe pergunta se o Corão autoriza que um homem se filme fazendo amor com a mulher, o tele-evangelista responde: "Sim". E sua defesa da felação como algo compatível com os valores do islã é sem dúvida uma das intervenções mais polêmicas de toda a história da televisão árabe.

"Um talk-show como *A opinião contrária* é que permitiu à Al Jazeera tornar-se mainstream. É provavelmente hoje o programa mais famoso do mundo árabe, e Fayçal al-Qazem é uma estrela internacional. O que fez seu sucesso foi a liberdade de tom, o fato de as pessoas discutirem de maneira brilhante e mesmo violenta. Como o mundo árabe é muito dividido, esse tipo de programa sempre acaba sendo equilibrado, e o público acompanha. Não foram tanto as notícias, mas os news-shows e o entretenimento que nos permitiram ser aquilo que somos", confirma Labib Fahmy, o diretor da sucursal de Bruxelas.

Inicialmente, o formato da Al Jazeera devia ser "news & entertainment" — também conhecido como "infotainment" —, mas depois de ver os "pilotos" o emir do Catar resolveu privilegiar a informação o tempo todo. O entretenimento, porém continuou bastante presente na grade de programação, tendo inclusive se acentuado, através da proliferação de formatos de talk-shows (que às vezes são tecnicamente news-shows, mas com um forte componente de entretenimento). "No início, os talk-shows duravam uma hora e meia, e pouco a pouco foram sendo reduzidos a cinquenta minutos", explica Mohamed Krichen. "Foram nossos talk-shows que contribuíram para a modernização do mundo árabe. No início, eles eram chocantes, incríveis, para muitos telespectadores. Mas desde então, nos acostumamos a nossa própria audácia, e o público evoluiu conosco."

A dimensão interativa, é claro, também acompanhou: atualmente, muitos programas valorizam o telespectador, ouvindo suas perguntas por telefone no ar, contemplando a participação do público no estúdio ou utilizando a Internet para recolher perguntas e reações da rua. A Al Jazeera dá a palavra ao povo, o que nenhuma outra mídia árabe fizera anteriormente. "Cada vez mais somos chamados a 'personificar' o debate, a contar histórias, encenar 'histórias palpáveis', testemunhas e histórias reais", confirma Labib Fahmy em Bruxelas.

Em novembro de 2006, é lançada a versão inglesa da Al Jazeera. A nova decisão do emir do Catar tinha vários objetivos. Em primeiro lugar, transformar a Al Jazeera num grupo de mídia global: canais esportivos e importantes websites são inaugurados nesse período (um canal infantil, Al Jazeera Children, também é lançado pela mulher do emir, sem ter no entanto qualquer vínculo estrutural com o grupo Al Jazeera). Para aumentar sua influência, a Al Jazeera precisa em seguida saber falar ao Ocidente: "Para inverter os fluxos de informação que vão do Ocidente para o Oriente e do Norte para o Sul, queremos fazer reportagens nos países árabes para o Ocidente. Com nossas próprias imagens, podemos inverter o sentido dos fluxos audiovisuais. Nós nos tornamos mainstream mostrando imagens autênticas da guerra no Iraque, no Afeganistão ou em Gaza, e todo mundo começou a ver nossas imagens, até quem não entendia o árabe. Precisávamos portanto começar a falar inglês", diz-me Atef Dalgamuni, jordaniano de nacionalidade americana e também um dos fundadores da Al Jazeera English, entrevistado na sede da rede em Doha. Assim é que a Al Jazeera contrata, a preço alto, jornalistas, "hosts" e "anchors" (de acordo com o modelo americano, não se fala de apresentador ou locutor na Al Jazeera, mas de "anchor") da CNN, da ABC ou ainda, como acontece desde sua criação, da BBC. Claro que a rede catarense não conseguiu as verdadeiras estrelas da CNN — os Larry King, Anderson Cooper, Wolf Blitzer, Lou Dobbs, Christiane Amanpour ou Fareed Zakaria —, que no entanto continuam sendo seus modelos, muito imitados em Doha.

A Al Jazeera em árabe e sua irmãzinha a Al Jazeera English são entidades diferentes, e os jornalistas daquela só eventualmente trabalham nesta. "A rede internacional toma mais precauções, quer passar

COMO A AL JAZEERA SE TORNOU A REDE MAINSTREAM DO MUNDO ÁRABE

uma boa imagem do mundo árabe", comenta o diretor de um dos escritórios da Al Jazeera.

Essa nova estratégia em língua inglesa também tem por objetivo aumentar a audiência da Al Jazeera, alcançando os muçulmanos que não falam árabe, como na Indonésia, na Índia, no Paquistão, no Irã, na África de língua inglesa, assim como as jovens gerações árabes da Europa. Em Jacarta, capital da Indonésia, encontro-me com Stephanie Vaessen, correspondente da Al Jazeera English. Ela é loura, holandesa, não tem exatamente o perfil da jornalista da Al Jazeera que eu esperava encontrar no maior país muçulmano do mundo. "A sucursal da Al Jazeera em Jacarta está subordinada ao escritório regional de Kuala Lumpur, na Malásia, quartel-general do grupo em sua estratégia para atingir a Ásia muçulmana", diz-me ela. Os correspondentes da Al Jazeera na China, na Índia, na Tailândia e nas Filipinas também estão ligados a esse escritório. De acordo com diferentes fontes locais, a Al Jazeera não tem grande impacto na Indonésia. A Ásia é um mercado emergente para a Al Jazeera, contudo, e o grupo mobiliza na região consideráveis recursos, produzindo por exemplo um programa asiático especial: *One on One East* (remetendo ao formato de *Asian Uncut*, da Star World em Hong Kong, que por sua vez retoma o formato do talk-show *Jimmy Kimmel Live!* da ABC nos Estados Unidos).

Hoje, o grupo Al Jazeera vai de vento em popa. E a dimensão do divertimento mainstream surge como sua nova prioridade, ao lado da informação. Em 2009, o grupo compra por 650 milhões de dólares várias redes esportivas por satélite do grupo saudita vizinho, ART, com os direitos esportivos acoplados. Com essa decisiva tacada, a Al Jazeera Sports Channel (JSC) se assenhoreia de todos os jogos de futebol das ligas argelina, marroquina, síria, jordaniana e egípcia, assim como dos direitos de inúmeros outros programas esportivos, como os Jogos Olímpicos e sobretudo a Copa do Mundo de futebol em 2010 e 2014. A Al Jazeera passa a ter um quase monopólio dos esportes no mundo árabe, muito embora sua concorrente, a Abu Dhabi Television, tenha passado à frente na aquisição dos direitos da liga inglesa, por 330 milhões de dólares. Aos poucos, como o esporte está no cerne de seu investimento

MAINSTREAM

em matéria de entretenimento, a Al Jazeera vai se tornando um grupo de mídia global, um dos mais importantes do mundo árabe. E por sinal, combinando televisões gratuitas e pagas em sutil dosagem: as redes gratuitas de informação servem para atrair o público para as redes pagas. O grupo possui atualmente duas redes de informação contínua em árabe e inglês, uma dúzia de redes esportivas, sete gratuitas e cinco pagas, uma rede gratuita de documentários, um programa em persa, uma rede para crianças (independente) e vários projetos em desenvolvimento. "Depois da informação, o esporte é o principal vetor da Al Jazeera", confirma Madjid Botamine, o apresentador do programa *Jornal dos esportes* na Al Jazeera, entrevistado na newsroom da rede em Doha. O grupo entra então maciçamente no entretenimento para o grande público. "Nosso desejo é antes de mais nada alcançar os árabes, depois os muçulmanos, e em seguida o mundo inteiro", explica-me, em Doha, um dos homens-chave da Al Jazeera, o jordaniano-americano Atef Dalgamuni. E como fazer para alcançar o Oriente e o Ocidente? "Aqui na Al Jazeera, não falamos de Oriente e Ocidente. Falamos de Norte e Sul. E vamos atingir todo o mundo, através da informação e do entretenimento. Queremos ser um grupo mainstream. A Al Jazeera olha do Sul para o Norte", conclui Dalgamuni.

Existem atualmente mais de quinhentas redes de televisão no mundo árabe, o que enfraquece a audiência e o mercado publicitário que a Al Jazeera pode visar. Estranhamente, contudo, isso em nada alterou a singularidade da rede catarense e sua influência como modelo no mundo árabe e além dele. Entre as mais influentes dessas redes, temos a Nile News TV, a rede de informação egípcia próxima do presidente Hosni Mubarak; a Abu Dhabi TV, que transmite do Golfo; a Arab News Network, baseada em Londres, pertencente ao sobrinho do presidente Bachar al-Assad e, naturalmente, próxima dos interesses sírios; a Al-Aqsa TV, a rede palestina do Hamas; a Al Manar, a rede do Hezbolah; e a Al Arabiya, a rede de informação sediada na Media City de Dubai e pertencente a um grupo saudita. Visitei a maioria dessas redes, em Dubai, Riad, Damasco, Beirute, Londres e Cairo, para tentar entender de que maneira elas se posicionam em relação à Al Jazeera e por que nenhuma delas — à exceção talvez da Al Arabiya — conseguiu realmente tornar-se uma rede globalizada tão mainstream quanto a concorrente.

A guerra das imagens

"Bem-vindo. O senhor realmente é bem-vindo na assessoria de imprensa do Hezbolah." Uma jovem coberta por um véu, a Sra. Rana, chefe da assessoria de imprensa, recebe-me calorosamente com um francês perfeito. Eu me levanto, estendo-lhe a mão. Ela me olha, algo espantada, sorri. "Aqui, entre os xiitas, os homens não podem tocar a mão das mulheres", informa-me calmamente, ao mesmo tempo que evita minha mão. Eu me desmancho em desculpas. "Não precisa se desculpar, não é grave, os ocidentais não estão acostumados. Está perdoado."

Haret Hreik é o feudo do Hezbolah no sul de Beirute. Estou em Dahieh, o bairro xiita de Beirute, mais conhecido como "subúrbio sul". Estamos a vinte minutos apenas do bairro cristão de Ashrafieh, onde me hospedo, mas o motorista de táxi que me levava hesitou em aceitar a corrida; meus interlocutores libaneses também me desaconselharam da incursão por motivos de segurança, pois nessa zona os ocidentais ou cristãos correm perigo. O Exército israelense bombardeou essas ruas em 2006. Muitos prédios, destruídos ou danificados, até hoje dão testemunho. Certas ruínas, inclusive, remontam à guerra do Líbano de 1982 e continuam esperando uma demolição final.

A assessoria de imprensa do Hezbolah fica na principal artéria de Haret Hreik, não contando com qualquer vigilância especial, pelo menos aparentemente. Na entrada do prédio, o cartaz "Media Relation of Hizbollah" dá testemunho de que o Hezbolah agora pretende ser uma organização respeitável. O partido xiita pretende se "libanizar" para vencer as eleições (teve dois ministros no governo de união nacional de novembro de 2009). No primeiro andar, sou recebido num pequeno escritório, onde fico esperando. Na parede, a bandeira do Hezbolah, verde sobre fundo amarelo; vê-se no centro um fuzil AK-47 tendo acima um trecho do Corão escrito em vermelho e abaixo uma outra frase, que significa: "Resistência islâmica no Líbano". À minha frente, uma

MAINSTREAM

televisão ligada, sintonizando a Al Manar. Sou convidado a apresentar meu passaporte, um documento de imprensa, imediatamente xerocados numa máquina empoeirada que funciona lentamente. Em troca, eu recebo uma credencial de imprensa do Hezbolah, passe que me autoriza a visitar a rede do Hezbolah, a Al Manar, sua rádio, a Al-Nour, mas não me permite tirar fotos, descrever as instalações dos estúdios nem entrevistar um dirigente sem autorização específica (eu não me iludo, sabendo perfeitamente que não vou visitar os estúdios oficiais, que de qualquer forma existem vários estúdios, visto que a Al Manar está constantemente sob ameaça de bombardeios israelenses; sei também, por experiência própria, que ninguém me dirá nada sem o sinal verde do escritório onde me encontro).

O mais impressionante nessa recepção calorosa é que a assessoria de imprensa do Hezbolah seja capaz de receber em 17 línguas os jornalistas estrangeiros, que no entanto não se mostram muito numerosos no interesse pela visita. A Sra. Rana, a chefe da assessoria de imprensa, esclarece-me que o Líbano é um país livre, que posso ir aonde quiser e que sim, realmente sou muito bem-vindo em Haret Hreik.

A rede de televisão Al Manar ("O farol") foi fundada em 1991. É uma rede de televisão aberta no sul do Líbano, comportando também uma rede por satélite para o Oriente Próximo e o resto do mundo. A Al Manar tem como "acionista principal" (segundo me dizem) o Hezbolah, que recebe uma parte de seus fundos diretamente do Irã, e, segundo uma investigação de referência da *New Yorker*, de um complexo sistema opaco de células autônomas de "fundraising" instaladas no Golfo, na Ásia muçulmana, na América Latina e mesmo nos Estados Unidos. A Al Manar seria vista diariamente por 10 milhões de telespectadores no Líbano e na região (sem um ibope árabe, essa informação, muitas vezes citada, não pode ser confirmada).

Em Haret Hreik, no sul de Beirute, e mais adiante, no sul do Líbano, a Al Manar teria, segundo vários interlocutores, diferentes sucursais e estúdios, alguns instalados em áreas de segurança máxima, especialmente quando Hassan Nasrallah, o chefe do Hezbolah, fala diante das câmeras. Não há como verificar essas informações. Mas um dos prédios da Al Manar pode ser visitado.

Os porta-vozes da Al Manar defendem sua ética profissional. Eles rejeitam a neutralidade da Al Jazeera, que dá a palavra aos israelenses e "cobre tanto as vítimas quanto os agressores". Ao contrário de sua irmã pan-árabe, a Al Manar assume seu caráter partidário, em favor dos xiitas libaneses e dos palestinos, vítimas da ocupação israelense. Citado na investigação da *New Yorker*, Hassan Fadlallah, o diretor da Al Manar (que não pude encontrar), explicou em 2002: "Não temos como objetivo entrevistar Ariel Sharon. Se tentamos nos aproximar ao máximo dele, não é para entrevistá-lo, mas para matá-lo".

Como será que a rede do Hezbolah conseguiu tal êxito no sul de Beirute, no sul do Líbano e entre os palestinos, embora seja proibida em muitos países do mundo (na França, por exemplo), por suas declarações negacionistas sobre o Holocausto? Para os xiitas libaneses que entrevistei, a Al Manar é um símbolo, o símbolo da resistência. "A gente assiste à Al Manar, ouve a Al-Nour (a rádio do Hezbolah) e se sente orgulhoso", diz-me Salim, estudante com quem converso no bairro de Haret Hreik. Do que ele mais gosta, acrescenta, são "os mísseis 'Qassam' que o Hezbolah de vez em quando atira em Israel". Mais significativa é a posição dos palestinos do Líbano, da Cisjordânia e de Gaza, que se orgulham do Hezbolah e de sua porta-voz, a Al Manar, apesar de ser xiita (ao passo que eles são sunitas), em razão de sua "vitória" no sul do Líbano, de onde o Hezbolah "expulsou o Exército israelense".

Para seus detratores cristãos ou sunitas moderados, com os quais também me encontrei no Líbano, a Al Manar tem como principal objetivo estimular os palestinos a morrer cometendo atentados suicidas, e seu sucesso portanto se explicaria por essa dimensão de propaganda. Outros suspeitam de que a Al Manar seja uma correia de transmissão das informações do Hezbolah, do Líbano em direção aos dirigentes do Hamas. Mesmo para os críticos mais moderados, a Al Manar, com seus patrocinadores iranianos, continua sendo um vetor importante da radicalização islâmica e pró-xiita na região. Desse modo, a propaganda, a fé e a resistência é que seriam responsáveis por seu sucesso,

MAINSTREAM

permitindo-lhe tornar-se mainstream entre os palestinos, os xiitas libaneses e até entre os sunitas da Síria.

À tarde, sempre munido da minha credencial do Hezbolah, saio em busca das lojas de CDs e DVDs piratas em Haret Hreik. Karam, um jovem xiita com quem converso num cibercafé do bairro, concorda em me acompanhar. No cruzamento das ruas, vemos enormes fotografias dos "mártires", os militantes do Hezbolah mortos durante a ofensiva israelense de 2006. De vez em quando, vejo um retrato do aiatolá Khomeini, o guia espiritual xiita da revolução iraniana. Cruzo com mulheres cobertas de véu, algumas debaixo de uma burca, mas há outras também sem véu e parecendo perfeitamente à vontade de jeans e tênis, como se estivessem nas ruas cristãs de Beirute. Acompanhado de Karam, entro em várias lojas de uma rua batizada de Hassan Nasrallah Street, especialmente numa espécie de Gift Shop do Hezbolah, onde são vendidas bandeiras verde-amarelo, fotos de Hassan Nasrallah e CDs de música das forças militares xiitas. Um pouco mais adiante, Karam me leva a uma Media Store onde encontro milhares de CDs e DVDs piratas, em sua maioria árabes e americanos. Os filmes árabes são em sua maioria egípcios, e há também alguns filmes de Bollywood e de kung-fu de Hong Kong. Mas os de maior visibilidade são os produtos americanos. Inúmeros filmes da Disney são encontrados ali, todos os blockbusters recentes de Hollywood, os últimos álbuns de 50 Cent, Lil Wayne e Kanye West e muitos filmes de ação. "Os filmes americanos violentos são um exemplo para nós", diz-me Karam, com toda seriedade (acrescentando que gosta especialmente dos luminosos giratórios Mag-Lite da LAPD, a polícia de Los Angeles, e que gostaria de ter um deles). Em cima do caixa, um retrato gigante, mais uma vez de Hassan Nasrallah, o secretário-geral do Hezbolah, um dos homens mais populares do mundo árabe-muçulmano.

"Todos esses filmes são 100% piratas", diz-me Karam. "Os CDs e DVDs gravados em computador são fabricados aqui. E as capas dos DVDs são xerocadas em cores, para que o produto tenha uma boa apresentação." A diretora da loja, uma bela jovem sem véu, de jeans e camiseta, visivelmente conhecida de Karam, assente. Mais tarde, ele me diria que gosta muito dessa moça, que a tem paquerado "um pouco", mas que é "difícil"; as moças mais "fáceis" estão em Beirute, e nos fins de semana ele vai ao bairro cristão, segundo me diz, "para encontrar garotas". Pergunto a Karam, que ainda não tem 25 anos, em quem votou nas últimas eleições libanesas. Ele responde: "Votei no Hezbolah". Pergunto-lhe então por quê. Ele me olha e, sem hesitar, diz: "Porque eles defendem nosso país".

"Ao contrário do que frequentemente se pensa na Europa, os xiitas não votam no Hezbolah por ser um movimento violento; votam no Hezbolah porque é um movimento amigo e protetor", explica-me dias depois, ainda no sul de Beirute, o intelectual Loqman Slim, que dirige um importante centro cultural independente entre os xiitas. Ele insiste nos serviços sociais e educativos mantidos pelo Hezbolah no subúrbio sul de Beirute ("com ajuda sobretudo do dinheiro iraniano"). Prossegue Loqman Slim: "O Hezbolah investiu muito no entretenimento e nos meios de comunicação. Antes, ele soube coreografar a violência, conhece a importância da estética em política, e agora aposta na 'resistência pop culture'." Que quer dizer isso? Loqman Slim: "Quer dizer que atualmente o Hezbolah dá tanta importância à cultura pop quanto às armas, defendendo uma cultura do combate, da mobilização e da resistência através das imagens, dos livros, dos discos."

Nas ruas de Haret Hreik, pude ver dezenas de cafés e cibercafés, mas nenhum cinema. "O Hezbolah não quer saber de salas de cinema, e teoricamente é contrário à música, como no Irã. Mas estamos em Beirute, e ele sabe que precisa fazer concessões. Permite a existência de cafés, desde que sejam frequentados só por homens. Em muitas questões, os funcionários xiitas são inclusive liberais: não querem ficar parecendo censores, nem ser ortodoxos demais quanto aos direitos das mulheres ou entrar em conflito com as aspirações de divertimento da juventude xiita libanesa. O Hezbolah não está preocupado em defender as posições morais do Irã ou da Síria: sabe perfeitamente que precisa se 'libanizar' para ter êxito. Por isso, por exemplo, é que fecha os olhos ao mercado negro de CDs e DVDs", explica Loqman Slim. E acrescenta: "Os árabes também estão

MAINSTREAM

em busca de um outro sonho, o da modernidade. Mas querem tornar-se modernos sozinhos, sem os ocidentais, sem os americanos".

No dia seguinte, visito os campos de refugiados palestinos de Sabra e Chatila no subúrbio oeste de Beirute. Dessa vez, estou em zona sunita, um bairro tanto mais pobre na medida em que o Líbano nunca quis integrar esses palestinos, que no entanto vivem ali desde 1948. Mesmo quando nasceram no Líbano, às vezes há três gerações, os palestinos não têm direito de voto, não têm passaporte, muitas profissões liberais lhes são vedadas, eles não podem tampouco comprar uma casa e estão portanto condenados a continuar vivendo nos campos.

Na grande rua de pedestres de Sabra, transformada em mercado, Hassan, um palestino que vende CDs de música árabe numa pequena barraca improvisada — e eu reconheço os discos de Elissa, Amr Diab, Majid, Latifa —, aceita mostrar-me lojas de DVD. Entregando as vendas ao irmão menor, ele me leva a uma loja numa pequena rua perpendicular que ainda apresenta traços de balas do massacre de Sabra e Chatila em 1982. Ali, encontro DVDs de filmes árabes, autênticos clássicos (egípcios e sírios, basicamente). Depois de discutir em árabe com o vendedor, Hassan me toma pela mão e me conduz por uma portinha fechada com um enorme cadeado, descendo em minha companhia ao subsolo. Lá, deparo-me, perplexo, com quatro imensas salas modernas, contrastando com a pobreza da rua Sabra e contendo milhares de CDs e DVDs. A enorme caverna está cheia de clientes. É possível encontrar ali toda a produção americana, inclusive os filmes lançados na semana anterior. "Ali há uma estante de filmes antigos", diz-me Hassan — eu olho, tentando entender que tipo de clássicos é vendido ali: e vejo *Homem-Aranha 1*.

Os filmes são classificados minuciosamente por gênero e por ordem alfabética de atores (Tom Cruise, Matt Damon, Leonardo DiCaprio, Harrison Ford, Brad Pitt, Arnold Schwarzenegger, Will Smith etc.). Estão disponíveis também muitas séries americanas de televisão. Como no bairro xiita, o vendedor me explica em inglês que os DVDs são fabricados na China, mas baixados da Internet aqui, em Sabra e Chatila (mas ele não me diz onde fica a oficina onde se abastece). Há uma seção de programas piratas para plataforma Windows, outra de vídeo games, mas também os discursos de Hassan Nasrallah em CD e toda uma seção de temas islâmicos. Entre os DVDs, vejo *Valsa com Bashir*. Sabendo que esse notável filme de animação israelense sobre o massacre de Sabra e Chatila foi censurado no Líbano, como todos os filmes israelenses, que sua difusão é totalmente ilegal e passível de punição, pergunto ao vendedor por que o oferece. "Não é um filme judeu, é um filme árabe, pode comprar, é muito bom", afirma o vendedor, que não completou ainda 16 anos (eu ouviria exatamente a mesma resposta dias depois no bairro de Bahsa, em Damasco, onde milhares de DVDs piratas americanos são vendidos nas ruas e onde o filme *Valsa com Bashir* também pode ser comprado facilmente).

Ainda no subsolo da loja Palestina, Hassan leva-me em seguida a uma outra sala, que segundo ele pode me interessar. E eu fico completamente atordoado com o que vejo: uma seção muito concorrida cheia de filmes pornográficos. Filmes americanos, asiáticos e até filmes árabes. Nas capas dos DVDs, mulheres cujo véu se interrompe na altura da cintura e que estão nuas por baixo, ou ainda mocinhas cobertas de véus com roupa íntima reluzente. Não tenho coragem de perguntar se eles também têm filmes pornográficos gays.

Visitei três lojas desse tipo em Sabra e Chatila, sem dar diretamente para a rua, mas extremamente fáceis de identificar e, se as autoridades quisessem, de fechar. Parece claro que todo mundo — os imãs do campo, os políticos sunitas, os funcionários palestinos, as autoridades libanesas — deixa rolar, com perfeito conhecimento de causa, essa maciça distribuição de entretenimento hollywoodiano, de soap operas americanos e filmes pornográficos. "Você também pode encontrar filmes pornôs entre os xiitas de Haret Hreik", diz-me o vendedor palestino sunita de uma dessas lojas perto da rua Sabra. Ao ouvi-lo, entendo que ele fica mais tranquilo com essa declaração improvisada.

Al Arabiya, ou quando os sauditas entram no jogo

A uma dezena de quilômetros de Dubai, na estrada para Abu Dhabi, a Dubai Media City parece uma miragem no deserto. Cinco anos atrás, a cidade dos meios de comunicação do emirado árabe não existia. Hoje, um cartaz anuncia, orgulhoso: "The largest media production zone in the world" (a maior zona de produção de mídia do mundo). Rodovias gigantes levam até lá, mas param no deserto, como se tivessem sido cobertas de areia e não levassem mais a lugar nenhum; 1.300 empresas de audiovisual, imprensa e Internet brotaram como cogumelos (como se os cogumelos brotassem no deserto); uma centena de arranha-céus se projetam para as estrelas, mas foram paralisados, com suas gigantescas gruas estáticas, pela crise imobiliária de 2008 e a quase falência do outono de 2009; ao longe, duas torres gêmeas parecem o Empire State Building, em fotocópia. E em Dubai, emirado de uma exuberância perversa, o espetáculo preferido da população são as corridas de camelos, com um robô no lugar do cavaleiro (as crianças foram proibidas de participar, para não prejudicar sua coluna vertebral). "Não são camelos", corrige Mazen Hayek, "mas dromedários. Aqui, não temos camelos".

Na sede do grupo MBC, no coração da Dubai Media City, onde a rede Al Arabiya tem seu quartel-general, sou recebido por Mazen Hayek. Ele é o porta-voz do grupo, e eu já conheço desde Paris esse libanês caloroso, que me recebe falando francês. "Nós somos um grupo saudita baseado nos Emirados", vai esclarecendo Hayek logo de entrada, para evitar qualquer confusão. Como a Al Jazeera, a rede do Catar vizinho e concorrente odiada, a MBC iniciou sua programação em Londres em 1991, voltada para os árabes expatriados. Desde 2002, o grupo está instalado em Dubai. "Ao contrário da Al Jazeera, nós temos uma lógica comercial. Somos a única empresa lucrativa entre os grupos árabes de mídia. Queremos defender a modernidade, privilegiamos o edutainment e somos muito ligados aos valores árabes", resume Hayek. A expressão "edutainment" é uma palavra que ouvi com frequência ao investigar a indústria da televisão árabe. Mistura de ensino e entretenimento, poderia ser traduzida como educação através do divertimento. "Trata-se de divertimento inteligente", explica Mazen Hayek. Para ele, como para meus outros interlocutores árabes, trata-se de uma palavra que na verdade tem função política cômoda, permitindo estabelecer uma distinção entre o edutainment árabe e o entretenimento americano, considerado embotante e pouco de acordo com os valores do islã. E é também uma precaução linguística frente aos religiosos. O que Mazen reconhece: "Nós somos odiados pelos islâmicos radicais, os talibãs, a al-Qaida, os religiosos iranianos, o Hezbolah: eles rejeitam qualquer tipo de entretenimento, pois não há lugar para o divertimento no islamismo radical. O inimigo do entretenimento são os islâmicos". Várias séries de televisão árabes baseadas em formatos ocidentais (*Loft Story* em Bahrein, *Star Academy* no Kuwait, no Líbano e na Arábia Saudita, *Super Star* no Líbano e na Síria) provocaram fatwas da parte dos religiosos ou manifestações de hostilidade, investindo contra a "Satan Academy".

O público do grupo? "Nós visamos os 350 milhões de árabes do mundo e os 1,5 bilhão de muçulmanos. Mas se somos capazes de falar aos árabes, falar aos muçulmanos é muito mais difícil: os iranianos, os indianos, os indonésios talvez sejam muçulmanos como nós, mas muitas vezes têm valores muito distantes dos nossos e, naturalmente, não falam árabe."

Mofeed Alnowaisir é o responsável pelas novas mídias na MBC. Vou ao seu encontro no escritório que tem na sede do grupo em Riad, e fico surpreso com sua juventude e seu dinamismo. Ele traja a longa túnica tradicional saudita branca, mas também vejo um paletó FCUK pendurado no encosto de sua cadeira. Caberia talvez imaginar que ele só vista a túnica para o trabalho, e as roupas ocidentais para passear nos shopping-malls com seus amigos de Riad. Não tenho coragem de lhe fazer a pergunta. O jovem príncipe me explica a estratégia de seu grupo na Internet. "Nossa estratégia consiste em atingir todo mundo na zona árabe, ao contrário da Al Jazeera, que foca num nicho, ou da Rotana, que só se interessa pelo mercado jovem. Nosso modelo e nosso business plan são diferentes. E nós vamos alcançar nossos objetivos graças ao digital." Com seu vocabulário de empresário, ele me lembra um dono de start-up trintão no Silicon Valley. Ele também se refere aos muçulmanos, especialmente os iranianos e os indonésios. Dá a entender que, com a Internet, será possível alcançar mais gente. Em "off", um outro dirigente da MBC na Arábia me diz que um dos objetivos do grupo é transmitir seus programas para o Irã; mas, como é proibido fazer transmissões em persa de Riyad ou Dubai, a MBC contorna a norma transmitindo seus programas para o Irã em árabe, com legendas em persa.

MAINSTREAM

Por que transmitir para o Irã a partir de Dubai? Em primeiro lugar, por causa dos fortes vínculos entre o Irã e Dubai, onde vivem dezenas de milhares de iranianos — talvez cem mil —, particularmente trabalhadores imigrantes que vão e vêm e exilados que fugiram do regime islâmico desde 1979, muitas vezes artistas, intelectuais ou comerciantes do mercado de Teerã. Depois, por motivos demográficos: como a população iraniana é particularmente jovem, o entretenimento vai crescer no país. Existem portanto perspectivas comerciais ilimitadas nessa zona em que a demanda é grande e a oferta, censurada. Por motivos políticos, finalmente: os países do Golfo, especialmente a Arábia Saudita, estão em guerra fria com o Irã, e, buscando "conter" o regime, valem-se dos meios de comunicação nessa batalha de ideias e imagens. Tudo concorre para que Dubai se transforme na plataforma comercial estratégica para a transmissão dos fluxos de informação e conteúdos culturais entre o Irã e o resto do mundo. A Voice of America e a BBC persa, as redes musicais iranianas, como o Persian Music Channel, estão instaladas em Dubai, fazendo a ligação entre o Irã e o Ocidente. Essas redes instaladas no Golfo muitas vezes se escoram na importante comunidade iraniana de Los Angeles, que faz a ligação com os Estados Unidos. Hoje em dia, assim, Dubai é uma capital das indústrias de conteúdo, uma espécie de Hong Kong, de Miami e de Cingapura para o mundo árabe em geral e para o mundo persa iraniano em particular.

Visitando as instalações da Al Arabiya em Dubai, percorrendo os estúdios de gravação, vendo os programas, fico impressionado com a liberdade das mulheres, quase nunca cobertas de véu, e o diálogo descontraído entre os sexos. Se o grupo MBC instalou sua rede Al Arabiya na Dubai Media City, concentrando ali a maioria de seus meios de produção em televisão, é porque essa "free zone" é livre, em todos os sentidos da palavra. Trata-se, naturalmente, de uma zona franca no terreno econômico, onde as empresas não pagam impostos nem direitos alfandegários. Também prevalece, como na Suíça, um segredo bancário que facilita as transferências de divisas do Irã, os movimentos de capital entre países inimigos e certamente a lavagem de dinheiro. Mais importante ainda, Dubai é um mercado publicitário em que as agências de comunicação

COMO A AL JAZEERA SE TORNOU A REDE MAINSTREAM DO MUNDO ÁRABE

compram espaços publicitários para todo o mundo árabe. Se a televisão árabe é muito competitiva, com mais de quinhentas redes atualmente, o setor da publicidade é extremamente concentrado: "cinquenta por cento da publicidade nas televisões por satélite gratuitas estão nas mãos de uma dezena de redes", reconhece Dania Ismail, diretora de estratégia da MBC. Com a crise de 2009, Dubai estaria ameaçada? Dania Ismail: "Sabe como é, nós costumamos dizer que o mercado publicitário oscila entre Beirute e o Golfo. Toda vez que há uma crise em Dubai, os anunciantes vão para Beirute. Mas toda vez que há uma guerra em Beirute, ou que o Hezbolah entra para o governo no Líbano, eles voltam para Dubai. Quando eles se vão, nós esperamos que voltem".

Enfim, Dubai é uma zona livre no que diz respeito aos meios de comunicação, à Internet e aos costumes. "Não existe qualquer censura aqui, nenhum controle", regozija-se Mazen Hayek, porta-voz da MBC. Mas ele acrescenta: "Em nossos talk-shows, temos toda liberdade, falamos de tudo, das mulheres que se recusam a usar o véu, dos gays. Mas ao mesmo tempo não estamos aqui para *'disjoncter'* a sociedade árabe (ele emprega a palavra em francês). Todos os nossos talk-shows são gravados aqui, e, se necessário, editados. Temos regras muito precisas: por exemplo, não é permitido falar palavrões. Nunca há improvisação, nenhum acidente. Quando ocorrem, cortamos". A estrela Lojain Ahmed Omran, uma sedutora saudita, que apresenta a programação matinal da MBC 1, dirigindo-se a milhões de árabes diariamente, confirma: "Estamos sempre mais ou menos nos equilibrando. Eu não uso o véu nos programas, o que é raro para uma mulher saudita, mas o substituo por um lenço, para não provocar. O que fazemos sobretudo é edutainment. Eu falo de tudo, mas devo educar e ser diplomata. Se estimulasse as mulheres a serem lésbicas, eles imediatamente fechariam o canal!". Em termos de liberdades, outro dos meus interlocutores na MBC, que prefere manter-se anônimo por motivos óbvios, afirma no entanto que "a liberdade é muito relativa em Dubai: não se pode beber, não se pode xingar, mostrar uma moça desnuda ou de roupa de banho, e até as manifestações de afeto entre homens e mulheres devem ser muito reduzidas. Não é exatamente como na Arábia Saudita, mas não deixa de ser um 'islã do deserto', o islã dos beduínos, no fundo mais tolerante mas também mais arcaico". A filmagem de uma versão árabe da série *Sex and the City*, que deveria ser realizada em Dubai, foi recusada pelo emirado, que apesar de tudo está submetido à lei corânica. Com isso, os estúdios são utilizados quase exclusivamente pelos países árabes e às vezes por Bollywood. Nunca pelos ocidentais. Na verdade, os programas mais "liberais" da MBC não são rodados em Dubai, mas em Beirute, no Cairo e talvez em breve em Abu Dhabi.

Durante muito tempo, nos Emirados Árabes Unidos, prevalecia uma repartição tácita no setor audiovisual: Abu Dhabi financiava e Dubai produzia. A primeira capital tinha os bancos, a segunda, os estúdios. Recentemente, Abu Dhabi criou sua própria Media City, e, diante dos erros financeiros e especulativos da capital do emirado vizinho, pretende agora aproveitar sua própria riqueza para atrair um pouco do buzz do entretenimento árabe. À mania de grandeza de Dubai sucede a loucura dos banqueiros de Abu Dhabi, perfeitamente decididos a impor uma tutela ao emirado arruinado e recuperar um pouco do seu glamour. Resta no entanto o fato de que os cânones morais de Abu Dhabi parecem ainda mais rígidos que os de Dubai. Sobretudo, os dois emirados têm em comum infraestruturas e recursos importantes mas poucos conteúdos: pouco populosos e sem classes criativas, precisam sempre recorrer aos artistas, realizadores, técnicos especializados e roteiristas do Líbano, do Egito ou da Síria, o que freia o seu desenvolvimento. O futuro dirá se essas duas cidades irmãs serão capazes de se manter de maneira duradoura como capitais do entretenimento árabe. Ou se não terão passado de uma miragem no deserto.

Resta ainda um último tema quando se fala da Al Arabiya como concorrente frontal da Al Jazeera: o papel dos americanos em seu surgimento. Vários de meus interlocutores na Palestina, na Síria, no Catar ou em Dubai insinuaram que a Al Arabiya estava nas mãos dos americanos. É uma hipótese plausível, mas pouco embasada. Questiono a esse respeito Abdul Rahman al-Rashed, o diretor-presidente da Al Arabiya, que naturalmente nega qualquer vínculo, categoricamente. Segundo ele, os sauditas da MBC de qualquer maneira não precisam

COMO A AL JAZEERA SE TORNOU A REDE MAINSTREAM DO MUNDO ÁRABE

de dinheiro americano, "pois os recursos financeiros realmente não são o problema da Al Arabiya". Com isto, Rahman al-Rashed me fornece duas informações essenciais e em princípio confidenciais, a saber, que o orçamento da Al Arabiya seria de "em torno de 120 milhões por ano, o equivalente a 50% do orçamento da Al Jazeera em árabe" (naturalmente, não é possível confirmar esses dois dados fundamentais). Saud Al Arifi, especialista em mídias sauditas, entrevistado em Riad, não tem tanta certeza: "Será que eles recebem dinheiro americano por vias transversas? Através da CIA? Talvez. Talvez não. Tenho minhas dúvidas". Os especialistas entrevistados também confirmam a ausência de vínculos estruturais ou mesmo de trocas financeiras entre os Estados Unidos e a rede saudita, mas frisam a possibilidade de uma "convergência de interesses". Um deles me esclarece, com a condição de não ser identificado: "Os americanos, como os sauditas, têm interesse na existência de um concorrente sério da Al Jazeera, é nisto que se resume o vínculo". Um diplomata ocidental em Riad confirma, por sua vez: "A Al Arabiya quer ser a voz do mundo árabe, antes de ser a voz do mundo muçulmano — no fundo, o inverso da Al Jazeera. A MBC, proprietária da rede, é um grupo de fachada que reflete a posição do regime saudita, como a Al Jazeera reflete a do Catar. Em certos temas, como o Irã, o Hezbolah ou a Síria, a rede pode se aproximar dos interesses americanos, mas um vínculo com os Estados Unidos é muito improvável. O rei Abdallah da Arábia Saudita, que entrou numa lógica de guerra fria com os xiitas, conduz sua própria diplomacia da mídia". Mas o fato é que são numerosas as parcerias comerciais com os americanos, tendo a MBC, por exemplo, assinado recentemente um acordo exclusivo de três anos com a Paramount para alimentar suas redes de cinema com filmes hollywoodianos. Existem outros acordos com a Disney e a Warner, segundo me confirmaram vários interlocutores em Los Angeles.

Deixo Dubai meio desorientado. Nesse pequeno emirado, não encontrei muitos autóctones, os emiradianos, ociosos privilegiados. Encontrei sobretudo libaneses e emigrados do Paquistão, de Bangladesh e da Índia (Mumbai fica a apenas 2h50 de avião de Dubai). Levando-me para o aeroporto, o motorista de táxi, indiano, meio perdido em ruas da Dubai

Media City que vão dar em becos sem saída, pergunta várias vezes o caminho, sem problemas, a trabalhadores indianos, falando em hindi. Passamos diante de um imenso centro comercial, e ele me diz, desta vez em inglês: "É o Dubai Mall. O maior shopping-mall do mundo, com o maior hotel internacional e o maior multiplex do planeta". Visivelmente, ele está maravilhado. De repente, me faz um sinal: "Olhe ali, é o Burj Dubai, o prédio mais alto do mundo. Mal dá para acreditar, quase um quilômetro de altura".

O rio da verdade

Hala Hashish é uma estrela no Egito. Não usa véu, ao contrário de suas assistentes, mas óculos escuros: "É a minha maneira de usar o véu", diz ela, sorrindo. "Não, estou brincando, na verdade é porque não tive tempo de me maquiar de manhã." Encontro-me com Hala Hashish várias vezes no Cairo, num grande prédio redondo da rádio-televisão nacional onde trabalham mais de quarenta mil egípcios. Como em Paris, como em Yaoundé, como em Xangai, ficamos um pouco com a impressão de que todos os prédios oficiais das rádios e televisões públicas nacionais são redondos, com o detalhe, no Cairo, de um excesso de pessoal que não parece ter muito o que fazer.

Hala Hashish dirige a CNN egípcia, uma rede de televisão nacional de informação permanente, a Nile News TV (Egypt News Channel). Antiga apresentadora da parada de sucessos de música egípcia, *At Your Request*, e do *Arabic Chart*, um hit-parade de música árabe célebre de Beirute a Túnis, do qual o público participava votando por telefone ou SMS cobrados bem caro (o que financiava o programa), ela domina muito bem as técnicas populares de mídia. E como também trabalhou para o governo egípcio, na agência oficial de informação, sabe igualmente usar muito bem o burocratês.

O slogan da rede é "The River of Truth" (O rio da verdade). Acima de sua escrivaninha, um imenso retrato de Hosni Mubarak nos contempla. "Eu sou uma mulher forte", diz ela, enquanto exige com firmeza que um garçom lhe traga café e sua bolsa. E por sinal, enquanto conversamos, um constante fluxo de garçons, assessores, jornalistas (inclusive da detestada rede concorrente, a Al Jazeera) desfila pelo gabinete dessa mulher realmente forte. Contaram-me que ela mandou instalar a máquina de xerox da Nile News TV em seu gabinete para poder controlar pessoalmente os que a utilizavam. E não era um mero boato: eu próprio vejo a copiadora e todos que vêm fazer fotocópias desfilarem igualmente pelo gabinete.

Tendo como objetivo não declarado entrar em concorrência com a rede Al Jazeera, a CNN egípcia funciona 24 horas por dia em árabe. A rede representa o governo egípcio e se apresenta como um veículo "moderado", assim como o Egito se pretende um "Estado moderado", explica Hala Hashish. E acrescenta: "A Al Jazeera é uma rede mais negativa, mais crítica, nós buscamos o positivo." Seu modelo? "Nossa receita é ao mesmo tempo informação e divertimento. Nós inventamos o formato News & Entertainment", alega Hala Hashish, sem se dar conta de que é a receita da Al Jazeera e de muitas redes de televisão americanas há mais de vinte anos. É o que eu lhe digo. "Você tem razão, essa receita nos veio da Al Jazeera: uma mistura de noticiário e entretenimento, é o que fez o sucesso deles." Como todo mundo, portanto, a diretora da rede pública egípcia multiplica os talk-shows "live", para misturar cultura, variedades e esporte à informação. Toda noite, o célebre programa *Live from Cairo* usa e abusa desse formato. "A informação faz parte do entretenimento", conclui Hala Hashish.

A televisão do Sul

Meses depois, estou em Caracas, na Venezuela, no escritório de Andrés Izarra, o todo-poderoso presidente da Telesur. Jovem, musculoso, bronzeado, de tênis e jeans, Izarra me parece um gay de West Hollywood que acaba de sair da academia de ginástica. É exatamente o que comento com ele. "Tento praticar esportes todo dia, e minha academia fica a poucos metros do escritório. Mas sabe como é, depois que me transformei no homem de Hugo Chávez na mídia, tenho uma vida social muito limitada. Não posso sair sem ser criticado e apontado. De modo que passo meu tempo trabalhando aqui ou com minha mulher e meus dois filhos."

MAINSTREAM

Andrés Izarra pega o telefone, que acaba de fazer um bip. Responde digitando algumas palavras. E me diz: "Era um SMS de Chávez". Blefe? Não tenho como saber. Seja como for, aos 35 anos, Izarra já foi duas vezes ministro das Comunicações de Chávez, o presidente venezuelano, autoproclamado líder do "socialismo do século XXI". Antes, ele me dissera ter trabalhado como correspondente da CNN, da NBC, assim como na televisão venezuelana. Fala fluentemente inglês, alemão e francês. Também foi adido de imprensa na embaixada da Venezuela nos Estados Unidos. Há dois anos, foi nomeado pelo homem forte da Venezuela para tomar a frente de uma das redes de informação mais importantes da América Latina, a Telesur. No ar 24 horas por dia, ela foi apelidada de "Tele Chávez" por seus inúmeros adversários.

A Telesur ("televisão do sul", em espanhol) foi fundada pela Venezuela em 2005 com apoio financeiro ou logístico de seis países "irmãos": Cuba, Bolívia, Equador, Nicarágua, Uruguai e Argentina (mas não o Brasil, com o qual a Venezuela dialoga, nem o México, o Peru, o Chile, inimigos jurados, nem sobretudo a Colômbia, considerada por Chávez, por causa de sua proximidade com os americanos, a "Israel da América Latina"). "Nós não somos uma rede de propaganda. Temos um ponto de vista, o ponto de vista da esquerda. E defendemos a América Latina. Durante o golpe de Estado em Honduras, a CNN Español só falava da morte de Michael Jackson. Pois nós falamos da região. Nós nos preocupamos com a América Latina. A CNN Español não está nem aí. Nós amamos a América do Sul. Sinceramente. Queremos dar voz ao Sul", esclarece Izarra, com tato e profissionalismo. Por trás dele, uma imensa obra de arte representando Fidel Castro; em cima de sua mesa, uma fotografia de Castro com um boné da Telesur; e pouco mais adiante, sobre uma mesa cheia de livros, uma foto dele com seu filho e Chávez. Fico pensando que só faltam Simón Bolívar e Che Guevara.

Foi o golpe de Estado em Honduras que revelou a Telesur, mais ou menos como, guardadas as proporções, o ataque aéreo americano ao Iraque tornou a Al Jazeera conhecida no mundo inteiro. Enquanto a CNN Español, transmitindo de Atlanta, geralmente ignora as guerrilhas de extrema esquerda ou marginaliza a Bolívia ou o Equador em seu noticiário, a Telesur dá notícias a respeito a todo momento, sempre ao vivo. A rede dispõe também de uma equipe considerável em Cuba, onde as imagens lhe são fornecidas gratuitamente pelo escritório da Telesur em Havana, financiado por Raúl Castro.

Pergunto sobre o orçamento ao dispor de Izarra para sua televisão neoguevarista. "Tenho 50 milhões de dólares por ano", responde ele, com ar sincero. Considerando-se os quatrocentos empregados da rede, seus 12 escritórios no exterior, transmissoras sendo instaladas em Porto Rico, Madri e Londres em 2010, para não falar dos importantes investimentos no setor digital e na difusão por satélite, sei que esse total não é verdadeiro. E quando Izarra me diz que Chávez nunca interfere na linha editorial da Telesur, também sei que está mentindo. O presidente militar é famoso por seu programa "Aló Presidente" na televisão do regime: todo domingo, uma discussão com o "povo" ao longo de quatro ou cinco horas, retransmitida em todas as redes do país a um simples pedido seu. "Chávez quer estar o tempo todo na Telesur, não respeita a independência dos meios de comunicação, nem mesmo a da rede menos independente da Venezuela", ironiza o diretor de uma rede concorrente.

Em sua maioria, meus interlocutores no México, no Brasil e na Argentina frisaram o fracasso do projeto da Telesur e sua audiência ridícula. Pergunto a Izarra sobre a questão: "Estamos muito satisfeitos com nossa audiência. Na Venezuela, estamos na liderança em matéria de informação. Em outros pontos, estamos progredindo. A Telesur ainda é uma rede jovem, estamos no ar há apenas quatro anos. A batalha é travada nos meios de comunicação, e na América Latina todos eles são de direita. Mas a revolução bolivariana na Venezuela abriu uma porta para o futuro, um novo caminho para a democracia. Existe um novo protagonista frente às elites: os pobres. A democracia cresce. Os êxitos da revolução de Chávez são consideráveis, objetivamente. Aqueles que haviam sido excluídos pelos ricos, pelos monopólios, pelos conservadores, tomaram o poder. A Telesur é a rede deles". Andrés Izarra fala depressa, menos como um guerrilheiro e mais como um manager americano. É agitado, rápido, terrivelmente eficiente, movimenta as mãos, pega um de seus três telefones celulares, entre os quais um iPhone e um Blackberry, dá uma olhada no seu iMac. E retoma o fio da meada: "Com certeza está em curso uma revolução dos meios de comunicação neste país. A democratização da informação é necessária. É uma guerra. Cada um deve decidir de que lado está. A oposição vai continuar nos perseguindo e nós continuaremos a proteger a revolução. Se necessário, nós os proibiremos, pois uma rede de merda como a Globovisión merece ser fechada, mesmo na França ela jamais seria autorizada. A RCTV era uma rede monopolística. A Noticias 24 é a voz dos americanos na Colômbia. Nós rompemos o monopólio da CNN Español. Voltamos a dar voz ao Sul. Nosso slogan é 'Nuestro Norte es el Sur' (Nosso Norte é o Sul). Somos o equivalente da Al Jazeera na América Latina." Izarra levanta-se de repente e dirige um olhar de ternura para as colinas próximas do bairro de Boleíta Norte de Caracas, onde se encontra a favela Petare — uma das maiores da América Latina (na Venezuela, as favelas são chamadas de barrios).

Al Jazeera. O nome mágico foi pronunciado. Andrés Izarra não quer entrar em detalhes, mas eu sei que existe um importante acordo de cooperação, pouco divulgado, entre a Telesur e a Al Jazeera. "Nós trocamos imagens", diz ele, simplesmente. Mais tarde, na newsroom da Telesur, observo os jornalistas traduzindo certos programas da Al Jazeera, facilmente reconhecíveis pela chama dourada. Ao se despedir, Andrés Izarra me dá um presente: uma biografia de Simón Bolívar em espanhol, publicada pela editora da presidência da "República Socialista Bolivariana da Venezuela". No corredor, agradecendo, dou com uma fotografia pendurada na parede: o célebre retrato de Che Guevara por Korda. Bolívar, Guevara, Chávez e Castro: é a quadratura do círculo do pensamento socialista em voga em Caracas.

"Com a Telesur, queremos construir uma ponte entre a América Latina e o mundo árabe", explica-me Dima Khatib nessa mesma noite, num pequeno café de um bairro chique de Caracas. Dima dirige o escritório da Al Jazeera na Venezuela, sendo próxima, ao que me dizem, de Andrés Izarra e Chávez. "Chávez queria criar uma Al Jazeera na América Latina e eu trabalhei com Andrés na concepção da Telesur. Chávez quer transformar a Telesur no maior meio de comunicação da América Latina e se inspira muito na Al Jazeera, que conseguiu tornar-se o primeiro meio de comunicação do mundo árabe."

Palestina nascida num campo da Síria, Dima Khatib é intérprete de formação e fala correntemente árabe, espanhol, inglês e francês. Ela trabalha para a rede do Catar desde sua fundação. É uma das figuras mais conhecidas da Al Jazeera e optou por se estabelecer na Venezuela para abrir o escritório regional da rede na América Latina. "De Caracas, nós cobrimos toda a América do Sul. Temos um pequeno escritório em inglês em Buenos Aires e um correspondente no Brasil, mas o grosso do trabalho é feito aqui, da Venezuela. Eu sou a única correspondente estrangeira que viaja com Chávez. Nós nos conhecemos bem. Queremos despertar o mundo árabe e Chávez quer revolucionar a América Latina. Nós nos entendemos. É o eixo Sul-Sul", esclarece Khatib.

Com o acordo confidencial firmado com a Al Jazeera (descrito em detalhes por dois de meus contatos em Doha e Beirute), a Telesur tem acesso gratuito a todas as imagens que quiser dos programas da rede catarense. Segundo informações confidenciais, também se prepara para abrir em 2010 um escritório em Doha e outro em Damasco, com o apoio da Al Jazeera. Em troca, os correspondentes da Al Jazeera em Caracas dispõem dos estúdios da Telesur e de todos os seus recursos técnicos. As duas redes vão mais longe? Trocam informações? Com certeza. Facilidades das transmissões por satélite? Provavelmente. Dinheiro? Não, segundo me dizem meus informantes (o Catar e a Venezuela são países ricos). Seja como for, para o deputado americano Connie Mack IV, o republicano eleito para o Congresso pela Flórida, "essa nova aliança entre a Telesur e a Al Jazeera tem o objetivo de criar uma rede mundial de televisão para os terroristas e os inimigos da liberdade".

Uma rede para os terroristas? Não vamos exagerar. Mas uma guerra de mídias e imagens, com certeza. E por sinal basta conversar com os opositores de Chávez na própria Venezuela para ouvir um outro discurso. Marcel Granier é um deles. O diretor-presidente da RCTV, importante rede de televisão aberta da Venezuela, especializada em informação, entretenimento e sobretudo novelas, teve sua concessão retirada pelo ministro das Comunicações de Chávez. "O futuro da RCTV está ligado ao futuro da Venezuela", comenta Marcel Granier, resignado, num luxuoso salão da superprotegida sede da RCTV, no antigo prédio histórico da Rádio Caracas. "Você acredita que estejamos aqui numa democracia?", pergunta-me polidamente Granier, para me testar. Eu evito tomar posição, mas nós decidimos abrir o jogo e falar com franqueza. Ele sabe que está em terreno amigo com um francês. E fala, mesmo sabendo que vou citá-lo nominalmente: "Estamos diante de uma ditadura militar. A censura é total, arbitrária. É uma censura política, mas também comercial. Por exemplo, eles drenam o mercado publicitário para acabar com as televisões privadas sem precisar fechá-las à força. Atacam nossa vida pessoal, nossa segurança física. Eu receio por minha família, temo por minha própria vida". Já pensou em se exilar? "Eu sou venezuelano. É o meu país. Minha família já se transferiu para Miami. Mas meus assalariados estão aqui, eu sou ameaçado, denunciado. Eu amo meu país. Tenho de ficar aqui." Pergunto-lhe o que pensa da Telesur e de seu diretor, Andrés Izarra. "Ele diz que trabalhou na CNN, mas ninguém se lembra. Minha rede foi proibida por seu ministério. Eu nunca o encontrei. Mas a Telesur é uma rede muito perversa, muito mais perigosa que a Al Jazeera, pois tem um objetivo e não se conforma com as práticas jornalísticas. Aqui na Venezuela, a Telesur não pode fazer muito mais estragos do que Chávez já fez, arruinando a economia, destruindo a democracia e asfixiando o estado de direito. No Brasil ou na Argentina, a rede também é perfeitamente inofensiva: são grandes países que não se deixam enganar. Em compensação, nos países menores, a Telesur é muito perigosa. No Paraguai, na Bolívia, em Honduras, na Guatemala, ela empreende uma guerrilha política de extrema esquerda. Pouco importa sua audiência, é um instrumento estratégico. Trata-se de uma rede muito mais eficiente do que se diz. Ela faz literalmente a guerra."

"Visit Israel, Before Israel Visits You"

Para ir a Ramallah, a partir de Jerusalém, tomo o Sherut (táxi coletivo) nº 18. É a segunda vez que vou à capital da Palestina, e me sinto perfeitamente à vontade: nada mudou realmente. Entro em contato com vários palestinos que conheço, encontro um hotel qualquer e, à espera da jornalista Amira Hass, faço hora no café "Star & Bucks" de Ramallah. Estranho lugar, essa cópia não franqueada do célebre grupo americano, na qual o café *latte* custa dez shekels israelenses (quase dois euros). Grupos de garçons fumam a chicha, um deles com uma camiseta NYPD (New York Police Department). Numa imensa tela plana, veem-se clipes da rede saudita Rotana com jovens bastante despidas. Diante do café, na avenida, CDs piratas da Rotana são vendidos ao lado de retratos de Che Guevara. De repente, uma van com homens armados da Al Fatah passa pelas ruas: eles atiram para o alto com balas de verdade. Eu me sinto seguro.

Pouco depois, mando e-mails de um cibercafé. Fico impressionado com as dezenas de cibercafés que proliferaram no centro de Ramallah desde minha última viagem. A conexão é rápida e meu vizinho discute pelo Skype com um irmão que vive nos Estados Unidos. Outros clientes consultam sites israelenses ou paqueram em sites de encontros em árabe. Um dos rapazes com quem converso me pede para examinar meu iPod, fascinado. Ajusta os fones de ouvido e logo vai me dizendo, ao ouvir por acaso um trecho de *O Rei Leão* (cabendo estranhar que fosse encontrado no meu iPod): "É o Simba". Ele conhece o filme de cor, e seu vizinho também. Não o viram na televisão, e muito menos nas salas de cinema, mas, explicam, "no computador". A falsa lenda africana americanizada (simba significa leão em suaíli) funciona até na Palestina.

Mais tarde, Amira Hass chega, sozinha. Cabelos negros, uma mecha caindo na testa, ela traz no pescoço um lenço verde e azul vivo. Sorri, fala com calma, mostra uma suavidade perceptível que dissimula uma revolta intacta. Marcou encontro comigo diante de um hotel distante do centro de Ramallah. Seu para-brisa foi quebrado à esquerda pelo impacto de balas: "Eu não estava no carro quando ocorreu esse tiroteio entre o Hamas e a Fatah", esclarece ela. No espelho retrovisor, ela também ostenta um pingente de Che Guevara. Amira Hass costuma ser classificada à extrema esquerda do espectro político israelense. Combinamos de percorrer durante um dia inteiro a Palestina, seus checkpoints, seus meios de comunicação e sua cultura.

MAINSTREAM

Pouco depois de partir, chegamos ao primeiro checkpoint na saída de Ramallah. Ingenuamente, imagino que estamos entrando de novo em Israel. "Engano seu", diz-me Amira Hass. "É o que o Exército israelense quer que se acredite. Na verdade, existem checkpoints em toda a Palestina. O Exército israelense afirma que é por motivo de segurança, mas na verdade é para criar o que eu costumo chamar de 'designated territories', para marcar o território israelense."

Amira Hass é uma das mais famosas jornalistas do Oriente Médio (e uma das mais premiadas internacionalmente). Israelense, é correspondente permanente na Cisjordânia do diário *Haaretz*, de Tel Aviv. Ela é a única jornalista judia israelense residente em territórios palestinos (inicialmente em Gaza, a partir de 1993, e depois em Ramallah, desde 1997). Filha de sobreviventes do Holocausto, ela nasceu em Jerusalém em 1956. Suas reportagens geralmente são favoráveis aos palestinos, e ela se especializou numa abordagem minuciosa, quase científica, da colonização israelense em andamento nos territórios. Os leitores do *Haaretz* exigem sua demissão, em centenas de cartas. Mas ela também teve muitas altercações com a Autoridade Palestina, inclusive com Yasser Arafat e a Fatah, denunciando muitas vezes sua incompetência, desorganização e corrupção. "Eu também sou muito crítica em relação aos palestinos. Não se pode dizer que tudo seja culpa dos israelenses", avalia Amira Hass.

Viajando em sua companhia, eu a observo enquanto trabalha. A cada checkpoint, a cada ponto de abastecimento de água, toda vez que uma estrada é declarada "estéril" (termo oficial israelense para indicar que é proibida a circulação de palestinos, embora estejamos na Palestina), toda vez que uma terra é confiscada, ou quando se cruza o "Muro" (a certa altura, leio uma pichação em inglês: "Stop the Wall"), Amira Hass escreve. Ela consulta seu mapa, compara o traçado das estradas, constata o surgimento de cercas eletrificadas ("elas põem os palestinos em jaulas", diz), acompanha minuciosamente os deslocamentos da "fronteira" — seu principal assunto — e vai tomando notas rapidamente em seu computador Dell. "Eu sou muito fact-checking, não sou emotiva, afetiva, 'I go by the numbers'", diz ela, insistindo na descrição meticulosa de fatos,

COMO A AL JAZEERA SE TORNOU A REDE MAINSTREAM DO MUNDO ÁRABE

dados, mapas, estradas, túneis, pontes, desvios. Em Tel Aviv, a direção da redação a acha um pouco obcecada.

Nos bairros palestinos, deparo-me com milhares de CDs e DVDs piratas, muitas vezes vendidos nas calçadas, como em qualquer outro lugar. Muitos são americanos. "Os palestinos odeiam os americanos, mas é um antiamericanismo afetivo, romântico, e não ideológico. Eles ouvem música americana e veem filmes de Hollywood como qualquer um", explica Amira Hass. De fato, surpreende-me encontrar a maioria dos mais recentes blockbusters hollywoodianos nas ruas de Ramallah e de outras cidades da Palestina. "O paradoxo é que os jovens palestinos da Cisjordânia são muito mais americanizados, em geral, que os jovens dos outros países árabes, o que se explica pela proximidade com Israel", confirma Hass.

No fim das contas, é um ponto comum entre os jovens israelenses e os jovens palestinos, esse mesmo culto pelos filmes americanos. Mas Benny Ziffer, redator-chefe do jornal israelense *Haaretz* (no dia em que o entrevistei em Tel Aviv, o Sr. Ziffer ironicamente usava uma camiseta com a inscrição: "Visite Israel antes que Israel o visite"), relativiza essa proximidade: "No caso dos palestinos, trata-se de um americanismo superficial, de marcas da moda, da música popular, dos blockbusters e da Internet. Mas a partir do momento em que entramos na cultura real, a cultura que se tem em casa, continua sendo uma cultura muito islâmica. Por exemplo, a cultura de televisão é muito muçulmana, especialmente as séries sírias e egípcias, e atualmente as séries turcas sobretudo é que são muito vistas na Palestina. O sucesso das séries turcas é revelador, pois elas são ao mesmo tempo muçulmanas e mais modernas que no mundo árabe; no fundo, é através delas que acontece uma espécie de americanização indireta, passando pelo filtro turco. Mas por enquanto ainda se trata de uma cultura extremamente islâmica". Gael Pinto, o crítico de cinema do mesmo jornal, igualmente entrevistado na sede do *Haaretz* em Tel Aviv, constata por sua vez que não existe em Israel um debate sobre a América: "Ao contrário do que acontece na Palestina, não existe aqui um debate sobre o imperialismo americano ou a dominação dos Estados Unidos: é simplesmente um fato. Somos de tal maneira americanizados que já não é um debate". Um de seus colegas no mesmo jornal, o famoso historiador Tom Segev, escreveu um livro sobre essa americanização cultural de Israel, relatando como o Estado hebraico foi aos poucos abandonando o modelo sionista, o do kibutz e do socialismo à Ben Gurion, para se voltar para a América, com os valores do pragmatismo e do individualismo. Prova disso, diz ele, é o fato de Israel ser atualmente uma "start-up nation" e de seu dinamismo econômico se explicar pelo número mais alto de start-ups que no Japão, na China, na Índia ou no Reino Unido. O título do livro de Tom Segev, que me oferece um exemplar, é sintomático: *Elvis in Jerusalem.*

Algum tempo antes, quando investiguei em Gaza e especialmente no campo de Jabaliya, pude observar que a Al Jazeera era assistida na maioria das residências palestinas, nos escritórios que visitava e nas famílias que me recebiam. Inicialmente fiquei algo incrédulo, em virtude da grande pobreza desses campos palestinos. Depois, entendi que o que estava vendo em Gaza, como em Ramallah ou Belém, em Damasco e na Attaba Square (o mercado no coração do Cairo, onde fica o que os egípcios chamam de "Cell Phone Street", a rua dos telefones celulares), era uma regra transnacional: em qualquer lugar, encontramos com facilidade dezenas de milhares de antenas parabólicas e decodificadores de sinais de satélite, sempre vendidos no mercado negro. Pelo equivalente a 25 euros, consegue-se um decodificador; por 12 euros, uma pequena parabólica. Estima-se que apenas 2% dos habitantes da Palestina tenham assinatura legal de televisão por satélite, considerando-se os preços, mas que 80% da população das cidades têm acesso a esses serviços coletiva e ilegalmente. Na direção dos grandes grupos árabes de mídia, a MBC, a ART e a Rotana em Riad e Dubai, todos os meus interlocutores confirmaram que, de acordo com seus levantamentos, a quase totalidade da população árabe, mesmo nas zonas mais pobres, tinha acesso a uma parabólica, e que o índice de penetração da televisão por satélite era quase total. Todos temos na lembrança as imagens de beduínos no deserto, com seu dromedário e sua parabólica. "Aqui, a riqueza das famílias é medida em função do tamanho da parabólica", comenta comigo, irônico, Ayman, um estudante de Gaza, no campo de Jabaliya. "Muitas vezes não há água ou não há mais luz nas ruas depois das 22 horas, mas a televisão continua sempre ligada. E quanto maior for a parabólica, mais canais são sintonizados." Em sua casa, junto a sua família, eu sou recebido como amigo, alimentado, tratado como hóspede de honra. Num mapa, ele me mostra a "sua aldeia", Hulda, em terras israelenses. "Eu venho de lá", diz ele (na verdade, seu avô é que veio, e desde 1948 a família não retornou ao lugar). Na parede, uma foto: "É Said, meu irmão mais velho, morto pelo exército israelense". Numa tela de televisão na sala de estar, eu vejo as imagens da Al Jazeera passarem sem parar.

Na sede do *Haaretz*, em Tel Aviv, o jornalista Benny Ziffer confirma: "Basta que um membro da família ou do clã tenha uma parabólica para que o bairro inteiro sintonize a televisão por satélite de graça. Os palestinos estão a par de tudo; estão muito bem informados graças às parabólicas, que se tornaram fundamentais em sua cultura e sua informação. Elas estão em toda parte, seja nas aldeias mais distantes ou nos campos palestinos mais pobres. A Palestina é muito isolada geograficamente, mas extremamente aberta e 'ligada' do ponto de vista dos meios de comunicação. As pessoas estão numa espécie de prisão em que a informação não é controlada nem limitada. É este o paradoxo: a separação e o muro com Israel de um lado, e de outro o pleno e total acesso aos meios de comunicação. E ninguém mais pode deter essa liberação das imagens no mundo árabe, agora sem nenhum muro".

Segundo uma pesquisa do Palestinian Central Bureau of Statistics, 75% dos palestinos de Gaza e da Cisjordânia teriam a Al Jazeera como principal fonte de informação. A segunda rede em importância seria a Al Manar, a do Hezbolah, que frequentemente mostra os bombardeios e as vítimas civis palestinas. Ao deixar a Faixa de Gaza, levo a impressão absurda de uma guerra jamais terminada na qual o Exército israelense passa o tempo destruindo, com bombas financiadas pelos americanos, instalações palestinas financiadas pelos europeus.

Em Ramallah, o chefe do escritório da Al Jazeera chama-se Walid al-Omary. Verdadeira estrela na rede Al Jazeera, ele é também uma estrela na Palestina. Graças a uma rede de jornalistas que trabalham como correspondentes oficiais (cerca de trinta) e de inúmeros correspondentes oficiosos, ele dispõe de informações muito precisas sobre tudo que acontece nos territórios palestinos. Com um dos empregos mais perigosos do mundo, esse árabe-israelense, nascido em Israel, perto de Nazaré, e que estudou na Universidade de Tel Aviv, nunca se separa de seus três telefones celulares (um número palestino usado sobretudo para seus contatos nos territórios ocupados, um número israelense e um número internacional). Ele deve sua popularidade à cobertura da segunda Intifada na Palestina a partir de setembro de 2000 (visita de Ariel Sharon à Esplanada das Mesquitas) e, mais recentemente, à guerra de Gaza (2008-9), onde dispunha de seis repórteres em campo, enquanto a CNN, a ABC, a CBS e a BBC não tinham nenhum, em decorrência das restrições impostas pelo Exército israelense aos meios de comunicação. Com isto, a Al Jazeera se manteve "live" durante 22 dias, relatando a situação em Gaza. Não pude encontrar Walid al-Omary ao visitar a Palestina, mas muitos me falaram dele. Com suas reportagens, ele garantiu a existência da resistência palestina no cotidiano, em imagens, tornando-a globalizada e mainstream, para todo o mundo árabe.

Ao mesmo tempo, Walid al-Omary denunciou muitas vezes, como Amira Hass, os desmandos da Autoridade Palestina, o que lhe valeu duras ameaças da parte do regime no poder em Ramallah. Sendo um árabe-israelense (e portanto munido por Israel de uma credencial de imprensa que lhe permite atravessar os checkpoints nos territórios ocupados), ele pode verificar os fatos de que toma conhecimento junto às autoridades israelenses e a seus colegas jornalistas judeus, com base no princípio americano do "fact-checking", o que o tornou respeitado por sua deontologia, inclusive em Israel. "Walid é um grande jornalista. É muito equilibrado, muito sério, um modelo", afirma o apresentador estrela da Al Jazeera, Mohamed Krichen, entrevistado em Doha. Por sua vez, a palestina Dima Khatib, que dirige o escritório da Al Jazeera em Caracas, é mais explícita ainda: "Walid é um gigante, um fenômeno. Representa sozinho a nossa escola de jornalismo. Ele enfrenta problemas com todo mundo, mas todo mundo fala com ele. Representa as vozes liberadas da Al Jazeera e da Palestina ao mesmo tempo: ele nos mostrou a Palestina que nós não conhecíamos. E também a mostrou ao mundo". Durante o dia passado com Amira Hass na Cisjordânia, entramos em várias colônias judaicas — os acampamentos de pioneiros israelenses, como na época dos primeiros kibutz, que plantam oliveiras, eucaliptos e tomates no deserto. Uma bandeira israelense tremula ao vento no settlement (também se diz outpost). Uma grua Caterpillar. Somos recebidos por um colono judeu, com mãos pesadas de trabalhador. Vários ventiladores fazem um ruído constante em seu escritório de capataz, e há uma estação de rádio ligada ao Exército israelense. Ouvindo o colono, fico com a impressão de estar no Colorado com religiosos evangélicos americanos, com o acréscimo de uma mentalidade de sitiante-sitiado. Entretanto, ao contrário do que se poderia imaginar, Amira Hass tem relações bastante boas com os colonos, e esse que nos recebe é inclusive um dos seus informantes. Anônimo.

Ao voltar a Jerusalém, vejo jovens palestinos pulando o "Muro". Se forem vistos pelo Exército israelense, serão mortos. "Eles pulam porque senão teriam de percorrer vários quilômetros para passar por um checkpoint. Acontece que o muro separa bairros da mesma aldeia, e às vezes até passa entre as casas da mesma família", diz-me Amira Hass.

À noite, nas ruas da velha cidade de Jerusalém, ouço um trecho de música árabe que me marcou na Cisjordânia, mas cujo nome não sei. Nas pequenas mercearias, nas lojas de roupas, todo mundo parece ouvir essa música envolvente transmitida em alto volume pelas caixas de som presas nas marquises. A música ressoa pelas ruas pavimentadas de Jerusalém, como ressoava em Ramallah, em Belém, em Hebron, em Gaza.

Peço a um dos comerciantes, Hazem, um palestino de Jericó, que identifique a música para mim. Por alguns shekels, ele me vende o CD que ouvi em toda parte e que involuntariamente passei a apreciar. O encarte está escrito em árabe. Eu ficaria sabendo depois que se trata do mais recente álbum de Amr Diab, distribuído pela produtora de discos Rotana. A revolução que a Al Jazeera conseguiu empreender na informação no mundo árabe está sendo empreendida no mundo do entretenimento pela Rotana.

15. O príncipe dos meios de comunicação no deserto

Exatamente às 14 horas, num sábado — primeiro dia da semana na Arábia Saudita —, o príncipe Al Waleed chega. Sua lendária pontualidade me impressiona. Há vários minutos, uma perceptível agitação anunciava sua chegada. No elevador, as armas dos guarda-costas eram visíveis debaixo da longa túnica branca. As recepcionistas, verdadeiras top models, sem véu nem burca, com calças ondulantes e saltos agulha, corriam para lá e para cá. O príncipe foi anunciado. "Aqui, nós não o chamamos de 'príncipe'. Nós o chamamos de 'chairman'", corrige Shadi Sanbar, seu colaborador mais próximo.

No meio do imenso saguão, um enorme logotipo da Rotana: um mapa-múndi verde, a cor do Islã, atravessado por uma letra árabe estilizada. A mensagem é clara. Estou no reino de Al Waleed, no 58º andar da Kingdom Tower, um dos símbolos de Riad, capital da Arábia Saudita. Esta torre de vidro de 99 andares, de propriedade do príncipe, parece um horroroso abridor de garrafa: é a sede da Kingdom Holding Company, a multinacional financeira do príncipe. Al Waleed bin Talal bin Abdul Aziz Al Saud, seu nome completo, é príncipe de sangue, membro da família real da Arábia Saudita. Nascido em 1955, é um dos 37 netos do fundador da Arábia Saudita, o rei Abdul Aziz Al Saud, cujo nome herdou, como quer a tradição. Também é, portanto, sobrinho do rei atual,

Abdallah, e, pela linhagem materna, neto do primeiro chefe de governo do Líbano moderno, país cuja nacionalidade também tem. Empresário e homem de negócios, ele fez fortuna no mercado financeiro internacional e nos investimentos imobiliários, e também na construção civil, tornando-se um dos homens mais ricos do mundo. Aplicou sua fortuna numa infinidade de empresas, tornando-se um dos acionistas de peso da News Corp, do CityBank, da AOL, da Apple, da Walt Disney, da eBay, da Pepsico e da EuroDisney. Al Waleed também controla vários jornais pan-árabes influentes na região, especialmente o *Al-Hayat*. Além disso, é filantropo e estimula os estudos islâmicos, como na Universidade de Harvard, ou as artes islâmicas, como no Museu do Louvre. Exatamente um mês depois do 11 de Setembro, viajou a Nova York para homenagear as vítimas do World Trade Center, com um presente em forma de cheque de dez milhões de dólares para o fundo de ajuda às vítimas dos atentados, e todas as televisões do mundo o mostraram caminhando pelos escombros ao lado do prefeito de Nova York (mas um comunicado de imprensa no qual Al Waleed criticava a política americana em relação aos palestinos desagradou ao prefeito nova-iorquino, que finalmente recusou ostensivamente o cheque).

"Al Waleed é um homem extraordinariamente atípico, iconoclasta. Faz parte da elite, mas não é apenas um herdeiro: seu pai era muito liberal e não suficientemente rico, sendo conhecido como o Príncipe Vermelho. Isto facultou contatos a Al Waleed, além de uma posição, mas ele construiu sua fortuna quase sozinho. Estudou nos Estados Unidos e hoje em dia comanda seu business 'à americana'. Mas coloca acima de tudo a cultura dos beduínos. É um nômade nos negócios, e não um capitalista sedentário que acumula. E muitas vezes ainda lhe acontece de dormir no deserto, em sua tenda, com os beduínos, para recuperar a calma, meditar antes de tomar uma decisão importante. O deserto não mente. O deserto não engana", esclarece seu braço direito, Shadi Sanbar, algo inflamado.

Al Waleed é o ícone progressista do regime. O rei Abdallah o protege, mas nunca se pensou em transformá-lo em seu herdeiro. No máximo ele teria autorizado o banco real, em 2008, a garantir suas dívidas, no auge

O PRÍNCIPE DOS MEIOS DE COMUNICAÇÃO NO DESERTO

da crise financeira mundial, quando Al Waleed teria perdido bilhões de dólares. Sim, isto mesmo: "bilhões" (cerca de 21 bilhões de perdas em 2008 segundo diferentes analistas, o que o fez cair do 5º para o 22º lugar entre os homens mais ricos do mundo).

Em meio a uma nuvem de assessores e guarda-costas, Al Waleed chega. Traja a túnica branca tradicional da Arábia Saudita, tendo na cabeça o shmaik, espécie de keffieh de xadrez vermelho e branco. Bigodudo, com suas grossas lentes, mal disfarçando os tiques, ele não deixa de ter uma certa aura, decuplicada pelo cerimonial de que é cercado. Todo sábado, quando não viaja ao exterior, ele chega por volta de meio-dia à torre de sua propriedade, faz sua oração, preside às reuniões, trabalha com seus banqueiros, advogados e assessores financeiros até aproximadamente duas horas da manhã, e em seguida dorme a manhã inteira — como costumam fazer os príncipes de sangue sauditas. No 66º andar fica a sede da multinacional, a empresa-mãe; no 58º, a Rotana. Por isto é que aos sábados, às 14 horas, o príncipe desce do seu andar para se dirigir, acompanhado de sua corte e dos guarda-costas, ao 58º andar, para presidir o conselho de administração de seu grupo de meios de comunicação, a Rotana. Ei-lo portanto que finalmente chega. Eu o vejo sentar-se na cabeceira da mesa, mais parecendo estar no trono do que realmente presidindo, cercado de todos os diretores. Faz-se silêncio. Começa a reunião.

A Rotana foi fundada em 1987. É o grupo de mídia e entretenimento de Al Waleed. "O príncipe possui 95% da matriz, a Kingdom Holding Company, empresa em parte cotada na bolsa, mas a Rotana é integral-mente sua, trata-se de uma empresa privada, na qual está empatado seu dinheiro pessoal. O príncipe sempre foi fascinado pelos meios de comunicação", explica-me, no 66º andar da torre, Shadi Sanbar, diretor financeiro e autêntico número dois da multinacional.

Al Waleed é o magnata das mídias árabes. E por sinal Murdoch, o bilionário australo-americano, acaba de investir dezenas de milhões de dólares na Rotana, concentrando em suas mãos atualmente 20% do capital do grupo saudita. "O príncipe investiu na News Corp através de sua Holding Company, e agora Murdoch investe na Rotana: são participações cruzadas inteligentes. Para nós, é um investimento puramente financeiro; mas para Murdoch é mais estratégico e geopolítico. Isto lhe permitirá atingir 350 milhões de árabes", comenta Sanbar. Os americanos da Sony Corporation of America também acabam de assinar, em junho de 2008, um contrato exclusivo com a Rotana para a distribuição dos filmes da Sony, da Columbia, da Metro-Goldwyn-Mayer e dos discos da Sony Music, da CBS, da Arista e da Epic em todo o mundo árabe.

A Rotana está estruturada em seis divisões. A direção geral e financeira do grupo fica em Riad, mas as atividades se dispersam por vários quartéis-generais: o ramo cinema fica no Cairo, a música e a gestão, em Beirute, as televisões e rádios transmitem a partir do Golfo, ao passo que a divisão de Internet se reparte pela maioria dos países árabes, do Marrocos à Síria. Assim espalhado pelo mundo árabe, o grupo é um vasto império e Al Waleed visa, com essa ferramenta, a reconquista do mundo muçulmano.

A Rotana tem estúdios de cinema no Cairo e graças a isto seria detentora de 50% do catálogo cinematográfico árabe. Na música, a dominação é ainda maior, e cerca de 90% da música mainstream comercializada no mundo árabe, do Marrocos à Síria, estariam nas mãos da Rotana. "É verdade que temos um monopólio na música", confirma Shadi Sanbar. Ao mesmo tempo produtora e agência de talentos, a Rotana especializou-se em dois setores paralelos que contribuem para esse monopólio. Primeiro, a Internet: o grupo investiu milhões de dólares em sites ultramodernos e na IPTV, a televisão por Internet. "Consideramos que a cultura e a informação, a música, os filmes, a televisão e os livros vão se tornar inteiramente digitalizados. Tudo vai se transformar completamente. É o que eu chamo de 'telecotainment', a mistura das telecomunicações com o entretenimento. Não haverá mais discos, livros, jornais, televisões, apenas telas ligadas à Internet. Para nós, não é uma ameaça, mas uma oportunidade. Nós vamos aproveitar todas essas oportunidades, dispomos de meios para isso. Temos direitos sobre todos os nossos conteúdos de entretenimento e mídia, todas as plataformas, para todos os países. E estamos preparando o futuro. Eu sou aqui o homem da cultura árabe do futuro", justifica Yussef Mugharbil (eu ficaria sabendo posteriormente que esse saudita, que usa uma gravata verde, e não a túnica tradicional, estudou engenharia na Universidade do Colorado e trabalhou durante trinta anos para o gigante americano das telecomunicações AT&T nos Estados Unidos).

Enfim, a televisão. A Rotana possui mais de vinte canais, transmitidos basicamente via satélite. Oficialmente proibidos em vários países, entre eles a Arábia Saudita (apenas dois canais abertos públicos, Saudi 1 e Saudi 2, são autorizados por Riad), eles podem ser sintonizados através de pequenas antenas parabólicas baratas em todos os países árabes e no Irã. Trata-se basicamente de canais de cinema árabe e de canais musicais, onde são apresentados permanentemente os artistas do plantel da Rotana. A prioridade é o divertimento mainstream: Al Waleed sabe que os principais programas de entretenimento e os formatos de séries de sucesso nos países árabes são importados dos Estados Unidos. A versão árabe de *Quem quer ser um milionário?*, por exemplo, apresentada por uma sex-symbol libanesa, tem uma gigantesca audiência pan-árabe, com a frase de efeito que ficou famosa: "Jawaab nihaa'i?" ("É sua última palavra?"). Al Waleed quer romper esse monopólio americano. No Egito, ele logo fundou um canal de cinema em joint-venture com Rupert Murdoch para testar o mercado e adoçar a língua do bilionário: basicamente, a Fox Movie reproduz 24 horas por dia, em versão original legendada, os filmes de seu estúdio hollywoodiano, a 20th Century Fox. Segundo os próprios egípcios que comandam o canal em nome da Rotana a partir do Cairo, onde os entrevistei, seu trabalho consiste essencialmente em inserir anúncios publicitários "entre os filmes enviados por Murdoch". Mas este é apenas o início de uma estratégia pan-árabe e pan-mídia excepcionalmente ambiciosa e complexa. Desde então, o príncipe acrescentou várias joias a sua coroa: além da Rotana, ele é dono, em caráter pessoal, do canal libanês por satélite LBC, especializado em talk-shows populares segundo o modelo americano, e de um canal em inglês pouco conhecido, Al Reselah, voltado para os muçulmanos do mundo inteiro. "Também estamos trabalhando num projeto de rede de informação contínua, mas é provável que o príncipe a financie com seu

MAINSTREAM

dinheiro pessoal, à margem da Rotana", acaba por me confessar, depois de várias tentativas minhas que ficaram sem resposta, Fahad Mohamed Ali, o diretor-geral da Rotana (foi o único homem vestindo a túnica tradicional que encontrei no círculo mais próximo do príncipe em Riad).

"O negócio da Rotana é o entretenimento", esclarece Shadi Sanbar, o homem de confiança de Al Waleed. "A Rotana tornou-se um grupo inteiramente digitalizado, que se desenvolve e se internacionaliza. Para começar, no mundo árabe, e depois... 'the sky is the limit' [o céu é o limite]." A Rotana é um grupo global, mundial. O novo mundo não tem fronteiras. "Deixe-me repetir, para ficar bem claro", prossegue ele. "A Rotana vai se desenvolver no mundo inteiro." Fico surpreso com esse objetivo para além do mundo árabe. Shadi Sanbar: "Nossa filosofia é defender os valores árabes. Nosso objetivo é pan-árabe. O príncipe acredita na demografia, a chave no setor do entretenimento. Os jovens de menos de 25 anos representam 60% da população na Arábia Saudita, e os de menos de 15 anos, cerca de 40%. A maioria dos países árabes tem estatísticas semelhantes. Esses jovens consomem — e consumirão — basicamente entretenimento, mais que noticiário. Exatamente o que faz a Rotana. Nós temos o futuro diante de nós. No mundo árabe, mas também além dele", precisa Sanbar. E mais não disse.

Mas alguma coisa não encaixa bem. Desde que cheguei à Arábia Saudita, um paradoxo me chama a atenção. Os sauditas são onipresentes nos meios de comunicação, mas os meios de comunicação estão ausentes da Arábia Saudita. Os grupos mais importantes do audiovisual árabe — Rotana, Orbit, ART, MBC — têm sede em Riad, ou seus capitais vêm de Riad, mas nenhum canal transmite a partir da Arábia Saudita. O que me lembra as rádios "periféricas" francesas, RMC, Europe 1 ou RTL, que transmitiam de Mônaco, da Alemanha ou de Luxemburgo, pois o monopólio estatal dos meios de comunicação as impedia de fazê-lo a partir do território francês. Mas aqui, as normas de Estado são ainda mais estendidas pela questão política, a religião e os costumes. E o paradoxo é considerável: na Rotana, em Riad, encontro-me na sede de um dos maiores grupos árabes de mídia, especializado em cinema, música

O PRÍNCIPE DOS MEIOS DE COMUNICAÇÃO NO DESERTO

e televisão, mas não existem casas de show na Arábia Saudita, pois os filmes, a música não religiosa e as televisões não oficiais são proibidos. "É um reino ao mesmo tempo medieval e pós-moderno", explica-me o realizador Ahmed Dakhilallah, em sua casa, debaixo de uma tenda, em Riad, e eu próprio fico espantado de estar, descalço sobre um tapete, comendo tâmaras na presença de um cineasta num país que não tem cinema. "A Arábia Saudita tem a inteligência de recusar em domicílio o que difunde em outros países", diz-me no dia seguinte, numa formulação algo enigmática, a realizadora mais famosa da televisão nacional saudita, Hiyam Kilani (uma mulher não coberta de véu e não casada, que me recebe em sua casa de jeans, na presença do irmão). Mais prudente, seu irmão, justamente, Ahmed H. M. Al Kilani, antigo representante de televisões ocidentais em Riad, sugere uma outra hipótese, num francês perfeito: "O risco, aqui, não é tanto uma volta atrás, na direção de canais retrógrados, mas uma evolução à americana: tele-evangelistas que tentem modernizar as televisões árabes em nome de Alá, a partir da Arábia Saudita". Nesse sentido é que deveríamos interpretar o boato que circula atualmente no Golfo, segundo o qual os sauditas pretenderiam reintegrar seus grupos de mídia na Arábia Saudita, em vez de permitir que passassem a transmitir a partir de Dubai ou Abu Dhabi? O objetivo seria fazer com que as sedes da Rotana, da MBC e da ART, além de seus estúdios, emigrassem para a King Abdallah Economic City, uma nova cidade ao norte de Jeddah, no mar Vermelho, onde também acaba de ser inaugurada uma importante Media City. Os sauditas deram a entender — o que longe está de ser provado — que a cidade seria, a exemplo de Dubai, uma zona franca, tanto no plano fiscal quanto em matéria de "lifestyle". Mas esta expressão, ambígua, é passível de debate.

Nesse país rigoroso, a Arábia Saudita, onde a peregrinação a Meca é a única forma de turismo autorizada e onde as lojas e escritórios fecham cinco vezes por dia para as orações, a religião é uma questão de Estado. E a "mutawa" está de olho. Essa polícia religiosa, ou polícia de costumes (oficialmente chamada "Departamento para a Repressão do Vício e a Promoção da Virtude"), é representada por nove mil guardas, basicamente clérigos barbudos. Não armada, atua em todo o

MAINSTREAM

país em ações espetaculares com uso de megafones, que estranhamente me lembram os métodos usados nos Estados Unidos pela associação gay de luta contra a Aids, Act Up. Encontrei em Riad alguns desses guardas da mutawa, controlando as mulheres, o tamanho de seus véus, impedindo-as de dirigir automóveis e verificando se estavam de fato acompanhadas dos maridos ao sair de casa (o que elas raramente fazem). Segundo sou informado, a delação é o principal meio de intervenção desses guardas dos costumes. "Mas a mutawa não entra na Rotana. O príncipe é liberal. Aqui é um oásis realmente raro. As meninas são todas uns aviões", diz-me, visivelmente sensibilizado, meu acompanhante e intérprete. Que também me mostra, no 66º andar, a mesquita pessoal do príncipe.

Ao deixar o reino de Al Waleed, dou uma espiada, justamente em frente à mesquita, no escritório de Shadi Sanbar. Ele me agradece pela visita e me oferece presentes numa bela bolsa de couro verde, a cor do Islã, com a marca Rotana.

No térreo da torre do príncipe Al Waleed, num café Starbucks, abro a bolsa de couro. Encontro um coffee-mug Rotana, uma caneta Rotana, um Annual Report do grupo, a biografia em árabe de Al Waleed assinada pelo jornalista Riz Khan e sobretudo dezenas de exemplares de revistas americanas como *Time*, *Newsweek*, *Vanity Fair* e *Forbes*, com capas manipuladas. Nessas fotos, Al Waleed traja terno ou camisa, e não a túnica tradicional. Nessas capas fabricadas em Photoshop, vemos o príncipe a bordo de seu iate particular de 86 metros, no volante de um de seus trezentos carros ou a bordo de seu Boeing 747 transformado em jato privado (em 2010, ele receberá o Airbus A380 que encomendou). A megalomania do príncipe é de fato digna de nota. De repente, na bolsa de couro verde, encontro uma carteira de documentos menor, também de couro verde, uma espécie de pochete de luxo. Em pleno Starbucks, abro finalmente o porta-documentos, que se desdobra em várias partes. E me dou conta, estupefato, de que se trata na verdade de um esplêndido tapete portátil para as orações corânicas.

Música no Líbano, televisão em Dubai, cinema no Cairo

O Rotana Café de Damasco fica nas instalações do Four Seasons, um dos complexos hoteleiros mais luxuosos da Síria. E por sinal não se trata de um simples hotel, mas de um verdadeiro "resort", um lugar de vilegiatura de luxo e turismo internacional de elite, oferecendo, em 18 andares, dezenas de bares da moda, restaurantes "up-scale", piscinas e spas, para não falar das galerias comerciais ostentatórias e muitas lojas de moda. O hotel pertence ao príncipe Al Waleed (um dos maiores acionistas do Four Seasons e proprietário do George V de Paris), e ele naturalmente abriu em suas instalações um Rotana Café.

Em três níveis, o Rotana Café de Damasco tem uma loja de discos ao estilo Virgin Megastore para ricos no térreo, um café-restaurante com dezenas de telas oferecendo permanentemente clipes da Rotana TV, no primeiro andar, e finalmente um imenso lounge com vista para as mesquitas, os parques e a cidade velha de Damasco no terraço. Fuma-se o narguilé, mas o álcool é proibido. Vários coquetéis de frutas, batizados de Mocktails, estão entretanto à disposição, entre eles o famoso Nojito (um "Nonalcoholic Mojito" em que o rum é substituído por Schweppes — intragável). Todas as estrelas da Rotana estão ali, física ou virtualmente. O príncipe convida suas estrelas com frequência a se hospedar em seus hotéis e participar de noitadas nos Rotana Cafés, para encontrar os fãs. Também é possível comprar os CDs e os vídeos do grande astro egípcio Amr Diab, de Angham ou Sherin, duas cantoras sexy também egípcias, do iraquiano Majid, do sírio George Wassuf, dos sauditas Abu Baker Salim e Mohamed Abdo (no encarte dos CDs que eu compro, ambos usam um keffieh na cabeça), ou ainda da tunisina Latifa, da síria Assalah e da líbia Elissa. Todos esses artistas são grandes estrelas no mundo árabe. Em sua maioria, seus discos foram gravados no Líbano.

Em Beirute, o Rotana Café fica na Praça da Estrela, no bairro cristão, no térreo de um prédio moderno. Quatro andares acima estão os escritórios da Rotana: "Foi aqui em Beirute que a Rotana instalou seu ramo de música", confirma Tony Semaan, o diretor de A&R da Rotana Music, que me recebe em seu escritório numa manhã de sábado. Aos 32 anos, Seeman é, segundo me dizem, um dos mais talentosos descobridores de estrelas do mercado da música árabe. Enquanto um garçom nos traz chá num coffee-mug com a marca da Rotana e Tony Semaan conclui uma conversa pelo telefone com um agente artístico no Egito, eu observo o seu escritório. Bem à vista, numa estante, está a biografia americana de Al Waleed, com o título *Businessman Billionaire Prince.*

"A Rotana é um grupo mainstream. Nosso objetivo é a popularidade. Com a Rotana, Al Waleed pretende criar um gigante do entretenimento pan-árabe em todo o mundo, e pretende fazê-lo qualquer que seja o preço. O modelo econômico é importante, mas não tanto quanto o objetivo político", comenta Tony Semaan em francês. Para alcançar esse objetivo, o grupo saudita instalou seu quartel-general musical em Beirute, o cinematográfico no Cairo e as emissoras de televisão em Dubai. "Beirute é a capital da música árabe. Todos os veículos de comunicação árabes têm escritórios aqui, e em matéria de produção musical, estúdios de gravação e filmagem de videoclipes, somos os líderes na região", comenta Semaan. A estratégia é simples, resumida por meu interlocutor: como em todo o mundo a música árabe é imaginada com mulheres cobertas de véus e homens com keffieh, a Rotana produz vídeos em que as moças são jovens, sexy e vestidas com pouca roupa, como na MTV. E, naturalmente, como não é permitido filmá-las em Riad, Beirute foi escolhida para sediar o braço musical do grupo.

A família Rotana conta com cerca de 130 estrelas da música árabe. O modelo econômico é simples: cada artista recebe uma "flat fee", um valor fixo por álbum, mas raramente percentual sobre as vendas. Em seguida, o grupo distribui essa música pré-adquirida em diferentes versões e todas as plataformas: CDs, DVDs, vídeos, programas de televisão, Internet, produtos derivados, contratos publicitários e até coffee-mugs. A Rotana também cuida do gerenciamento dos artistas e, naturalmente, dos shows, segundo a estratégia chamada de "360°" (Tony Semaan me dá a entender que é a marca registrada da Rotana, embora na verdade seja atualmente a estratégia da maioria das produtoras de discos do mundo, depois de ter sido adotada pelas agências de publicidade).

O PRÍNCIPE DOS MEIOS DE COMUNICAÇÃO NO DESERTO

Os cantores são provenientes de todo o mundo árabe, do Magreb ao Iraque, mas não além disso. Para ser aproveitado, um artista deve ter um "forte potencial pan-árabe", o que significa que deve ser capaz de atrair público em vários países. Na organização dessa estratégia "crossover", a Rotana pede a suas estrelas que cantem com sotaque egípcio. "É o sotaque egípcio que é entendido em todo o mundo árabe. É um sotaque fácil de adquirir, e damos um jeito para que os cantores sírios, libaneses ou do Golfo cantem com sotaque egípcio para atingir todo mundo", explica Tony Semaan.

Por enquanto, a Rotana ainda não ganhou realmente sua aposta mundial. As estrelas do grupo não vendem muito na Ásia, praticamente nada na América Latina e na África subsaariana, pouco nos Estados Unidos. Mas o grupo de Al Waleed teve êxito além de todas as suas expectativas no alvo principal: a zona batizada, na própria Rotana, de "MENA Region" (Middle East North Africa). Nela, os resultados são impressionantes. Segundo dados fornecidos pelo grupo, de verificação impossível, as 130 estrelas da Rotana seriam responsáveis por 85% da música vendida em todo o mundo árabe. Os resultados estão igualmente em forte avanço no Magreb, graças a estrelas como a tunisina Latifa, a marroquina Laila Ghofran, a argelina Amel Bouchoucha e ainda Thekra, uma tunisina estabelecida na Líbia e depois no Egito, e recentemente assassinada em circunstâncias suspeitas. "Nosso objetivo atualmente é o mercado magrebino na Europa, especialmente na Itália, na Espanha e na França. Estamos construindo concretamente, no terreno musical, a União para o Mediterrâneo proposta pelo presidente Sarkozy", diz-me Tony Semaan com um sorriso.

E não é tudo. Na era da pirataria em massa, como as vendas de álbuns não são um objetivo importante da Rotana e o CD passou a ser apenas uma ferramenta promocional, a prioridade agora é a televisão. Com seus diferentes canais musicais, a Rotana lidera nos países árabes. E o grupo inventou, seguindo o modelo da MTV, o videoclipe árabe de três minutos e meio. "Antes, as televisões árabes difundiam canções egípcias que podiam durar trinta ou quarenta minutos. Eram longos poemas sem fim", explica Semaan. "Com base no modelo da MTV e do clipe, retomado pela Rotana, houve uma adaptação ao formato de três minutos e meio". Mas o sucesso do grupo saudita não se deve exclusivamente a essa formatação: a beleza das jovens nos clipes, a liberdade com que se vestem em relação aos costumes do mundo muçulmano e a sensualidade de sua linguagem são em grande parte responsáveis pela revolução que a Rotana operou no entretenimento árabe. Resultado: quatro dos canais da Rotana estão no Top 10 das redes mais vistas da zona árabe. E no terreno musical a americana MTV deixou de existir face ao gigante saudita.

No Monte Líbano, no bairro de Naccache, um subúrbio na região norte de Beirute, a sede da MTV é faraônica. Uma dezena de prédios novinhos em folha, 16 estúdios de televisão, cafés e um serviço de segurança fora do comum. Na recepção, cinco moças no estilo top model atendem ao telefone e conduzem os convidados ao estúdio. Mas o logotipo da MTV —, azul e vermelho —, não dá margem a qualquer dúvida. O nome da rede não tem qualquer relação com sua homônima americana: a Murr Television (mais conhecida no Líbano como MTV) é uma das principais redes generalistas dos cristãos libaneses. "Ela não tem qualquer vínculo com o grupo Viacom, proprietário da Music Television (MTV) nos Estados Unidos", confirma Michel Murr, o diretor-presidente do grupo.

Visivelmente feliz por encontrar um francês e acompanhado de sua mulher, Pussy, Michel Murr me recebe numa tarde de sábado na sede de seu grupo, tranquilo e caloroso. Durante nossa longa conversa, ele resolve problemas por telefone com um ministro (sua família está no coração do poder cristão libanês, seu tio, homônimo perfeito seu, era ministro do Interior e um dos braços direitos do ex-primeiro-ministro Rafik Hariri, assassinado). Michel Murr, o sobrinho, não quer falar muito de política. Repete várias vezes que sua rede é "neutra", mas eu sei que ele é um "cristão sunita", gracejo muito frequente em Beirute para se referir à minoria cristã que se dividiu em 2009 entre "cristãos sunitas", antissírios, e "cristãos xiitas", pró-Hezbolah. No Líbano, cada rede de televisão está ligada a um partido político, o que relativiza muito essa neutralidade.

"Temos aqui um dos mais importantes complexos de produção audiovisual do Oriente Médio", diz-me Michel Murr. "O Líbano representa a fronteira do mundo árabe, seu limite, e por isso é que são rodados aqui os programas de televisão mais modernos da região. As mulheres são livres, os recursos técnicos são muito avançados em relação aos outros países árabes. O entretenimento é o nosso negócio."

Acompanhado de Pussy Murr, visito os estúdios do grupo, batizados de Studiovision, com o objetivo de assistir à gravação de *Rotana Café*, o principal programa cultural do Rotana Moussica, um dos canais da Rotana. O cenário do talk-show é famoso em todo o mundo árabe: um balcão de café e uma falsa biblioteca cheia de livros e garrafas Rotana, imitando a Coca-Cola. O programa é "live", consistindo em deixar que um grupo de jovens apresentadores discutam entre eles, livremente, sobre o mundo musical, a televisão, o entretenimento e tudo que constitui o buzz do momento.

Muitas vezes, as declarações dos jovens apresentadores causam rebuliço no Golfo, no Egito ou na Arábia Saudita. Em 2009, o talk-show *Linha vermelha*, da rede libanesa vizinha, LBC, da qual o príncipe Al Waleed passou a ser acionista principal, provocou forte polêmica: nele, um jovem saudita, Mazen Abdel Jawad, relatava como usava o seu Bluetooth para paquerar moças sauditas cobertas de véu nos shopping-malls, já que não podia conversar com elas diretamente (ele recebeu uma pena de cinco anos de prisão e mil chibatadas por "comportamento imoral", enquanto a LBC era ameaçada de proibição na Arábia Saudita).

"É nesses talk-shows gravados em Beirute pelas redes de televisão Rotana, MTV, LBC e MBC que há maior liberdade. No mundo árabe, o que esses jovens pensam e nos dizem é absolutamente incrível. A pretexto de conversar entre eles, de passar em revista os comentários e fofocas da televisão, de descrever sua vida cotidiana, eles falam de questões como drogas, prostituição, gays, venda de mulheres iraquianas, lésbicas, transexuais. Para um homem da minha geração, é absolutamente incrível ouvir essas coisas. São eles, esses apresentadores de talk-shows com menos de 25 anos, que vão contribuir para a abertura dos países árabes", afirma o produtor de séries de televisão Makram Hannoush, um libanês entrevistado em Damasco. Esses talk-shows libaneses, catarenses e com menor frequência dos Emirados vão muito além de simples divertimentos, de fato abalando as próprias bases do mundo árabe. São motivo de grave preocupação para Riad, Teerã e Trípoli, causa de perturbação social para as famílias patriarcais. Pois o fato é que tocam na ordem familiar, afetam a separação dos sexos, perturbam a divisão do trabalho, questionam o código de honra. Levando à tela não apenas mulheres sem véu mas mulheres simplesmente, os talk-shows da Al Jazeera e da LBC, as séries da MBC, os clipes da Rotana rompem com a tradição que confina a mulher ao espaço privado e reserva o espaço público exclusivamente ao homem. Essa revolução em marcha é um fato capital.

"O Warren Buffett árabe" é como a revista *Time* se refere ao príncipe Al Waleed. "O príncipe Al Waleed quer mesmo é se tornar o Murdoch do Oriente Médio", corrige Frédéric Sichler. "O modelo é menos Warren Buffett do que Murdoch. E por sinal o príncipe é o segundo maior acionista da News Corp, o grupo multimídia de Murdoch." No hotel Four Seasons do bairro de Garden City, no Cairo, esplêndido palácio à beira do Nilo, encontra-se o escritório permanente de Frédéric Sichler. Antigo diretor do Studio Canal, o braço de produção cinematográfica do francês Canal +, Sichler foi recrutado pelo príncipe saudita para presidir a Rotana Films, o braço de cinema da Rotana. "A Rotana é um grupo que surgiu da música árabe, evoluiu para a televisão e atualmente se volta para o cinema", esclarece Sichler.

No Golfo, o problema não é dinheiro, mas talento. No Egito, é o contrário. Os países do Golfo têm os bancos, os capitais, as redes de satélite, mas lhes falta criatividade. Para alimentar as inúmeras redes que consomem grandes quantidades de programas em Dubai, Abu Dhabi e no Catar, é necessária a produção de conteúdos em fluxo permanente. Assim é que os príncipes do Golfo e seus estados-maiores se abastecem de filmes no Cairo. Coproduções, compras antecipadas de filmes para as televisões do Golfo, joint-ventures, produções próprias, todas as técnicas existem para produzir esses conteúdos audiovisuais no Egito.

"A Rotana é uma empresa pan-árabe. Nós nos interessamos por todas as cinematografias árabes. Pois assim como a música é um mercado regional, pan-árabe, facilmente atravessando fronteiras, o cinema é sempre fortemente nacional", prossegue Frédéric Sichler. O motivo? "No cinema, ao contrário do que acontece na música, a comercialização é feita país a país, e em todos os países árabes há sempre regulamentações muito específicas que requerem autorizações locais de comercialização." Como os demais grupos de mídia do Oriente Médio, portanto, a Rotana tenta ao mesmo tempo atuar no mercado árabe global em matéria de produção e trabalhar em mercados nacionais na esfera da distribuição. "Na produção cinematográfica, o Egito continua sendo a porta giratória", prossegue Sichler. "É o único país árabe onde existe uma indústria de cinema, muito adiante dos três outros produtores árabes, a Síria, o Líbano e os países do Golfo." E ele acrescenta: "No Egito, temos uma forte cultura cinematográfica popular e 20-30 milhões de entradas vendidas anualmente, quando no Marrocos são menos de 2 milhões. Os egípcios sempre fizeram entretenimento e comédias: é esse cinema que funciona no mundo árabe, e não o cinema de autor marroquino. E é por isso que a Rotana instalou seu quartel-general de cinema aqui no Cairo".

Existem outros motivos pelos quais o Cairo é a porta giratória cinematográfica do mundo árabe. No Egito, existe uma rica criatividade, graças a uma longa tradição audiovisual, a um amplo viveiro de roteiristas, atores e cineastas e a uma cultura artística, literária e de divertimento que é antiga. "O Cairo é a Hollywood do mundo árabe, em matéria de cinema e televisão", confirma Mohamed Mouneer, diretor de marketing do grupo Rotana no Cairo. O Egito também é o único gigante árabe: uma população de quase 75 milhões de habitantes que forma o maior mercado árabe do planeta (17 milhões dos quais no Cairo, que é ao mesmo tempo a maior cidade árabe do mundo e a cidade mais populosa da África). O país tem uma grande diversidade étnica e muita imigração proveniente de todos os países árabes. "O Egito é uma sociedade diversificada e multiétnica, como os Estados Unidos", afirma Hala Hashish, diretora do Egypt New Channel, entrevistada no Cairo. "É o único país árabe em que é possível encontrar sírios, marroquinos, libaneses e líbios. Uma sociedade cosmopolita, mais aberta e diversificada, por ser também um Estado pacífico. Além disso, aqui é possível rodar um filme ou uma novela com uma mulher sem véu, o que seria impossível em Riad ou Teerã." Paralelamente, estão presentes no Cairo todas as redes de televisão mundiais e equipes técnicas diversificadas, havendo ainda a proteção dos sindicatos, uma censura oficial limitada aos costumes (em comparação com o resto do mundo árabe) e uma língua falada em vários países árabes e entendida em quase todos. "Dois árabes de nacionalidades diferentes que queiram se entender precisam recorrer ao dialeto e ao sotaque egípcios", explica Yussef Osman, que dirige a produção da Media City perto do Cairo. "É um círculo virtuoso", confirma Hala Hashish: "Os filmes árabes são feitos em egípcio, os cantores adquirem o sotaque egípcio, nossos meios de comunicação são mais poderosos no mundo árabe e isso fortalece a música e o cinema egípcios".

Finalmente, para entender o papel determinante do Cairo nas indústrias criativas, ao lado de Dubai, Abu Dhabi e Beirute, devemos acrescentar o papel dos bancos e da moeda, relativamente seguros. E afinal, o Egito mantém relações diplomáticas com a maioria dos países árabes, os Estados Unidos, a Europa e Israel, e este ponto tem sua importância em matéria de circulação de produtos culturais: comerciando com Israel, o Egito facilita a difusão de seus conteúdos na Palestina e na Jordânia.

A estratégia multimídia e pan-árabe do grupo Rotana, instalado em Riad, Dubai, Beirute e no Cairo, parece infalível, e o sucesso dá as caras. Vários interlocutores meus, contudo, não compartilham desse entusiasmo. É o caso do produtor da Star Academy árabe, Nagi Baz, entrevistado em Beirute, e que põe em dúvida a viabilidade da empreitada: "A Rotana não é uma empresa como outra qualquer: é a dançarina de Al Waleed. O business model não importa: seu objetivo é exclusivamente político e identitário árabe". Outros apontam a megalomania do príncipe: "Todo ano, Al Waleed convida os artistas da Rotana que acabam de receber seus cachês para se hospedarem num hotel Four Seasons e se apresentarem em sua homenagem. Recentemente, presenteou a maioria deles com uma BMW — todos agradeceram... e imediatamente venderam o

O PRÍNCIPE DOS MEIOS DE COMUNICAÇÃO NO DESERTO

automóvel de luxo por dinheiro vivo". Pascal Gaillot, diretor-presidente da EMI Oriente Médio, concorrente direta da Rotana, entrevistado em Dubai, chama a atenção, por sua vez, para a ambição monopolística do príncipe: "A Rotana matou o mercado árabe de música ao derrubar os preços. Trata-se de concorrência desleal. O objetivo do príncipe não é econômico, mas tornar conhecida a música árabe. Ele tem prazer com a Rotana, já nós, fazemos negócios." Outros mostram-se ainda menos positivos: a Rotana estaria obrigando as estações de rádio e televisão a divulgar os cantores do grupo e impondo cláusulas irregulares nos contratos com os artistas, que ficam "de mãos e pés atados, em total desprezo das práticas internacionais habituais em matéria de direitos autorais", segundo Maxime Dupa, que coordena o escritório de exportação de música no Ministério da Cultura do Líbano. As críticas são ainda mais virulentas no que diz respeito à qualidade musical promovida pela Rotana: "um pop americanizado em árabe"; "estandardização árabe"; "uma MTV piorada"; "na música, são sempre os mesmos ritmos, e nos clipes, sempre a mesma história, de um casal que se encontra, se distancia e se reencontra"; "a Rotana não está promovendo a música árabe, e sim matando-a". Enfim, Al Waleed é criticado por ter escolhido Beirute para a música e o Cairo no caso do cinema, o que daria mostra de sua hipocrisia: "O saudita Al Waleed sabe perfeitamente que não teria como fazer seus filmes ou gravar seus álbuns em Riad. Ele pode mostrar mulheres sem véu em Beirute ou no Cairo, mas não na Arábia Saudita nem no Golfo. É uma clara ilustração da hipocrisia dos regimes sunitas puritanos que fazem uma interpretação radical do Corão e proíbem em casa o que estimulam fora de casa". Outro dirigente do setor audiovisual acrescenta, entrevistado na Media City de Dubai: "A Arábia Saudita é o país da maior hipocrisia: o álcool é proibido e as mulheres estão sempre cobertas, mas, por baixo do pano, é o país onde se pode conseguir tudo, facilmente, em qualquer lugar — álcool, drogas, prostitutas, transexuais e tudo mais. As bacanais da elite saudita são realmente extravagantes. E Al Waleed, que pertence a essa elite, tendo-se divorciado três vezes, é o símbolo da contradição desse país". Com mais humor, um dirigente da Rotana comenta comigo: "É verdade, alguns dos nossos cantores são 'pop' o ano inteiro, mas no Ramadã eles se transformam em cantores islâmicos. É um dos paradoxos do mundo árabe".

Em favor da Rotana e de Al Waleed, podemos levantar uma outra hipótese: a estratégia do grupo talvez consista em favorecer a modernização do mundo árabe em geral e da Arábia Saudita em particular. O fato de o príncipe defender os direitos das mulheres e criticar reiteradamente a ala mais retrógrada do reino aponta nessa direção. Seria ele um cavalo de Troia do regime em suas pretensões de "modernização"? Talvez. Ou talvez a encarnação de sua ala liberal? É o que consideram vários especialistas consultados. Seria pró-americano? Certamente, mas também fortemente solidário da causa palestina. Pró-libanês e particularmente favorável aos sunitas libaneses? Com certeza, no mínimo, por suas origens familiares. Estaria em conflito declarado com a ala dura do regime? Difícil de saber. Para corroborar a tese "modernista", cabe lembrar que Al Waleed foi alvo de uma fatwa "preventiva" em setembro de 2008, da parte do xeque saudita radical Saleh al-Lihedan, autorizando seu assassinato se continuasse a contribuir para a difusão de programas de televisão "corrompidos" e "ímpios". Mas o xeque foi demitido pelo rei.

Os grupos de mídia pan-árabes, como a Rotana mas também a AMC ou a MBC, seriam capazes de alcançar êxito em sua estratégia comercial cultural e de mídia numa época de globalização? Difícil dizer. O certo é que esses poderosos grupos já dominam o entretenimento e as mídias árabes. Mas seriam capazes de ir ainda mais longe, enfrentando os americanos e os europeus em mercados não árabes? É precisamente aqui que a questão dos valores e da censura, que faz a força desses grupos na zona árabe, contribui também para sua fraqueza nos outros mercados internacionais. Foi no Egito, apesar de ser um país relativamente "aberto" em relação ao resto do mundo muçulmano, que eu melhor entendi os limites da estratégia árabe de tentar alcançar o estatuto de mainstream em todas as partes do mundo.

Hollywood no deserto

Mamduh Al-Laithy passeia os olhos pela tela de uma televisão ligada. Recebendo-me em seu gigantesco escritório, ele ouve distraído minhas perguntas enquanto espera sua tradução (não fala francês nem inglês). Enquanto isso, vai acompanhado também as mulheres de decotes vertiginosos de um filme em preto e branco da década de 1950, com Omar Sharif.

Mamduh Al-Laithy acumula funções: dirige o setor de produção cinematográfica da Media City no Cairo, preside o Sindicato de Cineastas e o Instituto de Cinema e Televisão egípcios, dirige a Associação dos Críticos de Cinema e ao mesmo tempo leva adiante, aos 73 anos, uma carreira de roteirista longa e, segundo me dizem, bem-sucedida. Cercado de mulheres cobertas de véus, por ele tiranizadas verbalmente, e de uma infinidade de secretárias, criados e motoristas sempre a suas ordens, ele é um autêntico chefão da indústria cinematográfica egípcia. Policial na década de 1960, ele foi subindo de escalão, passando do Ministério do Interior ao setor audiovisual, para vigiar a liberdade dos artistas. Na década de 1970, foi incumbido da censura dos roteiros de filmes e novelas de televisão. Em 1978, é nomeado "censor geral" dos filmes de televisão, cargo mais cobiçado pelos antigos policiais do que pelos roteiristas.

Acima dele, uma foto do presidente Hosni Mubarak, autocrata político, assim como ele é um autocrata cultural. O protecionismo no Egito? Mamduh Al-Laithy explica de que maneira o país protege eficazmente seu cinema, graças a uma radical limitação do número de cópias de filmes estrangeiros, e fala da contratação exclusiva de atores egípcios, graças ao monopólio dos sindicatos de atores. A censura? O antigo censor-chefe egípcio não entende minha pergunta. Encerra nossa conversa e dá ordens estritas para que eu seja conduzido à saída. Deixo-o então em seu enorme escritório, autocrata solitário, acabando de ver as mulheres alegres e livres dos filmes egípcios de uma época em que não eram censurados — por ele.

MAINSTREAM

Para entender a regulamentação do cinema no Egito, tentando avaliar se o cinema árabe pode tornar-se mainstream fora dos países árabes, comecei batendo na porta errada. Segunda tentativa: visito o Ministério da Cultura egípcio, onde sou recebido por Anwar Ibrahim, diretor de relações internacionais. À parte um café turco, algumas frases convencionais sobre a "diversidade cultural" e a amizade franco-egípcia, não consigo extrair nada da entrevista. Meu interlocutor não sabe nada do sistema protecionista egípcio ou não quer divulgar? De que tem medo? Incompetência ou controle político: não sei. O fato é que em minha segunda tentativa mais uma vez dou com os burros n'água. Continuo sem respostas para minhas perguntas. Terceira tentativa: a Arab Media Corporation.

No décimo andar de um prédio discreto no recife El Nile, no bairro de Maadi, sul do Cairo, está instalado o escritório de Hadil Saleh. As portas douradas de madeiras raras, o mármore e as vidraças dando para o Nilo nesse andar contrastam com o abandono do prédio e os guardas dormindo no saguão. Hadil é filha do bilionário xeque saudita Saleh Abdullah Kamel, dono da Arab Radio TV (ART), uma multinacional do entretenimento. Como a Rotana, essa major tem sua sede social na Arábia Saudita, seus estúdios de cinema e a coordenação de seus "conteúdos" no Cairo e suas redes de difusão na Jordânia. Possui cerca de vinte redes de televisão a cabo ou satélite, entre as quais a joia principal é o Cinema Channel (uma espécie de Canal + pan-árabe), um catálogo de filmes históricos árabes impressionante e infraestruturas de difusão extremamente poderosas. "Não existem condições para fazer cinema na Arábia Saudita, e por isso é que o príncipe instalou seus estúdios aqui no Cairo", explica Wael M. Essawy, o diretor-geral do ramo egípcio da major. Projeto comercial, projeto cultural, o grupo também tem ambições morais: com o dinheiro do Golfo, pretende influenciar os conteúdos do cinema egípcio para atender às expectativas e valores do público árabe.

Khaled Abd El-Galeel, assessor especial do grupo no Cairo, confirma, sem burocratês: "Nós temos uma estratégia pan-árabe. Queremos criar uma indústria de A a Z, para valorizar a cultura árabe e o ponto de vista árabe. Nosso objetivo é defender nossa cultura, nossas tradições,

O PRÍNCIPE DOS MEIOS DE COMUNICAÇÃO NO DESERTO

nossos valores, nossa religião. Nosso objetivo não é ganhar dinheiro: o príncipe já é milionário, não faria sentido. Nossos valores é que importam. Nossa visão de mundo. Queremos fazer filmes com valores, e não filmes pelo dinheiro, como os americanos. É uma estratégia moral. E considero que temos todo direito de fazer isso. E sobretudo, hoje, temos poder, capacidade e dinheiro para defender esse ponto de vista árabe. E vamos travar essa batalha".

Os produtores árabes e os chefões das indústrias criativas em Riad, Beirute, Damasco, Dubai, Doha e no Cairo estão preparados, portanto, para se engajar na batalha mundial de conteúdos. Segundo eles, o cinema, a música e os programas de televisão árabes podem tornar-se mainstream e alcançar o resto do mundo. Eles já puseram mãos à obra. Resta conhecer o ponto de vista de seus concorrentes, especialmente os distribuidores americanos.

O escritório da 20th Century Fox no Egito fica na parte velha do Cairo, na rua Al Azbakeya. "Fica ao lado do café americano", foi a única indicação que me deram. O motorista de táxi é analfabeto e minha indicação escrita em árabe não lhe adianta nada; ele pede aos transeuntes que leiam meu pedaço de papel para me levar até a rua em questão. Antigo e classudo, o prédio respira ares de outrora, amarelecido. Também aqui, um guarda idoso cochila no saguão e ninguém sabe em que andar fica o escritório da Fox. Um elevador desconjuntado e sem luz me leva ao terceiro andar. E eu fico pensando que foi a partir desse prédio de uma outra época que os blockbusters *Titanic* e *Avatar* chegaram ao mundo árabe. Estranho.

Enquanto o prédio tem algo do caos egípcio, em seu interior os escritórios são modernos, materialistas e "à americana". Nas paredes, de um branco de giz, imensos cartazes de *Guerra nas estrelas, X-Men* e dos *Simpsons.* No escritório principal, um relógio de pêndulo da 20th Century Fox toca de hora em hora a famosa "Fox Fanfare". Antoine Zeind é o presidente da United Motion Pictures, empresa que distribui com exclusividade nos países árabes os filmes dos estúdios americanos, principalmente a Fox e a Warner.

MAINSTREAM

"Atualmente os beijos não são mais cortados no Egito, mas as moças nuas ou simplesmente desnudadas, sim!", suspira Antoine Zeind. Ele é cristão (maronita) e fala fluentemente inglês e francês. Fui ao seu encontro para entender o sistema de regulamentação do cinema no Egito. Dessa vez, bati na porta certa.

Antoine Zeind: "A censura afeta basicamente os três 'usual suspects': religião, sexo e política. Mas é uma censura cada vez mais hipócrita, com seus padrões duplos, e é preciso conhecer seus códigos". Para torná-la efetiva, o governo egípcio criou um sistema de autorização prévia dos filmes, antes do lançamento no circuito exibidor. O departamento de censura pode proibir qualquer longa-metragem ou impor cortes por "falta de moderação" face ao corpo feminino, conta-me Zeind, por declarações hostis ao Egito, ao presidente Mubarak, ao profeta do islã e, naturalmente, por qualquer referência explícita à sexualidade, à homossexualidade, mas estranhamente nem violência nem o álcool constituem realmente problema. Mais uma vez, é uma censura sempre imprevisível: o filme *O prédio Yacubian*, baseado no romance do famoso escritor egípcio Alaa el-Aswany, apesar de tratar da ascensão do islamismo no Egito, de homossexualidade e exploração sexual de mulheres, não foi censurado (apenas proibido para menores de 18 anos). E teve inclusive um belo sucesso no país. Censuras equivalentes existem em todos os países muçulmanos e são ainda mais rigorosas na Arábia Saudita, no Golfo, na Síria e no Irã.

O governo egípcio limita em seguida a difusão dos filmes estrangeiros a cinco cópias por cidade no máximo. "Acontece que, como só existem realmente duas grandes cidades no Egito, Cairo e Alexandria, acabamos tendo direito a apenas dez cópias para todo o país", lamenta Zeind. "É um mercado fechado, ou, digamos, semifechado. E assim entendemos perfeitamente como é que o cinema egípcio consegue ter 80% da bilheteria do país, e por que o cinema americano é eliminado." Eliminado? "Ficamos com o resto, vale dizer, 20%, mas o Egito é um mercado de penetração difícil para a cultura americana. Imagine só: dez cópias num país de 74 milhões de habitantes! Mas existe pior ainda, pois na Líbia, onde também distribuo os filmes da Fox, tenho direito a apenas uma cópia!"

O PRÍNCIPE DOS MEIOS DE COMUNICAÇÃO NO DESERTO

Cabe aqui relativizar essa "eliminação" do cinema americano. Se a participação do cinema egípcio é realmente dominante no Egito em geral, a concorrência dos americanos tornou-se significativa nas zonas urbanas. Sua participação no mercado pode chegar a 45-50% nos multiplexes das grandes cidades, onde muitas vezes se concentra o lançamento dos blockbusters hollywoodianos. Para não falar do mercado negro, que no Cairo e em qualquer outra cidade permite ter acesso facilmente a todos os filmes americanos em DVD, por preços imbatíveis.

A essa regulamentação pelo número de cópias acrescenta-se um sistema de taxação desfavorável ao cinema estrangeiro: 5% sobre as receitas de bilheteria dos filmes egípcios, 20% no caso dos filmes estrangeiros. Mas Antoine Zeind dá a entender que o principal problema da distribuição do cinema americano no Egito, além desse duplo protecionismo através da legislação, é cultural. Ele aponta particularmente o problema das legendas, pois a quase totalidade dos filmes estrangeiros, como acontece em todos os países árabes, não é dublada. Num país em que o analfabetismo chega perto dos 30% da população, esse fator contribui para frear a difusão dos filmes estrangeiros. "Na verdade, se eu tivesse 150 cópias de um filme, não teria onde exibi-las: a demanda de cinema americano é fraca, embora esteja evoluindo", reconhece Zeind.

Finalmente, existe uma regulamentação indireta pelo mercado. No Egito, existem basicamente dois distribuidores que têm suas redes de salas e são fortemente integrados de maneira vertical (ou seja, distribuem os filmes que eles mesmos produzem). Em consequência, esse duopólio funciona pelo princípio da exclusividade: os filmes americanos são marginalizados, especialmente nos períodos mais favoráveis da bilheteria, como o verão, o fim do Ramadã ou o feriado do Sacrifício.

Decididamente, é difícil avaliar os números reais de penetração do cinema americano no Egito. Segundo vários distribuidores, eles ficariam em torno de 20 a 25% da bilheteria, e o resto seria ocupado pelos filmes egípcios, numa faixa de 75 a 80%, já que as outras cinematografias árabes, europeias ou estrangeiras praticamente não estão mais presentes (os funcionários egípcios confirmam essas estatísticas). "No Egito, temos muito poucos filmes sírios, quase nenhum filme libanês, nenhum filme do Magreb", explica Zeind. Um filme americano vende no máximo 150 mil entradas: "Mesmo no caso de *Titanic*, que foi uma exceção, consegui vender quatrocentas mil entradas em 28 semanas, com seis sessões diárias e apenas cinco cópias! Chegamos a acrescentar uma sessão batizada de 'super-midnight' às duas horas da manhã, e, nos centros urbanos, uma 'after-the-super-midnight', às quatro horas da manhã, sessão que ficou conhecida como 'El Shabah' (o fantasma)". Desse modo, só o cinema americano consegue penetrar no Egito, ainda que moderadamente. "Mas a demanda de filmes americanos vai aumentar", prevê Zeind. "Existe um apetite cada vez maior pelos filmes de ação americanos. Os egípcios não sabem mais fazer entretenimento mainstream, e até a juventude egípcia tende a ignorar os filmes nacionais. Se a demanda é limitada de maneira autoritária nas salas, o público acabará encontrando na Internet e nas redes por satélite a oferta cultural que procura."

Hala Hashish, a diretora do Egypt News Channel, descarta esse tipo de argumento. "Os árabes são perfeitamente capazes de produzir entretenimento mainstream e esquecer o islã. No Egito, nós fazemos entretenimento desde tempos imemoriais." À sua frente, três telas estão permanentemente sintonizadas na Al Jazeera, na Al Arabiya e no Egypt News Channel. "Todas essas redes são absolutamente mainstream", acrescenta ela, apontando para as telas. "E por sinal todas falam egíp- cio: ouça! Os jornalistas, os cantores, os atores de cinema, o pessoal do entretenimento, todo mundo é *egipcianizado*."

"Egipcianização." Pela primeira vez eu ouço essa expressão, soando como "americanização". Será talvez pelo mundo árabe que devemos começar para entender realmente a dominação americana na cultura de massa. O sucesso planetário do entretenimento americano é semelhante ao sucesso regional do entretenimento egípcio no mundo árabe; muda apenas a escala. E ele também provoca críticas e é denunciado por seu imperialismo.

Como os Estados Unidos, o Egito defende há muito tempo a cultura de massa e o divertimento. Essa tradição de entretenimento popular é onipresente e não vem acompanhada de qualquer julgamento crítico ou estético que contribuísse para estabelecer hierarquias culturais. Se existe de fato um cinema de arte no Egito, do qual Yussef Chahin foi de certa forma o arquétipo, o fato é que não existe, como na França ou no Marrocos, um discurso público que valorize a arte em vez do divertimento, propondo-se a financiar aquela para fazer frente a este. Seria essa inclusive, aos olhos de Antoine Zeind, a explicação da dominação egípcia nos países árabes: "No Marrocos, na Tunísia, mas também no Vietnã, na Síria, na Coreia e na Bélgica de língua francesa, na Argentina, onde o modelo francês sempre foi forte na área cultural, privilegia-se a cultura de Estado e se subvenciona um cinema de arte; no Egito, na Índia, no Brasil, entre os flamengos da Bélgica, em Hong Kong e atualmente em Beijing, como sempre aconteceu nos Estados Unidos, privilegia-se o divertimento. Por isso é que estes têm sucesso e aqueles, não. Por isso é que a cultura marroquina não tem nenhuma influência atualmente no mundo árabe e a cultura egípcia domina". Este ponto de vista corrosivo é compartilhado pelo crítico de cinema egípcio Yussef Cherif Rizkallah, entrevistado igualmente no Cairo: "O Marrocos tem uma produção artística, muitas vezes apoiada pelo Estado. Esses filmes podem ser vistos em algumas salas de cinema de arte na Europa, mas sequer são exibidos na Argélia ou na Tunísia. Ao passo que nossos filmes dominam o cinema do Magreb".

Os países que conseguem existir nas trocas culturais internacionais e nos fluxos de conteúdos seriam, assim, os que privilegiam o entretenimento e não a arte? Esta constatação é compartilhada, na África de língua francesa, por Charles Mensah, diretor da cinematografia do Gabão, entrevistado em Camarões: "As cinematografias que deram ênfase ao 'autor', segundo o modelo francês, como o Marrocos, o Gabão e Camarões, não conseguem difundir seus filmes em massa fora dos países de origem, ao passo que as que promovem o modelo de divertimento, à maneira americana, como o Egito, a Nigéria e sobretudo a Índia, conseguem mais facilmente chegar lá".

Como os Estados Unidos e a Índia, o Egito também tem uma relação especial com as estrelas. São raros os países que têm estrelas muito populares em casa — estrelas de verdade, capazes de provocar tumulto e fascinar as multidões —, e mais raros ainda os que souberam gerar estrelas globalizadas, conhecidas em todo o mundo. Arnold Schwarzenegger, Tom Cruise, Leonardo DiCaprio, Harrison Ford e Will Smith são alguns exemplos. Mas no panorama mundial, se os europeus estão ausentes, algumas estrelas indianas e egípcias começam a entrar em concorrência com esses atores americanos. Em Mumbai, fiquei impressionado com a reação histérica da multidão em qualquer aparição das estrelas de Bollywood, como Amitabh Bachchan ou Shah Rukh Khan, e voltei a ver a mesma coisa nas ruas do Cairo, certa noite, quando, entrevistando em seu automóvel de vidros escurecidos o jovem ator de cinema e apresentador de talk-show de televisão Khaled Abol Naga, ele foi reconhecido num sinal vermelho por dezenas de jovens egípcios e passamos a ser perseguidos pelas ruas, obrigando a polícia a intervir para abrir passagem e permitir a fuga do astro. E olhe que se tratava apenas de um jovem ator iniciante.

É aonde chegamos, quase no fim de nossa longa investigação. Para se tornar mainstream e falar a todo mundo será necessário privilegiar o entretenimento e valorizá-lo sinceramente? Será necessário apostar no star-system, e não nos "autores"? Abandonar os próprios valores, a própria arte, a própria identidade? Para ser universal é preciso deixar de ser nacional? Eu precisava viajar à Europa, nesse fim de caminho, para entender de que maneira, no velho continente, pátria da cultura ocidental e de seus valores, deixamos de querer ser mainstream.

16. A cultura antimainstream da Europa

Aos 41 anos, Jonathan Karp, conhecido como "Jon", é a estrela do mundo editorial americano. Sou recebido por ele numa longa sala de reuniões refrigerada, onde podem se acomodar mais de cem pessoas. Ele é o "editor in chief", uma espécie de diretor editorial, da Random House, a maior editora americana de livros (informa-me Karp: "a maior editora do mundo"). Estou no número 1.745 da Broadway, em Nova York, na esquina da 56th Street, três quarteirões ao sul do Central Park. No imenso saguão da Random House Tower, sede do grupo, milhares de livros estão expostos em cubos de vidro empilhados até o teto, apresentando uma visão espetacular da produção editorial da casa. O título mais conhecido com 60 milhões de exemplares vendidos em 44 línguas é o *Código Da Vinci* de Dan Brown.

"Publicamos de três a cinco mil livros por ano", esclarece Karp, com uma precisão impressionante. "Somos uma editora mainstream, e estamos preocupados com os best-sellers." Jonathan Karp visa particularmente os "instant" ou "runaway best-sellers" (os que agradam a todo mundo, dos dois lados dos Estados Unidos). Explica-me que também publica autores menos conhecidos, mas de grande potencial, quando considera que o livro pode alcançar o "tipping point" (expressão famosa no mundo editorial americano e nos setores de marketing, designando o ponto de virada a partir do qual um produto se torna desejável em massa

MAINSTREAM

e viciante). Fica atento também aos livros que podem ser adaptados por Hollywood e que, exatamente por este motivo, muitas vezes tornam-se objeto de uma "opção" por parte de um estúdio, antes mesmo de serem publicados. Fora de questão, contudo, publicar uma monografia ou um livro que não tenha uma história: às "novels", romances tediosos, ele prefere as ficções, e aos livros acadêmicos, com um ponto de vista, argumentos e análises, que deixa para as editoras universitárias, ele prefere o que gosta de chamar de "pop books".

O instinto meio editorial, meio comercial de Jonathan Karp e sua capacidade de identificar os livros mais mainstream de "fiction" ou "narrative fiction" (um relato documental ou um ensaio contando uma história que os leitores possam seguir do início ao fim) valeram-lhe elogios do meio profissional. "Eu não cuido dos livros editados pelo grupo", explica, no entanto, Jonathan Karp, "mas apenas dos que são publicados especificamente pela Random House, com seu próprio selo". Na verdade, ele trabalha para a editora conhecida no meio como "Little Random", o selo Random House no interior do grupo Random House.

Nos Estados Unidos, como na maioria dos países ocidentais, a indústria do livro é organizada pelo sistema de "imprints", ou selos No interior de um mesmo grupo, convivem várias editoras, aparentemente independentes, com seu próprio nome. Na Random House, por exemplo, existe uma centena de selos, como Alfred Knopf, Ballantine, Bantam ou Pantheon Books, e cada uma dessas editoras publica cerca de uma centena de livros por ano. "Em geral, o selo preserva uma forte identidade editorial: é nesse nível que é feita a seleção de autores, que são coordenados o marketing, a publicidade e as relações com a imprensa. Os homens-chave dos selos são os editores. Em compensação, tudo que diz respeito ao 'back-office' é gerado pela Random House, a matriz." O que Karp chama de "back-office" abrange a produção, a impressão, a distribuição, as vendas, a estocagem de livros, a contabilidade, as questões jurídicas e os direitos derivados (vendas no exterior, plataformas digitais, vendas em e-Books e Kindle, adaptações audiovisuais). "Na esfera da matriz, os homens-chave são os 'numbers people', os que cuidam dos números", prossegue Karp. Pelo que se diz nos Estados Unidos, esse sistema misto favoreceria a liberdade de criação e a diversidade de títulos do selo, assim como a economia de escala, associada à distribuição em massa, no interior do grupo. Por um lado, a quase autonomia de uma start-up, por outro, o poder de impacto de uma multinacional. Esse modo de funcionamento, característico das indústrias criativas, é encontrado igualmente nas majors da música, com os "labels" (Columbia Records, Arista ou RCA são labels da Sony, por exemplo) ou nas "unidades especializadas" dos estúdios hollywoodianos (Focus Features na Universal, New Line Cinema na Warner). E os grupos editoriais americanos têm seus selos, como Simon & Schuster ou The Free Press na Viacom, HarperCollins na News Corp.

Desde nossa primeira conversa, a estrela do mundo editorial americano, Jonathan Karp, que ficou na Random House durante 16 anos, demitiu-se para se transferir para o grupo concorrente, a Warner Books, ramo editorial da gigante Time Warner. A sede do grupo fica mais ao sul, no número 1271 da Avenue of the Americas, na mesma torre que a revista *Time*. Karp foi nomeado presidente de um novo selo criado por ele próprio: Warner Twelve. "Nós publicamos livros demais e não encontramos tempo para cuidar deles. Vem daí o nome desse selo, no qual passei a publicar apenas doze livros por ano", explica agora Jon Karp.

Assim funciona a edição americana. E no entanto nenhum desses dois gigantes do mundo editorial além-Atlântico, nem a Random House nem a Warner Books, é americano realmente. A Random House, a maior editora dos Estados Unidos, pertence ao gigante alemão da mídia Bertelsmann. Quanto à Warner Books, foi comprada em 2006 pelo francês Hachette Book Group (Lagardère), e o selo Warner Twelve de Jonathan Karp passou a se chamar simplesmente Twelve. Duas das principais editoras americanas são na verdade europeias.

"Nós somos muito descentralizados. Tentamos encontrar a necessária sinergia, mas a edição de livros continua sendo uma atividade muito artesanal. A concorrência interna é sadia", explica Arnaud Nourry, diretor-presidente da Hachette Livre. Por sua vez, Axel Gantz, editor de sucesso e um dos representantes da Bertelsmann na França, conversando comigo longamente num trem-bala, confirma: "A Bertelsmann tem uma filosofia de total descentralização, todas as decisões são tomadas no nível daqueles que estão realmente com a responsabilidade". Na Alemanha, na sede da Bertelsmann, onde eu não sou recebido e onde as raras pessoas com quem consigo conversar só falam sob condição de não serem identificadas, fico sabendo que "a Bertelsmann é uma multinacional extremamente descentralizada, cada unidade tem total liberdade para conduzir seus negócios; só a estratégia e a política de investimentos são coordenadas". A matriz, Bertelsmann, administrada por uma fundação familiar e sem cotação na bolsa, não quer controlar nem coordenar a política editorial da Random House, como tampouco dirige os programas da RTL, do Channel 5, da M6 ou da Fun Radio, igualmente pertencentes ao grupo. "O verdadeiro patrão da Bertelsmann durante quase sessenta anos, Reinhard Mohn, recentemente falecido, encarnava uma espécie de sobrevivência do modelo capitalista renano: familiar e regionalizado. Cada ramo, assim, é extremamente autônomo, e cada empregado tem suas responsabilidades, graças a uma cultura de parceria entre a direção e os empregados", explica-me um dos membros do conselho fiscal da Bertelsmann. Embora eu não tenha obtido confirmação prática desse modelo salarial idílico, é verdade que a descentralização é bastante acentuada nos ramos do grupo que visitei, em Praga, Paris e Nova York. "Não precisamos pedir sinal verde à Bertelsmann. Eles não nos controlam na frente editorial nem em nossas decisões comerciais, mas apenas nos rendimentos e resultados de vendas", confirma, em Praga, Jan Knopp, diretor de marketing da editora Euromedia, que pertence à Bertelsmann.

Com isso, os livros e jornais editados pela Bertelsmann, as músicas comercializadas por sua filial BMG Publishing, os programas de televisão e rádio do grupo não são alemães — muitas vezes, sequer europeus. A Random House é uma editora inteiramente americana.

A Europa dos 27 países reunidos na União Europeia é um continente vasto e extraordinariamente diverso que mereceria um trabalho voltado exclusivamente para seus meios de comunicação e sua cultura do divertimento. Seria necessário descrever o papel crucial da BBC no mundo, o império Berlusconi no contexto italiano, analisar detalhadamente as multinacionais francesas Vivendi e Lagardère, as britânicas EMI e Pearson, a espanhola Prisa, a portuguesa SIC, a romena CEM e tantas outras. Em certa medida, realizei essa investigação nesses diferentes grupos, mas sua descrição, repetitiva, e podendo ser lida em outras obras, seria aqui fastidiosa. Sendo assim, preferi privilegiar neste capítulo europeu final uma abordagem oblíqua, mais defasada e impressionista, girando em torno de cinco narrativas: os paradoxos do sucesso do video game francês, o retorno dos tchecos à Europa, as tensões culturais na Bélgica, o papel de Londres e Paris como capitais da música africana e, finalmente, nos confins do continente, as expectativas europeias da Turquia, entre a americanização e a islamização.

Isolado, cada um dos países europeus não pesa muito nos fluxos de conteúdos internacionais, embora o Reino Unido, a Alemanha e a França deles participem. Mas a Europa dos 27 é forte, ocupando o segundo lugar, depois dos Estados Unidos, nas exportações de conteúdos. Sobretudo, os europeus trocam produtos e informação entre si, e de maneira significativa, conferindo real consistência ao mercado interno do entretenimento europeu. Mas o sucesso para por aí. As importações de conteúdos da Europa, sobretudo provenientes dos Estados Unidos, superam suas exportações, o que torna a balança de pagamentos europeia muito deficitária em matéria de cultura e informação (ao passo que é amplamente superavitária para os americanos). E as estatísticas mostram um constante declínio das exportações de música, programas de televisão e filmes europeus (o livro resiste melhor) há cerca de dez anos, a um ritmo de -8% por ano. Em face da Europa dos 27, os cinquenta estados americanos protagonizaram nesses mesmos setores um avanço de cerca de 10% ao ano. Grosso modo, a Europa que vê declinar sua difusão tornou-se o maior importador de conteúdos do mundo, ao passo que os Estados Unidos, cuja difusão explode, são atualmente, de longe, os maiores exportadores de imagens e som — e essas exportações têm como destino sobretudo a Europa. Como chegamos a esse ponto? É essa pergunta que este capítulo tenta responder.

MAINSTREAM

O sucesso enganador do vídeo game europeu

Zhabei. Quando eu procurei saber onde eram desenvolvidos os jogos *O tigre e o dragão* e *Brothers in Arms* do estúdio francês Ubisoft, fui encaminhado nessa direção. Inicialmente, achei estranho esse nome, Zhabei. Em qual distrito de Paris ou em qual cidade do interior da França ficaria Zhabei?

A Ubisoft é um dos gigantes do vídeo game, e é europeia. Seus rendimentos estão em forte crescimento, como os dos concorrentes, a americana Electronic Arts e os estúdios Blizzard e Activision (estes dois pertencendo agora ao gigante francês Vivendi). Esse sucesso econômico dos jogos de vídeo game é explicado sobretudo pela ascensão dos jogos na Internet, das assinaturas de produtos multijogos e da conexão total dos consoles de nova geração com a Internet. O Xbox 360 (da americana Microsoft), o PlayStation 3 (da japonesa Sony) e o Wii (da japonesa Nintendo) são autênticos produtos multimídia. Face ao sucesso dos jogos da Ubisoft e da Vivendi Games, eu tentei entender o segredo do "French touch" no ramo, no qual as empresas francesas são atualmente as líderes mundiais. E foi assim que descobri Zhabei.

Zhabei é um subúrbio do norte de Xangai, uma zona industrial high tech conhecida como Shanghai Multimedia Valley. Uma Silicon Valley em miniatura, que estaria preparando o futuro de um país mastodonte? Não, uma ilustração concreta da transferência das indústrias criativas europeias para a China.

Tendo ao lado Marsupilami, o tigre-macaco de pelúcia, e o cão amarelo Martin Matin, Zhang Ian Xiao é o presidente da Fantasia Animation, empresa privada de produção de filmes de animação, desenhos animados e vídeo games na qual vou parar meio por engano, pouco antes de visitar a Ubisoft. Ex-diretor da superoficial Shanghai Television, a paixão de Ian Xiao sempre foi a animação e o "esporte eletrônico" (entenda-se: os video games). "O nome da minha empresa é uma mistura da palavra 'fantasia' com a palavra 'Ásia'", explica Zhang Ian Xiao em seu escritório de Xangai. A Fantasia Animation realiza desenhos animados e jogos encomendados por numerosos produtores e editores europeus.

A uma centena de metros da Fantasia Animation encontram-se o Magic Motion Digital Entertainment, um dos maiores estúdios de animação em 3D da China, a Game Center, uma das principais empresas de video games da região, e, um pouco mais adiante — finalmente —, a extensão "offshore" da francesa Ubisoft. Nela são desenvolvidos vídeo games como *O tigre e o dragão* e *Brothers in Arms*.

"Os empregados são muito bem pagos aqui, melhor que em outros lugares de Xangai", explica um dos dirigentes do estúdio. Eles ganham entre 1.500 e dez mil iuanes RMB por mês (entre 150 e 950 euros). É o dobro de um salário normal para esse tipo de trabalho em Xangai. Em euros, no entanto, é menos que o salário mínimo na França ou nos Estados Unidos, e sem encargos sociais. (Questionados longe do patrão, vários empregados me dizem que o salário médio é inferior a quatro mil iuanes RMB, o equivalente a quatrocentos euros por mês.) O sucesso comercial da Fantasia Animation, da Magic Motion, da Game Center e da extensão chinesa da Ubisoft se explica por essa mão de obra ao mesmo tempo altamente qualificada e incrivelmente barata, o que encanta os europeus. Como ainda é necessário muito "tempo/homem" para produzir um filme de animação ou um video game, mesmo na época digital, as empresas ocidentais que mantêm o controle dos roteiros e do marketing, no início e no fim do processo, terceirizam inteiramente o resto, ou seja, toda a produção de seus filmes e jogos, entregado-a a empresas chinesas como estas que estou visitando em Zhabei.

Percorrendo as instalações da Ubisoft e da Fantasia, encontro centenas de jovens chineses amontoados em antigos depósitos que parecem ao mesmo tempo largados, a julgar pelo estado geral dos prédios, e ultramodernos, levando-se em conta o número e a qualidade dos computadores. Em cada sala, em cada andar, engenheiros, técnicos, roteiristas, desenhistas, criadores de imagens desenham, colorem, criam. Parecem apaixonados, entusiastas. De jeans e tênis Nike, têm todos menos de 30 anos. Cada um em seu "cubicle", ao mesmo tempo com os outros em "open space" e em sua própria bolha, ouvindo rap americano ou pop em mandarim num iPod, uma Coca Zero sobre a minúscula mesa de trabalho luminosa.

Na Fantasia Animation, sou levado a visitar um escritório conhecido como "zona", onde os chefes de projetos entram em contato com seus clientes europeus, consultando-os para que aprovem, em inglês, as produções, à medida que avançam: o telefone é usado bem cedo pela manhã ou tarde da noite, para levar em conta a diferença de fuso. Na Ubisoft, esse diálogo internacional também existe, mas me surpreendo ao constatar que ele não se direciona para oeste e para a Europa, mas na direção leste, sobre o Pacífico: os chefes de projetos recebem suas ordens em americano, e encomendas chegam regularmente dos Estados Unidos pela Fedex Worldwide. Todo mundo trabalha "à americana". Acabo de descobrir que os clientes da Ubisoft, um estúdio francês, não estão localizados em Paris, mas na América do Norte (em Vancouver, Montreal e Quebec, no Canadá, assim como no Texas e na Carolina do Norte, nos Estados Unidos). E por sinal, os recentes sucessos da Ubisoft são caricaturalmente americanos: *Assassin's Creed 2*, *Avatar*, para não falar das adaptações dos romances de Tom Clancy para video game. Quanto a *Prince of Persia*, jogo baseado nos contos das *Mil e uma noites*, será levado ao cinema em 2010 pela Disney.

O "french touch" nos vídeo games é portanto muito relativo. Como na relação da Bertelsmann com a editora Random House ou da Sony com a major Columbia, os franceses talvez tenham os mais importantes estúdios de vídeo games, o que no entanto não é suficiente para transformá-los em jogos franceses. E o que se aplica à Ubisoft vale ainda mais no caso da major francesa Vivendi Games, que comprou em 2007 o gigante americano Activision e o estúdio californiano Blizzard (editor do célebre jogo "maciçamente multijogos" *World of Warcraft*). Desde então, a Vivendi é a líder mundial dos vídeo games. Mas será que seus conteúdos são franceses ou pelo menos europeus? "Nossos jogos são imaginados, desenvolvidos e comercializados nos Estados Unidos", confirma um diretor da Blizzard entrevistado em Irvine, perto de Los Angeles. "O fato de pertencermos a uma multinacional francesa não tem qualquer repercussão nos produtos que elaboramos. Na melhor das hipóteses, os jogos têm uma certa sensibilidade asiática, pois muitos jogos são produzidos na Ásia, mas em caso algum se poderia dizer que

A CULTURA ANTIMAINSTREAM DA EUROPA

têm uma sensibilidade europeia. E de qualquer maneira, eu não sei o que isso poderia dizer." O Blizzard tinha um estúdio na França antes de ser comprado pela Vivendi, mas desde então o fechou.

Mais tarde nesse mesmo dia, em Zhabei, sou convidado a almoçar com as equipes da Fantasia, da Magic Motion e da Ubisoft. Tento compreender a situação jurídica dessas empresas off-shore, que me foge ao entendimento. No início da refeição, explicam-me que se trata de empresas "privadas": grosso modo, a "economia socialista de mercado" chinesa seria antes de mais nada uma forma de capitalismo. Aos poucos, entendo que essas empresas "também" estão ligadas ao Shanghai Media Group, imenso conglomerado público reunindo dezenas de televisões e rádios oficiais e estúdios de cinema de propriedade da cidade de Xangai. A "economia socialista de mercado" chinesa também é, portanto, um centralismo autoritário socialista. Privadas? Públicas? Eu insisto, para entender os vínculos entre essas sociedades e de que maneira podem ocorrer transações financeiras com a Europa e os Estados Unidos, que suponho substanciais. Na China, é preciso saber esperar e voltar a fazer a mesma pergunta periodicamente, em todas as etapas de uma entrevista, sem insistir, mas sem nunca desistir, até finalmente obter a resposta. No fim do almoço, meus interlocutores explicam que de fato cada uma dessas empresas irmãs funciona com firmas "passarelas" sediadas em Hong Kong, que se incumbem das transações financeiras. "Para promover a entrada de dinheiro, a empresa e o banco de Xangai funcionam bem; mas quando precisamos fazer com que ele saia, para comprar material, investir ou fazer coproduções, dependemos da empresa de Hong Kong." Eu não conseguiria mais detalhes sobre os vínculos entre as empresas públicas chinesas e suas firmas de fachada em Hong Kong. Mas entendo que, para manter os fundos seguros, evitar os limites sobre movimentos de capitais internacionais estabelecidos por Beijing e efetuar transferências importantes de capitais internacionalmente, Hong Kong é incontornável.

Ao deixar Zhabei e o Shanghai Multimedia Valley, encontro um grupo de mulheres de idade que parecem em situação de grande privação e se manifestam pacificamente. Peço à intérprete que me explique o que está escrito nos cartazes e o que elas reivindicam. Diariamente, essas mulheres fazem seu protesto diante das sedes modernas das empresas pró-ocidentais. O motivo? Essas empresas foram construídas sobre sua aldeia, sobre suas terras. Elas foram expulsas. Exigem reparação e indenização financeira. Há meses as mulheres idosas e pobres se manifestam dessa maneira, em meio a um silêncio geral e a um frio glacial e seco. Elas são as vítimas colaterais das transferências territoriais de empresas europeias.

Uma cultura pan-eslava na Europa central?

Estejam produzindo vídeo games, na Ubisoft ou na Activision, publicando livros, na Random House ou no Hachette Book Group, difundindo música, pela EMI (major do disco que pertence a vários fundos britânicos de investimento) ou a Universal Music (que pertence à francesa Vivendi), os europeus só raramente produzem cultura mainstream "europeia". Na melhor das hipóteses, essas multinacionais alemãs, francesas ou inglesas produzem, não raro com sucesso, bens e serviços "nacionais" para seus mercados internos, e que são poucos exportados, mesmo na Europa; no resto do tempo, elas fabricam para o mercado internacional simplesmente um entretenimento mainstream americanizado. E quando viajamos pela América Latina, o Oriente Médio ou a Ásia e conversamos com os representantes locais das majors europeias de música EMI e Universal, ficamos surpresos ao ouvir que as questões artísticas são tratadas pelos escritórios de Nova York, Miami ou Los Angeles — quase nunca pelos de Paris ou Londres. Por exemplo, Pascal Gaillot, diretor da major inglesa EMI para o Oriente Médio e o norte da África, conversando comigo em seu escritório em Dubai, confirma: "Eu dependo de Londres nas questões financeiras, mas de um americano, Billy Mann, o diretor de A&R da EMI, baseado em Nova York, nas questões artísticas". E Gaillot explica que, à exceção da música estritamente britânica, todas as decisões artísticas da EMI são tomadas em Nova York, seja para a América Latina, a Ásia, o Oriente Médio, a África ou a Europa. Em Paris, Pascal Nègre, o poderoso diretor-presidente da Universal Music France,

A CULTURA ANTIMAINSTREAM DA EUROPA

reconhece que a sede do grupo está em Nova York. Por quê? "É muito simples: porque os Estados Unidos são o maior mercado para a música. Ao mesmo tempo, a Universal é uma major francesa, pois seu acionista é francês", explica Nègre. Seu colega José Eboli, diretor-presidente da Universal Music Brasil, entrevistado no Rio, confirma que as decisões artísticas para o Brasil são tomadas em Miami e depois em Nova York. As majors do disco podem ser europeias, mas as decisões artísticas são tomadas nos Estados Unidos.

Para entender essa situação e a fragilidade da cultura "comum" dos europeus, fui investigar em Praga, Londres, Roma, Madri, Bruxelas e Copenhague. E em toda parte encontrei mais ou menos a mesma coisa: uma cultura nacional fecunda, muitas vezes de qualidade, às vezes popular, mas que não é exportada; e, diante dela, uma cultura americana onipresente que constitui o "resto" da cultura. Não estou falando de arte ou da cultura histórica, muito menos dos valores carreados pela cultura: falo de produtos culturais, da cultura de massa, da cultura dos jovens. Essa cultura europeia comum não existe mais. A única cultura mainstream comum aos povos europeus passou a ser a cultura americana

"Antes da revolução e da queda do comunismo em 1989, era proibido ver um filme americano aqui. Hoje, é mais ou menos o contrário: é proibido não ver um filme americano", explica, irônico, Martin Malík, que dirige o escritório da Warner Bros na República Tcheca.

Estou no número 13 da rua Soukenická em Praga. Na sede da Warner, todo mundo é de nacionalidade tcheca, mas trabalha para os americanos. Martin Malík: "A bilheteria tcheca, como em qualquer parte da Europa, é ao mesmo tempo nacional e americana. E se exceutarmos alguns filmes especiais, muitas vezes alemães, como *Adeus Lenin* ou *A vida dos outros*, o cinema europeu quase já não existe mais na República Tcheca". Frente aos blockbusters hollywoodianos, o cinema nacional até que se aguenta bem. Nos últimos anos, a produção tcheca chegou inclusive a aumentar, e os filmes locais alcançam mais de um terço do mercado nas bilheterias (na Europa, é a segunda cinematografia a ter resultados tão bons em seu próprio território, depois da França). Mecanicamente, à medida

MAINSTREAM

que a produção nacional tcheca aumenta, diminui o espaço do cinema americano, embora continue acima de 50% e não raro de 60% das bilheterias. Como se explica esse sucesso tcheco? "Nosso cinema é popular graças às comédias, especialmente o que se costuma chamar de 'teen comedies', que fazem enorme sucesso entre os jovens. Mas muitas vezes se trata de simples adaptações para o cinema de formatos americanos, como se fossem *American Pie* ou *Rent* desnaturados", explica a crítica de cinema Irena Zemanová. "Existe também todo um cinema nacional popular que abarca comédias de família, comédias românticas, muitas vezes com temas extremamente provincianos e até rurais. O sucesso é grande em casa, esse cinema agrada a nosso presidente nacionalista, mas é muito limitado e sobretudo impossível de exportar", comenta, por sua vez, Steffen Silvis, crítico de cinema no *Prague Post*.

O "retorno à Europa", slogan da revolução de 1989, não se traduziu muito no plano cultural. À exceção dos eslovacos, os tchecos não têm muito intercâmbio com os vizinhos mais próximos, muito pouco com os alemães, nada com os poloneses e raramente com os vizinhos mais afastados, húngaros, eslovenos, croatas e romenos. Quanto aos dirigentes tchecos atuais, a começar pelo presidente eurocético Václav Klaus, o fato é que se recusam a aceitar que a identidade nacional de certa forma seja dissolvida no conjunto europeu. Todos tendem a preferir, à cultura europeia, a cultura nacional ou, no pior dos casos, a cultura americana. "Apesar de ser muito nacionalista, o presidente Klaus aceita muito bem a penetração do cinema americano: Hollywood vende o sonho americano, que é feito de individualismo, e não de justiça social, valores familiares e fraternidade. É exatamente esta a política nacionalista de Klaus", explica-me, em Praga, o crítico de cinema Michal Procházka. O redator-chefe do *Prague Post*, Frank Kuznik, confirma essa tendência, ao mesmo tempo que a relativiza: "Em 1989, os tchecos quiseram se reintegrar ao 'Oeste'. Vinte anos depois, percebem que o 'Oeste' não corresponde a sua identidade, exatamente como o comunismo não correspondia. Por eurocético e protecionista que se mostre, o presidente Klaus aspira a uma reindigenização da cultura tcheca, que podemos observar na música e no cinema: não é uma ocidentalização nem uma americanização

A CULTURA ANTIMAINSTREAM DA EUROPA

nem uma revivescência do pan-eslavismo, mas simplesmente a volta da cultura tcheca. Mas se esse fenômeno é muito sensível nas pessoas que eram adultas antes de 1989, como as que votaram em Klaus, não se verifica tanto assim entre os jovens, literalmente fascinados pelo cinema americano". A crítica de cinema Irena Zemanová é ainda mais clara: "Evidentemente, a cultura mainstream na República Tcheca é americana, e a dos jovens é quase totalmente americanizada".

Na Europa central, é provável inclusive que a influência dos americanos seja mais forte do que se imagina. Pois muitas vezes os estúdios investem nos filmes nacionais através de um sutil sistema de coproduções, e desde 1989 Praga é um laboratório para Hollywood. "Muitos filmes tchecos são produzidos com investimentos americanos, o que se percebe nos roteiros", comenta Martin Malík na sede da Warner Bros. em Praga. Como além disso os estúdios tchecos oferecem uma boa relação qualidade-preço, as majors americanas também vêm rodar seus próprios filmes. Finalmente, não podemos deixar de ver que o cinema tcheco pode ser forte em casa, mas não é exportável. Como em qualquer país, existe um cinema nacional, mas "the other cinema" (o outro cinema) continua sendo americano. "Os tchecos sabem fazer filmes para os tchecos, mas só os americanos sabem fazer filmes para o mundo e para todo mundo", conclui Martin Malík.

Dias depois, em busca de um outro ponto de vista, visito o principal distribuidor de filmes da República Tcheca, o gigante local Bonton Film Entertainment. Estou na avenida Nádrazní, na sede do grupo, em cima de um enorme shopping-mall de um subúrbio do sudoeste de Praga. A Bonton Film foi privatizada na revolução, e desde 1989 tornou-se incontornável na distribuição de filmes nacionais e americanos. "Nos grandes mercados, como a Alemanha e o Reino Unido, os estúdios americanos entram em concorrência e portanto abriram seus próprios escritórios. Mas nos países pequenos, nos mercados ditos secundários, como Portugal, Romênia ou nosso país, eles são solidários e se apoiam mutuamente: criaram joint-ventures para distribuir seus filmes e se associam a empresas nacionais como a nossa para estar mais próximos", explica-me Ales Danielis, responsável pela distribuição cinematográfica na Bonton Film Entertainment. Danielis distribui com exclusividade os filmes da Universal, da Paramount e da Fox, enquanto seu concorrente, a Falcon Films, distribui a Disney e a Columbia. Mas o que Danielis não diz é que, para que essa concessão de exclusividade seja renovada anualmente, ele é obrigado a aceitar todos os filmes produzidos pelos estúdios hollywoodianos durante um ano, o que inclui naturalmente os blockbusters, mas também os filmes menos populares ou mais medíocres, em obediência ao princípio do "block-booking". Esse sistema de cartelização é proibido nos Estados Unidos desde 1948, mas continua sendo imposto pelos americanos na Europa central e oriental.

Com esse duplo movimento de investimento maciço nas coproduções locais e saturação do mercado mediante acordos contrários à concorrência, os americanos pretendem manter-se no domínio da bilheteria nessa que chamam estranhamente de "zona EMEA". Num estudo sobre o "Global Entertainment" da empresa americana PricewaterhouseCoopers, que me é mostrado em Praga, constato, com efeito, que, vistos dos Estados Unidos, todos esses "pequenos países" são classificados, sem distinção, nesse mesmo grupo EMEA, que remete a nada menos que "Europe, Middle-East & Africa". A MPAA também se vale dessa categoria.

O poderio dos Estados Unidos no cinema manifesta-se igualmente no resto da cultura mainstream na República Tcheca. Na edição de livros, 60% das traduções são feitas do americano (o resto, do alemão, em 20% dos casos, do francês, em 6%, e do russo, em 2%). "Nós traduzimos essencialmente do americano e quase nada mais do russo. Grosso modo, passamos de repente do russo para o inglês em 1989", confirma Denisa Novotna, uma das diretoras da editora tcheca Euromedia, pertencente ao gigante Bertelsmann. Visitando uma das principais livrarias da cidade, na Praça Venceslau, surpreendo-me ao encontrar seções estrangeiras em alemão, inglês e até em francês, aparentemente indicando diversidade cultural, mas quando me aproximo mais constato que em sua maioria os títulos são idênticos, muitas vezes best-sellers americanos traduzidos em diferentes línguas.

Na música, os grupos anglo-saxões estão em situação de igualdade com o rock local, que passa por uma revivescência tanto mais dinâmica por ter sido proibido antes de 1989, pois os cabelos longos assustavam os comunistas. Mas as casas de shows programam pouco os grupos europeus: as principais atrações são tchecas ou anglo-saxônicas (existem alguns britânicos). Quanto aos programas de televisão, são ainda mais americanizados, muitas vezes adaptações tchecas de séries de sucesso e programas formatados. "Na época do comunismo, a televisão transmitia muitos filmes de Bollywood e séries de Hong Kong, produtos mais baratos e politicamente inofensivos. Agora, esses produtos exóticos são reservados a alguns festivais, e o que se vê são sobretudo programas americanizados", comenta o crítico de cinema Michal Procházka.

Na verdade, a cultura americana avança à custa da cultura europeia e das "outras" culturas, mas não enfraquece muito a cultura tcheca. "A cultura europeia existiu, e nós sonhávamos com ela antes de 1989. Mas desde a revolução descobrimos que era uma ilusão: já não existe muito uma cultura comum atualmente na Europa central e oriental. Somos todos egoístas: procuramos ter uma relação específica com Berlim, com Londres ou com os Estados Unidos, e não com os vizinhos. Os tchecos, que são totalmente ateus, olham os poloneses, que são majoritariamente religiosos, com desconfiança; detestam os eslovacos; e não falam com os húngaros. Quem quer ver um filme húngaro aqui? Ninguém! É difícil formar uma cultura comum com os vizinhos quando não se fala com eles. E os beneficiários desse egoísmo europeu são os americanos", confirma o crítico de cinema do *Prague Post*, Steffen Silvis.

Resta o fato de que o verdadeiro perdedor desde 1989, em matéria de trocas culturais na Europa central, é antes de mais nada a Rússia. "O que desapareceu com a queda do comunismo foi a cultura 'pan-eslava'", explica Tomás Hoffman, diretor da produtora Infinity. "Não temos mais nenhuma relação com eles. Pelo menos estamos todos de acordo nesse ponto, entre os tchecos mas também os eslovacos, os húngaros e os romenos. Não queremos mais ouvir falar dos russos. Eles não nos causam mais medo, simplesmente se tornaram inexistentes. Estamos pouco nos importando com eles. A Rússia não representa mais uma referência cultural para os tchecos. O vazio deixado pelos Coros do Exército Vermelho foi preenchido pela MTV Europa."

A libanização da cultura europeia

Várias passagens recentes pela Bélgica e a Comissão Europeia constituí-ram para mim nova ilustração das fragilidades da cultura europeia. Em matéria de divertimento, eu não estava mais em Bruxelas, mas em Beirute.

Na capital belga, valões e flamengos sustentam uma guerra de trincheiras: aqueles têm medo do "opressor holandês" (a expressão é uma citação exata de um de meus interlocutores francófonos em Bruxelas), estes rejeitam uma Bélgica que nega sua cultura e sua língua. Por sinal, um dos primeiros terrenos em que se deu a partilha comunitária foi a cultura, e não existe, naturalmente, um Ministério da Cultura belga (federal). Em seu lugar: três ministérios, um para os francófonos, um para os flamengos e até um para a pequena comunidade germanófona; para não falar dos ministros delegados no setor cultural, incumbidos da região de Bruxelas (um para os francófonos, um para os flamengos e um para os projetos bilíngues). O que dá um total de seis ministros!

Visitando Alain Gerlache, ex-presidente da RTBF, a rádio-televisão pública francófona, e Peter Claes, um dos diretores da VRT, a televisão belga de fala flamenga, pude ver concretamente o que significava essa guerra de posições. As duas redes têm sede no mesmo prédio, mas cada uma tem sua entrada, seu serviço de segurança, seus estúdios e o longo corredor que as separa parece o muro de Berlim. Ao convidar Peter Claes a me acompanhar na "zona francófona" — aonde ele nunca fora —, esse jovem inteligente começou a comparar a qualidade das poltronas, dos distribuidores de bebidas, dos estúdios. No caso dos estúdios, de acordo com nossa comparação, é a VRT que leva vantagem; no das poltronas, a RTBF se sai melhor; e quanto aos alimentos, houve naturalmente debate entre nós dois. Peter Claes, é claro, estava brincando. Mas quando retornamos à VRT ele me fez pensar nos cristãos de Beirute que se sentem seguros ao voltar para casa em Ashrafieh, a zona cristã, depois de uma visita — rara — a Haret Hreik, o bairro do Hezbolah.

"O que me agrada no cantor Arno é que ele nos diz: 'A Bélgica é um país pequeno, não somos pretensiosos como os franceses nem egocêntricos como os ingleses, e temos de nos contentar com o que temos'. Desse modo, ele, que é flamengo, canta em francês e holandês", conta Peter Claes, da VRT, num francês perfeito. "De um lado estão os flamengos, que criticam os francófonos por sua cultura pretensiosa e arrogante, como no caso dos irmãos Dardenne; do outro, os francófonos, que rejeitam o cinema flamengo americanizado e seu pop nórdico de vikings", suspira Alain Gerlache, ex-presidente da RTBF, um francófono que fala flamengo. Gerlache, por sinal, foi o roteirista de um belo documentário intitulado *Bye Bye Belgique*: como na *Guerra dos mundos* de Orson Welles, os programas da RTBF são interrompidos de repente para o anúncio de que os flamengos fizeram secessão; transmitido ao vivo pela televisão, com entrevistas de políticos de verdade e reportagens falsas, o filme causou sensação — e talvez não fosse tanto assim uma ficção.

"Entre flamengos e francófonos, não é uma guerra, é pior que guerra", provoca Peter Van Der Meersch, redator-chefe do *Standard*, o principal diário belga de língua flamenga. "Nosso problema passou a ser a indiferença. A população de fala flamenga sequer se interessa pelo que os francófonos fazem, e vice-versa. Temos duas culturas e duas televisões nacionais, mas o mais grave, agora, é que também temos duas opiniões públicas. As pessoas não se falam mais."

Flamengo, Jan Gossens, o diretor do KVS, importante centro cultural de fala flamenga em Bruxelas, compartilha esse ponto de vista: "O flamengos são obcecados com a ideia de construir sua nação e afirmam que a Bélgica é uma nação artificial. De minha parte, prefiro pensar que somos todos produtos de identidades múltiplas, e não congeladas. E no momento é o inglês — e não o francês, nem o flamengo — que está levando a melhor e se tornando a língua dos belgas".

A cultura americana avança no terreno das divisões europeias. Aos poucos, a única cultura comum dos belgas tende a se tornar a americana — à exceção, claro, de *Tintin*, a história em quadrinhos que é lida dos dois lados

MAINSTREAM

da linha Maginot. Mas, justamente, Steven Spielberg pretende adaptá-la para Hollywood. Temos então a América se reapropriando do símbolo belga, como se reapropriou do kung-fu e do panda dos chineses. Enquanto isso, alguém teve a ideia, em 2008, de pôr a Bélgica à venda no eBay.

Toda a cultura mainstream europeia evolui atualmente para o modelo belga. Batalhas de línguas, de identidades culturais, um crescente desconhecimento da cinematografia e da música dos outros países, poucas leituras comuns, uma fragmentação comunitária e a cultura americana que, graças a essas divisões, avança inexoravelmente.

Em paralelo a essas fragilidades, quais são as forças e as chances dos europeus? Fiz a pergunta a muitos interlocutores nos quatro cantos da Europa, e as respostas formam um quebra-cabeça complicado. Em Bruxelas, um deles me disse: "Reencontrar a cultura europeia é mais ou menos como reconstituir os peixes a partir da sopa de peixes". Em Paris, o produtor e distribuidor de cinema Marin Karmitz é mais otimista: "Quais são nossos fortes? Nós somos artistas e devemos valorizar isto, valorizar a arte". Entrevistado durante a rodagem de um filme em Cinecittà, no subúrbio de Roma, o produtor italiano Sandro Silvestri considera, por sua vez, que "é a independência que caracteriza o cinema europeu, e essa independência é vital, particularmente frente à televisão, sempre dependente, e mais ainda na Itália, por causa de Berlusconi". Vários diplomatas franceses da área cultural, entrevistados em diferentes países, também pensam que "devemos continuar sendo artesãos, frente à indústria americana: é preciso assumir o que somos, nossa força está na valorização dos independentes em relação às majors, da arte em relação ao divertimento". Na Europa, com efeito, muitos apostam em nichos, na especialização, recusando a cultura mainstream. Todos brandiram a "diversidade cultural" como se brande uma arma: essa expressão-ônibus parece ter se transformado no único contrapeso ao imperialismo cultural americano. Por outro lado, muitos me falaram da África, onde os americanos não se aventuram, disseram-me, "porque não é rentável", "porque não é suficientemente rica para eles", "porque não entendem nada dela". Na África, aparentemente, os europeus são os únicos a agir. Era o que eu precisava verificar.

A CULTURA ANTIMAINSTREAM DA EUROPA

Londres e Paris, capitais da world music africana

Para ter uma ideia do atrativo que a cultura europeia continua exercendo e entender por que os fluxos musicais ainda transitam por Londres e Paris, uma viagem à África revela-se instrutiva.

Estou no carro de Étienne Sonkeng, prefeito de Dschang, cidade do noroeste de Camarões. De repente, ele pede ao motorista que pare. Um habitante de Dschang está construindo uma casa sem alvará: o prefeito desce do carro oficial, o repreende e ameaça mandar demolir a construção improvisada. "E olhe ali, também, os espaguetes", diz-me ele ao voltar ao carro. Esses mesmos "espaguetes" eram visíveis com frequência em minhas visitas ao Cairo, Xangai, Mumbai, Damasco ou aos campos palestinos de Gaza e Belém: são os incontáveis fios que ligam as casas umas às outras. "Não são para a eletricidade nem para o telefone", esclarece Étienne Sonkeng, "mas para a televisão por satélite, e também são ilegais, alimentando bairros inteiros a partir de uma única parabólica. É uma indústria pirata próspera na África, verdadeiro 'home cinema' em escala de uma cidade inteira". Fico observando esses "espaguetes", mal ajambrados e mal dissimulados, passando de uma casa a outra. Basta um assinante, e mil famílias são atendidas. Os africanos inventaram o cabo aéreo, no lugar do cabo subterrâneo. "Aqui, em Camarões, falamos quase duzentos línguas nacionais, e portanto o francês e o inglês são nossas línguas comuns. E embora os pessoas vivam em casas improvisadas, todo mundo pode ter cinquenta canais de televisão franceses, ingleses e americanos sem pagar nada", extasia-se o prefeito, que nunca pensou em sancionar os responsáveis. Não se pode construir uma casa sem autorização em Dschang — mas se pode livremente piratear todas as televisões do mundo.

No dia seguinte, estou em Yaoundé, capital de Camarões. Nos mercados, ao longo das avenidas dessa grande cidade da África central, encontramos inúmeros CDs e livros vendidos no mercado negro. Filmes da Disney em DVD mas em versão francesa, com a capa xerocada em cores; muitas comédias musicais americanas, rap de Tupac Shakur e ainda muitos cassetes de áudio. Os produtos culturais não são comercializados em lojas de discos, em livrarias ou outros revendedores: são vendidos por "salvadores", como são conhecidos em Camarões os vendedores ambulantes. Mas o fato é que, aqui, ninguém "se salva". O mercado negro é a norma, e não a exceção, e a polícia, apesar do excesso de efetivos, não se interessa muito pelos "salvadores".

A cultura da rua é central na África: é nela que é feito o comércio. Até os livros são vendidos no mercado negro, com base em exemplares xerocados, e o motivo são os preços: um livro novo custa 15 mil francos CFA, ao passo que um livro xerocado vale 4.500 francos CFA. Basta fazer a conta. Em tais condições, fica difícil conseguir alguma estatística confiável sobre os gêneros musicais da moda ou as melhores vendas de filmes ou livros.

Mal: é seu prenome autêntico (o sobrenome será omitido, por motivos óbvios). Em Yaoundé, Mal me explica o mercado negro de discos. "A pirataria de produtos culturais é uma indústria em si mesma", diz ele. "Mobiliza centenas de pessoas, da produção à distribuição e à revenda." Milhões de álbuns estão em jogo, e esse ecossistema, autêntica miniatura da indústria cultural legal, também é globalizado. Os CDs e os DVDs são fabricados na China e gravados em oficinas ilegais em Cotonou (Benin), Douala (Camarões), Abidjan (Costa do Marfim) ou Lomé (Togo) — sempre portos marítimos. Mal se abastece em Douala, o grande porto de Camarões, e todos os dias da semana, inclusive domingos, revende os CDs nas ruas de Yaoundé. "Noventa e nove por cento dos CDs vendidos em Camarões são pirateados", afirma Mal, sem nenhuma prova do que afirma, embora tudo leve a crer que a estatística seja plausível.

Os CDs são pirateados em Yaoundé? Marilyn Douala Bell, filha de um dos principais chefes da etnia bamiléké, em Douala, a maior cidade de Camarões, me explica longamente que na África toda a vida cultural é organizada em circuitos paralelos. Criam-se, por exemplo, "videoclubes", mais ou menos como cineclubes privados organizados nas residências particulares dotadas da aparelhagem necessária, sendo um compartimento isolado da luz: os habitantes do bairro são convidados para sessões pagas. Essa rede paralela compensa a raridade das salas de cinema nas cidades da África subsaariana.

*

A CULTURA ANTIMAINSTREAM DA EUROPA

Se os produtos culturais vendidos nas ruas da África são pirateados e muitas vezes americanizados, a Europa continua sendo um ponto de passagem obrigatório nos fluxos de conteúdos interafricanos. Na mais pura tradição colonial, Londres e Paris, sobretudo, desempenham um papel central nas trocas culturais, respectivamente na África anglófona e na África francófona. Mais ou menos como Miami para a América Latina, Hong Kong e Taiwan para a China e Beirute e o Cairo para o Oriente Médio, Londres e Paris são as capitais exógenas da África.

Em Camarões, encontro-me num restaurante de Yaoundé com Éric de Rosny, padre jesuíta que se tornou escritor: "Na música, aqui, há os que se inspiram na tradição e os que imitam o Ocidente, ou seja, Paris. A linha divisória na cultura popular se situa aí, entre a tradição e a Europa. Mas eu observo que cada vez mais os cantores de Camarões acrescentam palavras inglesas a suas canções em francês, para um efeito hip. É uma mudança e tanto".

Há muito tempo Londres e Paris conferem a chancela de legitimação a artistas africanos, que assim obtêm um selo "internacional" necessário para o reconhecimento. "Quando um artista fica famoso em seu país, precisa ir a Paris, para ganhar credibilidade e atingir todo o continente africano. Salif Keita, do Mali, Mory Kanté, da Guiné, Youssou N'Dour, do Senegal, Manu Dibango, de Camarões, Ray Lema, do Congo, o grupo senegalês Touré Kunda, todos esses artistas ficaram famosos na França", explica Christian Mousset, diretor do festival francês Musiques Métisses, que entrevistei meses depois no Womex, em Copenhague, o grande encontro da "world music".

Como explicar esse papel determinante da Europa na África? Seria duradouro? "Em Paris e Londres, existem estúdios de qualidade que não estão disponíveis na África, embora existam bons estúdios em Bamako, no Mali, em Abijan, na Costa do Marfim, em Kinshasa, no Congo, ou em Dakar, no Senegal. Também existem inúmeros selos, tão raros na África. Em Londres, existem festivais como o Womad, os BBC Awards no caso da World Music, o agentes, produtores e realizadores", explica Samba Sene, um senegalês de Dakar que vive em Edimburgo e com o qual também me encontro em Copenhague. A situação política e as tensões diplomáticas

MAINSTREAM

entre países não facilitam as trocas: muitas vezes é impossível organizar uma turnê pela África, pois os artistas não conseguem vistos, por exemplo, simplesmente para ir de Yaoundé a Dakar. Frequentemente as alfândegas proíbem o transporte de instrumentos e outros materiais. E a guerra civil na Costa do Marfim e na República Democrática do Congo, para não falar de Ruanda, não melhora as coisas. "A partir de Paris é possível alcançar toda a África, ao passo que não é possível sequer dialogar de um país a outro, com o vizinho mais próximo, quando se está na África", desola-se Luc Mayitoukou, diretor do Zhu Culture em Dakar (entrevistado em Copenhague). Na Europa, há também os meios de comunicação. "A partir de Paris, alcançamos todas as minorias africanas da França e todos os países da África, graças à RFI e à playlist da France Inter e da Radio Nova, e os ingleses fazem o mesmo com a BBC", confirma Claudy Siar, principal apresentador de música africana na RFI e diretor da Tropiques FM, entrevistado em Paris. E além do mais há a diversidade africana: Londres e Paris congregam minorias de toda a África, uma diversidade exógena que não existe em lugar algum do continente negro. E finalmente, claro, há o dinheiro. "Um único concerto pago em euros ou libras na Europa rende mais que todos concertos em francos CFA durante um ano na África", constata tristemente Samba Sene.

Na África, a música durante muito tempo se pareceu com a aviação. A companhia aérea Air Afrique, que permitia viajar entre os países africanos, faliu. Com isso, muitas vezes era necessário passar por Paris ou Londres para ir de uma capital africana a outra. Durante muito tempo, foi o mesmo no caso da música.

A repartição geográfica herdada do colonialismo era imutável: grosso modo, o Senegal, Camarões, a Costa do Marfim, o Congo-Kinshasa, o Mali e a África Ocidental voltavam-se para Paris (ou Bruxelas, no caso da República Democrática do Congo), ao passo que a Nigéria, a Etiópia, Gana, Uganda, a África oriental, a África austral e naturalmente a África do Sul estavam voltadas para Londres. Alguns poucos países lusófonos, Moçambique, Angola, Cabo Verde e Guiné Bissau, voltavam-se mais para Lisboa. A circulação de produtos culturais na África acompanhava caricaturalmente as línguas e a história colonial.

Mas esses fluxos fixados no tempo estão se mexendo. E o que aconteceu à Espanha na América Latina, ou seja, o lento apagar de sua presença da cartografia dos meios de comunicação e das indústrias criativas, com a ascensão de poderosos grupos como o mexicano Televisa e o brasileiro TV Globo, está acontecendo com a França e o Reino Unido na África. Em vista da completa transferência da música para o digital, que facilita a produção e a difusão local, graças ao sucesso do rap africano em todo o continente e em vista da rarefação das concessões de vistos para a Europa, os africanos começam a se organizar entre eles, sem precisar — ou sem poder — passar por Londres e Paris. Às trocas Norte-Sul seguem-se as trocas Sul-Sul.

A Internet faz com que tudo comece do zero novamente. Na África, todo músico já tem sua página MySpace, e os grupos não precisam mais dos europeus para difundir seu rap. "Basta, para eles, participar dos Hip-Hop Awards em Dakar, do festival de rap Assalamalekoum na Mauritânia, do Waga Hip Hop em Burquina Faso", explica Philippe Conrath, diretor do festival Africolor, entrevistado em Paris. A Internet revoluciona o mapa das trocas de conteúdos na África, oferecendo novas oportunidades de distribuição, o que o rap, música do "do it yourself" por excelência, multiplica por dez. Especialmente quando a globalização humana é freada pelas embaixadas europeias: "Os franceses têm uma política de vistos inadequada aos tempos da globalização, baseada no desprezo e na condescendência. Ela sanciona duramente os artistas africanos e os leva a viajar não mais a Paris, mas para Dakar ou Lagos, para o Brasil, os Estados Unidos ou a África do Sul", lamenta Claudy Siar.

Nos últimos anos, dois países se impuseram como as novas portas giratórias da África, favorecendo sobretudo a ascensão do inglês no continente: a Nigéria e a África do Sul. "As novas capitais culturais da África são anglófonas, é este o problema para Paris", comenta Luc Mayitoukou, diretor do Zhu Culture no Senegal.

A Nigéria, para começar, é um gigante da África subsaariana: é o país mais populoso do continente africano, com seus 150 milhões de habitantes, e um dos mais ricos, com uma economia dinâmica, em virtude de suas reservas de petróleo no delta do Níger. Embora metade da população viva abaixo do limiar de pobreza e a corrupção jurídica e a insegurança física sejam grandes, a Nigéria possui indústrias criativas influentes. Contração das palavras Nigéria e Hollywood, a famosa Nollywood produz desde a década de 1990 mais de mil filmes por ano. Seria, assim, o terceiro maior produtor de cinema do mundo, depois da Índia e dos Estados Unidos. Mas a comparação para por aí: a quase totalidade dessa produção, muito adequadamente batizada no país de "home video", é feita sem película nem salas de cinema. Trata-se quase inteiramente de vídeos de pequeno orçamento, com enredos rudimentares e atores improvisados, para não falar das falhas técnicas, que já ficaram famosas. Esses "home videos" são rodados em poucos dias, com orçamentos de menos de mil euros, e reservados ao consumo em domicílio, em virtude da insegurança noturna e da ausência de uma rede de salas de cinema. O preço baixo acelera a difusão e freia a pirataria. Assim, contando com atrizes sensuais, roteiros cheios de bruxaria e sexo, africanos ricos emburguesados e malvados ainda mais cruéis que na realidade (o que não é pouca coisa, nesse país), os filmes de Nollywood fazem sucesso mainstream na Nigéria e em toda África ocidental. "Os filmes nigerianos são um verdadeiro fenômeno na África negra. Se os produtores tivessem a iniciativa de legendá-los em francês, logo eles se tornariam dominantes até mesmo na África francófona", garante Rémi Sagna, diretor da Organização Internacional da Francofonia, entrevistado em Camarões. Para aumentar as exportações e as compras de direitos para a televisão, Nollywood privilegia por enquanto as produções em inglês, visando os mercados da África anglófona, especialmente a África oriental, e, claro, a África do Sul.

Pois a África do Sul tornou-se um modelo a ser imitado e o país para o qual se voltam os olhos africanos, convencidos de uma nova onda favorável Sul-Sul. "Atualmente, um artista africano dispõe de tudo de que precisa em Joanesburgo: estúdios, selos, dinheiro, uma legislação protetora em matéria de direitos autorais. Estamos nos tornando a capital da cultura, do entretenimento e dos meios de comunicação na África", afirma Damon Forbes, diretor do selo Sheer Sound, pertencente ao grupo Sheer, importante major musical sul-africana (entrevistado em Copenhague, Forbes é originário do Zimbábue e vive atualmente na África do Sul).

Com 49 milhões de habitantes e um PIB em forte crescimento, que equivale sozinho a um quarto do PIB de todo o continente, a África do Sul é hoje um país emergente, o único que pode invocar essa condição na África. Matérias-primas valiosas, especialmente metais, contribuem para esse excepcional dinamismo. Afetado pela crise de 2008, o país espera que a Copa do Mundo de futebol de 2010 volte a dinamizar sua economia.

Na área do cinema, a África do Sul pós-apartheid passou a ter crescente influência, com o recente sucesso de filmes como *Distrito 9*, *Desonra* e *Infância roubada*. Esse cinema nacional em pleno desenvolvimento na verdade é em grande medida sustentado artística, técnica e financeiramente pelos estúdios hollywoodianos, que identificaram na África do Sul um país determinante para o futuro de suas produções locais e de sua bilheteria mundial. Na música, o sucesso é ainda mais evidente. Por exemplo, o Moshito, fórum da indústria musical da África do Sul, tornou-se um influente ponto de convergência e um mercado determinante para a música africana. Os europeus começam a se dar conta dessa redistribuição de cartas, da qual podem ser as primeiras vítimas. Em janeiro de 2010, assim, a África do Sul foi a convidada de honra do MIDEM em Cannes.

Finalmente, se há um setor em que essa redistribuição de cartas mais chama a atenção, é o da batalha pelos direitos da televisão esportiva. Se tomarmos o exemplo da primeira liga inglesa de futebol, cujos direitos estão entre os mais caros e decisivos para o desenvolvimento de uma oferta de televisão paga, a África foi dividida em três: o mercado árabe, incluído o Magreb, no qual a Abou Dhabi TV abiscoitou os direitos por 330 milhões de dólares, levando a melhor sobre a Al Jazeera; a Nigéria, um mercado em si mesma, cujos direitos estão agora nas mãos do gigante nigeriano Hi-TV; e finalmente a África do Sul e o resto da África subsaariana, onde os direitos couberam à Multichoice, do grupo sul-africano Naspers. Uma repartição significativa.

MAINSTREAM

"Nosso problema é que ainda nos falta massa crítica. O mercado interno sul-africano é insuficiente, ainda mais por ser fragmentado, num país que tem 13 línguas oficiais. Precisamos, assim, voltar-nos decisivamente para a exportação. Para a África? As vendas no continente são fracas, em decorrência da pirataria, e nossa influência fica limitada à África francófona ou lusófona. Para se tornar a capital cultural do continente, a África do Sul ainda tem muito caminho a percorrer. Restam-nos o mercado europeu e sobretudo o norte-americano. Temos muitos trunfos, e nossos artistas são bem recebidos nos Estados Unidos. E há também o Sul. E estamos entrando no novo diálogo Sul-Sul", comenta Damon Forbes, diretor do selo Sheer Sound em Joanesburgo.

Para os europeus, portanto, a concorrência não se limita à África do Sul, à Nigéria e aos Estados Unidos: surge fora do continente africano uma nova e feroz concorrência Sul-Sul. Existe para começar a ascensão do Brasil na África, o que se explica historicamente, pelos vínculos com a África lusófona e, mais recentemente, pelo desejo do Brasil, cuja população é em parte negra, de se tornar uma capital exógena da África. Uma cidade brasileira e negra como Salvador da Bahia pretende hoje ser a capital da música africana.

Os chineses não ficam para trás. E investiram maciçamente no que passou a ser conhecido como "Chináfrica". Sua presença ainda é basicamente industrial, nas infraestruturas, matérias-primas e nos transportes. Nesses setores, que já haveria atualmente mil empresas chinesas em solo africano e quinhentos mil chineses trabalhando. Mas à medida que aumenta o comércio bilateral entre a China e a África, Beijing também vai discretamente equipando a África de redes sem fio e fibras óticas, utilizando sobretudo cabos aéreos, uma alternativa aos cabos subterrâneos, mais onerosos. Em Brazzaville, uma empresa chinesa está construindo a nova sede da televisão nacional do Congo; o mesmo acontece na Guiné. É apenas um começo. Depois do "hard" virá o "soft". E à medida que a produção cinematográfica chinesa e de música pop em mandarim aumentarem, é possível que se sigam também as exportações de conteúdos. A África seria então inundada de produtos culturais chineses, baratos, acessíveis e, segundo me dizem funcionários

A CULTURA ANTIMAINSTREAM DA EUROPA

em Beijing, "desejados, porque os valores asiáticos são mais compatíveis com os valores africanos do que os ocidentais". Virá também a vez de informação. E por sinal os chineses acabam de lançar, em 2009, uma importante revista de informação, *Afrique*. Suas redes internacionais em inglês são transmitidas no continente negro e se fala de uma rede de informação chinesa que também estaria sendo implantada. Esse plano me foi descrito com precisão por Fu Wenxia, diretor do SMEG (Shanghai Media and Entertainment Group), um dos principais grupos públicos de mídia chineses a investir no campo internacional: segundo esse funcionário, entrevistado em Xangai, os chineses pretendem aumentar consideravelmente seus investimentos em tecnologia, audiovisual e informação na África nos próximos dez anos.

"O risco é que venha a ocorrer, no setor da cultura africana, a substituição da França e da Inglaterra pelo Brasil e a China, em virtude do novo diálogo Sul-Sul. Para os europeus, seria um problema. Mas para os africanos, isso abriria novas perspectivas e novos mercados", explica Marc Benaïche, o promotor da Mondomix, uma plataforma francesa especializada nas músicas do mundo. Depois da música, o cinema? A televisão? A informação? Por enquanto, ainda não existem muitos conteúdos chineses na África, e a questão da língua provavelmente continuará sendo um problema. Mas até quando?

Último exemplo dessa autêntica revolução geopolítica de conteúdos: o caso da Naspers. Esse gigante sul-africano da mídia, inicialmente centrado na imprensa e na televisão, diversificou-se a partir da década de 1980 no setor da televisão, e, na década de 2000, na Internet, nas redes sociais e nas mensagens instantâneas via celulares (uma alternativa aos SMS nos países de padrão de vida baixo). Como conhecem bem a África, os dirigentes da Naspers sabem que nela o acesso à Internet ainda ocorre o mais das vezes em contexto coletivo, como acontece na maioria dos países em desenvolvimento, basicamente no local de trabalho ou nos cibercafés: assim, apostam ao mesmo tempo na televisão por satélite e no telefone celular para a difusão de seus conteúdos, mais que na Internet. Paralelamente, a Naspers investiu internacionalmente: desde a década de 1990, o grupo tomou várias iniciativas de participação em mídias da

África subsaariana e do sudeste asiático, e a partir de 2000 voltou-se para os países emergentes, prioritariamente a Rússia, o Brasil e a China. Estabelecendo vínculos com a Ásia e a América lusófona, assim, o grupo sul-africano espera tornar-se um dos grupos de mídia emblemáticos dos países emergentes e favorecer as trocas de conteúdos Sul-Sul.

Eis assim os europeus, e antes de mais nada os ingleses e os franceses, sofrendo concorrência no continente africano, onde se julgavam, paternalistas e ainda impregnados de um certo sentimento colonialista, as referências inarredáveis. O fato de a economia do continente negro voltar-se para África do Sul e, além dela, para o Brasil e a China não é de bom augúrio para a Europa. Mas o fenômeno ilustra um inevitável reajuste dos equilíbrios culturais internacionais e das trocas de fluxos de conteúdos, numa época de globalização.

Nas fronteiras da Europa, da Ásia e do mundo árabe: a Turquia americanizada

Para bem avaliar os trunfos e as fragilidades da Europa e encerrar essa investigação, eu tinha de viajar aos confins do continente, a suas fronteiras. Entre a Ásia e o mundo muçulmano, entre a Europa e a América, eu tinha de ir à Turquia.

Ayse Böhürler é uma intelectual muçulmana, coberta de véu, que se define como islamita. Cineasta e documentarista, ela também é produtora do Canal 7, uma rede turca próxima do poder islâmico, onde cuida de programas para as mulheres e as crianças. Encontro-a em seu escritório de Istambul, onde me recebe com contida benevolência, aproveitando os lapsos da tradução para consultar freneticamente seu Gmail num computador Apple. "Nós, os turcos, somos os únicos que fazemos a síntese das culturas da Europa e abrimos o continente para uma autêntica diversidade. Somos o extremo oriente da Europa e o extremo ocidente do Oriente. Diante do bombardeio da cultura americana, conseguimos proteger nossa cultura. O marxismo, até certo tempo atrás, o islamismo atualmente, o feminismo das mulheres muçulmanas, por exemplo, são diferentes meios de conservar essa identidade. É nossa maneira de continuar sendo turcos frente ao Ocidente." Ayse Böhürler se qualifica de "semifeminista" e considera que o véu é um sinal de modernidade e reação frente ao "bombardeio da cultura americana" (ela repete a expressão várias vezes). Critica a cultura do entretenimento, que "avilta a mulher e a reduz a um objeto, a um corpo, a sua beleza", mas ao mesmo tempo, querendo parecer moderada, rejeita os trajes compulsórios impostos pelos islamitas radicais. "Na Turquia, somos o símbolo de um islamismo moderado. É uma contracultura, com sua música islâmica, suas televisões, seu cinema: é o nosso 'christian rock'." Ayse Böhürler prossegue: "O problema, com a cultura turca, é o fato de ser muito diferente, muito específica do nosso país. Nós produzimos uma cultura 'space-specific', que por definição não é facilmente exportada, exceto para os países muçulmanos". Ela está se referindo, aqui, às famosas séries de televisão turcas, cujos enredos giram em torno de personagens das classes médias urbanas, com seu sotaque, seus valores morais e seu humor característico, e nas quais não é raro ocorrerem crimes de honra e vendetas. Essas séries de televisão fazem grande sucesso na Turquia e passaram a ser exportadas maciçamente para o mundo árabe-muçulmano — mas não para a Europa. "Nossa cultura 'à turca' é genial, mas os europeus não sabem!", conclui ela.

No dia seguinte, estou na sede da rede CNN Türk, que igualmente reflete as tensões entre o Oriente e o Ocidente, tanto mais que estamos na Europa, num país historicamente pró-americano, mas que é membro da Organização da Conferência Islâmica. "Somos uma televisão turca, em língua turca, voltada para os turcos", esclarece logo de entrada Ferhat Boravat, presidente da CNN Türk. Para ele, a televisão é uma questão local.

Seu escritório fica num subúrbio distante de Istambul, num imenso complexo, sede do grupo privado de mídia batizado Dogan TV Center. O grupo Dogan, cuja riqueza vem do petróleo, está presente basicamente na imprensa, na edição de livros, na música e na televisão, sendo proprietário de várias redes, não raro em parceria com os americanos da Time Warner. Diante dele, o outro gigante da mídia é o grupo de telecomunicações Çukurova, proprietário das redes Show. Em con-

MAINSTREAM

corrência direta, os dois grupos procuram diversificar seus conteúdos, desenvolver-se no exterior, na "zona turca", e pretendem transformar-se em vastos grupos regionais de mídia.

"Não somos um clone da CNN, somos um clone mutante!", explica Ferhat Boravat, bem-humorado, na CNN Türk. A rede que ele dirige é uma joint-venture entre a CNN e o grupo Dogan, ao mesmo tempo americana e local, portanto, mas Boravat insiste mais uma vez na dimensão turca do empreendimento. "O nome CNN é mais forte que o da América. Aqui, a rede não é assimilada aos Estados Unidos: é possível gostar da CNN Türk e odiar os americanos. Nós somos considerados uma rede turca." A CNN Türk reproduz alguns programas da CNN, sobretudo programas exclusivamente de informação e documentários, mas produz localmente a maioria de suas imagens, já que 90% de seus programas seriam turcos. "Nós somos bem característicos do infotainment: informação e entretenimento", confirma Boravat, sem grande originalidade. Os talk-shows estão no centro da programação da rede, especialmente *How Come?*, *L'Arène* e *+1*, todos com uma grande audiência. Os programas musicais também são essenciais, como *Frequency*, misturando hits turcos, sobretudo de hip-hop, e americanos. "Nós queremos ser compatíveis", insiste Boravat. Compatível? Ele repete a palavra várias vezes. Peço-lhe que seja mais claro: "Quero dizer, ao mesmo tempo modernos, americanos, no espírito da época e dos jovens, ao mesmo tempo permanecendo turcos."

Para entender o que quer dizer "compatibilidade" no mundo do entretenimento, vou ao encontro, um andar abaixo, de Barcu Senbakar, produtor, justamente, do célebre talk-show semanal *How Come?* "A CNN Türk é uma rede séria demais, e nosso papel é romper essa seriedade. Fazemos um programa mais divertido, entre a informação e o entretenimento. Por exemplo, convidamos pessoas famosas e ao mesmo tempo gente comum, um motorista de táxi ou uma garçonete. Organizamos o debate e tratamos os temas sérios de maneira divertida. O público, no estúdio, aplaude e reage ao vivo. É realmente muito divertido." O apresentador do talk-show diário *+1* na CNN Türk, Mithat Bereket, junta-se a nós: "Você está querendo saber por que fazemos entretenimento aqui? É muito simples. É porque não queremos fazer jornais tediosos. A imprensa deve ser crítica, polêmica, engajada. Não é este o papel da televisão: ela está aí para nos permitir escapar às limitações, aos problemas. A televisão, que é um meio de comunicação mainstream, deve estar no entretenimento".

A chegada do divertimento de massa à televisão turca deu-se com a desregulamentação do audiovisual, o fim da televisão pública única e a privatização, que tem no grupo Dogan o seu arquétipo. Mais conceitual, o escritor Volkan Aytar, da importante fundação turca TESEF, explica o que aconteceu: "Paradoxalmente, esses grandes grupos de mídia se desenvolveram ao mesmo tempo que se enfraquecia a cultura kemalista, da Turquia do pré-guerra, laica mas também autoritária e elitista. Essa elite legitimava a cultura oficial, turca, nacionalista, recusando a cultura popular e a cultura das minorias, das mulheres e dos curdos. Aos poucos, a música clássica foi substituída pela música das classes populares, o que se passou a chamar de música 'arabesk', uma música pop com instrumentos ocidentais, mas motivos orientais tradicionais. No lugar dos concertos da elite, proliferam os rock-bars, os folk-ballad-bars, o hip-hop 'à turca', e a música americana também aproveita a brecha, com o fim de um certo nacionalismo turco. Nossa música atualmente se pretende 'americana-arabesk'! O entretenimento se desenvolve com o fim dessa cultura da elite, extremamente condescendente e paternalista. O entretenimento acompanha o fim da cultura burguesa na Turquia".

Orgulhosa de seu entretenimento e de sua nova cultura mainstream, a Turquia quer agora exportá-los. Ela se afirma como um poder cultural regional, difundindo seus conteúdos numa zona híbrida que vai do sul dos Bálcãs (Bulgária, Romênia, Albânia, Macedônia) às repúblicas asiáticas ou turcófonas da antiga URSS (Azerbaijão, Uzbequistão, Cazaquistão, Turcmenistão), sem esquecer a Armênia, a Geórgia, a Ucrânia e a Moldávia, além certos países do Oriente Médio (Síria, Iraque, Irã e até Israel). É um mercado muito original. O grupo Dogan investe maciçamente nos Bálcãs, seu concorrente Show TV se implanta fortemente na Ucrânia e todos têm claramente os olhos voltados para o mundo persa e árabe, com suas séries de televisão cool e seu "hip-hop islâmico". O sucesso dessa cultura turca mainstream aumenta em toda a região, atualmente sob o charme neo-otomano, do Irã ao Egito, passando pela Síria e a Palestina. Os muçulmanos apreciam o caráter misto desse entretenimento turco, ao mesmo tempo oriental e moderno, e também muçulmano — e gostam de ver as moças sem véu.

Um bom exemplo desses paradoxos geográficos é o cantor Tarkan, grande sucesso com as canções *Kiss Kiss* e *Kuzu Kuzu* e mais recentemente com o álbum *Metamorfoz*. Conhecido na Turquia como "o príncipe do pop", sua influência no país foi comparada pelo *Washington Post* à de Elvis Presley nos Estados Unidos. Tarkan tem sobretudo um sucesso regional, em toda a zona de influência do entretenimento turco, na Ásia central, na Rússia, no Leste europeu e portanto também no Oriente Médio. Mas o fato é que canta em turco, raramente em inglês, utilizando inclusive os idiomas tradicionais turcos, o que lhe valeu cumprimentos da associação nacional de preservação da língua turca. Entretanto, não se tem eximido de provocações sexuais, chegando a beijar na boca rapazes bigodudos, o que tem provocado constantes debates sobre sua homossexualidade — que ele nega categoricamente — e exacerbado a paixão que desperta em jovens, travestis e islamitas turcos. Com isso, tornou-se também o garoto-propaganda oficial da Pepsi-Cola. "Pode parecer estranho, e no começo eu jamais pensei que funcionaria", explicou Tarkan numa entrevista à CNN. "Eu canto exclusivamente em turco, e ninguém no mundo entende uma única palavra do que eu digo. Mas eu acho que é sobretudo o ritmo [groove] que explica o meu sucesso. Além do mais, os beijos são universais."

Na Turquia, na fronteira da Europa, as oportunidades e fragilidades do país são um espelho de aumento das encontradas no continente europeu como um todo. Entre laicidade e religião, entre americanização e etnocentrismo, entre cultura e entretenimento, o país hesita, como tantas vezes acontece na Europa. "Nós somos muito ambivalentes, muito hesitantes, extremamente esquizofrênicos", confirma o escritor Volkan Aytar, na sede da fundação TESEF. "A americanização da Turquia é muito paradoxal, e a defesa do entretenimento também. Nós vemos os

A CULTURA ANTIMAINSTREAM DA EUROPA

americanos como mais modernos e mais fortes que nós, por causa dos avanços tecnológicos e culturais. Aqui em Istambul, por toda parte encontramos marcas americanas, Starbucks, Levi's, McDonald's: consumimos os produtos americanos porque desejamos levar uma vida melhor, e eles são o símbolo nesse sentido. Ao mesmo tempo, queremos continuar turcos." Volkan Aytar tira seu casaco modelo Woodstock (está fazendo um frio seco nesse dia em Istambul) e recomeça: "Como continuar sendo turcos no mundo de hoje? Não é tão simples assim. Nós queremos ser ao mesmo tempo modernos e orientais, talvez europeus, mas certamente não americanos nem árabes. E então mostramos loukoums em nossos filmes, filmamos em termas públicas e reescrevemos a história turca e suas mitologias produzindo um cinema extremamente autocentrado — e ninguém mais, senão os próprios turcos, quer ver esse cinema de arte nacional! De repente, damo-nos conta de que nossa juventude prefere os filmes americanos. Os jovens turcos voltam-se para a América, gostam de ação, de velocidade, de liberdade, de modernidade, das moças desses filmes hollywoodianos extremamente universais, ao contrário dos nossos. Querem mais entretenimento, mais cultura mainstream. Estão se tornando americanos. Até as minorias, os curdos e os armênios, querem mais filmes americanos, para escapar à opressão da elite turca. E então a gente não entende mais nada. E de repente os europeus, impregnados de arte, e os islamitas, obcecados com a religião, nos perguntam por que não há camelos nos nossos filmes, o que, segundo eles, os tornaria mais autênticos, e talvez mais mainstream. Camelos! Só mesmo achando graça. Nós não somos árabes. Não existem camelos ou dromedários aqui. Só no zoológico".

Conclusão

Uma nova geopolítica da cultura e da informação na era digital

Foi declarada a guerra mundial de conteúdos. É uma batalha nos meios de comunicação pelo controle da informação; nas televisões, pelo domínio dos formatos audiovisuais, séries e talk-shows; na cultura, pela conquista de novos mercados através do cinema, da música e do livro; e finalmente é uma batalha internacional de troca de conteúdos pela Internet. Nessa guerra pelo soft power se opõem forças muito desiguais. É, para começar, uma guerra de posições entre países dominantes, em pequeno número e concentrando a maioria das trocas comerciais; é também uma guerra de conquista entre esses países dominantes e países emergentes, pelo controle das imagens e dos sonhos dos habitantes de muitos países dominados que produzem pouco ou não produzem bens e serviços culturais. Finalmente, são também batalhas regionais para conquistar nova influência através da cultura e da informação.

Nos fluxos de conteúdos internacionais, até hoje medidos quantitativamente de maneira muito imperfeita pelo FMI, a OMC, a Unesco e o Banco Mundial, um gigante exporta maciçamente seus conteúdos para toda parte: os Estados Unidos, com cerca de 50% das exportações mundiais. Se acrescentarmos o Canadá e o México, a América do Norte domina essas trocas sem concorrente sério (com cerca de 60% das exportações mundiais). Em segundo lugar vem um concorrente potencial, mas possivelmente em declínio: a União Europeia dos 27, com um terço das exportações. Uma dezena apenas de países se seguem a esse pelotão de frente, a uma boa distância, sem chegar por enquanto a pesar maciçamente nas trocas mundiais de conteúdos: o Japão, líder dos challengers, a China e sobretudo Hong Kong, a Coreia do Sul, a Rússia e a Austrália. Por enquanto, o Brasil, a Índia, o Egito, a África do Sul e os países do Golfo não se apresentam significativamente como países exportadores de conteúdos, embora estejam aumentando fortemente suas importações e desenvolvendo sólidas indústrias criativas.

De maneira geral, os países que exportam bens e serviços culturais e informação são mais ou menos os mesmos que importam esses conteúdos. Com uma diferença notável: os Estados Unidos apresentam uma balança comercial amplamente positiva (são o maior exportador e apenas o quinto importador). Em sentido inverso, a União Europeia é o maior importador e apenas o segundo exportador. Em grande medida, e mais uma vez à exceção dos Estados Unidos, as trocas continuam sendo em sua maioria intrarregionais. Na União Europeia, por exemplo, as exportações e importações intraeuropeias têm maior volume que as extraeuropeias. A globalização não só acelerou a americanização da cultura e o surgimento de novos países, mas também promoveu fluxos regionais de informação e cultura, não apenas globais, mas também transnacionais.

Mas essas estatísticas sobre os fluxos internacionais de conteúdos subestimam as tendências em curso. Elas são muito imperfeitas, e por sinal os economistas falam, a seu respeito, de "alto malabarismo". Para além dos problemas metodológicos apresentados por sua compilação e comparação, é evidente que essas estatísticas, muitas vezes em dólares, refletem uma realidade extremamente falseada pelo peso das diferentes moedas e as taxas de câmbio. Elas falam em números, mas nada dizem da influência real. De fato, medir os fluxos culturais em divisas, e não pelo número de livros ou entradas de cinema vendidos, contribui automaticamente para marginalizar as economias emergentes. Por exemplo: 3,6 bilhões de entradas são vendidos anualmente em todo o mundo para os filmes de Bollywood, contra 2,6 bilhões no caso de Hollywood; comparadas em termos de receita, no entanto, a bilheteria indiana tem dificuldade de superar 2 bilhões de dólares por ano, enquanto Hollywood chega perto de 40 bilhões de dólares (dados de 2008). Finalmente, se as estatísticas internacionais são pouco confiáveis no que diz respeito às trocas de produtos materializados, revelam-se ainda menos efetivas em matéria de informação, serviços, formatos de séries de televisão e

CONCLUSÃO

Internet. Para não falar da pirataria. Por todos esses motivos, a globalização de conteúdos é um fenômeno insuficientemente analisado. Outras unidades de medida deveriam ser contempladas para avaliar a influência: número de citações, difusão de formatos e códigos narrativos, impacto nos valores e representações. Entende-se que nem a superpotência nem os países dominados tenham interesse em promovê-las.

Essa nova cartografia das trocas também revela problemáticas muito mais complexas do que imaginavam os teóricos das "indústrias culturais" ou do que dizem atualmente os partidários de uma outra globalização, os "altermundialistas", e os antiamericanos, que tendem a confundir a CIA com a AFL-CIO. A teoria do imperialismo cultural americano pressupõe que a globalização cultural seja uma americanização unilateral e unidirecional de uma "hiperpotência" em relação aos países "dominados". A realidade é ao mesmo tempo mais nuançada e mais complexa: existe ao mesmo tempo homogeneização e heterogeneização. O que acontece: a ascensão de um entretenimento mainstream global, em ampla medida americano, e a constituição de blocos regionais. Além disso, as culturas nacionais são reforçadas em toda parte, muito embora o "outro" referencial, a "outra" cultura seja cada vez mais a dos Estados Unidos. Finalmente, tudo se acelera e se mistura: o entretenimento americano muitas vezes é produzido por multinacionais europeias, japonesas e já agora também indianas, ao passo que as culturas locais são cada vez mais coproduzidas por Hollywood. Quanto aos países emergentes, pretendem marcar presença nessas trocas e entrar em concorrência com o "império". Essa guerra cultural mobiliza portanto muitos atores. A globalização e a Internet reorganizam as trocas e transformam as forças em presença. Na verdade, embaralham completamente as cartas.

O entretenimento americano

No setor do entretenimento e das mídias, os Estados Unidos ocupam, portanto, um lugar único, sendo por enquanto o líder incontestado, que se adapta constantemente à nova situação e continua avançando (exportações de produtos e serviços culturais em alta a um ritmo de cerca de 10% por ano atualmente). Como e por quê?

MAINSTREAM

O sistema americano de produção de conteúdos é um modelo complexo, produto de uma história, de um território imenso e de uma imigração de todos os países, todas as línguas e todas as culturas. Não me deterei nessa questão. Quais as explicações desse domínio cultural? Elas têm a ver com causas múltiplas, aqui evocadas em pinceladas gerais: na origem, um cruzamento original entre a pesquisa estimulada nas universidades, financiamentos públicos muito descentralizados, uma contracultura valorizada em numerosos focos alternativos, a energia proveniente da mobilidade e da ideia de ascensão social, tão fortemente enraizada na sociedade americana, a confiança depositada nos artistas singulares e a vivacidade excepcional das comunidades étnicas, graças ao modelo original de integração e defesa de uma "diversidade cultural" à americana. Formação, inovação, riscos assumidos, criatividade, ousadia: é nas universidades, nas comunidades e no setor não lucrativo que essas tendências se manifestam nos Estados Unidos, fora do mercado e de maneira muito descentralizada.

Na outra ponta, dominam indústrias criativas de capitais poderosos. As mais visíveis são, naturalmente, os estúdios e as majors. Aqui se apresenta, antes de mais nada, a questão do controle de suas ações. É bem verdade que cinco dos seis principais estúdios de cinema são americanos, embora a Columbia seja japonesa. Mas atualmente os investimentos estrangeiros, sobretudo provenientes do Golfo, da Índia e de Hong Kong (ou seja, da China), são consideráveis nos principais conglomerados americanos de mídia. Na música, só uma das quatro majors internacionais é americana (a Warner), sendo as outras britânica (EMI), francesa (Universal) e japonesa (Sony). Na edição de livros, a situação é ainda mais contrastada: o gigante Random House pertence à alemã Bertelsmann, e o grupo Time Warner Books foi comprado pela francesa Lagardère. Seria portanto um erro de ótica encarar essas indústrias criativas como exclusivamente americanas.

Erro de ótica? Na realidade, em termos de conteúdos, esses dados capitalistas e a nacionalidade das multinacionais têm influência limitada. Os filmes produzidos pela Sony e a Columbia são caricaturalmente americanos, a música divulgada pela Universal e a EMI é majoritariamente anglófona, e quanto aos best-sellers mais tipicamente americanos, muitas vezes são publicados pela Bertelsmann. Paradoxalmente, ao comprar o

CONCLUSÃO

estúdio Columbia e as gravadoras CBS Music, Arista e RCA, os japoneses da Sony não enfraqueceram a cultura americana; pelo contrário, reforçaram-na, ao fornecer os recursos financeiros de que essas filiais precisavam. Para além do controle acionário e da nacionalidade das sedes sociais, as majors e os estúdios continuam muito americanizados. O que fragiliza as leituras neomarxistas que consideram que o importante, para analisar as indústrias criativas, é saber quem detém o capital e quem é o proprietário dos meios de produção, com o pressuposto de que são controladas por seu detentor.

É necessário, assim, articular novas grades de leitura para analisar, nesse tempo de financeirização da economia, o que chamo aqui de "capitalismo hip", um novo capitalismo cultural "avançado", global, ao mesmo tempo muito concentrado e muito descentralizado, ao mesmo tempo força criadora e destruidora. Por todos esses motivos, e também porque a cultura, as mídias e a Internet atualmente se misturam, é que não devemos mais falar de "indústrias culturais", autêntico oximoro, mas de indústrias de conteúdos ou indústrias criativas.

Com os conglomerados de mídia ao novo estilo, o capitalismo hip não é mais monolítico: transforma-se constantemente, se adapta a todo momento, pois as indústrias criativas não são mais fábricas, como os estúdios da época de ouro de Hollywood, mas redes de produção constituídas de centenas de milhares de pequenas e médias empresas e start-ups. Não mais majors, mas milhares de labels, selos e unidades especializadas, independentes que aos poucos se tornam majors e majors que são dirigidas por independentes transformados em mainstream. Não se trata mais de "oligopólios de franja concorrencial" (majors que produzem mainstream, cercadas de independentes que exploram nichos), como repete a vulgata econômica, mas de um sistema autenticamente descentralizado no qual majors e independentes são imbricados e não concorrentes, indispensáveis uns aos outros. É um modelo dinâmico, raramente estático, que na realidade muitas vezes privilegia a criatividade em detrimento da homogeneidade, o hip e o cool de preferência à reprodução idêntica, a mudança constante de preferência à padronização da experiência, a originalidade sobre a cópia (embora também

MAINSTREAM

exista uma tendência inversa, menos arriscada, por exemplo no caso das franquias de cinema). Quanto à globalização e à Internet, características do "capitalismo hip", servem para acentuar e acelerar essas lógicas e a dominação americana, como demonstra este livro. Nesse sentido, as indústrias de conteúdos parecem anteceder movimentos profundos que logo acabam envolvendo a economia como um todo.

Nos Estados Unidos, esse sistema alcançou um grau de tecnicismo, complexidade e trabalho colaborativo propriamente incrível, insuspeitado, em tal nível, no exterior. Ao contrário do que se costuma supor, é extremamente difícil produzir entretenimento mainstream. No centro desse dispositivo: as agências de talentos, verdadeiras controladoras de voo do céu do mercado globalizado de conteúdos. Elas administram o "capital humano" de uma maneira fundamentalmente diferente do antigo sistema de estúdios, e mesmo do star system, pois cuidam de todos, pequenos e grandes, gerando uma inflação geral de custos mas contribuindo também para regular todo o sistema, juntamente com advogados, managers e sindicatos. Os estúdios, as majors e os conglomerados de mídia, que são os verdadeiros detentores do poder e os bancos do sistema, recuperam o capital mais precioso produzido pelas indústrias criativas: a IP, a famosa Intellectual Property, ou propriedade intelectual. Na verdade, o sistema americano de copyright e sobretudo a cláusula especial do direito do trabalho — o chamado dispositivo "work for hire" — contribuem para a circulação mundial de conteúdos e sua adaptação a todos os suportes. Como não definem o artista como único detentor dos direitos sobre a obra, eliminam o "final cut", assim como o direito moral, e não comportam autorização prévia, como é o caso no chamado sistema do "direito de autor" à europeia, o copyright e o "work for hire" revelam-se particularmente adequados à globalização e à época digital. Permitem reproduzir determinado conteúdo em todos os suportes e facilitam o versioning e a Global Media. Em compensação, reduzem a dimensão artística das obras e diminuem os recursos de proteção dos criadores frente à indústria.

O modelo americano de produção de conteúdos é portanto um ecossistema particular em que todos os protagonistas são independentes

CONCLUSÃO

e interconectados, muito embora as normas públicas de proteção da concorrência, quando existem, e as regulamentações coletivas, quando funcionam, tentem periodicamente corrigir seus excessos. No fim das contas, o modelo é formado por milhares de protagonistas autônomos que, perseguindo objetivos "privados" e concorrentes, acabam de qualquer maneira, apesar de uma grande imprevisibilidade, por conferir ao conjunto do sistema sua coerência e uma espécie de estabilidade. Ao contrário do que costumam repetir os observadores superficiais, a cultura, a informação e até o entretenimento não são mercadorias como outras quaisquer nos Estados Unidos. Integram uma esfera específica, e de fato existe uma "exceção cultural" no território americano.

A força desse sistema já se manifestava na primeira metade do século XX, quando o jazz e o cinema americano invadiram a Europa. Numa época de globalização e reviravoltas tecnológicas, contudo, esse modelo revela-se mais eficaz que nunca. A privatização das redes de televisão na Europa, na Ásia, na América Latina e no Oriente Médio decuplicou a demanda de conteúdos americanos. A diversificação de suportes multimídia, a televisão a cabo, o satélite, a TNT e a Internet favoreceram a sua circulação. Sobretudo porque, diante da penúria de produtos populares em muitos países, os americanos muito cedo aprenderam a se adaptar às realidades locais: praticam uma globalização ativa que combina difusão de conteúdos de massa, indiferenciados e mainstream, e difusão especializada de nichos, levando em conta os países importadores. Em matéria de televisão, como os mercados são principalmente nacionais, eles vendem formatos. Na música e no livro, são mercados mistos, com forte componente nacional, e portanto eles vendem hits e best-sellers globalizados, ao mesmo tempo produzindo discos e livros locais. Quanto ao cinema, seus blockbusters fazem sucesso praticamente em todo lugar, pois eles produzem não tanto filmes americanos, mas produtos universais e globais. Os franceses fazem filmes para os franceses, os indianos, para os indianos, os árabes, para os árabes: só os americanos fazem filmes para o mundo. E por sinal eles são os únicos atualmente a fazer filmes para exportação, antes mesmo de pensar no mercado interno.

A prioridade dos estúdios e das majors, assim, não é apenas impor seu cinema ou sua música e defender um imperialismo cultural. O que eles querem é multiplicar e ampliar seus mercados — o que é muito diferente. Se puderem fazê-lo com produtos "americanos" tanto melhor; caso contrário, fazem a mesma coisa com produtos "universais", formatados para agradar a todo mundo em todo o mundo, e para eles não é problema atenuar seu americanismo, a golpes de "focus groups". E se isso não for suficiente, não hesitam tampouco em financiar e realizar produtos locais ou regionais, fabricando-os em Hong Kong, Mumbai, Rio ou Paris, para públicos bem definidos (os estúdios hollywoodianos realizam anualmente cerca de duzentos filmes locais em língua estrangeira, raramente difundidos nos Estados Unidos). Desse modo, a América produz ao mesmo tempo uma cultura mainstream e conteúdos de nicho diferenciados, o que também é muito diferente. Os estúdios e as majors são menos ideológicos e mais apátridas do que se supõe. Como o Bank of America, como o HSBC, buscam o mercado indiano, chinês e brasileiro — em dólares ou em moeda local. E sobretudo, considerando-se as inúmeras minorias nos Estados Unidos, elemento central do sistema, as indústrias criativas americanas podem testar seus produtos a domicílio, em tamanho natural, para saber antecipadamente se serão capazes de seduzir o mundo. É um modelo econômico original, mais que uma estratégia para simplesmente impor ao mundo valores e uma hegemonia cultural.

A América produz, portanto, o que eu chamo neste livro de "diversidade padronizada", profundamente perturbadora, mas extraordinariamente eficaz em matéria de difusão. É um modelo de cultura "tex-mex": nem verdadeiramente texana nem mexicana, a cultura tex-mex é uma cultura local americanizada pelos próprios mexicanos-americanos em território dos Estados Unidos. E é muitas vezes essa cultura, de *O Rei Leão* a *Aída*, de *Kung Fu Panda* a *Os infiltrados*, do *Tintin* de Spielberg a Shakira, nem realmente original nem realmente americana, que é exportada.

Podemos inclusive ir mais longe. Os Estados Unidos não exportam apenas seus produtos culturais — exportam também seu modelo. Em Damasco ou Beijing, em Hué ou Tóquio, e mesmo em Riad ou Caracas, fiquei impressionado com o fascínio de meus interlocutores com o modelo americano de entretenimento. As palavras são em hindi ou mandarim, mas a sintaxe é americana. E mesmo aqueles que combatem os Estados

CONCLUSÃO

Unidos, na China ou nos países árabes, o fazem imitando o modelo americano. A força dos Estados Unidos é de tal ordem que nenhum outro país, nem mesmo a Europa dos 27, nem mesmo a China, com seus 1,3 bilhão de habitantes, podem fazer concorrência. Por enquanto.

Poderiam os Estados Unidos perder essa liderança mundial em matéria de conteúdos culturais, mais ou menos como perderam o primeiro lugar dos arranha-céus mais altos, que se encontram hoje em dia em Taipé e Dubai? Difícil dizer. Não se deve dar por descontado o poderio americano, pois nada é definitivo, nem subestimá-lo. O que este livro demonstra, contudo, é a ascensão dos países emergentes, não só no terreno econômico — o que já foi amplamente analisado —, mas já agora também nas indústrias de conteúdos — o que é mais raramente diagnosticado. Estaríamos entrando num mundo "pós-americano" em matéria de indústrias criativas? Não creio. Num mundo multipolar no terreno do entretenimento e das mídias? Provável. E o fato de os países emergentes quererem produzir e defender também seus conteúdos é evidente. Podemos aventar a hipótese de que essa ascensão dos "outros" não ocorrerá em detrimento dos Estados Unidos, mas em seu benefício, abrindo mercados e oportunidades de produção local. De qualquer maneira, o que está ocorrendo não é tanto o declínio do império americano, mas o surgimento de novos concorrentes: "the rise of the rest", o surgimento dos "outros" países, para usar a expressão do jornalista indiano-americano Fareed Zakaria.

Assistimos portanto a uma transformação radical da geopolítica das trocas de conteúdos culturais e midiáticos. O medo da hegemonia americana — obsessão em Paris ou Roma — parece atualmente um conceito sem pertinência em Mumbai ou Tóquio. No Irã, na Índia ou na China, milhões de pessoas não conhecem Michael Jackson nem Madonna. Em Seul, Taiwan e Hong Kong, mais se teme atualmente a hegemonia chinesa ou japonesa do que a americana; na Argentina, é maior o medo do Brasil ou do México; no Japão e na Índia, desconfia-se mais da China do que da América. Os Estados Unidos continuam sendo um parceiro ou um adversário, mas já não são os únicos no controle do soft power, os únicos que produzem e exportam conteúdos.

MAINSTREAM

Nessa redistribuição de cartas, existem vencedores (os Estados Unidos e os países emergentes, especialmente os BRIC) e perdedores (os países dominados). Há também países que veem encolher sua participação no mercado. Por não terem sido capazes de construir indústrias criativas poderosas, estão perdendo velocidade; por não terem abraçado a globalização e seus mercados potenciais, ficaram para trás; por não terem encarado a Internet como uma fonte de oportunidades, enxergando nela apenas ameaças, correm o risco de muito em breve não pesarem mais no mercado de conteúdos. É o caso principalmente da Europa, onde países como Portugal, Itália, Espanha, mas também, em menor medida, Alemanha e França, se enfraquecem no mapa das trocas culturais.

Uma nova geografia da circulação de conteúdos para o século XXI está tomando forma. Suas linhas gerais: trocas Norte-Sul cada vez mais assimétricas; trocas Sul-Sul cada vez mais desiguais entre países emergentes e países destituídos; um país dominante cada vez mais poderoso, mas que, com o advento de novas potências, logo deixará de ser o único dominando; países emergentes que se desenvolvem também através de seus conteúdos; finalmente, antigos países dominantes — começando pela Europa — que podem ser submergidos. O mergulho da cultura e da informação na economia imaterial e global é um acontecimento decisivo deste início do século XXI.

A ascensão cultural dos países emergentes

De todos os países emergentes, o Brasil é um dos mais apaixonantes. Pelo tamanho de sua população e de sua economia, é o único gigante da América do Sul, e em grande medida já emergiu. Ao mesmo tempo, é um país isolado, uma ilha na América Latina, pela história e antes de mais nada pela língua — o português. Nitidamente em busca de uma identidade, o Brasil tomou a frente, juntamente com a Índia, do combate em favor da diversidade cultural, em nome dos países do "Sul". Está preocupado em defender seus interesses frente aos Estados Unidos, mas também (o que os europeus não perceberam) em lutar contra a arrogância cultural da Velha Europa, particularmente de Lisboa e Madri.

CONCLUSÃO

Desse modo, o Brasil pretende recriar laços econômicos e culturais com os vizinhos, inclusive a Venezuela de Chávez, com a China e a Índia, tanto quanto com os EUA e a Europa.

Se excetuarmos as novelas de televisão e os poderosos gêneros musicais regionais, poucos conteúdos "latinos" comuns de massa circulam atualmente no subcontinente americano. Muitas vezes, o entretenimento "latino" é fabricado em Miami e Los Angeles, capitais exógenas da América Latina mainstream. Se o Brasil e o México podem defender suas indústrias e compensar a balança comercial cultural desequilibrada com os Estados Unidos, graças ao tamanho e ao dinamismo de seu mercado interno, a Argentina, a Colômbia, a Venezuela não são capazes de fazer o mesmo. E por sinal todos se consideram singulares e se organizam contra os vizinhos, em vez de favorecer as trocas entre eles. No cinema, nos vídeo games e cada vez mais na música pop e nos best-sellers, os Estados Unidos facilmente levam a melhor. Aos poucos, graças à globalização e ao papel de intermediário assumido pelo México, a separação entre a América do Norte e a América do Sul vai se desfazendo.

Os conteúdos do Ramadã

Os problemas que dividem a América Latina são multiplicados por dez no mundo árabe, que é atualmente, ao lado da China e da Venezuela, o principal contraditor cultural do Ocidente. Cabe notar, por sinal, que os europeus e os americanos são postos lado a lado no discurso crítico sobre os valores sustentado por Riad, Damasco e Teerã. Hoje, surgiram grupos multimídia poderosos no Golfo, como a MBC, a ART, a Rotana e a Al Jazeera, pretendendo construir indústrias criativas poderosas para se comunicar com todo o mundo árabe, defender os valores do islamismo e conquistar novos mercados. Com isso, querem lutar contra a dominação cultural e ideológica do "Oeste". Visto dos países árabes, contudo, o "Oeste" é uma imagem, às vezes mesmo uma miragem, mais que uma realidade geográfica. É uma mistura de atitudes e valores, George W. Bush e Disney, o "hard" e o "soft power", os direitos humanos e o cristianismo, a liberação das mulheres e os direitos dos gays, uma cultura dominante externa mas também inimigos internos. Conversando

MAINSTREAM

com os combatentes muçulmanos das indústrias de conteúdos e mídia, percebemos que eles brandem contra o Ocidente os valores da família, a tolerância religiosa e a rejeição da violência e da sexualidade —, em suma, exatamente os valores mainstream e familiares da Disney e da MPAA. As contradições dessa batalha contra o "Oeste" logo ficam evidentes.

Resta o fato de que essa estratégia antiocidental existe nos conteúdos, e que ela é pensada em Riad, Doha, Damasco e Teerã e posta em prática em Dubai, Beirute e no Cairo. Primeira etapa: reunificar a cultura pan-árabe, do Marrocos ao Iraque. Em seguida, ampliá-la em direção a uma cultura muçulmana, conquistando o público do Irã à Indonésia, passando pelo Afeganistão, o Paquistão e mesmo a Turquia e a Índia. Finalmente — e será esta a etapa mais difícil — atingir o resto do mundo. O objetivo é sobretudo escorar-se nos muçulmanos da Ásia e nos emigrados do Magreb, voltando-se em particular para os "housing estates" do Reino Unido, as "banlieues" francesas e as "barriadas" espanholas. Esse plano, que me foi apresentado em detalhes pelos dirigentes dos grupos MBC, ART, Rotana e Al Jazeera, passa por cima, no entanto, das tensões internas do mundo árabe-muçulmano. Existem, para começar, as oposições entre xiitas e sunitas, provavelmente menos pertinentes em matéria de conteúdos do que se supõe. Há também a oposição entre a tradição do nacionalismo pan-árabe, de tendência mais laica e inspiração socialista, encarnada pela Liga Árabe e defendida pelo Egito, a Jordânia e a Tunísia, e o novo islamismo encarnado pela Irmandade Muçulmana, a Organização da Conferência Islâmica e o eixo Síria-Irã-Catar. Hoje, os conservadores de Riad mostram-se hostis às tendências modernistas dos grupos pan-árabes de entretenimento financiados por seus próprios filhos, mas são ainda mais hostis a Teerã. E o bilionário saudita Al Waleed, mandachuva do grupo Rotana, alvo de uma fatwa dos religiosos radicais, está mais próximo dos americanos, sob muitos aspectos, que dos mulás. Não seria este o menor dos paradoxos de uma cultura pan-árabe que se busca e não atingiu em todos os países o mesmo estágio de "infitah", o espírito de "abertura" e modernização do mundo árabe. Mas o problema dos países árabes não é apenas moral, mas também industrial e econômico. Os países do Golfo fazem as vezes de banco para dar surgimento a indústrias criativas poderosas, mas não dispõem dos criadores

456

CONCLUSÃO

necessários nem das histórias para contar, precisando comprá-los a preço alto no Egito ou no Líbano. Em outros países, no Magreb ou na Síria, o que falta são capitais e veículos de mídia. E enfim, as canções produzidas pela Rotana em Beirute, as novelas do Ramadã desenvolvidas no Cairo e em Damasco, os programas de televisão transmitidos por Dubai tentam reproduzir uma forma de subcultura mainstream americanizada, com um vago sotaque egipcianizado. Isso pode enganar em Damasco ou Túnis, mas a exportação maciça de conteúdos árabes para mercados internacionais ainda está por fazer. E para começar, o entretenimento dos países árabes terá de mostrar que é capaz de despertar o interesse dos muçulmanos da Ásia, da Indonésia e da Índia.

De Hollywood a Bollywood, e a volta

A Índia é o gigante asiático que mais chama a atenção hoje em dia. A emergência do subcontinente indiano é o símbolo do despertar de toda a Ásia do Sul. Os americanos depositam na Índia tanto mais esperanças na medida em que suas decepções foram grandes na China. Lá não existem cotas contra as importações de produtos culturais nem censura; e no lugar de um mercado de 1,3 bilhão de chineses, os americanos estão dispostos a se contentar com um mercado de 1,2 bilhão de indianos. Mas a Índia não é apenas um dado numérico populacional, pois também já conta com dinheiro e o *savoir-faire* do mainstream. A entrada espetacular do gigante indiano Reliance em Hollywood, mediante um importante investimento na DreamWorks, ilustra a nova ambição dos indianos. Com isso, eles pretendem construir indústrias criativas poderosas em casa, enfrentar os americanos em seu próprio terreno do entretenimento mainstream, mas também conter a China. Como este último objetivo também passou a ser perseguido pelos americanos, podemos aventar a hipótese de um belo futuro para as relações econômicas culturais americano-indianas. Os indianos precisam dos americanos para fazer contrapeso à China e os Estados Unidos precisam da Índia para ter êxito na Ásia, depois de seu fracasso na China.

Resta o fato de que, para os indianos, o projeto de construção de poderosas indústrias de conteúdos voltadas para o mundo inteiro se choca

MAINSTREAM

com problemas de difícil solução. Ou eles preservam o que faz a força de seu cinema e de sua música — as "songs & dances" de Bollywood, por exemplo —, e essa cultura singular demais freará sua difusão no exterior; ou então começam a produzir seus próprios *Quem quer ser um milionário?*, um cinema anglo-saxão disfarçado de indianidade, correndo o risco de concorrer no mesmo terreno com os americanos. Por enquanto, a bilheteria indiana decola nos Estados Unidos e na Europa, mas ainda depende muito do consumo das minorias indianas que vivem no exterior — os famosos Non-Resident Indians, ou NRI. É um sucesso em dólares, um sucesso mais relativo em número de entradas e um fracasso quando chega a hora de convencer o jovem "branco" de Kansas City ou Madri a ir ver um filme indiano. Hoje, os filmes de Bollywood, tão influentes na década de 1970, em virtude dos prêmios conquistados e dos valores "não alinhados", estão inclusive perdendo partes do mercado do mundo árabe, na Europa oriental, na Rússia e na Ásia, em benefício do cinema americano. O sucesso internacional de Bollywood ainda está por confirmar.

O mercado interno indiano é mais promissor. O desenvolvimento econômico do país é espetacular, um gigante está surgindo da miséria e da pobreza. Milhões de pessoas se somam à classe média todo ano. E muito embora os indianos, como indivíduos, continuem em sua maioria muito pobres, sobretudo em comparação com os chineses, a Índia como nação tornou-se uma potência econômica importante. Nessa época de globalização, seu crescimento é multiplicado por dez nas indústrias criativas — o número de televisões e telefones celulares explode, a Internet e a banda larga se disseminam a toda velocidade, o mercado de vídeo games e de televisão a cabo se desenvolve de maneira formidável e todo dia útil é inaugurada uma nova tela de multiplex na Índia. Se essas indústrias conseguirem apenas atender às necessidades exponenciais de 1,2 bilhão de pessoas, em termos de conteúdos culturais, já será um sucesso de repercussões planetárias. Uma vez satisfeito esse mercado interno, as perspectivas de exportação serão imensas. Vem somar-se a tudo isso um último trunfo da Índia: sua diversidade. Bollywood, por exemplo, é hoje o cinema mainstream que unifica a Índia, suas minorias, suas diferentes culturas e sua centena de línguas regionais. Trabalha no país um grande

CONCLUSÃO

número de artistas muçulmanos — um exemplo de diversidade cultural real e rara que só tem equivalente nos Estados Unidos.

No Sudeste asiático, as diferenças econômicas, linguísticas e políticas, a dificuldade de resolver as hostilidades regionais do passado dificultam a emergência de indústrias criativas pan-asiáticas poderosas. Todos os países mostram-se algo divididos entre uma preocupação de autonomia e mesmo isolamento (a Tailândia, o Vietnã) e, mais raramente, a vontade de se aproximar do gigante cultural da zona, a China (como tenta fazer Cingapura). Um caso à parte: a Indonésia, o grande colosso demográfico da região, com seus 230 milhões de habitantes, sua presença no G20 e sua religião muçulmana. Sua relativa liberdade de criação é a sua força, rara no Sudeste asiático: suas indústrias criativas são poderosas localmente e atendem à demanda do mercado interno, imenso, difundindo-se também na região, especialmente na Malásia. A Indonésia também é uma poderosa democracia, e em Jacarta eu tive a intuição de que, em matéria de equilíbrio entre valores da Ásia e do islamismo, seria o país da região que mais nos surpreenderia em matéria de produção cultural no futuro.

Resta Taiwan, tão próxima e tão distante da China: politicamente, a pequena ilha se mantém zelosa de sua independência e preocupada com as intenções do grande vizinho, mas econômica e culturalmente dele se aproxima sem hesitação (os hits do J-Pop e do K-Pop são atualmente regravados em Taiwan em mandarim, fazendo sucesso como "cover songs" na China continental, de Xangai a Shenzhen). Por um lado, os grupos de mídia, na Ásia como em qualquer outro lugar, recriam através do entretenimento o que a história desfez. Quando os turcos instalam suas televisões nos Bálcãs, quando os grupos espanhóis Prisa e Telefónica investem na América Latina, quando o Japão e a Coreia do Sul entram em disputa em torno das cotas culturais, quando os americanos anexam toda a Comunidade Britânica à revelia dos ingleses, quando os franceses e os ingleses lutam por suas mídias na África, quando Dubai, apoiado pelos sauditas, visa o Irã, estão refazendo através dos conteúdos e do soft power o que não podem mais fazer pelo colonialismo. É esse mesmo jogo, com suas idas e vindas, que ocorre entre Taiwan e a China, enquanto toda a região tem os olhos fixados no novo gigante asiático.

Como traduzir "open up" para o chinês?

O país mais decisivo e o menos transparente, naturalmente, é a China. E os americanos o entenderam perfeitamente, tendo gasto tanto para entrar nesse mercado e hoje amargando o fracasso. Diante disso, os Estados Unidos recuam temporariamente para a Índia, e atacaram a China na OMC — obtendo ganho de causa. Para a China, num incerto equilíbrio entre seu capitalismo degenerado e seu regime autoritário, entre o controle de Estado e o dinamismo econômico, o que está em jogo é considerável, se ela quiser aumentar suas trocas comerciais internacionais. Uma coisa é certa: a China tem agora o desejo de produzir seus próprios conteúdos, de difundi-los no mundo inteiro, e tem meios para isto. Há quem pense que a China jamais entrará para a "sociedade do espetáculo" à ocidental — mas eu não estou tão certo assim. Basta ver as centenas de redes chinesas de televisão para se dar conta de que um número considerável de programas é calcado em formatos tomados de empréstimo aos Estados Unidos. Em mandarim, a matriz do entretenimento americano fica mais visível que em qualquer outro lugar.

Para a China, a guerra mundial de conteúdos apresenta na realidade problemas mais complexos do que parece, tanto em matéria de produção quanto de difusão e exportação. Na produção cinematográfica, por exemplo, a China é um anão: oficialmente (e segundo dados da Unesco), estaria produzindo mais de quatrocentos filmes por ano; a realidade, à parte a propaganda, é que produz cinquenta longas-metragens por ano. Nesse terreno, por causa da censura e da ausência de liberdade de criação, a China continua sendo, portanto, um país do Terceiro Mundo. Com isso, os americanos, apesar das drásticas cotas e de uma censura de outros tempos, conseguem 50% da bilheteria chinesa com apenas dez blockbusters autorizados por ano. Acuada entre a modernização e um nacionalismo cultural exacerbado, a China é exemplo vivo de uma regra que podemos encontrar em qualquer lugar: quanto mais uma cultura se protege, através de cotas ou da censura, mais ela apressa seu próprio declínio. Pois a proteção não adianta nada, em tempos de globalização e Internet, como confirmam os exemplos chinês e egípcio: muitas vezes,

CONCLUSÃO

é o mercado que está mais preparado para lutar contra o mercado, e só uma produção forte, mainstream e popular permite evitar importações. Só é possível lutar eficazmente contra indústrias estrangeiras através de indústrias nacionais mais fortes e que exportam.

Na frente da distribuição e da exibição, a China é um país realmente emergente, onde uma nova tela de cinema é inaugurada em média todo dia. Como não existe uma produção local de conteúdos, as autoridades chinesas são obrigadas, contra a vontade, a abrir seus multiplexes novinhos em folha às produções americanas, para atender à demanda. Na edição de livros e na música, os produtos nacionais chineses satisfazem mais esse vasto mercado interno, embora os produtos vendidos na China (para não falar dos produtos pirateados, a grande maioria) sejam frequentemente fabricados ou reformatados em mandarim em Taiwan ou Cingapura ou em cantonês em Hong Kong. A situação, portanto, é paradoxal: é o dinheiro chinês que financia o cinema e a música de Hong Kong e Taiwan, mas a cidade de Hong Kong, sozinha, supera a China continental em matéria de exportações internacionais, e as exportações de Taiwan e Cingapura são quase equivalentes, embora essas pequenas ilhas não representem um peso muito grande frente a 1,3 bilhão de chineses. Finalmente, em matéria de exportações, a China enfrenta dificuldades quando se trata de vender seus conteúdos culturais fora de seus mercados tradicionais (Hong Kong, Taiwan, Cingapura e os chineses que vivem nos Estados Unidos). Ela também visa a Coreia do Sul e o Sudeste asiático, especialmente a Indonésia, mas nem a Índia nem o Japão, inimigos persistentes, querem ouvir falar de sua cultura. Ela se volta então para a África, lá investindo maciçamente, e tenta unir-se à Venezuela e sobretudo à Rússia na criação de um "campo do capitalismo autoritário", sem o menor êxito até o momento.

A modernização da China tem limites que se manifestam claramente nas indústrias criativas. Decididamente, a China por enquanto não maneja o soft power tão bem quanto o poderio clássico. Muitos acreditam que essas contradições não poderão perdurar, mas ninguém se aventura a fazer prognósticos sobre a abertura da China: "open up" é a expressão que todo mundo usa, mas ninguém sabe realmente como traduzi-la para o chinês.

MAINSTREAM

Como se tornar uma capital das indústrias criativas?

Por que Hong Kong? Por que Taiwan e Cingapura? E, abrindo o leque, por que Nova York, Miami e Los Angeles? Por que Beirute, Cairo, Dubai, Rio e Mumbai? Por que Paris (no caso da África francófona) e Londres (no da África anglófona)? Como foi que essas cidades se transformaram em capitais do entretenimento? As situações são heterogêneas e as explicações, variadas. Todas essas cidades são encruzilhadas geográficas, capitais de imigração e "hubs" tecnológicos. Oferecem proteção financeira (bancos mais seguros em Miami do que em Caracas, em Hong Kong do que em Beijing, em Cingapura do que em Ho Chi Minh). Proporcionam maior segurança jurídica e, às vezes, uma certa proteção do copyright. Muitas vezes, no caso de Miami ou Los Angeles, as condições de trabalho e a proteção sindical dos artistas são relativamente tranquilas.

Além disso, essas cidades-capitais dispõem de infraestruturas internacionais em matéria de redes de televisão, agências de talentos (muitas vezes filiais de agências americanas), estúdios profissionais modernos para a produção e a pós-produção digital e equipes técnicas qualificadas. São cabeças de ponte para o mercado publicitário, contando com numerosas agências de comunicação e compra de espaço. Sobretudo, os meios de comunicação estão muito presentes nelas, especialmente os correspondentes da *Variety, Billboard, Hollywood Reporter, Screen Daily* e dos programas de entretenimento da MTV e da CNN, que transmitem os dados de bilheteria, os títulos de best-sellers e os nomes dos artistas contemplados com os prêmios Grammy, Emmy, Oscar e Tony. Essa imensa rede midiática montada pelos americanos em cinco continentes é uma formidável máquina de fabricar o "buzz" mundial.

Essas capitais do entretenimento, como Miami, Los Angeles, Beirute, Mumbai, Cingapura e Hong Kong, também são destinos de migração, nos quais a diversidade étnica, linguística e cultural é forte. Todas elas oferecem aos artistas grande liberdade de expressão e modos de vida, seja em termos de liberdade política, na expressão das transgressões ou

CONCLUSÃO

na valorização da contracultura e das vanguardas. Acrescentem-se, outra característica comum a essas cidades, a defesa das minorias étnicas, uma real diversidade cultural, mas também a valorização dos direitos das mulheres e uma certa tolerância em relação aos homossexuais — elementos que não são meros detalhes no meio artístico. Uma atriz sensual e uma cantora sem véu talvez não tenham uma liberdade ideal no Cairo, em Dubai ou Beirute, mas certamente a situação é melhor que em Riad, Damasco ou Teerã. O artista talvez não tenha todos os direitos de expressão em Hong Kong ou Cingapura, mas nem se compara com a liberdade ao alcance daquele que vive em Beijing ou Xangai, e mesmo em Bangcoc ou Hanói. Paris no caso da África francófona, Londres, no da África anglófona, Miami para a América Latina (especialmente Cuba e Venezuela) podem desempenhar um papel semelhante, oferecendo asilo a artistas vítimas de regimes autoritários.

É no conjunto desses fatores que devemos buscar as causas do sucesso dessas capitais do entretenimento e do fracasso de muitas outras cidades. Mais que outros países, os Estados Unidos sabem como atender aos seus interesses. E fica fácil, assim, entender os problemas enfrentados pelos recém-chegados que estão construindo "hubs" de criatividade e "media cities" para promover suas indústrias criativas, mas querendo ao mesmo tempo manter o controle dos conteúdos e "valores", sem se dar conta da contradição. A liberdade dos artistas e as expectativas do público são coisas que não podem ser decretadas.

Países em vias de submersão?

O Japão não é o grande protagonista de conteúdos que se imagina nas trocas internacionais. Fica apenas no décimo segundo lugar dos países exportadores de filmes, programas de televisão e música, depois da Coreia, da Rússia e da China (embora seja o primeiro nos mangás e um dos líderes no desenho animado e nos filmes de animação). Em parte, isso se explica por sua cultura extremamente etnocêntrica, um certo ensimesmamento identitário e o desejo, já antigo, de não dar a impressão de ser imperialista através de sua cultura. O preço relativamente

MAINSTREAM

baixo de seus desenhos animados, do J-Pop e dos filmes de animação, em relação ao que rende um blockbuster, por exemplo, também explica que o Japão não apareça muito nas estatísticas, mesmo quando exporta maciçamente seus produtos. Além disso, os conteúdos culturais japoneses, fortes e originais, são produzidos sobretudo para o mercado interno, imenso, e pouco suscetíveis de exportação (o Japão é atualmente o segundo mercado de música e televisão no mundo, depois dos Estados Unidos, mas se trata em grande medida de um mercado nacional). Não nos referimos aqui, naturalmente, a produtos de informática para o grande público, de telefonia ou consoles de jogos como o PS3 ou o Wii, setores nos quais o Japão é líder incontestável, mas a conteúdos. Pois se os japoneses fabricam esses consoles, os produtores de vídeo games são cada vez mais frequentemente europeus ou americanos. E já vimos que as músicas e os filmes da Sony também são americanos (sendo registrados como tais nas estatísticas internacionais). Há alguns anos, todavia, ante a ascensão da China, da Índia e da Coreia do Sul, Tóquio decidiu reagir. Convencido da importância do soft power, o governo japonês lançou um plano de alcance internacional em matéria de conteúdos, particularmente no cinema, na animação e na cultura dos jovens. E para isso se escora no sucesso mundial dos mangás, dispondo-se, se necessário, a perder um pouco de sua identidade. Quanto às majors japonesas, como a Sony e a Nintendo, se esforçam por veicular seus conteúdos em todos os suportes, valendo-se de todas as possibilidades das novas mídias. Decididamente, o Japão quer voltar para a Ásia, comerciar com a China e todo o Sudeste asiático e depois partir para a reconquista do mundo, conjugando seu software a seu hardware. Trata-se de um protagonista de porte mundial, e que continuará a sê-lo, mas sabe que a concorrência na Ásia será dura se quiser voltar a ser um gigante cultural regional e continuar sendo líder mundial.

Resta a Europa. Durante muito tempo, e mesmo por vários séculos, a cultura produzida e a informação difundida pela Europa gozavam de considerável influência em todo o mundo. Hoje, nas trocas culturais internacionais, a Europa enfrenta vários concorrentes, e a competição

CONCLUSÃO

aumentou muito. Há cerca de dez anos, as estatísticas internacionais mostram constante queda das exportações de filmes, programas de televisão e música europeus (a reedição de livros resiste melhor), a um ritmo de 8% ao ano. O contrário dos Estados Unidos, que avançam 10% ao ano. Este livro relatou essa considerável mudança. E se servir também para sensibilizar os europeus para a importância do soft power e induzi-los a se reposicionar nesse novo panorama internacional, terá cumprido sua missão.

Por que esse declínio? A resposta não é fácil, frente à heterogeneidade das situações, à sobreposição de causas e interdependências, mas podemos aventar aqui cinco hipóteses. O primeiro fator, evidente, é que os europeus não estão mais sozinhos. Na verdade, a Europa não está afundando, simplesmente se defronta com a aceleração do sucesso dos conteúdos americanos e a emergência de novos países exportadores de cultura e informação, que inevitavelmente lhe tomam partes do mercado. Não existe um declínio, a Europa se encontra, com a globalização, num sistema de muito maior concorrência que antes.

O segundo fator é a demografia. O envelhecimento da população europeia priva as indústrias criativas do principal mercado de entretenimento, o dos jovens. E por sinal é uma regra constatada em qualquer lugar: o sucesso das indústrias criativas está fortemente vinculado à demografia. A inesgotável demanda de produtos culturais da juventude indiana, brasileira ou árabe (grande parte da população desses países tem menos de 25 anos) é um elemento decisivo para o futuro sucesso do entretenimento nessas regiões. E é também, em sentido inverso, um dos motivos da estagnação do Japão. A demografia fecha as portas do futuro quando a população envelhece e abre os mercados do entretenimento para horizontes inesgotáveis quando ela é jovem.

A terceira hipótese seria que a definição europeia de cultura, histórica e patrimonial, muitas vezes elitista, além de antimainstream, já não está mais forçosamente sintonizada com a época da globalização e do digital. A "Cultura" à europeia, com C maiúsculo, não é mais necessariamente o padrão internacional em matéria de fluxo de conteúdos. Ela continua sendo um produto de nichos para consideráveis segmentos do mercado, mas não é mais uma cultura de massa. Os europeus talvez ainda sejam líderes, qualitativamente, em matéria de artes plásticas, música clássica, dança pós-moderna e poesia de vanguarda, mas isso já não conta muito nas trocas internacionais, quantitativamente, frente aos blockbusters, best-sellers e hits. Caberia perguntar se a Europa não se preocupa demais com a oferta cultural e de menos com a demanda, ao contrário dos Estados Unidos. Se uma definição por demais limitada da arte não freia a produção e a difusão das obras, na época da economia imaterial e global. Se uma hierarquia cultural demasiado rígida, excessivamente sofisticada, feita de distinções e rejeição do comércio, não se teria tornado inoperante, quando os gêneros se misturam por todo lado e, de Mumbai ao Rio, não existe mais uma única definição de cultura. Se uma separação excessivamente estrita entre as culturas clássicas e técnicas não estaria superada na era da Internet. As indústrias criativas e a globalização de conteúdos não estão muito preocupadas com as hierarquias e distinções: não são contra nem a favor da arte — simplesmente não têm opinião. Será que a cultura, para ser valorizada, precisa estar necessariamente "fora" da economia e do mercado? Não é fato que setores inteiros da arte, na própria Europa, são regidos e produzidos pelo mercado (grande parte do cinema, da edição, da música, mas também da arte contemporânea)? Em si mesmo, assim, o mercado não seria bom nem mau para a cultura. Depende. É preciso analisar essas questões de maneira menos ideológica do que se tem feito até agora. As indústrias criativas valorizam os números, e não as obras, e não se pode discutir com a *Billboard*, a *Variety* ou a Nielsen Soundscan. É sobre essas mudanças de paradigma que os europeus precisam refletir.

O quarto problema da Europa é a massa crítica e a ausência de um autêntico mercado interno. Com sua zona amplamente unificada, comportando 300 milhões de habitantes e uma língua comum, o mercado interno americano é poderoso; essa massa crítica também existe, em certa medida, na China, na Índia, no Brasil, talvez nos países árabes, mas não existe na Europa nem no Sudeste asiático nem na América Latina, considerando-se a diversidade das nações que compõem esses blocos, as diferenças de língua e de cultura. À falta de uma massa crítica, de

CONCLUSÃO

unidade linguística, de um mercado interno coerente e de crescimento econômico, a Europa não é um continente, mas uma sucessão de mercados nacionais que culturalmente pouco dialogam.

O último problema da Europa, talvez o mais grave, e aquele que certamente a distingue dos Estados Unidos, mas também do mundo árabe, provavelmente da África e talvez até da Ásia, é o desaparecimento de sua cultura comum. Se analisarmos de perto as estatísticas culturais da Europa, constataremos que cada país consegue proteger sua música e sua literatura nacionais, às vezes o cinema, muitas vezes seus programas de televisão, mas o resto dos conteúdos não nacionais é cada vez mais americano e cada vez menos europeu. Parafraseando uma frase célebre de Thomas Jefferson, é mais ou menos como se cada europeu tivesse agora duas culturas: a do seu próprio país e a cultura americana. Existem, naturalmente, exceções, como Luc Besson e Pedro Almodóvar, mas quantas seriam elas? O problema, assim, parece-me estar menos na existência de uma cultura americana dominante do que no desaparecimento de uma cultura europeia comum. Como se chegou a isso?

Este livro propôs pistas de respostas para comparação internacional: relatamos aqui a fraqueza das universidades europeias, que não abrem espaço para o trabalho de experimentação na cultura e não têm vínculos com as indústrias, a fragilidade dos grandes grupos europeus de mídia, a ausência de redes de televisão comuns, o atraso tecnológico e a insuficiência da inovação, a reiterada desconfiança frente à Internet e ao digital, a transferência para os Estados Unidos dos criadores mais inovadores e a rejeição frequente das culturas produzidas pelos imigrantes e seus filhos. Por sinal, se fosse necessário defender uma única opção, seria: dar chance aos europeus oriundos da imigração, por exemplo, os que vêm do Magreb (para a Europa do Sul e a França), da Turquia (para a Alemanha), do Paquistão (para o Reino Unido), da África ou da Europa central e oriental. Essa valorização da diversidade cultural, real e concreta no território europeu, deveria ser uma prioridade. Desse modo, seria possível revitalizar a cultura do Velho Continente, permitir à Europa voltar a ser uma sociedade dinâmica, menos estática, abrindo-se para o mundo. Que paradoxo e que hipocrisia, com efeito, ver os países

MAINSTREAM

europeus sustentarem um discurso mágico em favor da "diversidade cultural" em organismos internacionais como a OMC e a Unesco, mas defendê-la tão pouco em seus próprios territórios. Exatamente o contrário dos Estados Unidos.

No fundo, a Europa dos 27 acumula os problemas da Ásia (uma língua dominante que todo mundo rejeita, o inglês aqui, o mandarim ou o hindi lá), os problemas da América Latina (fraca cultura popular comum no subcontinente) e os problemas dos países árabes (vivas intenções, internamente, quanto aos valores comuns). Mas essas fraquezas não são compensadas pelo dinamismo demográfico e econômico, como acontece na Ásia, pela juventude e a vitalidade do país, como no Brasil, ou por recursos financeiros inesgotáveis, como no Golfo. Diante desses países jovens e que despertam, a "Velha Europa" parece inevitavelmente em processo de adormecimento.

Nessa nova geopolítica de conjunto dos conteúdos, poderíamos abrir muitos outros sulcos que ultrapassam a ambição desta investigação. Seria necessário aprofundar, por exemplo, a questão da busca de identidade cultural da Rússia, à margem das fronteiras atuais da Europa, e a maneira como estas serão por ela afetadas; o papel específico do Reino Unido, país anglófono e europeu, com vínculos fortes e ambivalentes com os Estados Unidos, e que tem singular irradiação através de sua música e da BBC, mas não pelo cinema; a busca de identidade do México e sua influência na mudança de cultura nos Estados Unidos; os novos fluxos de conteúdos entre a Austrália e a China; o decisivo papel a ser desempenhado pela Indonésia entre a Ásia e o Oriente Médio — algumas das pistas de futuras investigações.

Para terminar, gostaria de dizer algumas palavras sobre a centena de países inteiramente "dominados" e que são submetidos aos conteúdos culturais produzidos pelos outros. Sem chegar a me deter na Mongólia, no Camboja, no Paraguai ou na Coreia do Norte, bastou-me uma semana no Vietnã ou em Camarões para ter uma ideia dessa desigualdade corporal. Nessa nova ordem cultural mundial, nessa nova cartografia dos equilíbrios mundiais, países inteiros são totalmente apagados do mapa de trocas de conteúdos, contentando-se em importar imagens e sons dos

CONCLUSÃO

outros. Eles não produzem muito, não exportam. Essa dominação não elimina uma criatividade local rica, como pude constatar em Yaoundé e Hanói, mas esses países estão excluídos do diálogo cultural mundial. Como fazê-los entrar no jogo das trocas de conteúdos? Como dar atenção a sua cultura? Como contribuir para lhes dar voz novamente? São questões difíceis nas quais o debate sobre a diversidade cultural e a evolução para a economia imaterial global tem seu lugar, embora não sejam estes os únicos elementos.

A cultura na era da reprodução digital

O conjunto dessas mudanças geopolíticas vem a ser amplificado pela desmaterialização dos conteúdos e a evolução para a era digital. Esta investigação, que tinha como tema principal a produção e difusão da informação e da cultura mainstream através do mundo, também é, no fundo, constante e inevitavelmente, um trabalho sobre a Internet e o futuro das indústrias criativas na era da difusão digital. Os dois fenômenos, o da cultura de massa globalizada e o da Internet, são observados paralelamente, pois nos dois casos as fronteiras desaparecem. A grande novidade do início do século XXI é a conjunção dos dois fenômenos. Durante séculos, os bens culturais transitavam pelas estradas, os portos e os aeroportos; para sua difusão, eram necessários tempo, direitos alfandegários e de comércio varejista. Agora, a cultura transita pelas autoestradas da informação, expressão por sinal já obsoleta. Tudo se acelera e nada mais será como antes.

Pode-se mesmo dizer que o que caracteriza as indústrias criativas, em relação à arte, ou ao esporte, por exemplo, é o fato de serem vulneráveis ou suscetíveis de resvalar quase totalmente para o digital. Este livro descreve esse processo em andamento. Nos cinco continentes, todos os meus interlocutores me falaram de seu otimismo, de suas preocupações e hipóteses.

Já temos uma ideia bastante precisa do que aconteceu, e podemos adivinhar o que vai acontecer a curto prazo: a morte do CD e do DVD, o desaparecimento dos aparelhos hi-fi e dos toca-CDs, a morte das lojas

MAINSTREAM

de discos e das vídeo-stores, a difusão digital dos filmes sem bobinas nem transporte, a generalização do cinema digital e do 3D, a atenuação da distinção entre televisão aberta, a cabo e Internet, a ascensão do livro eletrônico, que vai conquistar sua aura e sua legitimidade científica, a digitalização pelo Google dos livros que entraram em domínio público, assim como dos fundos órfãos e provavelmente dos fundos ainda com direitos vigentes, com a concordância dos editores, a digitalização de todos os arquivos. Mais globalmente, assistimos também à tomada de poder das redes e "canais" sobre os conteúdos: redes que deixaram de lado sua neutralidade histórica em relação ao que transportavam e agora também querem ter seus próprios conteúdos. como demonstra, entre numerosos exemplos, a recente aquisição da NBC-Universal pela Comcast. Esse destino das indústrias criativas na era da reprodução digital está escrito.

Mas que vai realmente acontecer, a médio e longo prazo? As salas de cinema continuarão existindo? Qual será o futuro das redes de televisão generalistas e das rádios, depois da morte do tuner, talvez também do aparelho de televisão, e da generalização do modelo "on demand" no lugar do fluxo, tornando-se os "podcasts" e a "catch-up TV" a nova regra? E o futuro do jornalismo depois da morte da imprensa cotidiana em papel? Vamos assistir à maciça transferência do livro para o digital e à lenta agonia das livrarias, das bancas de jornais? As bibliotecas serão invadidas pelo silêncio, cada vez mais inúteis e abandonadas? Qual será o futuro das editoras se não houver mais livrarias, se as bibliotecas ficarem vazias e os livros de papel se transformarem em livros raros? E o futuro dos computadores de escritório se os portáteis e os smartphones passarem a dominar e tudo for arquivado "na nuvem" (cloud computing)?

Meus interlocutores falaram de suas hipóteses. Uma possibilidade, privilegiada por muitas pessoas que entrevistei, consiste em pensar que a Internet é uma revolução que vai desembocar no *statu quo ante*. Continuaremos ouvindo música e rádio, leremos livros e jornais, veremos filmes, ainda que digitalizados. O fato de isso acontecer na Internet ou num smartphone não afetará profundamente os meios de comunicação e os modos de leitura. Resta apenas construir um modelo econômico,

CONCLUSÃO

mas isso será feito. Como bem descreveram os historiadores, a indústria do disco rejeitou violentamente a chegada do rádio na década de 1920, a indústria do cinema denunciou a chegada da televisão no início da década de 1950 e depois do gravador, na década de 1980 — mas todos aprenderam a conviver, e até melhor que antes. O mesmo acontecerá com a Internet: depois de um longo período de adaptação, inevitável, as indústrias criativas viverão tão bem com o digital quanto antes dele.

Outras hipóteses aventadas por alguns de meus interlocutores são mais radicais. Elas levam em conta transformações fundamentais geradas pela Internet, como a participação, a hibridação cultural, a contextualização do Google, as redes sociais, a agregação de conteúdos, a desintermediação, as trocas peer to peer e a cultura do compartilhamento, a Web 2.0 e a cultura da mobilidade. Com isso, o copyright se tornaria obsoleto e os intermediários, inúteis, os críticos perderiam sua razão de ser e todo o processo de seleção e distribuição da cultura e da informação poderia ser contornado. Tudo pode ser imaginado. A questão da pirataria e a da necessária remuneração dos criadores seria, aqui, central.

Alguns de meus interlocutores levantam a hipótese de que estamos apenas no início de uma longa revolução muito mais fundamental: a total transformação da cultura e da informação na era da reprodução digital. Não se trata apenas de uma decisiva reviravolta cultural, segundo eles, mas de uma mudança de civilização. O objeto disco e o objeto livro desaparecerão, mas também, com eles, a própria ideia do livro e do disco; o conceito de rádio e televisão e a imprensa também desaparecerão: o blog, o post, o hipertexto, o colaborativo e os chamados conteúdos U-GC (de User-Generated Content — e não apenas vídeos de buldogues fazendo skateboard) anunciam a futura evolução, ainda impossível de imaginar.

Que acontecerá à cultura mainstream na era digital? Mais uma vez, as hipóteses diferem. Muitos acham que, no lugar de uma difusão de massa, uniforme, teremos a vitória do modelo a cabo (narrow-casting) sobre a televisão aberta mainstream (e o broadcasting). Ocorrerão uma segmentação por gênero na música, uma divisão por públicos-alvo na edição de livros e uma hibridação na produção na Internet. Os conteúdos serão distribuídos em tantos nichos quanto forem os públicos. Se essa

MAINSTREAM

hipótese da fragmentação for confirmada, assistiríamos ao enfraquecimento da cultura mainstream e talvez, num mesmo movimento, do entretenimento americano.

Não acredito muito nessa hipótese. Paradoxalmente, o digital e a Internet reforçaram o mainstream, em vez de o fragilizar. Hoje, se os produtos de nichos de fato se multiplicam, os blockbusters e os best-sellers igualmente fazem mais sucesso que nunca. Os fenômenos de "syndication" se disseminam, às vezes além fronteiras, em vez de desaparecer. Os internautas também migram do download para o streaming, confirmando que a Internet é menos um continente do que um veículo no qual volta a se colocar o problema da editorialização. O público muitas vezes deseja compartilhar em massa a mesma cultura popular, comunicar-se coletivamente. Não é pelo fato de haver maior escolha que o grande público privilegia os produtos mais obscuros, pelo contrário, ele escolhe ao mesmo tempo os produtos de nichos que o aproximam de suas próprias microcomunidades e os mais mainstream, porque o vinculam ao coletivo. O mundo digital, mais ainda que o mundo analógico, é "hit-driven": o sucesso reforça o sucesso. Verifica-se na Internet um curioso fenômeno que eu chamaria de "efeito Robin Hood invertido": aquele que tem mais é reforçado e aquele que tem menos é enfraquecido. Sem dúvida, essas tendências não estão estabilizadas e os prognósticos são difíceis, a médio prazo. Mas creio que a Internet e o mainstream se completam, participando de um mesmo movimento de eliminação de fronteiras e globalização de conteúdos que falam a todos, em todo o mundo. E sobretudo, confirmam a predominância dos Estados Unidos, onde se encontram, na Califórnia, justamente, Hollywood e Silicon Valley, as máquinas de produzir entretenimento mainstream e as start-ups da Internet globalizada.

Como no início de toda revolução, ainda não distinguimos as formas do mundo futuro, assustados que estamos com o que vemos desaparecer diante de nossos olhos, sentados em meio aos escombros do mundo passado, incapazes de imaginar o futuro. As extraordinárias possibilidades de redes se abrem diante de nós. E muitos de meus interlocutores acreditam que YouTube, Wikipédia, Flickr, Facebook,

CONCLUSÃO

Twitter, Kindle, iPod, iTunes, iPhone e iPad, assim como seus inúmeros sucessores no futuro, inventam novas formas culturais e novas mídias que transformarão profundamente a própria natureza da cultura, da arte, da informação e do entretenimento, que por sinal talvez venham um dia a se confundir. Estaríamos no início do processo ou apenas chafurdando no pantanal? Difícil dizer.

É onde estamos. No meio de uma revolução cujos resultados desconhecemos. À economia das indústrias criativas, que já é de difícil análise, a Internet acrescenta a imprevisibilidade do futuro, o que para uns aumenta a sensação de perigo, e para outros, o desejo de tirar proveito dessas novas oportunidades. Foi este, de fato, o paradoxo que pude sentir em campo. A entrada no digital parece uma situação desconfortável aos meus interlocutores europeus e americanos; mas é vivenciada com grande animação pelos indianos, chineses, brasileiros e sauditas com quem conversei. Aqui, é fonte de preocupação e medo; lá, está cheia de oportunidades e oferece possibilidades inéditas de irradiação mundial. Aqui, fala-se de proteger a cultura do passado e de limites a serem estabelecidos; lá, o que se quer é reinventar a cultura de amanhã, falando-se de liberdades a serem ampliadas. Aqui, fala-se de livros e CDs — ou seja, de produtos culturais; lá, fala-se de fluxos e conteúdos — ou seja, de obras desmaterializadas e serviços. Pois é de fato do que se trata, da grande virada de uma cultura de "produtos" para uma cultura de "serviços": temos cada vez menos "produtos culturais" e cada vez mais "serviços" e fluxos. E se o mundo antigo desmorona, os jovens dirigentes das indústrias criativas dos países emergentes estão aí mesmo, dispostos a construir o mundo novo, que, insistem, não se fará sem eles. No Rio, na Cidade do México, em Mumbai, Jacarta, Hong Kong e Seul, assim como em Beirute e Riyad, os protagonistas já se posicionaram e estão prontos para a ação, depois de terem sido durante tanto tempo dominados por nossos produtos culturais, hoje pretendendo difundir seus serviços em todo o mundo. Como não tinham nada, o digital não pode tomar-lhes nada: servirá, segundo acreditam, para lhes proporcionar tudo.

*

MAINSTREAM

Essa diferença de pontos de vista resume este livro e prenuncia o mundo no qual estamos entrando. A globalização de conteúdos é decuplicada pela revolução da Internet. A cultura mainstream é amplificada, mas já agora existem vários mainstreams, em função das regiões e populações: um mainstream "à turca" em Istambul, uma "Bollywood massala" na Índia, uma "fusion" no Sudeste asiático, um mainstream "animado" no Japão, um mainstream imperialista na China, disposto a enfrentar os imperialismos concorrentes, um mainstream pan-árabe no Oriente Médio, entre outros. A diversidade cultural transforma-se na ideologia da globalização. As nações dialogam muito mais entre si do que se imagina, estão todas lutando pelo soft power, e nesse movimento falam com os vizinhos, mas também com os americanos. Existem trocas culturais intrarregionais, sobre bases que não se fundamentam estritamente em blocos de civilização. Por serem o mundo em miniatura, por se terem tornado mestres do entretenimento mainstream e por moldarem a Internet, os Estados Unidos continuarão sendo o polo de referência e falando a todo mundo. Os europeus também podem desempenhar esse papel de pivô no campo ocidental, ou, pelo contrário, como a cultura se "descentraliza" cada vez mais do olhar puramente europeu, sofrer as consequências desse novo diálogo internacional. Nesse caso, os europeus seriam, como se diz, "buzzed off" — ficariam inaudíveis no ruído midiático mundial. Se a Europa não reagir, será marginalizada, e, frente aos países emergentes, submersa. Seria uma má notícia para o Velho Continente. Mas talvez os europeus possam se consolar de sua nova situação, nesse novo mundo menos eurocêntrico, lembrando-se de que foram os defensores de uma ideia que finalmente toma forma: a diversidade cultural. Pois aconteça o que acontecer, consigam os europeus reemergir ou venham a ser afogados, a globalização e a virada digital mobilizam juntas um reajuste inevitável dos equilíbrios internacionais, acentuam a circulação da informação e possibilitam a globalização do mainstream.

Paris, janeiro de 2010.

Glossário

A bem da clareza, este glossário oferece uma definição das principais palavras e expressões utilizadas, especialmente as que não têm equivalência em português ou são de difícil tradução.

A&R (artist & repertoire). Responsável ou diretor artístico de uma gravadora de discos (incumbido ao mesmo tempo do artista e do repertório). *A&R person*, *A&R department* ou *A&R director*.

Above the line. Despesas incluídas nos contratos de atores e artistas, geralmente negociadas pelos agentes.

Aidoru. "Ídolo" em japonês. Muitas vezes uma jovem estrela de *boy bands*.

Anime, animé. Palavra japonesa derivava do inglês que designa ao mesmo tempo os desenhos animados e séries de animação, muitas vezes adaptados de mangás.

Assets. Ativos. O valor de uma empresa. No caso dos ativos disponíveis, emprega-se *current assets*, e no dos inativos, *fixed assets*.

B2B, B2C (business to business ou *business to consumer)*. Comércio entre empresas ou com particulares.

Back office. Funções de apoio numa empresa, serviços gerais, tais como secretaria administrativa e jurídica, recursos humanos etc.

Balance sheet. Balanço de contabilidade. Não confundir com *income statement*, que é o balanço dos resultados, ou *bank balances,* que é o caixa.

Benchmark. Ponto ou índice de referência, comparativo.

Bible belt. Faixa dos estados americanos do Sul, especialmente Carolina do Sul, Georgia, Tennessee, Arkansas, Alabama e Mississippi (formando uma espécie de "cinturão"), nos quais é forte a prática religiosa.

MAINSTREAM

Big-box retailers. Grandes lojas situadas nos estacionamentos dos shopping-malls, geralmente funcionando como franquias (Wal-Mart, Barnes & Noble, Home Depot...).

Blockbuster. Na linguagem militar, era uma bomba para destruir os abrigos antiaéreos, ou *blockhaus*. Por extensão, remete a um filme (a expressão foi usada pela primeira vez em 1951, no semanário *Variety*, a propósito do filme *Quo Vadis*) ou uma exposição de grande sucesso, um livro best-seller ou até um medicamento vendido em quantidades maciças.

Blurb. Curto elogio solicitado antecipadamente a uma personalidade ou crítico para ajudar a vender um filme ou um livro.

Board. Conselho de administração.

Bottom line. Literalmente, "a linha de baixo", ou seja, o lucro líquido.

Bottom-up. Diz-se de uma cultura, uma ação ou uma política que surge da base e evolui para o alto da sociedade. O contrário de uma ação centralizada, dita *"top-down"* (do alto para baixo).

Box-office. Bilheteria, tanto no cinema quanto nos espetáculos ao vivo.

Break (to). Expressão da indústria musical que remete à descoberta de um artista para torná-lo célebre, fazê-lo acontecer. Diz-se também *"to break in"*, *"to break into"* (um novo mercado), *"to hit it"* ou, quando se tem sucesso, *"to make it"*.

BRIC. Acrônimo de Brasil, Rússia, Índia e China: os principais países emergentes. Alguns economistas contestam esta classificação, considerando que o caso da Rússia é diferente e que outros países, como o México, a Coreia do Sul, a África do Sul e a Indonésia, também são emergentes.

Broadband ou *Broadband internet access.* Acesso em banda larga, seja em ADSL, Internet por satélite ou sobretudo por cabo.

Cash flow. Fluxo de caixa.

CEO (Chief Executive Officer). Diretor-presidente.

CFO (Chief Financial Officer). Diretor financeiro.

Chairman. Geralmente, o presidente do conselho de administração, cargo não executivo.

COO (Chief Operating Officer). Geralmente, o número dois depois do CEO, incumbido da gestão operacional.

Conglomerate. Ver *Media Conglomerate*.

Consumer Products Division. Departamento de produtos derivados.

GLOSSÁRIO

Content. Literalmente, "conteúdo". Fala-se das "indústrias de conteúdo", as indústrias criativas.

Convergence. Termo frequente na década de 2000, remetendo à convergência de canais e conteúdos. Às vezes refere-se à convergência de serviços e produtos (entre o iPod e o iTunes, por exemplo), entre diferentes redes ou ainda à transmissão de conteúdos para os celulares.

Crossover. Do verbo *"to cross over"*, "atravessar cobrindo", que poderia ser traduzido como "cruzamento". Por extensão: mistura de gêneros, cruzamento de estilos, cultura híbrida. Diz-se também *"crossing-over"*.

Drama. Designação genérica das séries de televisão na Ásia.

Dreambox. Dispositivo ilegalmente conectado à Internet para decodificar as televisões a cabo pagas, "gato". Muito frequente na África, na Ásia e no Oriente Médio.

Drive-in. Cinema ao ar livre, geralmente num estacionamento, no qual se pode assistir à projeção sentado no carro. Diz-se também *ozoner*.

DV (digital video). Por exemplo, câmera em DV, uma câmera digital.

Edutainment. Mistura de educação e entretenimento. Educação pelo divertimento ou divertimento de vocação educativa.

Endowment. Capital (ou dotação) aplicado em investimentos financeiros, com rendimentos anuais.

Entertainment. Divertimento. Fala-se das "indústrias do *entertainment*" para designar as indústrias de divertimento.

E-tainment. Entretenimento eletrônico em linha (*on-line*).

Exurb exurbia. Segundo anel de subúrbios ao redor das grandes cidades, e, de maneira mais genérica, os subúrbios distantes cujos habitantes não transitam mais pelas cidades. Diz-se também *"edge city"* e às vezes *"technopole"*.

Feature film. Longa-metragem (de mais de uma hora). Para distinguir dos *"short films"* (curtas-metragens).

First look. Tipo de acordo vigente em Hollywood entre, por exemplo, um estúdio e um produtor "independente". O produtor é obrigado a propor todos os seus projetos ao estúdio, que pode aceitá-los ou não; em caso de recusa, o produtor tem liberdade de oferecê-los a outros eventuais interessados.

MAINSTREAM

Focus group. Técnica de pesquisa e marketing que consiste em privilegiar o qualitativo sobre o quantitativo para testar um painel de pessoas tomadas como alvo preferencial no caso de um produto, um filme ou uma canção.
Format. Muitas vezes, não é vendido um programa ou série de televisão: vende-se um formato que dá origem a uma outra produção. O formato é mais que uma ideia, mas menos que um produto acabado, embora esteja sob copyright.
Fundraising, fundraiser. Coleta de fundos, pessoa que coleta fundos, especialmente para filantropia ou campanhas eleitorais.

Gatekeeper. Literalmente "guardião", a expressão é usada por um crítico, em contexto cultural, no sentido de "intermediário", "laranja".
Gentrification. Emburguesamento.
Giveaways (também *goodies, products tie-in*). Objetos dados ou vendidos no contexto de uma operação de marketing: bolsas, cartazes, canecas etc.
Global media. Expressão significando que um conteúdo pode ser veiculado em todos os suportes. (Ver também: *Versioning*)
Green light. Expressão-chave na indústria do entretenimento, para dar "sinal verde" a um projeto e autorizar sua produção.
Groove. Em música, o sulco do disco. Por extensão: o ritmo.

Hal-lyu. Em coreano, literalmente, a *nouvelle vague* no cinema e nas séries de televisão do país.
Hardware. Os aparelhos, como os computadores ou os consoles de jogos. O *software* é o jogo propriamente dito, ou o programa de informática.
Hedge funds. Fundos de investimento especulativos de gestão alternativa, geralmente não cotados na bolsa. Frequentes nas indústrias criativas, permitem maior diversificação em comparação com as carteiras financeiras clássicas, por apresentarem resultados desvinculados do desempenho dos mercados.
High culture. Cultura erudita ou cultivada, cultura elitista (por oposição a "*low culture*" ou cultura popular). Diz-se também: *highbrow culture.*
Hip. Na moda, em voga, atual. Sinônimos: *trendy, cool.*

Imprint. Uma editora no contexto de um grupo maior; selo.
Indie. Independente.
Information Technology (IT). Expressão corrente para designar as tecnologias da informação.

GLOSSÁRIO

Infotainment. Combinação em inglês de informação e entretenimento, ou a arte de produzir notícias divertidas.

In-house. Pessoa ou operação situada no interior de um estúdio ou de uma empresa, e não terceirizada. É o contrário de *outsourcing.*

Inner cities. O centro das cidades, muitas vezes em decadência.

Intellectual property (IP). Propriedade intelectual ou copyright.

Information technology arts (IT Arts). Artes realizadas através ou com o concurso de tecnologias de informação e comunicação.

Kawai. Bonitinho, engraçadinho, em japonês. Fala-se de cultura *kawai.*

Label (major label). Uma gravadora de discos identificada por seu nome próprio no contexto de um grupo. Por exemplo: Atlantic (Warner), Motown (Universal), Blue Note (EMI).

LBO (Leveraged buyout). Aquisição de uma empresa, financiada por um endividamento. A holding assim constituída paga os juros de sua dívida e a salda graças aos dividendos da sociedade adquirida.

Low culture. Cultura popular (por oposição a "high culture" ou cultura erudita). Diz-se também: "*lowbrow culture*".

Mainstream. Literalmente, "dominante" ou "grande público". Diz-se por exemplo de um produto cultural voltado para o público em geral. "*Mainstream culture*" pode ter uma conotação positiva, no sentido de "cultura para todos", mas também negativa, no sentido de "cultura dominante".

Master of fine arts (MFA). Diploma pedagógico pré-profissional nas profissões artísticas.

Media conglomerate. Grupo de comunicação reunindo várias empresas e atuando em diferentes indústrias no cenário internacional. Por exemplo: Time Warner, Disney ou Sony. Diz-se também *conglomerate, parent company* ou às vezes *major* ou *studio.*

Middlebrow culture. Cultura que não é nem "high" (erudita) nem "low" (popular), ficando entre as duas: uma espécie de cultura média, não raro dizendo respeito à classe média.

Megaplex. Conjunto multiplex de cinemas com mais de 16 salas.

Mogul Homem de negócios poderoso, por exemplo o dirigente de um estúdio.

MAINSTREAM

Multiplex. Conjunto de cinemas comportando de duas a 16 salas. Acima disso, fala-se de *megaplex.*

Mousalsalet. Em árabe, novela de televisão. Remete muitas vezes às novelas do Ramadã

Negative cost. No jargão de Hollywood, os custos de produção de um filme. Vêm acompanhados dos "P&A" (*prints and advertising*), os custos das cópias e do marketing, configurando o custo total de um filme.

Non-profit. Sem fins lucrativos. "*Non-profit sector*", "*non-commercial*" ou "501c3" (organização sem fins lucrativos nos Estados Unidos).

Non-resident Indians (NRI). Indianos expatriados, especialmente nos Estados Unidos, na Europa ou no Oriente Médio.

Offshoring. Transferência das atividades e dos empregos para o exterior (muitas vezes para um país emergente onde a mão de obra é menos cara). O *offshoring* pode ocorrer no interior de uma mesma empresa, com a abertura, por exemplo, de uma fábrica da mesma sociedade na China, ou em "*offshore outsourcing*", através de uma outra empresa estrangeira.

Operating income (ou *operating profit*). O lucro líquido de uma empresa, após dedução, de acordo com as práticas contábeis em vigor, de custos administrativos, desvalorizações, amortizações. Em caso de dedução igualmente dos impostos que incidem sobre as empresas, fala-se de *net income* ou *net profit.*

Outreach. "To reach out" significa alcançar ou estender o braço para alguém. Por extensão, qualquer ação visando a participação do público.

Outsourcing. Terceirização ou subcontratação. Ação de confiar uma atividade, cabível internamente a uma empresa, a uma companhia externa. (Ver: *Offshoring*, quando a transferência se dá para o exterior.)

Parent company. Empresa-mãe. Por exemplo, a Sony Corporation é a "*parent company*" do estúdio Columbia. A Columbia é uma *subsidiary*, uma filial. (Ver também: *Conglomerate* ou *Media conglomerate*.)

P&A. Iniciais de *publicity & advertisement*, publicidade e propaganda. No cinema, as mesmas iniciais são usadas em referência a *prints & advertising.*

P&D. Iniciais de *press & distribution*, imprensa e distribuição. Tipo de acordo geralmente feito entre uma major e um label independente, consistindo em distribuir os produtos deste, contra percentual sobre as vendas.

GLOSSÁRIO

Pay-for-display. Sistema que consiste em pagar mais a uma rede de lojas para expor melhor os produtos.

Payola. Sistema ilegal desenvolvido pelas majors do disco a partir da década de 1950, consistindo em pagar às rádios por baixo do pano para a difusão dos discos. Jabá.

Pilot. Um piloto é um episódio-teste de uma série de televisão, mostrado às redes e aos programadores para convencê-los a comprar a série completa. A expressão *"film pilot"* é usada no cinema, e na indústria do disco se emprega *"demos"*.

Pitch. Apresentação concisa da ideia de um filme a uma agência de talentos, um produtor ou um estúdio, com vistas ao seu *"desenvolvimento"*. O *"pitch"* será melhor e mais eficiente se puder ser resumido numa simples *"catchphrase"*, uma expressão de impacto.

PR. Iniciais de *public relations*. *"PR people"* são as pessoas incumbidas da comunicação e das relações com a imprensa nas majors e nas empresas.

Private equity. Fundos de capital de risco ou investimento em empresas não cotadas na bolsa de valores.

Products tie-in, merchandise tie-in. Produtos derivados ou merchandising. (Nos Estados Unidos também designados como *"schwag"*, dizendo-se que um filme é *"toyetic"* quando pode ser desdobrado em produtos derivados e brinquedos.)

Public company. Empresa cotada na bolsa.

Pure player. Empresa que se concentra em sua atividade principal, seu *"core business"*. Expressão utilizada com frequência para designar uma empresa 100% web: uma *"pure player* da Internet".

Rating system. Código de classificação dos filmes nos Estados Unidos, em função do grau de violência ou sexualidade. Um filme *"rated"* é proibido para menores de 13 ou 17 anos.

R&D (research & development). Pesquisa e desenvolvimento.

Resort. Destino turístico. Fala-se de *parks and resorts* em referência aos parques de atrações da Disney, abrangendo hotéis e restaurantes, e que são lugares globais de entretenimento.

Revenue, sales revenue. Volume de negócios.

Roster, artist roster. Na indústria musical, catálogo de artistas para turnês.

*

MAINSTREAM

Sequel. Literalmente, "seguimento", ou "continuação". Por exemplo, *Homem-Aranha 1, Homem-Aranha 2, Shrek 3,* etc. Também se diz *franchise.*

Shopping-mall. Centro comercial, hipermercado. O *"strip-mall"* é uma zona comercial ao longo de uma rodovia.

Showcase. Na música, *"to showcase"* um artista significa apresentá-lo, fazê-lo atuar para um teste.

Slush fund. Dinheiro pago pelos estúdios a uma produtora independente para o "desenvolvimento" inicial de um projeto.

Smithee (Alan). Pseudônimo coletivo para um filme com o qual o diretor não esteja satisfeito, muitas vezes em virtude de imposições do estúdio.

Soft power. Poder suave, exercido especialmente por influência ou cultura, em oposição ao *"hard power",* coercitivo ou militar.

Software. Ferramentas, programas ou jogos de um computador ou aparelho (sendo este o *hardware*).

Songs & dances. Canções e danças, características dos filmes de Bollywood, na Índia.

Specialized unity. Em Hollywood, a unidade especializada de um estúdio de cinema que tem caráter "independente" (diz-se também *"arty division"* ou *"subsidized division"*). Por exemplo, a Focus Features na Universal.

Spin-off. Divisão de uma empresa principal em várias entidades. O motivo pode ser econômico, estratégico (reorientação para o cerne da atividade) ou jurídico (em decorrência de normas de preservação da concorrência). O *"spin-off"* da Viacom deu origem a duas empresas, Viacom e CBS.

Sport utilities vehicle (SUV). Nome genérico dos carros muito grandes, geralmente 4 x 4, como os modelos da Cherokee, os Ford Explorer.

Subsidiary. Filial de uma empresa-mãe (*parent company*). Por exemplo, a Columbia é uma subsidiária da Sony.

Suburb, suburbia. Literalmente, "subúrbio". A palavra muitas vezes é associada às zonas urbanas ricas ou de classes médias, pois nos Estados Unidos a pobreza e os guetos frequentemente se situam no centro das cidades (*inner cities*). É um subúrbio próximo, em relação aos subúrbios distantes (Ver: *Exurb.*)

Syndication. Um programa de rádio ou televisão produzido e transmitido por uma cadeia também pode ser difundido, sob licença, por uma outra.

Synergy. Sinergia. Economia de escala ou *cross-promotion* entre diferentes empresas pertencentes a um mesmo grupo.

GLOSSÁRIO

Talent agency, talent agent. Agência artística e agente.

Telenovela. Série de televisão na América Latina.

Total net income. Lucro líquido. Diz-se também "*profit*".

Trade publisher. Editores comerciais, em oposição às editoras universitárias, que nos Estados Unidos não têm fins lucrativos.

Trendsetter. Diz-se de alguém ou alguma coisa que lança moda, que define a moda que será adotada.

Versioning. Estratégia consistindo em veicular determinado conteúdo em diferentes suportes (o filme *O Rei Leão* torna-se um disco, uma comédia musical, um desfile etc.). (Ver também: *Global Media.*)

Vertical integration. Integração vertical. Característica de um grupo de mídia cujas ações abarcam todos os estágios da produção de conteúdos e, em certa medida, de sua distribuição.

White flight. Diz-se do movimento inicial da população branca do centro das cidades para os "*suburbs*" nas décadas de 1960 e 1970.

Word of mouth. Boca a boca.

Work for hire (WFH). Caráter específico do contrato de trabalho em Hollywood, pelo qual um ator, um diretor ou um produtor é remunerado em troca da cessão de seus direitos autorais ao estúdio.

Fontes

Este livro é a versão para o grande público de uma pesquisa de cinco anos, realizada com base em 1.250 entrevistas em trinta países e cerca de 150 cidades através do mundo. Os países onde foi realizada a pesquisa são os seguintes: Arábia Saudita, Argentina, Bélgica, Brasil, Camarões, Canadá, China (e Hong Kong), Coreia do Sul, Dinamarca, Egito, Emirados Árabes Unidos (Dubai), Espanha, Estados Unidos, Índia, Indonésia, Israel, Itália, Japão, Líbano, México, Palestina, catar, República Tcheca, Reino Unido, Cingapura, Síria, Tailândia, Turquia, Venezuela e Vietnã.

Toda citação, informação ou dado numérico constante deste trabalho remete a fontes conferidas e precisas, mas que, por sua amplitude e pelo formato deste livro, não podem ser citadas aqui detalhadamente. Os leitores e pesquisadores encontrarão o conjunto dessas fontes no site fredericmartel.com, que é o complemento natural deste livro, deliberadamente bimídia, papel e Web. Em particular:

— as notas de rodapé do livro;

— o índice de nomes próprios e empresas citados;

— a lista das 1.250 entrevistas realizadas nos trinta países;

— um glossário de palavras e expressões (mais detalhado do que o que consta aqui);

— uma bibliografia de mais de mil livros;

— quadros e dados quantitativos complementares sobre a maioria dos setores das indústrias criativas e sobre mais de uma centena de grupos de mídia através do mundo, dados coletados para esta pesquisa e que serão constantemente atualizados;

— finalmente, a lista dos arquivos consultados para a redação de minha tese e dos meus dois livros anteriores sobre os Estados Unidos, que também servem de base a este: *Theater, Sur le déclin du théâtre en Amérique* (La Découverte, 2006, 237 p.), *De la culture en Amérique* (Gallimard, 2006, 622 p.) e *Politique publique, philanthropie privée et interêt général dans le système culturel américain* (tese sob a orientação de Pierre Rosanvallon, EHESS, 2006, 6 vol., 3.888 p.).

Agradecimentos

Uma investigação dessa amplitude só foi possível graças à ajuda de muitas pessoas. Apaixonada pelo projeto e seu tema, a grande editora Teresa Cremisi, diretora-presidente da Flammarion, logo acreditou neste livro e decidiu sem hesitação receber-me em sua editora. Sophie Berlin editou o livro na Flammarion com entusiasmo. Corinne Molette o releu minuciosamente.

Este livro contou com o apoio de Emmanuel Hoog, presidente do Instituto Nacional do Audiovisual, que desde logo acreditou no projeto e em seus desdobramentos na web. Juntos, nós desenvolvemos um "Observatório Internacional das Indústrias Criativas, das Mídias e da Internet" que será um portal inovador na Internet, descrevendo diariamente esse ambiente em constante mutação. Bernard Kouchner, ministro das Relações Exteriores, me estimulou pessoalmente, e eu pude contar com o apoio do Centro de Análise e Previsão do Quai d'Orsay, ao qual estou vinculado como pesquisador associado. Olivier Poivre d'Arvor na CulturesFrance, a Direção Geral da Globalização e muitos adidos culturais e audiovisuais em todo o mundo também foram de grande e valiosa ajuda. Na Radio France, Bruno Patino, meus apresentadores e as equipes da France Culture que todo domingo me acompanham na realização do meu programa, "Massa Crítica, revista das indústrias criativas e das mídias", foram uma fonte constante de informação e trocas. Véronique Cayla, diretora geral do Centro Nacional da Cinematografia, me proporcionou sua ajuda, assim como o Ministério da Cultura. Pude contar igualmente com o apoio do CapDigital, o polo de competitividade digital, assim como de seu presidente, Henri Verdier, tendo ali apresentaado meus trabalhos em primeira mão. Toda a pesquisa

MAINSTREAM

bibliográfica indispensável para este livro foi realizada na Universidade Harvard, onde eu era *visiting scholar*, e agradeço a Stanley Hoffmann e Peter Hall pela acolhida. Finalmente, as trocas regulares com meus alunos em Sciences-Po Paris e no MBA de HEC também foram preciosas para mim.

Ao longo desses cinco anos, vali-me também de conselhos, contatos e trocas inestimáveis, e gostaria de agradecer particularmente a: Martine Aubry e sua equipe de Cultura, Françoise Benhamou, Arthur Goldhammer, Jean-Luc Eyguesier, Jacques Julliard, Christine Ockrent e Benny Ziffer. E muito especialmente a Tyler McEvoy.

Vários capítulos específicos deste livro foram relidos por amigos e especialistas que efetuaram a necessária checagem de dados: Nicolas Baillais (América Latina), Thomas Bibette (Oriente Médio), Christian Charles (música americana), Théo Corbucci (Oriente Médio), Gustavo Gomez-Mejia (América Latina), Alvaro Granados (América Latina), Pierre Haski (China), Riva Kastoryano (Turquia), Faizal Khan (Índia), Nicolas Le Goff (indústria da música), Joseph Maïla (Oriente Médio), Gilles de Margerie (economia financeira), Julia Mizubayashi (Japão), Thomas Perrot (África), Nicolas Piccato (Coreia), Sophie Rosemont (indústria da música), Joël Ruet (China, Índia), Jean-Baptiste Soufron (digital e Japão), Alain Sussfeld (cinema), Benoît Thieulin (digital), Henri Verdier (digital), Nicolas Véron (economia financeira).

Finalmente, vários amigos releram este livro minuciosamente, e por isto lhes agradeço vivamente: Alain Beuve-Méry, Jacob Bromberg, Guillaume Calafat, Stéphane Foin, Mathieu Fournet, Stéphane Huet, David Kessler, Florent Latrive, Pierre Lungheretti, Mathias Mégy, Emmanuel Paquette, Paule Pesenti, François Quinton, Aziz Ridouan, Jean-Noël Tronc, assim como meus pais.

O texto deste livro foi composto em Sabon,
desenho tipográfico de Jan Tschichold de 1964
baseado nos estudos de Claude Garamond e
Jacques Sabon no século XVI, em corpo 11/15.
Para títulos e destaques, foi utilizada a tipografia
Frutiger, desenhada por Adrian Frutiger em 1975.

A impressão se deu sobre papel off-white 80g/m²
pelo Sistema Cameron da Divisão Gráfica
da Distribuidora Record.